RÉPERTOIRE GÉNÉRAL

DES

HOMMAGES DE L'ÉVÊCHÉ DU PUY

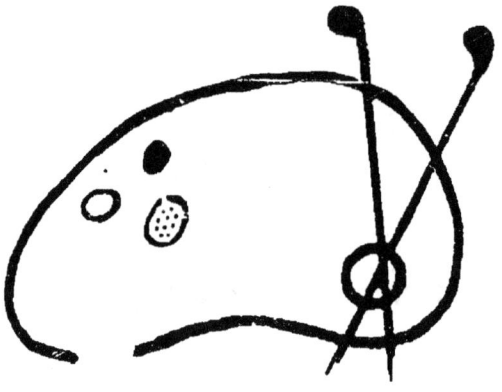

Typographie de couleur

RÉPERTOIRE

GÉNÉRAL

DES HOMMAGES

DE L'ÉVÊCHÉ DU PUY

1184-1741

Publié par ADRIEN LASCOMBE,
Conservateur de la Bibliothèque du Puy.

LE PUY
BÉRARD-ROUSSET, LIBRAIRE, BOULEVARD SAINT-LOUIS

1882

DES HOMMAGES

LE PUY

Notre siècle a la vocation des recherches historiques. Depuis que les Guizot, les Augustin Thierry, les Châteaubriand, les Henri Martin ont éclairé par la poésie ou l'érudition nos origines nationales, l'étude du passé a pris un grand essor. Suivant la parole de Montesquieu, la France a retrouvé ses titres, et il n'est pas d'étroite et humble province qui ne soit en quête des siens. L'histoire générale de notre patrie prélude à sa conclusion finale. Les ouvrages de nos maîtres annoncent le dernier mot; le monument définitif est à la veille de se construire.

Des esprits chagrins déplorent cette vogue persistante des recherches historiques. En sommes-nous venus, s'écrient-ils, à dresser notre bilan ! Notre époque est-elle déjà celle des compilateurs, des scoliastes ? Se retourner sans cesse vers ce qui n'est plus, se confiner dans le moyen âge, la Renaissance ou l'époque de Louis XIV, n'est-ce point avouer que le présent est stérile et que l'avenir se dérobe à notre race ?

A ces plaintes on peut répondre que les nations les plus progressives, à ce qu'elles prétendent, les mieux imprégnées de l'esprit moderne, l'Allemagne par exemple et l'Angleterre, se vouent de toutes leurs forces à l'exhumation de leurs antiquités. La plus petite ville d'outre-Rhin a reconstitué ses archives et rétabli ses annales. L'histoire, du reste, n'est point le lot des générations décrépites ou impuissantes. Cicéron l'appelait la lumière des temps, la maîtresse de la vie... *lux temporum, magistra vitæ*. Instruits par nos malheurs, nous lui décernerons un plus beau titre et dirons que c'est une école de sagesse et de patriotisme. « Pour remettre le calme dans le présent, dit très bien un penseur de nos jours, il n'est pas inutile de

« détruire d'abord les préjugés et les erreurs sur le passé. L'histoire
« imparfaitement observée nous divise; c'est par l'histoire mieux
« connue que l'œuvre de conciliation doit commencer (1). »

Notre petit coin de terre, notre cher Velay, est entré de plein saut dans le mouvement. Il s'est mis, lui aussi, à fouiller ses archives publiques ou domestiques, à faire son inventaire. Il interroge avec passion ses grandes figures d'autrefois : Guy d'Anjou, Adhémar de Monteil, Clément IV, les Polignac, les Chalencon, les Saint-Vidal. Des questions longtemps closes ont laissé ravir quelques-uns de leurs secrets. Les luttes de notre Tiers-État, les orages de la commune ancienne ont inspiré des essais remarquables. Nos vieux chroniqueurs Médicis, Burel, commencent à entrer dans la littérature courante et populaire. Les livres d'Arnaud et de Mandet, si utiles à leur heure, et auxquels il ne faut pas manquer de respect, sont à coup sûr dépassés. Si nous n'étions retenu par un scrupule fort naturel, nous parlerions des *Tablettes historiques du Velay* où nous avons mis la meilleure part de nous-même et qui ont ouvert plus d'un sentier. Un excellent résultat dû à cet élan de la curiosité locale, c'est la mise en pratique de la vraie méthode. On a compris qu'il fallait prendre notre histoire à sa base, tout vérifier et tout recommencer. Les traditions, les légendes ne doivent point être exclues systématiquement; mais que d'erreurs elles accréditent, que de faux points de vue elles ont propagés chez nos écrivains les plus consciencieux ! Là, comme partout, il faut introduire le contrôle et la libre critique. Un document bien net, bien clair, vaut toutes les légendes et toutes les dissertations.

On s'est donc livré autour de nous à une campagne d'exploration à travers le temps jadis et l'on a fait de son mieux pour appliquer à ces travaux les procédés scientifiques qui font la fortune des sciences expérimentales. Ne rien rejeter de parti pris, mais creuser toutes choses, discuter chaque preuve, restituer les noms et les lieux, ne négliger aucun détail, respecter scrupuleusement la chronologie,

---

(1) *La justice royale au moyen âge*, par M. Fustel de Coulanges, *Revue des deux Mondes*, 1871, pp. 535 et suiv.

comparer les textes, faire au besoin métier de greffier, de copiste et de commissaire-priseur, telle est la besogne aride mais indispensable qui s'impose aux hommes de bonne volonté, soucieux avant tout de l'exactitude. Quand tous les matériaux seront réunis, que chaque point litigieux aura été sondé, passé au crible, et que nous saurons à quoi nous en tenir sur les institutions, les mœurs, les idées de nos pères, oh! alors viendra le tableau d'ensemble, viendra la synthèse, la véritable histoire du Velay; mais en dehors de cette préparation nécessaire n'y songeons point, sous peine de nous copier servilement et de nous livrer à des redites infécondes.

Ce qu'il nous faut par-dessus tout, c'est une vaste et copieuse collection de titres. Des titres, encore des titres et toujours des titres, nous répétait sans cesse le patriarche des lettres vellaves, le savant M. Du Molin. C'est dans cette tâche, en effet, que gisent le salut et l'avenir de nos annales. Discuter sur des évènements précis et incontestés, c'est bien; mais faire jaillir d'un dépôt public ou privé un diplôme inconnu, c'est mieux, et, à vrai dire, c'est pour longtemps le seul et réel service que puisse rendre l'investigation locale.

Il ne faut pas se le dissimuler : on a déjà beaucoup fait dans ce sens. Qu'il reste encore à faire ! Que de parchemins, de terriers, de chartes, oubliés, dédaignés et dont il serait facile d'extraire des révélations lumineuses ! Pour nous, simple soldat dans la petite armée des chercheurs, nous avons voulu donner notre obole à l'œuvre patriotique et nous éditons le *Répertoire des hommages de l'évêché du Puy*.

Depuis bien des années l'attention des érudits se porte sur ce volumineux registre. Chacun l'a consulté et mis à profit; c'est une vraie mine dont les voix les plus autorisées ont proclamé la valeur : « Le *Répertoire* des hommages rendus aux évêques du Puy, écrivait M. Du Molin en 1874, ce document d'une si grande ressource pour les travailleurs...... (1). » « C'est dommage, avait dit auparavant le P. Fita, que cette intéressante publication (les Hommages) inaugurée dans la *Haute-Loire*, dans son numéro du 5 février 1870, n'ait pu se

---

(1) *La Seigneurie du Monte*. Le Puy, 1874, p. 27.

suivre) puisse-t-elle honorer nos *Tablettes !*... (1) » M. Rocher formulait aussi son opinion, mais moins favorable. « Ces deux dates, disait l'auteur de *Girone et Bigorre*, sont erronées comme tant d'autres qui figurent au Registre des hommages. Le rédacteur de ce recueil, si précieux du reste, le P. Cazalède, était paléographe très médiocre et son travail fourmille d'inexactitudes (2). »

M. Rocher n'a-t-il pas forcé un peu la note et exagéré les défauts du *Répertoire?* Si notre ami pouvait y revenir, nous sommes convaincu qu'il atténuerait beaucoup la rigueur de son jugement. Il est certain qu'on trouve beaucoup de *lapsus* et de lacunes dans cette compilation du P. Cazalède. Ce jésuite, étranger au pays, s'est trop peu soucié de l'orthographe onomastique et a défiguré maintes fois les noms de lieux et de personnes. La chronologie des évêques n'est pas toujours respectée, et les hommages eux-mêmes, groupés par fiefs, ne s'assujettissent point pour les dates à une précision suffisante. Que faut-il en conclure ? Le recueil du P. Cazalède ne doit point évidemment inspirer une confiance absolue. C'est un guide à suivre avec une extrême circonspection. Voilà qui est convenu : il n'en reste pas moins acquis qu'il y a là une source puissante d'informations, un bon outil pour les recherches, un instrument, en un mot, de grande utilité et qui tiendra bien sa place dans nos bibliothèques. Les *Noms féodaux* de Bétencourt contiennent aussi des imperfections de tout genre; personne s'est-il jamais avisé d'en parler avec mépris, et les savants les plus habiles n'en tirent-ils pas chaque jour des fruits excellents ? De même pour le *Répertoire* du P. Cazalède : il serait injuste de trop le dénigrer, surtout après les emprunts que tout le monde ici ne cesse de lui faire.

On a dit que ce registre intéresse un seul côté de nos vieilles institutions : les prérogatives de la suzeraineté épiscopale. Sans

---

(1) *Tablettes historiques de la Haute-Loire*, pp. 300 et 301, en note.
En 1870, nous avions commencé à insérer les hommages dans la *Haute-Loire*, mais le format et les exigences d'une feuille politique ne se prêtaient guère à une publication de ce genre et nous dûmes y renoncer.

(2) *Tablettes historiques du Velay*, t. III, p. 470, en note.

doute, mais l'évêque, on l'a répété bien des fois, et c'est là un lieu commun vulgaire, l'évêque est la clef de voûte de l'édifice social dans notre province au cours du moyen âge. Depuis saint Georges jusqu'à Antoine de Sénecterre et même jusqu'aux approches de 1789, le comte du Velay domine tout ce qui l'entoure par sa haute magistrature à la fois religieuse et politique. Du reste, à côté de l'évêque figurent dans les *Hommages* la plupart de nos grandes et anciennes familles, et les actes d'allégeance ou de féauté rendus au suzerain mettent en relief une foule de noms de l'aristocratie ou de la bourgeoisie.

Depuis longtemps nous songions à réduire sous une forme accessible à tous les lecteurs ce gros manuscrit caché dans l'un des rayons les plus obscurs des Archives départementales. Le 5 février 1872, nous faisions à la Société académique du Puy, dont nous sommes membre résidant, la communication suivante (1) :

« Parmi les documents précieux conservés dans nos archives
« départementales, il en est un que tous les historiens de notre
« pays ont consulté et sur lequel je me permettrai d'attirer pendant
« quelques instants votre bienveillante attention. Il a pour titre :
« Répertoire général de tous les hommages et investitures qui se
« sont trouvés dans les archives de l'évêché du Puy, rendus aux
« seigneurs évêques depuis l'an 1154 jusques à présent, tirés de
« livres et liasses, comme il est marqué par frère Jean-François
« Cazalède, jésuite, et escrit par Me Pierre Fargues, receveur des
« tailles, conseiller du Roi, en l'année 1740 et 1741, par ordre de
« messire François de Béringhen, évêque, seigneur du Puy, im-
« médiat du Saint-Siège, comte de Vellay, abbé de l'abbaye de
« Saint-Gilles en Languedoc, abbé de l'abbaye de Sainte-Croix de
« Bourdeaux, seigneur de la ville de Tournan en Brie, comte d'Ar-
« mainvilliers, etc. »

« Ce manuscrit, in-folio de 510 feuillets, d'une belle écriture
« ronde, sur beau papier de fil très fort, est de date trop récente

---

(1) Annales de la Société académique du Puy, t. XXXII, pp. 49 et suiv.

« pour offrir un grand intérêt au point de vue paléographique.
« Toutefois, laissant de côté la forme pour n'envisager que le fond,
« il doit être considéré comme une source abondante de reusei-
« gnements pour notre histoire locale, comme une espèce de livre
« d'or où se déroulent, pendant une période de six cents ans, les
« noms de nos évêques, ainsi que des familles aristocratiques, bour-
« geoises et plébéiennes du Velay.

« Les évêques du Puy, vous le savez, Messieurs, exerçaient au-
« trefois un droit de suzeraineté non seulement sur le Velay mais
« encore sur certaines régions de l'Auvergne, du Gévaudan, du
« Vivarais, du Forez et même du Lyonnais. Or, d'après les cou-
« tumes féodales, l'hommage étant dû à chaque *nuance de seigneur
« ou de vassal*, les feudataires et les vassaux prêtaient foi et hom-
« mage à nos évêques pour les fiefs et possessions relevant de la
« suzeraineté épiscopale. Cet acte était accompagné de redevances
« en nature ou en argent que spécifie notre manuscrit.

« Ces hommages qui se renouvellent à l'infini, fournissent des
« détails topographiques, historiques, agricoles, archéologiques,
« commerciaux, etc.; ils nous présentent une nomenclature des
« villes, bourgs, hameaux, églises, abbayes, prieurés, chapelles,
« oratoires, des forteresses, châteaux, maisons fortes, des routes,
« estrades, des rivières, ruisseaux, fontaines, étangs, des monta-
« gnes, sucs, *gardes*, des ponts et péages, des croix de carrefour,
« arbres limitants, pierres plantées, cimetières, etc.

« Chaque fief y figure avec ses tenants et aboutissants, bois, vi-
« gnobles, prairies, ermes, garayts, etc.

« On trouve dans ce répertoire des données précieuses sur les
« anciennes monnaies, les mesures agraires, l'étendue des paroisses,
« les droits seigneuriaux et de justice, les pariages, les redevances
« en nature telles que froment, seigle, vin, etc.; les investitures, la
« nature des fiefs, les fonctions publiques, les industries, les pro-
« fessions, les métiers, les cens sur les églises, etc.

« Les indications de noms de personnes et de lieux se calculent
« par milliers et offrent à l'érudit une source précieuse d'infor-
« mations.

« Un grand nombre de citoyens qualifiés de bourgeois du Puy

« apparaissent dès le XIVe siècle et prêtent le serment de foi et fidé-
« lité à leur évêque. D'intéressants détails sur les vieilles rues du
« Puy et les terroirs environnants figurent dans ce répertoire.

« Faut-il, Messieurs, faire ressortir l'utilité de l'impression de ce
« manuscrit? Ici, notre tâche est facile. Nous vivons dans des
« temps agités, à des époques où l'on n'est pas sûr du lendemain.
« Les tragiques évènements de Paris, l'incendie de ses monuments,
« de la bibliothèque du Louvre, consommé par la main d'hommes
« qui ne respectent aucun des principes de la société, tout cela
« nous fait un devoir de sauvegarder, dans la mesure de nos forces,
« les documents locaux, véritables *instrumenta* de notre histoire.

« C'est grâce à un miracle, vous le savez, que la bibliothèque
« Richelieu et le dépôt des Archives nationales de Paris ont
« été préservés des flammes. On tremble à la pensée que ces ri-
« chesses scientifiques et littéraires pouvaient disparaître en un clin
« d'œil sous la torche de ces modernes vandales.

« Si les travaux des savants Bénédictins sont parvenus jusqu'à
« nous, c'est à l'imprimerie seule que nous devons ce bienfait. Où
« sont aujourd'hui les titres originaux qu'ils ont compulsés, analysés,
« ou donnés *in extenso* avec la plus scrupuleuse exactitude? Hélas !
« ces documents ont sombré dans les révolutions dont notre patrie
« a été le théâtre. Les labeurs de ces hommes d'élite auraient été
« perdus pour la postérité s'ils n'avaient été recueillis dans ces vastes
« compilations : le *Gallia Christiana*, la *Diplomatique de Mabillon*,
« l'*Histoire du Languedoc*, etc.

« Enfin, Messieurs, une dernière considération doit nous frapper.
« Nous saluons l'aurore d'une ère nouvelle, d'une ère de régénéra-
« tion des études historiques, littéraires et scientifiques. Les sociétés
« savantes de France communiquent à leurs travaux un mouvement
« plus accentué, un essor plus rapide et plus large. Elles aspirent
« à une *revanche* morale. Resterons-nous en dehors de cet entraîne-
« ment si patriotique? Poser la question c'est la résoudre. La So-
« ciété académique du Puy ne saurait faillir à sa mission, qui est
« l'expansion du progrès. Son passé oblige. Loin de suivre ce
« courant, elle le devancera. Elle se placera aux avant-postes de
« la science et de l'histoire, assurés que parmi ses membres il y en

« aura toujours d'assez forts et d'assez dévoués pour tenir haut et
« ferme sa bannière, symbole de lumière et de progrès.

« Je crois avoir démontré, Messieurs, la haute importance du
« Registre des hommages au point de vue de notre histoire locale et
« l'impérieuse nécessité de le sauvegarder d'une manière définitive
« en le vulgarisant par l'impression.

« Si, comme je l'espère, j'ai pu faire pénétrer cette conviction
« dans votre esprit, ne jugeriez-vous pas opportun de livrer à la
« publicité un manuscrit qui intéresse à un si haut degré les familles
« et les localités de notre cher Velay ?

« Dans l'espoir que la Société académique voudra bien accéder
« à ce vœu, je me fais un véritable plaisir de mettre à sa disposi-
« tion une copie complète et exacte de ce manuscrit pour le livrer
« à l'impression. »

Nous n'avons point à redire les motifs qui amenèrent la Société
à nous refuser son patronage. Il est des souvenirs qu'il faut con-
damner à l'oubli. Privé d'un concours naturel, sinon nécessaire, et
livré à nos propres ressources nous n'avons pas reculé devant une
entreprise dont tous les amis de notre histoire appelaient la réali-
sation.

Le *Répertoire* s'ajoutera à la série des récents travaux qui ont
donné une si vive impulsion aux recherches : le Cartulaire de Chamalières, le *Journal* d'un bourgeois du Puy, les huit volumes des
Tablettes, la monographie de *Viaye*, les divers articles de M. Rocher
dans l'*Annuaire de la Haute-Loire* et dans les *Mémoires de la Société
des Amis des Sciences*, le *Journal* de Baudouin, de M. Paul Le Blanc, les
Mélanges historiques de M. le curé Payrard, les *Etudes* de M. l'abbé
Arsac sur les *Abbés du Monastier-Saint-Chaffre*, etc.

Un mot sur notre manuscrit : Il renferme 510 feuillets in-folio
d'une belle et très lisible écriture, mais sans valeur paléographique.
La série des *Hommages* est précédée de six tables contenues en
vingt-deux pages et dont voici le sommaire :

1º *Parcelles des fiefs et hommages de l'évêché du Puy.* Cette division
comprend 287 noms, parmi lesquels : Allègre, Aurec, Aubenas,
Beaudiner, Bas, Bronac, Chabrespine, Craponne, Dunières, Eynac,

Goudet, Jagonas, Issarlès, La-Tour-Maubourg, Lardeyrol, Loudes, Montlaur, Ours, Pradelles, Saussac, Vachères, Vaux, etc.

2° *Liste des châteaux mouvans en fief immédiat ou médiat de l'évêché du Puy ou ceux qu'il tient en propriété tant dans le diocèze que hors le diocèze :*

Dans cette nomenclature de 101 noms, nous citerons : Arlempdes, Artias, Saint-Agrève, Arzon, Bouzols, Beaufort, Beaune, Chapteuil, Queyrières, Cayres, Ceyssac, etc.

3° *Liste de forteresses, petits châteaux, tours ou maisons fortes distinguées.*

Vingt-sept noms figurent dans cette catégorie, savoir : la Brosse, Chambarel, le Cros, Orcerolles, Ebde, Luc, Lignon, Malivernas, le Villard, Volhac, Vissac, Vielprat, etc.

4° *Liste d'abbayes, prieurés ou monastères.*

Cette série comprend : Bellecombe, les Chazes, le Chambon, Chamalières, Grazac, Mercoire, la Séauve et Vorey.

5° *Liste des péages :* Lapte, Pont-la-Sainte, le Pertuis, Retournac, etc.

6° *Liste des principaux mandements où sont dénombrés les fiefs du seigneur évêque du Puy.* Il nous suffira d'indiquer, dans une liste de 42 noms : Beaujeu, Borne, Glavenas, Yssingeaux, Mercœur, Sereys, Servissas, Saint-Didier, Saint-Paulien, Tence, Le Puy, Fix, Vertamise, etc.

Beaucoup de noms de lieux inscrits au *Répertoire* ont disparu et ne se retrouvent sur aucune carte du pays. D'autres sont tellement défigurés qu'il est impossible de leur donner une attribution précise. Nous avons dû, en conséquence, reproduire telle quelle l'orthographe du manuscrit, en faisant néanmoins toutes les rectifications dont nous possédions les éléments.

Les dix premières feuilles de notre publication sont absolument conformes au texte original, mais dans les feuilles suivantes nous avons, pour éviter des répétitions oiseuses, simplement analysé les hommages.

Qu'il nous soit permis, en terminant, d'adresser l'expression sincère de nos vives sympathies à tous ceux qui nous ont aidé dans notre modeste tâche et notamment à MM. Payrard, curé de Saint-Julien-d'Ance, et Rocher, avocat au Puy.

RÉPERTOIRE GÉNÉRAL

DE TOUS LES HOMMAGES ET INVESTISONS QUI SE SONT TROUVÉS DANS LES ARCHIVES DE L'ÉVÊCHÉ DU PUY, RENDUS AUX SEIGNEURS ÉVÊQUES DEPUIS L'AN 1154 JUSQUES A PRÉSANT, TIRÉ DE LIVRES ET LIASSES, COMME IL EST MARQUÉ PAR FRÈRE JEAN-FRANÇOIS CAZALÈDE, JÉSUITE, ET ESCRIT PAR M.ᶜ PIERRE FARGUES, RECEVEUR DES TAILLES, CONSEILLER DU ROY, EN L'ANNÉE 1740 ET 1741, PAR ORDRE DE MESSIRE FRANÇOIS DE BÉRINGHEN, ÉVÊQUE, SEIGNEUR DU PUY, IMMÉDIAT DU SAINT-SIÉGE, COMTE DE VELLAY, ABBÉ DE L'ABBAYE DE SAINTGILLES EN LANGUEDOC, ABBÉ DE L'ABBAYE DE SAINTE-CROIX DE BOURDEAUX, SEIGNEUR DE LA VILLE DE TOURNAN EN BRIE, COMTE D'ARMAINVILLIERS, ETC.

1740 ET 1741.

RÉPERTOIRE
DES
HOMMAGES DE L'ÉVÊCHÉ DU PUY

ALLÈGRE

1244-1245. — Deux hommages faits par messire Armand, sieur d'Allègre, du péage de Chomelis, fort et maison de Chambarel, Chadernac, Aunac et de Vezin, en la paroisse de Céaux;
Plus autre hommage, sans date, contenant ce dessus.

1245. — Armand, seigneur d'Allègre, a fait hommage à l'évêque du Puy d'un tiers du péage de Chomelis.

1285. — Seigneur Hugue d'Allègre a fait hommage à messire Frédole, évêque du Puy, du péage du château de Chomelis et du pont d'Arlenches;
Plus tout ce qu'il a et doit avoir à Auneas et tout ce qu'il a et qu'on tient de lui dans la ville de Saint-Paulien;
Plus la forteresse de Chambareys et appartenances, et la maison, pont et maison del Vézy avec leurs appartenances et tout ce qu'il a dans les susdits lieux.

1298. — Noble Armand d'Allègre a fait hommage à messire Jean de Cuménis, évêque du Puy, du péage du château de Chomelis et du pont Arlenches, et ce qui est spécifié pour ledit pont audit péage dudit château;

Plus tout ce que ledit Armand a et tient à Amnesac (*Anazac*), et tout ce qu'il tient en l'église de Saint-George de Saint-Paulien, au village d'Amnesac et appartenances;

Plus la forteresse de Chambarel et villages de Chadernac et del Vezy et la maison del Vezy, avec toutes les appartenances de ce dessus.

1309. — Armand d'Allègre a fait hommage comme dessus à messire Bernard de Castanet, évêque du Puy.

1310. — Eustache, seigneur d'Allègre, a fait hommage à messire Bernard de Castanet, évêque du Puy, du péage du château de Chomelis et du pont Arlenches et de tout le reste comme ci-devant.

1319. — Eustache, sieur d'Allègre, a reconnu tenir en fief le péage du château de Chomelis, avec toutes les autres choses, comme ci-devant, à l'hommage précédent.

1328. — Noble Eustache, sieur d'Allègre, a fait hommage à qui dessus, du péage de Chomelis et des autres choses comme ci-devant.

1343. — Dans la minute des hommages rendus à messire Jean Chandaurac (*Chandorat*), évêque du Puy, on trouve le suivant :

Par messire Eustache, sieur d'Allègre, du péage du château de Chomelis et pont d'Arlenches, comme est spécifié dans le péage dudit château,

Plus tout ce qu'il a à Amnesac, et tout ce qu'il tient en l'église de Saint-George de Saint-Paulien, au village d'Amnesac et appartenances,

Plus la forteresse de Chambarel et village de Chadernac et del Vesin, et la maison de Vésin, avec toutes les appartenances desdits lieux comme ci-dessus,

Plus le mas appelé Juchets, avec ses appartenances qu'il a acquis du vicomte de Polignac, et le mas de Chardon, plus le fief qu'il a acquis dudit dans le mas de Fraicinet-Lalebouze, et terroirs y appartenant et de Maizosola (*Maison seule*) situé en la paroisse de Lyssac qu'il tient en fief de Vital Jausserand de Pouzols.

ALZON [1]

1356. — Béraud Dalmas, damoiseau, reconnait tenir en fief un moulin appelé d'Alzon, situé sur la rivière d'Alzon, sur le lieu appelé de la Détourbe, sous le chemin qui s'en va du Puy à Fix, avec le pré dudit moulin contigu qui fut de Grégoire Boissac, ci-devant dit.

ARAULES

1291. — Garino, veuve de Pons Monier de Bonnas, reconnait tenir en fief à messire Guidon de Noveville (*Guy de Neufville*), évêque du Puy, tout ce qu'elle avait et autres tenaient d'elle, savoir les hommes, terres et autres à Araules, et à Bonpard, et à Montgrand, et dans les ténements et appartenances desdits lieux, et généralement tout ce qu'elle a et autres tiennent à elle dans le mandement du château de Bonnas.

1318. — Pons de Chambonnet reconnait en fief tout ce qu'il avait, tenait et on tenait à lui au village d'Araules.

1328. — Même hommage que dessus.

1366. — Pierre de Gazelles, bourgeois du Puy, reconnait tenir en fief franc quatre setiers de blé tant froment que seigle, mesure de Bonnas, trente-deux sols et deux gélines de censive annuelle qu'il perçoit au village d'Araules, dans le mandement de Bonnas; plus six cartons de seigle, mesure du Puy, qu'il perçoit sur un champ, etc.

---

(1) La carte de la Haute-Loire, par Giraud, indique près de Limandres un moulin d'Ozon. La carte de l'état-major appelle ce même moulin Bouron. Ces deux noms seraient-ils des altérations d'Alzon ?

ARLEMPDES

1269. — Il y a un hommage fait à Monseigneur l'évêque par Eracle de Montlor, chevalier, de son château et mandement d'Arlemde.

1274. — Il y a un hommage du château et place d'Arlemde fait à Monseigneur l'évêque, par noble puissant seigneur Eracle de Montlor.

1277. — Il y a un hommage rendu à Monseigneur l'évêque, par noble Pons, seigneur de Montlor, fils de feu Eracle, du château d'Arlemde et mandement.

1300. — Il y a un hommage rendu à Monseigneur l'évêque, de ladite place d'Arlemde et ses appartenances, par Guigon de Montlor.

1328. — Il y a un hommage du château d'Arlemde, rendu à Monseigneur l'évêque, par Pons, seigneur de Montlor.

1351. — Guigon de Montlor, chevalier, a fait hommage à Monseigneur l'évêque, du château d'Arlemde avec ses appartenances.

1383. — Il y a un hommage du château d'Arlemdes et appartenances rendu à Monseigneur l'évêque, par noble Guido, seigneur de Montlor, chevalier.

1604. — Investiture donnée par messire Jacques de Serres, évêque, à messire François de Fléhard, sieur de Montmiral en Dauphiné, de l'achat de la place d'Arlande, contenant hommage de ladite place, reçue par messire François Galien, notaire du Puy.

1614, 28 novembre. — Il y a investiture portant hommage de la terre et baronie d'Arlande, par messire François Fléhard, seigneur de Montmiral, de messire Charles de la Marais (*Marck*) duc de Bouillon.

1630, 4 août. — Il y a investiture de la place d'Arlempdes, donnée à Messire Jean de Botfin, seigneur de la Saulve-Argenson, en Dauphiné, pour l'achat de la place d'Arlemde qu'il a fait de puissante dame Virgine de Fléhard.

1632. — Il y a la ratification de la susdite investiture faite par messire Just de Serres, évêque.

ARTIAS ET ARTITES[1]

1220. — Il y a un hommage rendu à Monseigneur l'évêque, par Pons de Chapteul, de tout ce qu'il a à Artias.

1271. — Il y a une reconnaissance faite à messire Guilhaume (de la Roue), évêque, par noble Guigue, seigneur de la Roche (Roche-en-Regnier), du château et tout le mandement d'Artias, au-delà de la rivière de Loire.

1285. — Il y a hommage rendu à messire Frédole, évêque, par Guigou, sieur de Roche, du château et mandement d'Artias.

1296. — Il y a hommage rendu à messire Jean de Cuménis, évêque, par Guigon de Roche, du château et mandement d'Artias et autres choses.

1301. — Il y a autre hommage par ledit Guigon de Roche, du château d'Artias, etc.

1309. — Hommage rendu à messire Bernard de Castanet, évêque, par Guigon de Roche, du château et mandement d'Artias.

1319. — Hommage rendu à messire Durand (de Saint-Pourçain), évêque, par Guigue de Roche, du château et mandement d'Artias, etc.

1327. — Hommage rendu à messire Bernard (le Brun), évêque, par Guigon, sieur de Roche, du château et place d'Artias, etc.

(1) Commune de Retournac.

1362. — Hommage rendu à messire Bertrand de la Tour, évêque, par Guigue de Roche, du château et place d'Artias, etc.

1383. — Noble Guigonnet, seigneur de Roche et dame Eléonore, tutrice, reconnaissent tenir en fief le château et forteresse d'Artias avec son mandement.

1383. — Hommage rendu à messire Bertrand de Chanac, patriarche, par M° Jean Allier de Saint-Didier, de ce qu'il a à Artias et Artites.

1395. — Hommage rendu à messire Ittier (*de Martreuil*), évêque, par messire Philipe de Levy, seigneur de Roche, du château d'Artias et autres lieux y nommés.

1584. — A la liasse des arrêts de 1571 à 1589, il y a une sentence rendue au Sénéchal du Puy, laquelle condamne le seigneur de Roche à payer les lods des terres d'Artias, Malivernas et Retournac, audit évêque.

ARZON [1]

1285. — Noble Imbert de la Garde a fait hommage à messire Frédole, évêque du Puy, du village de Simiautro, avec toutes ses appartenances, lequel mas est dans le château du mandement d'Arzon; plus tout ce qu'il avait dans le village de Jabret *(Jabrelles)* et ses appartenances dans ledit mandement, et tout ce qu'il a acquis de Hugues Dartyeras dans les appartenances de Saint-Geneys et de Oveyras *(Uveyres)*.

1296. — Noble Pons de Piassac fit hommage à messire Jean de Cuménie, évêque du Puy, de sa maison qu'il avait dans le château d'Arzon, avec les jardins et prés dans le mandement dudit château.

---

(1) Communauté de Chomélix.

1297. — Pons de Castre-Longue fait hommage au susdit seigneur évêque, de la terre et pré situé à Saint-Geneys et au Monteils, et dans la bailye d'Arzon, vingt-deux cartons de blé et trois sols tournois et une géline.

1308. — Noble Guilhaume de Pouzols reconnait tenir en fief à messire Bernard de Castanet, évêque du Puy, sa maison et grange qu'il a à Pouzols, et tout ce qu'il a et on tient de lui au lieu appelé de la Faye; plus les maisons et place entre lesdites maisons que tient à lui Jean Boudon; plus tout ce qu'il a et qu'on tient de lui au lieu de Saigne-Foraine et de Chamgrau, dit de Chabrot; plus tout ce qu'il a et on tient de lui au terroir de Thénnon; plus tout ce qu'il avait et on tient à lui au lieu de Meizonnetes; plus tout ce qu'il avait et on tenait à lui au mas Del Pendadis, dit Del Marchadil; plus tout ce qu'il a et on tient à lui au lieu d'Eyravas-Souteyre et de Chamnerus (*Chamvert*); plus tout ce qu'il avait, percevait et on tenait à lui au lieu de Nolhac, et tout ce qu'il tient pour Arven au lieu d'Arzon et tout ce qu'il avait et tenait à lui dans le château d'Arzon; plus l'appenderie, dite Hebraud, qui est dans le terroir d'Arsac et terroir de Malpoy, et tout ce qu'on tenait à lui dans les susdits terroirs, avec leurs appartenances, lesquels lieux sont dans le mandement du château d'Arzon.

1308. — Guilhaume de la Salce reconnait tenir en fief à messire Bernard de Castanet, évêque du Puy, deux setiers de seigle et cinq cartons d'avoine, à la mesure du château d'Arzon, quatre gélines et seize sols tournois qu'il perçoit dans le mandement du château d'Arzon, et généralement tout ce qu'il a, tient et on tient à lui dans ledit château et mandement.

1308. — Noble Pons Vigier reconnait tenir en fief au susdit seigneur évêque, tout ce qu'il avait, tenait, percevait et autres tenaient à lui dans le château et mandement d'Arzon et appartenances, et spécialement tout ce qu'il avait, percevait et autres tenaient de lui dans le mas de Malliac, de Sacna (*Sannay*) (1), de Las Eranhas et appartenances desdits mas.

1308. — Noble Pierre Drogue reconnait tenir en fief au susdit seigneur évêque, tout ce qu'il avait tenait et autres tenaient à lui dans le village d'Arzac et appartenances, que ledit village est situé dans le mandement du château d'Arzon ; plus tout ce qu'il avait, tenait et autres tenaient à lui au village et appartenances de Nualhac *(Nolhac)*, ledit village est dans le mandement du château d'Arzon ; plus tout ce qu'il avait, tenait et autres tenaient de lui dans le village et appartenances de Blatlhac *(Blanhac)*, situé dans le mandement du château de Mezéres.

1308. — Noble Pierre Adam de Cereys reconnait tenir en fief à messire Bernard de Castanet, évêque du Puy, tout ce qu'il avait, tenait et autres tenaient de lui dans le mas Mayeur, du lieu d'Arsac, avec ses appartenances et tout ce qu'on tenait à lui dans ledit mas Libonenc ; plus tout ce qu'il avait, percevait et que tenaient à lui Jean de Larbre, Mathieu Bonne, et Vital de la Bra, au village d'Arsac et appartenances ; plus tout ce que tient de lui Astort d'Arsac ; plus tout ce qu'il avait et percevait dans le village de Nolhac avec les hommes dits les Courtils et de la Peyre, et tout ce qu'il avait et on tenait à lui au terroir de las Frodaches ; plus tout ce qu'il avait et percevait au château d'Arzon ; plus aussi ce que tient à lui Jean Pitavi ; plus l'appenderie de Saint-Robert avec ses appartenances ; le tout susdit il tient en fief franc au susdit évêque ; plus sa maison et grange de Cereys, située dans la paroisse de Chalmelis *(Chomelix)* dans le mandement dudit château d'Arzon, avec les appartenances de ladite maison et grange, pour lesquelles il reconnait devoir donner annuellement pour censive quinze cartons de seigle, un carton d'avoine et neuf deniers tournois ; le tout est dans le mandement du château d'Arzon.

1309. — Barthélemie Vigière, femme de Thomas Vigier, paroisse de Saint-Maurice de Roche, diocèse du Puy, reconnait tenir en fief du susdit seigneur évêque, un setier blé seigle de censive, mesure de Roche, et douze deniers tournois qu'elle perçoit annuellement sur les particuliers y dénommés, dans le mandement du château d'Arzon.

1309. — Laurans de Pouzols, clerc de la paroisse de Vourey, diocèse du Puy, reconnait tenir en fief à messire Bernard de Castanet, évêque du Puy, la moitié par indivis du mas d'Eyravas-Soutoyre et tout ce qu'il avait, tenait, possédait et autres tenaient à lui au mandement et dans le mandement du château d'Arzon, et la moitié d'une maison située dans ledit château.

1309. — Pierre de Pouzols reconnait comme dessus et à qui dessus un setier de seigle, mesure du château d'Arzon, quatre sols tournois de censive qu'il perçoit par an sur Guilhaume d'Eyravas et ses frères, pour son mas d'Eyravas, paroisse de Vourey, et tout ce qu'il a, tient et on tient de lui dans ledit mas et appartenances.

1309. — Pons d'Arzon, du diocèse du Puy, reconnait tenir en fief au susdit seigneur évêque, trente-six cartons de blé de censive, trente-quatre cartons de seigle, deux cartons d'avoine, dix-sept sols tournois et trois gélines qu'il perçoit sur Jean et André de Cremayrolles, et de Hugo Chabrel; plus deux prés situés au terroir d'Arzon que tiennent à lui Guilhaume Bascoylh, Guilhaume Solhac et Marc Del Jabret, plus douze deniers tournois de censive qu'il perçoit sur Hugues Chabrel.

1309. — Noble Estienne de Pouzols reconnait tenir en fief à qui dessus tout ce qu'il avait, tenait et autres tenaient à lui dans le mas d'Eyravas et appartenances, lequel mas est dans le mandement du château d'Arzon; et tout ce qu'il avait, tenait et autres tenaient de lui dans le susdit château.

1309. — Noble Jausserand de la Molhado reconnait tenir en fief à messire Bernard de Castanet, évêque du Puy, sa maison qu'il avait dans le château d'Arzon, avec ses appartenances confrontant avec le mur ou vinten dudit château et tout ce qu'il avait, tenait et on tenait à lui dans ledit château et mandement d'Arzon, plus une géline de censive qu'il perçoit à Arzon, sur la maison de Vital Gérard.

1309. — Jean de Cussonnac reconnait tenir en fief au susdit seigneur évêque, la moitié du mas et terroir de Cussonnac, qui est dans le mandement du château d'Arzon, qui confronte d'un côté avec la terre du mas de Cereys, et d'autre part, avec la rivière d'Arzon.

1309. — Philipe Roberte reconnait tenir en fief au susdit

seigneur évêque, une carte de seigle de censive, qu'il perçoit annuellement sur les hommes de Gortarret *(Coutarel)* et sur l'appenderie, appelée Lou Chasla de Gortarret.

1309. — Bertrand de Cussonnac reconnait tenir en fief au susdit seigneur évêque, un pré appelé Del Bayre, dans le mandement d'Arzon et jouxte la rivière appelée Del Bayre ; plus une émine de blé de censive sur Jean de Pratlong et Philipe d'Arzon, pour des jardins qu'ils tiennent à Arzon ; plus sa maison de Cussonnac, avec ses appartenances, qui confronte avec la terre de Cereys et avec la rivière d'Arzon ; plus neuf sols de censive qu'il perçoit sur le pré à la ière d'Albayre.

1309. — Reymond Frotgo, de Chancelade, mandement d'Arzon, reconnait tenir en fief à messire Bernard de Castanet, évêque du Puy, onze deniers tournois, un carton d'avoine qu'il perçoit sur Jaques, prieur de Coustarel, pour sa maison qu'il tient au château d'Arzon et pour des jardins y confrontés, plus huit deniers sur un pré à Arzon ; plus la moitié d'un carton d'avoine et tout ce qu'il avait et tenait dans le château et mandement d'Arzon.

1309. — Philipe de la Chau, femme de Guilhaume de Pouzols, tutrice de ses enfants, reconnait tenir en fief au susdit seigneur évêque la moitié par indivis du mas d'Eyravas-Souteyre, situé dans le mandement d'Arzon, avec sa juridiction et appartenances, et tout ce qu'il avait, tenait, possédait et autres tenaient à eux dans ladite moitié du mas ; plus la quatrième partie de la maison indivise qu'il avait au château d'Arzon, avec ses appartenances.

1309. — Reymond Frotgo, de Chancelade, mandement d'Arzon, reconnait tenir en fief au susdit seigneur évêque, certaine rente qu'il prend dans le mandement d'Arzon, et tout ce qu'il a dans le château et mandement.

1310. — Elizabet du Foux, paroisse de Vouroy, mandement du château d'Arzon, reconnait tenir en fief au susdit seigneur évêque, dix-sept cartons de seigle, huit sols tournois, et cinq gélines, qu'elle perçoit dans le mas du Foux, dans le susdit mandement d'Arzon.

1310. — Pierre Paschairo Chamlis reconnait tenir en fief, à messire Bernard de Castanet, évêque du Puy, certaines rentes qu'il perçoit au mas de Crémérolles, dans le mandement d'Arzon.

1313. — Pierre de la Salce, fils de Guilhaume, reconnait tenir en fief au susdit seigneur évêque, la rente qu'il perçoit dans le mandement d'Arzon.

1314. — Giraud Aspazy reconnait tenir en fief à qui dessus, douze cartons de seigle et six sols qu'il perçoit au mas du Poux, dans le mandement du château d'Arzon.

1318. — Demoiselle Elisabet du Poux, fille de Luquet du Poux, paroisse de Vourey, mandement d'Arzon, reconnait tenir en fief à messire Durand, évêque du Puy, dix-sept cartonades de seigle, huit sols tournois, et une géline qu'elle perçoit au mas du Poux, dans le susdit mandement d'Arzon.

1318. — Sieur Laurens Pouzols, prêtre, de la Ros (*Roue*) et Hugo, son neveu, par indivis, reconnaissent tenir en fief au susdit seigneur évêque, la moitié, par indivis, du mas d'Eyravas-Souteyre, situé dans le mandement d'Arzon, avec ses droits et appartenances, et tout ce qu'ils avaient, tenaient et autres tenaient d'eux, dans ladite moitié de mas indivis; plus la moitié d'une maison aussi par indivis qu'ils avaient dans le château d'Arzon, avec ses appartenances.

1318. — Pierre Adam de Cereys, mandement d'Arzon, damoiseau, reconnait tenir en fief franc au susdit seigneur évêque, tout ce qu'il avait, tenait et autres tenaient à lui, dans le mas Mayeur, ville d'Arsac, avec ses appartenances et tout ce que tient à lui dans ledit mas, le nommé Bouène; plus tout ce qu'il avait, percevait et tenaient de lui Jean de Larbre, Mathieu Boue et Vital de Larbre, dans le lieu d'Arsac et ses appartenances; plus tout ce que tient à lui Astort d'Arsac et tout ce qu'il avait et percevait dans le village de Malhac, avec les hommes dits les Courtilz, et de la Peyre, et tout ce qu'il avait et on tenait à lui dans le terroir de Las Frodaches, et tout ce qu'il avait et percevait dans le château d'Arzon, et aussi ce que tient à lui Jean Pitevo; plus l'appenderie de Saint-Robert avec ses appartenances; plus maison et grange de Cereys, située dans la paroisse de Chomelis, dans le mandement du château d'Arzon, avec les appartements de ladite maison et grange, pour laquelle maison et grange et autres appartenances reconnait devoir donner annuellement de censive quinze cartons de seigle, un carton avoine et neuf deniers tournois; le tout est situé dans le mandement du château d'Arzon; plus tout ce qu'il avait, tenait et on tenait à lui dans ledit château et mandement.

1318. — Pierre de Pouzols, de la Ros, paroisse de Vourey, damoiseau, reconnait tenir en fief franc au susdit seigneur évêque, un setier de seigle, mesure du château d'Arzon, quatre sols tournois de censive qu'il perçoit au mas d'Eyravas, situé dans ladite paroisse et tout ce qu'on tient à lui dans ledit mas; plus la quatrième partie d'une maison qu'il a par indivis avec sieur Laurens et Hugon de Pouzols et Peirichone de la Salce, au château d'Arzon; plus la quatrième partie du mas d'Eyravas-la-Souteyre, et généralement tout ce qu'il a, percevait et on tenait à lui dans le château et mandement d'Arzon.

1318. — Pons Piscayres de Chomelis, reconnait tenir en fief franc à messire Durand, évêque du Puy, vingt-sept cartonades de seigle, une carte d'avoine, seize sols tournois et une géline que lui donnent Jean, André et Hugon de Jabret de Cromeyrol, lequel mas est dans le mandement d'Arzon.

1318. — Jean Robert de Cussonnac, reconnait tenir en fief franc au susdit seigneur évêque, la moitié du mas et terroir de Cussonnac, mandement d'Arzon, y confronté, plus six deniers tournois qu'il perçoit dans le mas de Nualhac au jardin de Grégoire Noel.

1318. — Reymond de la Molhade, damoiseau, reconnait tenir en fief au susdit seigneur évêque, sa maison qu'il avait dans le château d'Arzon avec ses appartenances, confrontant avec les murs ou vintain dudit château, et tout ce qu'il avait, tenait et on tenait à lui dans le château et mandement d'Arzon, plus une géline de censive qu'il perçoit à Arzon de la maison de Vital Girard; plus cinq sols de censive qu'il perçoit annuellement à Espaly sur la maison de Barthélemy Gibert; plus dix-huit deniers qu'il perçoit sur la maison de Liberade-Nota-Moza (sic); plus douze deniers sur la maison de Jacques Gibert et autres.

1318. — Pierre de Pouzols, damoiseau, reconnait tenir en fief à messire Durand, évêque du Puy, sa grange qu'il avait à Pouzols avec ses appartenances, et tout ce qu'il avait et on tenait à lui dans le lieu appelé de la Faye, avec ses appartenances; plus les maisons et places devant lesdites maisons que tient à lui Jean Boudon; plus aussi tout ce qu'on tient à lui dans le lieu appelé de Saigne-Forène et de Chamgrand, dit Lou Chabot, et tout ce qu'il avait et on tenait à lui au terroir de Teuven et ses appartenances, et tout ce qu'il avait au lieu de Meizonnettes et appartenances, et tout ce qu'il avait au mas Del Pendadis, sive de Marchadil, et ses appartenances qui tiennent à lui, plus tout ce qu'il avait et on tient à lui au lieu d'Eyravas-Souteyre, de Chamnerus, et tout ce qu'il avait et tenait à lui au mas de Malhac, et tout ce qu'il avait et on tenait à lui Pons Arbu, au lieu d'Arzon, et tout ce qu'il avait et on tenait à lui dans le château d'Arzon; plus l'appenderie, dite Hebraude qui est au terroir d'Arsac et terroir de Malpoer, et tout ce qu'on tient à lui dans lesdits lieux et terroirs, qui tous sont situés dans le mandement du château d'Arzon.

1319. — Pierre de Cussonnac reconnait tenir en fief à qui dessus un pré appelé d'Albayre, situé dans le mandement du château d'Arzon; plus une émine de blé-mixture, de censive, que lui donne Jean de Monprat et Philippe d'Arzon pour des jardins qu'ils tenaient à lui à Arzon; plus sa maison de Cussonnac avec ses appartenances qui confronte avec la terre de Cereys et avec l'eau d'Arzon; plus neuf sols tournois de censive sur les prés de la rivière d'Alvayre.

1319. — Robert Philipe reconnait tenir en fief franc à qui dessus une carte de seigle de censive qu'il perçoit annuellement sur les hommes de Gortarret.

1319. — Pierre de Pouzols, paroisse de Vourey, damoiseau, reconnait en fief à messire Durand, évêque du Puy, un setier de seigle, de la mesure du château d'Arzon, quatre sols tournois de censive qu'il perçoit annuellement au mas d'Eyravas, paroisse de Vourey, et tout ce qu'il avait, tenait et on tenait à lui dans ledit mas et appartenances ; plus reconnait ce qui lui est survenu par la mort d'Estienne de Pradelles, son cousin, quatre parties d'une maison située au mas d'Eyravas ; plus la quatrième partie du mas d'Eyravas-la-Souteyre qui est indivis avec Pons, Laurens et Hugon de Pouzols, et généralement tout ce qu'il avait, tenait, possédait, et on tenait à lui dans le château et mandement d'Arzon.

1328. — Elizabet du Poux, damoiselle, reconnait tenir en fief à messire Bernard, évêque du Puy, dix-sept cartons de seigle, huit sols tournois et une géline de censive qu'elle perçoit dans le mas du Poux, dans le mandement du château d'Arzon.

1328. — Giraud Espazy, damoiseau, reconnait tenir en fief au susdit seigneur évêque, douze quartes seigle et sept sols tournois qu'il perçoit au mas du Poux, dans le mandement du château d'Arzon ; plus reconnait tenir en fief franc une maison qu'il avait à Espaly, y confrontée.

1328. — Laurens de Pouzols, dit de la Roux, prêtre, reconnait tenir en fief au susdit seigneur évêque, un mas appelé d'Eyravàs-Souteyre, situé dans le mandement d'Arzon, avec ses droits et appartenances ; plus la quatrième partie d'une maison par indivis.

1328. — Pierre de Pouzols, dit de la Roux, reconnait tenir en fief, à qui dessus, certaine censive qu'il perçoit au château et mandement d'Arzon.

1328. — Pierre de Saussac, damoiseau, reconnait tenir en fief à qui dessus, deux setiers de seigle de censive etc., dans le mandement du château d'Arzon.

1328. — Pierre de Pouzols, damoiseau, reconnait tenir en fief au susdit seigneur évêque, sa grange de Pouzols et tout ce qu'il avait à Pouzols, et autres choses, le tout dans le mandement d'Arzon.

1328. — Pierre Adam de Cereys, reconnait tenir en fief franc au susdit seigneur évêque, tout ce qu'il avait, tenait et autres tenaient à lui au mas Mayeur, du lieu d'Arsac, avec ses appartenances, et au mas Libonenc ; plus tout ce qu'il avait et percevait dans le tènement et autres endroits y exprimés.

1328. — Pierre ....; reconnait tenir en fief à messire Bernard, évêque du Puy, certaine censive qu'il perçoit dans le mandement d'Arzon.

1328. — Pons Pascayre de Chomelis, reconnait tenir en fief au susdit seigneur évêque, tout ce qu'il avait dans le mas appelé de Cromeyrolles et de Jabret, etc.

1331. — Pons de Pouzols, de la Salce, reconnait tenir en fief au susdit seigneur évêque, tout ce qu'il a et possède dans le château et mandement d'Arzon et appartenances.

1333. — Hugues Chapos, clerc, et Jean de Bonnefon, paroisse de St-Vincent-de-Valz, dans l'Amblavès, et Pierre de la Salce, fils à Guilhaume, reconnaissent tenir en fief au susdit seigneur évêque deux setiers de seigle et cinq cartons d'avoine, mesure du château d'Arzon, quatre gélines et dix-sept sols de censive annuelle qu'ils prennent au mas d'Arsac et d'Eyravas, sur certains tenanciers; plus tout ce qu'ils ont dans le mandement du château d'Arzon.

1337. — Hugues Chapos, de Sosde, clerc, reconnait tenir en fief à qui dessus deux setiers de seigle, cinq cartons d'avoine, mesure du château d'Arzon; plus quatre gélines et dix-sept sols qu'il perçoit de censive annuelle d'Arsac et d'Eyravas, sur certaines personnes; plus tout ce qu'il a dans le mandement du château d'Arzon, de la succession et posession de Pons de la Salce, et généralement tout ce qu'il tient et on tient de lui dans ledit château et mandement d'Arzon.

1342. — Noble Bilhau d'Usson, damoiseau, fils émancipé, et dame Girine, sa femme, reconnaissent tenir en fief au susdit seigneur évêque, le village appellé de Sumentra (*Seniautre*), avec ses appartenances, situé dans le mandement du château d'Arzon, et tout ce qu'il avait, tenait, et on tenait à lui dans ledit mandement et appartenances; spécialement tout ce qu'avait sieur Imbert de Lagarde, chevalier, au lieu appelé de la Bruyère, lequel est situé dans le mandement du château d'Arzon.

1343. — Marguerite Hérimone, veuve de maître Guilhaume Salgues, notaire, reconnait tenir en fief à messire Jean de

Chaudorat, évêque du Puy, un terroir appelé de Peyremoreuc, autre terroir appelé de Martret; plus un champ appelé de Montpeyrox; plus tout ce qu'elle avait, tenait et on tenait à elle au terroir des champs susdits, y confrontés.

1343. — Pierre Robert de Cussonnac, reconnait tenir en fief à messire Jean de Chaudorat, évêque du Puy, la moitié du mas et terroir de Cussonnac, qui est dans le mandement du château d'Arzon, y confronté; plus quatre deniers de censive qu'il perçoit sur les héritiers de Grégoire Noël, de Nolhac.

1343. — Pierre Chancelade, reconnait tenir en fief franc certaines rentes qu'il prend dans le mandement d'Arzon.

1343. — Guilhaume de Pouzols de la Rox, damoiseau, reconnait tenir en fief un setier de seigle, mesure d'Arzon, quatre deniers de censive qu'il perçoit sur des particuliers dans le mandement d'Arzon, plus autres deux setiers et douze cartons de seigle et un cartal d'avoine qu'il perçoit au mas d'Eyravas, etc.

1343. — Estienne Pascayroux, dit Chomelis, reconnait tenir en fief franc vingt sept cartons de seigle, un carton d'avoine, seize sols tournois et une géline qu'il perçoit dans le mas de Crémeyroles, situé dans le mandement du château d'Arzon.

1343. — Elisabet du Poux, damoiselle, reconnait tenir en fief franc dix-sept cartons de seigle, huit sols tournois, et une géline de censive qu'elle perçoit dans le mandement de château d'Arzon.

1343. — Jean de Pouzols reconnait tenir en fief franc la huitième partie de la maison supérieure et inférieure située au château d'Arzon, plus une pagesie et demi, et le reste comme ci-dessus.

1343. — Jeanne Vassalène reconnait tenir en fief franc une carte de seigle de censive qu'elle perçoit sur les habitans de Gourtaret pour une appenderie appelée Lous Chaslatz de Gortaret.

1343. — Hugon de Pouzols de la Salce, reconnait tenir en fief franc la huitième partie de la maison supérieure et inférieure située au château d'Arzon, dans les portes dudit château; plus une pagesie et la moitié d'une autre qu'il perçoit sur certains habitants d'Arzon; plus trois cartons et demi et un quart de seigle qu'il perçoit au mas de Gortarret, et autres censives qu'il perçoit sur ledit mas, sur le moulin et mas appelé de Cremeyrolles, au mas d'Eyravas, et sur les habitants du mas d'Arsac, etc.

1343. — Noble Hiacinthe, fille de Guilhaume de Pouzols de la Ros, reconnait tenir en fief franc, la quatrième partie de la maison supérieure et inférieure située au château d'Arzon; plus une pagesie qu'il perçoit sur les habitants du château d'Arzon et sur les jardins situés contre ledit château; plus six cartons de blé, moitié seigle et moitié avoine et autres censives, etc., qu'il perçoit à Goutarret, à Crameyroles, à Eyravas et à Eyravazet.

1343. — Guigon Vigne, damoiseau, reconnait tenir en fief franc tout ce qu'il avait, tenait, percevait et autres tenaient à lui dans le château et mandement d'Arzon et appartenances, et généralement tout ce qu'il avait, percevait et on tenait au mas de Nalhac, de Sacenac, de Las Franhas, et appartenances desdits mas, et le mas appelé Chapdome.

1343. — Pierre Adam de Cereys, damoiseau, reconnait tenir en fief franc tout ce qu'il avait, tenait et autres tenaient à lui dans le mas Mayeur, village d'Arsac et au mas Libonenc, et au village de Malhac et tout ce qu'il perçoit dans le château d'Arzon et qu'on y tient à lui; plus l'appenderie St-Robert, avec ses appartenances; plus sa maison et grange de Cereys, située dans la paroisse de Chomelis, mandement d'Arzon; plus reconnait tout ce qu'il avait, tenait et on tenait à lui en censive, au château et mandement d'Arzon, etc.

1343. — Marguerite Hérimone, veuve de maître Guilhaume Salgues, notaire, reconnait tenir en fief à messire Jean de Chandorat, évêque du Puy, un terroir appelé de Peyremoreuc, autre terroir appelé de Martret; plus un champ appelé de Montpeirox; plus tout ce qu'elle avait, tenait et on tenait à elle au terroir des champs susdits, y confrontés.

1343. — Hugon Charreyre, damoiseau, reconnait tenir en fief franc une maison appelée de Piessac, située dans le château d'Arzon, et un jardin situé dans le mandement dudit château, proche le ruisseau appelé Arzon ; plus un pré, situé en la rivière d'Aleinate, dans ledit mandement, une carte d'avoine et une géline qu'il perçoit de censive sur les héritiers de Girard d'Arzon.

1343. — Guilhaume Drogue, damoiseau, reconnait tenir en fief franc tout ce qu'il avait, tenait, et autres tenaient à lui dans le village d'Arsac et appartenances situé dans le mandement du château d'Arzon ; plus tout ce qu'il avait, tenait, et autres tenaient à lui dans le village et appartenances de Malhac, aussi dans le mandement d'Arzon ; plus tout ce qu'il avait, tenait, et autres tenaient à lui au village et appartenances de Blaulhac, situé au mandement du château de Mezères.

1343. — Hugon Blanc, de Fix, reconnait tenir en fief, vingt cartons de seigle, de la mesure de Roche, plus dix-huit deniers qu'il perçoit de censive au mas appelé de la Bruyère, situé dans le mandement du château d'Arzon.

1343. — Pierre de Cussonnac, reconnait tenir en fief franc un pré appelé d'Albayre, situé dans le mandement du château d'Arzon, jouxte la rivière d'Albayre ; plus une émine de blé, mixture de censive, sur Jean de Pratlong d'Arzon ; plus une maison appelée de Cussonnac, avec ses appartenances, qui confronte avec la terre de Cereys et avec l'eau d'Arzon ; plus neuf sols tournois de censive qu'il perçoit sur Guerzy de Malhac et sur Jean de Pratlong.

1343. — Pierre de Pouzols, damoiseau, reconnait tenir en fief sa maison grange qu'il avait à Pouzols et tout ce qu'il avait, tenait et on tenait à lui au lieu de la Faye, et appartenances, plus les maisons et places devant les maisons et tout ce qu'il avait et on tenait à lui au lieu de Saigne-Forain et de Chamgrand, dit Lichabot, et tout ce qu'il avait, tenait et on tenait à lui, au terroir de Founoul et appartenances ; plus tout ce qu'il avait au lieu de Meyzonnetes et appartenances, et au mas Del Pendadis, sive de Marchadil et appartenances ; plus tout ce qu'il avait, tenait et on tenait à lui, au lieu d'Eyravas-Souteyre et de Chamvers, et au mas de Malhac, et tout ce qu'il avait et on tenait à lui au lieu d'Arzon et dans le château d'Arzon; plus l'appenderie de Braut qui est dans le terroir d'Arsac et de Malpouyet, et tout ce qu'on tenait à lui dans ledit lieu et territoires qui tous sont dans le mandement du château d'Arzon.

1344. — Armand Aspazy, damoiseau, reconnait tenir en fief douze cartes de seigle, et six sols tournois qu'il perçoit au mas de Poux, dans le mandement du château d'Arzon; plus reconnait tenir en fief franc une maison qu'il avait à Espaly, y confrontée; plus tout ce qu'il avait, tenait, percevait et on tenait à lui, dans le château et mandement d'Espaly.

1344. — Hugue Charreyre, damoiseau, reconnait tenir en fief une maison qu'il avait dans le château d'Arzon, avec ses appartenances qui y est confrontée.

1345. — Noble Odo, seigneur de Seneul, damoiseau, reconnait tenir en fief treize cartons de seigle, sept sols six deniers et une géline de censive qu'il perçoit et ses prédécesseurs percevaient annuellement dans le mandement du château d'Arzon.

1362. — Hugon de la Roux reconnait tenir en fief à messire Bertrand de la Tour, évêque du Puy, la quatrième partie des maisons supérieures et inférieures dans les portes du château d'Arzon; plus pedien et pogeze qu'il perçoit et ses prédécesseurs prenaient au château d'Arzon, avec un jardin, jouxte ledit château; plus certaine rente au mas de Gortaret; plus des censives qu'il perçoit à Cremayroles, au mas Del Pont, au mas d'Eyravas, et au mas d'Eyravazet, etc.

1362. — Pierre Robert de Cussonnac reconnait tenir en fief franc la moitié du mas et terroir de Cussonnac qui est dans le mandement d'Arzon.

1362. — Sieur Pierre Mitte, chevalier, reconnait tenir en fief franc la moitié de ce qu'il a de propriétés et possessions, rentes et droits qu'il doit avoir, perçoit et doit percevoir au mas de Besses et d'Arsac, situés dans la paroisse de Saint-Pierre-Duchamp, et aux terroirs et tènements, de la même manière qui ont été reconnus au sieur Guigon de Roche, en 1308, sur les conditions y énoncées, lequel mas de Besses avec son tènement et le tènement du mas d'Arsac, se confronte d'une part, avec le tènement du mas de Malhac; d'autre part, avec le tènement du mas Del Peyre; d'autre part, avec ledit mas d'Arsac, etc.

1362. — Miracle, fille de Beraud Rorgüe, femme de Bertrand Monnetére, reconnait tenir en fief douze cartes de seigle et six setiers froment qu'elle perçoit dans le mas du Poux, mandement du château d'Arzon; plus tient en fief franc audit seigneur évêque, une maison qu'elle avait à Espaly, y confrontée.

1362. — Estienne Pascayron de Chomelis, reconnait tenir en fief franc vingt-sept cartes de seigle, une carte d'avoine, seize sols tournois et une géline qu'il perçoit de rente dans le mas de Cremayrolles, lequel est situé dans le mandement du château d'Arzon.

1362. — Noble Alize de la Roux, reconnait tenir en fief un setier de seigle, de la mesure du château d'Arzon, et quatre deniers de censive qu'il perçoit annuellement dans le mandement d'Arzon, et dans les pareries du mas d'Eyravas et tènements situés dans la paroisse de Vourey; plus trois setiers de seigle, cinq d'avoine de ladite mesure, de rente, etc.

1362. — Sieur Guigon Vigier, chevalier, reconnait tenir en fief franc tout ce qu'il avait, tenait et autres tenaient à lui dans le château et mandement d'Arzon et appartenances, spécialement tout ce qu'il avait, percevait et autres tenaient à lui au mas de Malhac, de Sana *(Sannay)* et de Las Eragnas, et appartenances desdits mas, et le mas appelé Chapdome; plus tout ce qu'il avait, tenait, percevait et autres tenaient à lui au village et château de Chaptenil, et appartenances.

1362. — Yziope, fille d'Hugon de Pouzols, dit Chapo de la Salce, reconnait tenir en fief franc la huitième partie de la maison supérieure et inférieure située au château d'Arzon, dans les portes dudit château; plus une pagesio et la moitié d'autre qu'elle perçoit sur les habitants d'Arzon; plus trois cartes et demi et un quart et demi de seigle qu'elle perçoit annuellement au mas Gourtaret, sur les habitants dudit mas, et autres rentes sur divers particuliers y spécifiées.

1362. — Noble Odo Dermand, de Seneul, damoiseau, reconnait tenir en fief les censives et rentes annuelles qu'il perçoit dans le mandement du château d'Arzon.

1362. — Pierre Chancelade, reconnait tenir en fief onze deniers et une carte d'avoine qu'il perçoit annuellement sur une maison au château d'Arzon, y confrontée; plus deux parties d'une carte avoine de censive, etc., qu'il perçoit à Arzon.

1364. — Jean de Sereys, reconnait tenir en fief franc tout ce qu'il avait, tenait et autres tenaient à lui au mas sive, village d'Arsac, avec ses appartenances, et tout ce qu'il avait à lui au mas Liboueue; plus tout ce qu'il avait, percevait, et que tenaient à lui Jean de Larbre, Mathieu Bon et Vital de Larbre, au village d'Arsac et appartenances; plus tout ce qu'il avait et percevait au village de Malhac, avec les habitants dits les Courtils de la Peyre; plus tout ce qu'il avait, on tenait à lui aux torts d'Arsac et au terroir de Las Fradaches et au château d'Arzon; plus l'appenderie St-Robert, etc.; plus reconnait sa maison et grange de Cereys, situées dans la paroisse de Chamalières et mandement du château d'Arzon, et reconnait que ladite grange doit donner annuellement pour censive quinze cartes de seigle, une carte d'avoine et neuf deniers tournois, que tout est dans le mandement du château d'Arzon.

1367. — Pierre Drogue, damoiseau, reconnait tenir en fief tout ce qu'il avait, tenait et on tenait à lui au village d'Arsac et appartenances, situé au mandement d'Arzon; plus reconnait tout ce qu'il avait, tenait et autres tenaient à lui au village de Malhac, situé audit mandement; plus tout ce qu'il avait, tenait et autres tenaient à lui au village et appartenances de Blanlhac, situé dans le mandement du château de Mezères.

1383. — Noble Guigon Vigier, chevalier, reconnait tenir en fief à messire Bernard de Chanao, (1) patriarche de Hiérusalem,

---

(1) L'hommage a été rendu à Bertrand de Chanac et non à Bernard de Chanac qui ne figure pas dans la liste des évêques du Puy.

administrateur de l'évêché du Puy, tout ce qu'il avait, tenait, percevait, et autres tenaient à lui au château et mandement d'Arzon, spécialement tout ce qu'il avait, tenait et autres tenaient à lui au mas de Malhac, de Sécua et de Las Eragnas, et appartenances desdits mas et le mas appelé Chatione; plus tout ce qu'il avait, percevait et autres tenaient à lui dans le village et château de Chapteul, et appartenances.

1383. — Léonard Gay, et sa femme, reconnaissent tenir en fief vingt-quatre cartons de seigle, mesure Ferrat, appelé noble Bertrand de la Bastide, qui est plus forte que celle du Puy, cinq sols tournois d'argent et une géline de censive annuelle qu'il perçoit avec droit de lods et rentes qu'ils ont acquis et qu'ils perçoivent au mas de Mouleyres et Dous Garayt, au terroir de Martret, sur les y nommés.

1383. — Noble Guinot, seigneur de Seneul, reconnait tenir en fief treize cartons de seigle, sept sols six deniers, et une géline de censive qu'il perçoit dans le mandement du château d'Arzon.

1383. — Jausserand de Pouzols, paroisse de Saint-Just, mandement d'Arzon, reconnait tenir en fief franc sa maison de Pouzols, avec toutes les rentes qu'il avait et percevait au mandement et dans le mandement du château d'Arzon, en fief franc et noble.

1383. — Astort et Pierre de la Ros, frères, reconnaissent tenir en fief la quatrième partie de la maison supérieure et inférieure entre les portes du château d'Arzon; plus podiens et pogèze qu'il perçoit et ses successeurs sur les habitants du château d'Arzon et sur certains jardins contre ledit château; plus autre censive et rente sur les particuliers y nommés d'Eyravas et d'Eyravazét.

1383. — Noble Jean de Sereys reconnait tenir en fief franc tout ce qu'il avait, tenait et autres tenaient à lui, au mas Mayour, de ville d'Arsac, avec ses appartenances; plus au village de Malhac; plus ce qu'il avait au château d'Arzon et au terroir de Fredaches; plus l'appenderie de Saint-Robert; plus reconnait tenir sa maison et grange de Cereys, située dans la paroisse de Chomelis, mandement d'Arzon.

1383. — Pons de Erème *(l'Herm)*, clerc, notaire, pour ce qui le touche, usufruitier et au nom de noble Alize, fille d'Estienne, sa femme, reconnaissent tenir en fief un setier de seigle, mesure du château d'Arzon, et autre rente y spécifiée qu'ils perçoivent annuellement sur les particuliers y dénommés dans le mandement d'Arzon.

1383. — Pierre Robert de Cussonnac, reconnait tenir en fief franc la moitié du mas et terroir de Cussonnac, dans le mandement d'Arzon; plus certaine rente qu'il y perçoit sur les particuliers y nommés.

1383. — Jean Ademard de Cussonnac, et sa femme, reconnaissent tenir en fief la moitié du mas et terroir de Cussonnac, qui est dans le mandement du château d'Arzon; plus tout le domaine et héritage, cens et rentes qu'ils perçoivent dans le lieu appelé de Saugalhet, mandement du château d'Arzon; ledit héritage est situé dans ledit mas; plus tout ce qu'ils avaient dans le lieu et château d'Arzon, en rentes y dénombrées.

1383. — Guilhaume de Froytisse, et Izabel Pascayronne sa femme, reconnaissent tenir en fief franc vingt-sept cartons de seigle une carte d'avoine, seize sols et une geline qu'ils perçoivent de rente, au mas de Cremeyrolles, lequel mas est situé dans le mandement du château d'Arzon.

1384. — Pierre Chancelado reconnait tenir en fief certaine rente qu'il perçoit au château d'Arzon.

1567. — Investiture donnée à noble Jaques Rochier, des cens et rentes qu'il perçoit aux villages d'Eyravas, Eyravazet, Cremeyrolles, Cheyssac et autres lieux et villages situés dans le mandement d'Arzon, lesdites rentes ayant été ci-devant acquises de noble Bertrand de la Roux, seigneur dudit lieu.

1568. — Noble Jean de Miolans, seigneur de Chevridres, de Mons, de Besses et d'Arsac, mandement d'Arzon, reconnait tenir en fief le village de Besses et d'Arsac, avec la petite et basse justice. Dans ledit acte, il rappelle d'autres hommages.

1607. — Investiture portant hommage qu'il promet de

faire, par maitre Regnier Fouchant, de la métairie appelée Chancellade, située au mandement d'Arzon, par lui acquise de noble Just. de Blancheleyres, seigneur de Chauclot, ladite métairie étant de fief franc et noble de l'évêché du Puy.

1621. — Investiture des rentes levables aux lieux de Chamière *(Champvert)*, la Garnasse et Ucirier, dans le mandement d'Arzon, acquises par maitre Pierre Bernard, notaire de Vourey, de maitre François Ponchon, juge de la cour commune du Puy.

1631. — Advenevis (1), de la haute justice du village d'Arsac et Besses, au mandement d'Arzon.

AUBENAS (2)

1274, 9 mai. — Hommage rendu à messire Guilhaume de la Roue, évêque, par puissant Eracle de Montlor, de la ville et tour d'Aubenas.

1277. — Hommage rendu à messire Jean de Cuménis (3), évêque, par Pons de Montlor, de la ville, maison et tour d'Aubenas.

1309. — Il y a hommage rendu à messire Bernard de Castanet, évêque, par noble Guigue, seigneur de Montlor, de la ville, maison et tour d'Aubenas.

---

(1) On appelle *abenevis* ou *benevis*, (de *abeneviare*, louer en emphytéose), un contrat par lequel un propriétaire donne et remet à titre d'*abenevis*, des prés, terres, vignes, etc., à la charge d'une redevance ou rente annuelle et perpétuelle convenue entre les parties.

(2) Chef-lieu de canton du département de l'Ardèche.

(3) Jean Ier de Cuménis ou de Comines occupa le siège épiscopal du Puy de 1293 à 1308. Ce n'est donc pas à lui que Pons de Montlor a rendu hommage, mais bien à Guillaume II de la Roue, qui fut évêque du Puy de 1253 à 1282.

1328. — Il y a hommage rendu à messire Bernard, évêque, par noble puissant Pons de Montlor, de la ville, maison et tour d'Aubenas.

1351, 9 juillet. — Hommage rendu à messire Jean de Chandaurac, évêque, par seigneur Guigue de Montlor, du château d'Aubenas.

1384. — Hommage rendu à messire Bertrand de Channac, patriarche de Jérusalem, par noble puissant seigneur Gui de Montlor, du château, ville, maison et tour du pont d'Aubenas.

1384. — Il y a semblable hommage que dessus, en parchemin.

1489. — Hommage rendu à messire Geofroy de Pompadour, évêque, par messire Louis de Montlor, du château, ville, maison et tour du pont d'Aubenas.

AUREC

1280. — Acte sur la reddition du château d'Aurec faite à Monseigneur l'évêque du Puy.

1291. — Hommage fait à Monseigneur l'évêque du Puy, par Pons de Saint-Haon, d'une partie du village de l'Herm, paroisse d'Aurec, en parchemin.

1297. — Hommage fait par dame Siville *(Sybille)* d'Aurec, veuve de noble Gibert, seigneur de Solignac, du château d'Aurec, avec son mandement et appartenances qui est situé au-delà du fleuve de la Loire.

1309. — Noble Gilbert, seigneur de Solignac, a fait hommage du château d'Aurec, avec le mandement et appartenances d'icelui, situé au-delà de la rivière de Loire.

1309. — Il y a un hommage fait par noble Bertrand de Solignac, du château d'Aurec, avec son mandement et appartenances dudit château par lui acquis.

1319. — Noble et puissant seigneur Beraut de Solignac, chevalier, a fait hommage du château d'Aurec, mandement et appartenances situé au-delà de la rivière de Loire.

1327. — Noble Baudus *(Beraldus)*, seigneur de Solignac, chevalier, a fait hommage du château d'Aurec, avec son mandement et appartenances, situé au-delà de la rivière de Loire.

1343. — Liotard, seigneur de Solignac, chevalier, a fait hommage du château d'Aurec, mandement et appartenances comme dessus.

1383. — Messire Armand, vicomte de Polignac, a fait hommage du château et mandement d'Aurec, comme ci-devant.

1395. — Noble puissante dame Bellonde de Laujac *(Langeac)*, veuve de Guyot de la Roue, a fait hommage du château d'Aurec, avec son mandement et appartenances, comme dessus, qu'il a acquis.

1622. — Il y a investiture de la place d'Aurec, en faveur de messire Jean, marquis de Nérestang, par acquisition faite de sieur de la Roue.

AUREC-LA-CHAPELLE

1395. — Investiture donnée par messire Ittier, évêque, à dame Belonde de Langhac, veuve du seigneur Guiot de la Roue, comme tutrice de ses enfants, de ce qu'il avait acquis par permutation de Gabriel Chazaller de Monistrol, en cens et rentes de la Chapelle d'Aurec.

1395. — Dame Belonde de Langeac, veuve du sieur Guiot

de la Roue, reconnaît et hommage à messire Ittier, évêque, le château d'Aurec, acquis par le susdit de la Roue, du vicomte de Polignac.

1622. — Quittance de lods de la terre et baronie d'Aurec-la-Chapelle et leurs dépendances relevant en fief de l'évêché du Puy.

AUROUX [1]

1296. — Noble Beraud, de Deux Chiens (*de duobus canibus*), fit hommage à messire Jean de Cuménis, évêque du Puy, du village de Salis *(les Salles)* avec ses appartenances, dans la paroisse d'Aures, et le mas appelé Ozilis, de ladite paroisse, diocèse de Mende.

1299. — Sieur Guigo de Villaret, chevalier, seigneur du château de Servière, diocèse de Mende, reconnaît en fief au susdit seigneur évêque, ce que Beraud de Deux Chiens, son associé, ce qui est compris dans une carte signée de l'année 1279, tenait, possédait et par lui et par autres dans le village de la Salles et appartenances, situé dans la paroisse d'Aures, diocèse de Mende, et tout ce qu'il pourra acquérir dans ledit village et appartenances, plus le mas appelé Ozilis qui est séparé en trois mas qui confronte avec la rivière d'Aures d'une part, le mas de l'Herm d'autre, la terre de la Chazotte d'autre, les terres de Sainte Colombe et de la Bruyère d'autre, la terre de Baspeyre *(Albespeyre)* d'autre, et avec la terre Del Sapet *(le Sap)* d'autre part; plus toute la forteresse qui est ancienne et qui sera à l'avenir dans ledit village et mas susdits et appartenances, et ce pour rendre.

1308. — Noble Bertrand et Jourdains Boeriis de Montaures,

---

[1] Chef-lieu de canton de l'arrondissement de Mende.

(Boyer de Montauroux) diocèse de Mende, reconnaissent tenir en fief à messire Bernard de Castanet, évêque du Puy, tout ce qu'ils ont et on tient d'eux dans le mas Dous Chapatz et appartenances, plus tout ce qu'ils ont et on tient d'eux dans le mas de la Salles et appartenances, lesquels sont dans la paroisse d'Aures, diocèse de Mende.

1308. — Noble Bertrand d'Aures reconnait tenir en fief à qui dessus, sa maison, sive grange de Chazals et tout ce qu'il a et on tient à lui dans ledit lieu des Chazals et ses appartenances, lequel lieu est dans la paroisse de Notre-Dame d'Aures, diocèse de Mende.

1308. — Noble Guilhaume d'Aures reconnait tenir en fief à messire Bernard de Castanet, évêque du Puy, tout ce qu'il avait dans le mas, sive village de Chazeaux, et dans son terroir et appartenances, et tout ce qu'on y tenait de lui ; plus tout ce qu'il avait et on tenait de lui dans la paroisse d'Aures, diocèse de Mende.

1308. — Noble Pierre de Saint-Haon reconnait tenir en fief à qui dessus, toute la pagesie que Vital Gelios tenait audit Pons, dans la paroisse d'Aures, diocèse de Mende, laquelle pagesie confronte d'un côté qui va de l'Herm vers Aures et prend le long dudit chemin jusqu'à la rivière appelée Aures, et d'autre part confronte avec le chemin qui s'en va de l'Herm à Nemoza... et tend au bois qui tient au seigneur de Montaures jusqu'à la rivière d'Aures, excepté le bois de Chantefan, que tient le susdit Pierre, en pleine seigneurie, excepté la mort et mutilation de membres qui appartient au seigneur évêque du Puy et au chapitre, siège vacant.

1309. — Sieur Guigon de Villaret, chevalier, du diocèse de Mende, confesse tenir en fief au susdit seigneur évêque tout ce qu'il tient, possède et on tient à lui dans le village de la Salle et toutes ses appartenances, lequel village et appartenances est situé dans la paroisse de l'église d'Aures, diocèse de Mende, et tout ce qu'il y pourra acquérir à l'avenir dans ledit village et appartenances ; plus le mas appelé d'Ozilis, savoir, trois mas terre et demi avec leurs appartenances, lequel confronte avec la rivière d'Aures d'une part, les terres du mas de l'Herm d'autre, la terre de la Chazotte, la terre Del Sapet, la terre de Sainte-Colombe et de la Brujère d'autre, et la terre d'Albespeyre de l'autre côté, plus toutes les forteresses qui sont, qui ont été et qui seront à l'avenir dans lesdits villages et mas susdits, et ce pour rendre à la simple réquisition des évêques.

Ensemble est transcrit autre hommage rendu à messire Guilhaume de la Roue, évêque du Puy, en l'année 1279 par Beraud de Deux Chiens.

1315. — Noble Hugon de Saint-Haon, diocèse de Mende, reconnaît tenir en fief à messire Bernard de Castanet, évêque du Puy, toute la pagesie que Raymond Gallies tient à lui dans la paroisse d'Aures, diocèse de Mende, laquelle pagesie confronte d'une part avec le chemin qui va de l'Herm à Aures et tout le long d'icelui jusques à l'eau, appelé Aures; d'autre part confronte avec le chemin qui s'en va de l'Herm vers le bois, et tend au bois qui tient au seigneur de Montaures, jusqu'à la rivière d'Aures; plus reconnaît tout le bois dit Feu, appelé de Chantefan, se retenant ledit sieur Hugonet la pleine seigneurie, excepté de mort et mutilation de membre, qui appartient au susdit seigneur évêque.

1320. — Noble sieur Guigo de Villaret confesse tenir en fief à messire Durand, évêque du Puy, tout ce qu'il avait, tenait, possédait, et on tenait à lui dans le village de la Salles et appartenances, qui est situé dans la paroisse d'Aures, diocèse de Mende, et tout ce qu'il avait et pourrait acquérir dans lesdites paroisses; plus le mas appelé d'Ozilis qui est en trois mas et demi de terre avec ses appartenances y confronté; plus toutes les forteresses qui sont et se feront à l'avenir dans lesdits villages et mas susdits et appartenances.

1320. — Bertrand Boyer de Montaures, diocèse de Mende, reconnaît tenir en fief à messire Durand, évêque du Puy, la troisième partie du mas Dous Chapatz et appartenances, la troisième partie du mas de la Salles, et généralement tout ce qu'il avait dans ledit mas et appartenances, lesquels lieux sont situés dans la paroisse de Notre-Dame d'Aures, dans le susdit diocèse.

1320. — Bertrand d'Aures, damoiseau, reconnait tenir en fief à messire Durand, évêque du Puy, sa maison et grange de Chazeaux, et tout ce qu'il avait, tenait et on tenait à lui dans le susdit lieu de Chazeaux et appartenances, lequel est dans la paroisse de Notre-Dame d'Aures, diocèse de Mende ; plus tout ce que Guilhaume d'Aures avait dans le mas, sive village de Chazeaux, et terroir et appartenances et tout ce que ledit Guilhaume avait, tenait et on tenait à lui dans la paroisse de Notre-Dame d'Aures, diocèse de Mende.

1328. — Guigo de Villaret reconnait tenir en fief à messire Bernard, évêque du Puy, tout ce qu'il avait, possédait et on tenait à lui dans le village de la Salles et ses appartenances, lequel village est situé dans la paroisse de l'église d'Aures, diocèse de Mende ; plus les mas appelés de Duzilhes et tout le reste comme ci-dessus.

1343. — Noble Guigon de Villaret, chevalier, reconnait tenir en fief franc tout ce qu'il tient, possède et on tient à lui dans le village de la Salles et ses appartenances, situé dans la paroisse d'Aures, diocèse de Mende, et tout ce qu'il avait acquis et acquerrait à l'avenir dans ledit village et appartenances ; plus le mas appelé d'Ozilhon, savoir trois mas et demi avec ses appartenances y confrontés, plus toutes les forteresses qui sont faites et se feront à l'avenir dans ledit village et mas susdits, et ce pour rendre.

1343. — Bertrand Boyer, damoiseau, reconnait tenir en fief à messire Jean de Chandorat, évêque du Puy, tout ce qu'il avait et on tenait à lui dans le mas Dous Chapatz et appartenances ; plus tout ce qu'il avait et on tenait à lui dans le mas de Las Salles et appartenances, lesquels lieux sont situés en la paroisse de Notre-Dame d'Aures, diocèse de Mende.

1343. — Guillaume Boyer reconnait tenir en fief tout ce qu'il avait et on tenait à lui dans le mas Dous Chapatz et appartenances, et tout ce qu'il avait et on tenait à lui dans le mas de Las Salles et appartenances, lesquels lieux sont situés en la paroisse de Notre-Dame d'Aures, diocèse de Mende.

1343. — Bertrand d'Aures, damoiseau, reconnait tenir en

fief sa maison et grange de Chazeaux et tout ce qu'il avait, tenait et on tenait à lui dans le lieu de Chazeaux et appartenances, lequel lieu est situé dans la paroisse de Notre-Dame d'Aures, diocèse de Mende; plus reconnait tenir en fief tout ce que Guilhaume d'Aures avait dans son vivant dans le mas, sive village de Chazeaux, et terroir, et appartenances, et tout ce qu'on tenait à lui dans ledit village et dans la paroisse de Notre-Dame d'Aures, susdit diocèse.

1350. — Noble dame Marguerite, veuve de noble et puissant seigneur Reymond de Boutte, chevalier, reconnait tenir en fief à messire Jean *(de Champdorat)*, évêque du Puy, le mas de Bizac, paroisse de Notre-Dame d'Aures, diocèse de Mende, avec ses droits, appartenances, et la haute et basse juridiction mère, mixte, impère, ledit mas y confiné; plus le mas de l'Herm et de Saignalade, situés dans la paroisse d'Auroux, et tout ce qu'il avait dans ladite paroisse et la haute et basse juridiction mère, mixte, impère desdits mas, et tout ce qu'il a accoutumé d'y lever.

1362. — Sieur Guigon de Villaret, chevalier, reconnait tenir en fief tout ce qu'il avait, tenait, possédait et on tenait à lui au village de Las Salles et appartenances qui est situé dans la paroisse d'Aures, diocèse de Mende, et tout ce qu'il pourrait acquérir dans ledit village; plus le mas appelé d'Ouzilhon qui fait trois mas y confrontés.

1383. — Noble Guilhaume de Villaret reconnait tenir en fief tout ce qu'il avait, tenait, possédait et on tenait à lui au village de Las Salles et appartenances, en la paroisse d'Aures, diocèse de Mende, plus le mas appelé de Dorzilho, où il y a trois mas et demi; plus toutes les forteresses qu'on a faites et qu'on fera dans lesdits villages, mas et appartenances.

1667. — Hommage en fief franc et noble portant investiture de la seigneurie de Bizac et l'Herm, au diocèse de Mende, consistant en une maison forte appelée du Mont, avec toute justice, plus une directe en justice, jouxte la rivière d'Auroux, acquis par sieur Jaques Boucharent, sieur de Bizac.

1720. — Investiture portant hommage de la terre et soi

gneurié du mandement de Salles, situé dans la paroisse d'Auroux ; ensemble tous les fiefs et arrière-fiefs de ladite terre et appartenances, acquise par noble Pierre de Margoire, de M° Louis de Montal, seigneur de Haubes, au prix de 16,700 livres et 500 livres pour le pot du vin.

AUTEYRAC [1]

1308, en mars. — Hommage fait par Guilhaume Arnaud à messire Bernard de Castanet, évêque du Puy, de sa maison et fort d'Auteyrac et de tout ce qu'il avait et était tenu de lui au terroir d'Auteyrac et ses appartenances, excepté le mas Del Bouchet qui relève de Solignac.

1309. — Hommage rendu par Bertrand de Solignac, à messire Bernard de Castanet, évêque, du village d'Auteyrac.

1318. — Il y a hommage fait par Guilhaume Arnaud, à messire Durand, évêque, de sa maison d'Auteyrac et de tout ce qu'il a et qu'on tient de lui au territoire d'Auteyrac et ses appartenances, excepté le mas Del Bouchet qu'il dit être au seigneur de Solignac.

1327. — Hommage rendu par Pierre et Guilhaume Arnaud, frères, à messire Bernard, évêque, de leur maison et fort d'Auteyrac, etc.

1328. — Hommage fait par Pons Longle, à messire Bernard, évêque, de ce qu'il prend au terroir d'Auteyrac.

1343. — Hommage fait par Pierre et Guilhaume Arnaud, frères, à messire Jean de Chandanac, évêque du Puy, de la maison et fort d'Auteyrac et de tout ce qu'ils avaient et était

(1) Commune de Cayres.

tenu d'eux au terroir dudit lieu d'Auteyrac et au terroir appelé le mas Del Chastel, excepté le mas Del Bouchet qui tient du seigneur de Solignac, plus à Cayres, à Prateláux, etc.

1314. — Hommage fait par Pierre Arnaud audit évêque, comme dessus.

1344. — Hommage rendu par Pierre Arnaud à messire Jean de Chandaurac, évêque du Puy, de tout ce qu'il a et tient dans le territoire d'Auteyrac, le mas appelé Del Chastel et appartenances, excepté le mas Del Bouchet qu'il dit se tenir du seigneur de Solignac.

1362. — Hommage fait par Eustache, chevalier, à messire Bertrand, évêque, de tout ce qu'il a à Auteyrac.

1362. — Semblable hommage fait par ledit Eustache, du fort d'Auteyrac et de tout ce qu'il a dans le terroir et le mas de Chastel et à Cayres, et à Praclaux et les rentes de Rauzet (Ronzet), plus le château de Saint-Germain et tout ce qu'il a à Mercuer, Mézères, à la Prade, dans le mandement de Chapteuil.

1362. — Autre hommage fait par Jacques de Saint-Marcel, du fort et du mas d'Auteyrac.

1362. — Sieur Eustache, chevalier, reconnaît tenir en fief la forteresse d'Auteyrac et tout ce qu'il avait et on tenait à lui au terroir d'Auteyrac et au mas Del Chastel et appartenances, excepté le mas Del Boschet, appelé le mas d'Auteyrac, qu'il dit tenir du seigneur de Solignac, plus tout ce qu'il avait et on tenait à lui dans le château et mandement de Cayres, plus reconnaît tenir la paierie qu'il avait et on tenait à lui dans le mas de Praclaux et dans son terroir de la paroisse de Landos, excepté dans ledit mas ce que tiennent à lui Bertrand Boyer et Pierre Cogny, plus dix sols de censive qu'il perçoit dans les susdites terres, etc.

1362. — Semblable hommage fait par Beraud d'Agrain, audit évêque, du mas et forteresse d'Auteyrac.

1474. — Hommage fait par le procureur de Jean, duc de Bourbon, à messire Jean de Bourbon, évêque du Puy, du village d'Auteyrac.

1605. — Investiture donnée par messire Jacques de Serres, évêque, à noble Antoine de Bertolaye, sieur d'Ebde, de la métairie et maison d'Auteyrac, dans le mandement de Cayres, acquises par ledit d'Ebde.

BÁRGES

1274. — Hommage fait par noble seigneur Héracle de Montlor, à messire Guilhaume de la Roue, évêque du Puy, de la forteresse de Barges.

1296. — Hommage rendu par Guide de Montlor, à messire Jean de Cuménis, évêque du Puy, de la forteresse de Barges.

1309. — Hommage fait par Guigon de Montlor, de la forteresse de Barges.

1328. — Hommage rendu par messire Pons de Montlor, à messire Bernard, évêque du Puy, de la maison et forteresse de Barges.

1384. — Hommage fait par Guide de Montlor, à messire Bernard de Chanac (1), patriarche, de la forteresse de Barges.

1484. — Hommage fait par le seigneur de Montlor, au patriarche, de la forteresse de Barges (2).

1489. — Hommage rendu par Louis de Montlor à messire Geoffroy de Pompadour, évêque du Puy, de la place de Barges.

---

(1) L'hommage a été rendu à Bertrand de Chanac et non à Bernard de Chanac. Ce prélat, patriarche de Jérusalem, gouverna l'église du Puy en qualité de simple administrateur.

(2) Le manuscrit porte une date erronée. C'est 1384 et non 1484 qu'il faut lire. L'hommage a été rendu à Bertrand de Chanac, évêque du Puy.

1652. — Hommage fait par maitre Robert Jourdain, à messire Henry de Maupas du Tour, évêque du Puy, de la terre et seigneurie de Barges, par lui acquise du seigneur de Saint-Vidal, au prix de 10,000 livres.

BARGETTES [1]

1309 (en juillet). — Hommage fait par Beraud de Solignac à messire Bernard de Castanet, évêque, du village de Bargettes, paroisse de Landos.

1309. — Hommage fait par Gilbert, seigneur de Solignac.

1319. — Hommage fait par Beraud, seigneur de Solignac, à messire Durand, évêque du Puy, du village de Bargettes et appartenances.

1319. — Hommage fait par Beraud de Solignac au seigneur évêque, du village de Bargettes avec ses appartenances.

1327. — Hommage rendu par Beraud de Solignac à messire Durand, évêque, du village de Bargettes.

1343. — Hommage fait par noble Liotard de Solignac à messire Jean de Chandorat, évêque du Puy, du village de Bargettes avec ses appartenances dans la paroisse de Landos.

1383. — Hommage fait par Armand, vicomte de Polignac, à messire Bertrand de Chanac, patriarche, du village et mas de Bargettes et appartenances.

[1] Commune de Landos.

BAS

1248. — Hommage rendu par noble Pons de Rochebaron à messire Bernard *(de Montaigu)*, évêque, de tout ce qu'il a à la ville de Bas et appartenances, et Las Reillades, et Lous Garayts de Taillades, et les prés, et tout ce qu'il a à la Salle, au Monistrol, aux Chapelles et à Prahalz.

1248. — Acquisition faite par Monseigneur l'évêque, de noble Pons de Bouzac, *(Bauzac)*, des cens, rente et justice, etc., de la ville de Bas.

1248. — Vidimus de la susdite acquisition, des fiefs, hommages, droits et devoirs que le seigneur évêque a à la ville de Bas.

1290. — Hommage fait par Briand de Rochebaron, à messire Guide *(Guy de Neufville)*, évêque, de tout ce qu'il a dans la ville de Bas, appartenances, juridiction haute et basse, le fief de Saint-Julien et autres.

1302. — Noble sieur Briand, seigneur de Rochebaron, chevalier, fait hommage à messire Jean de Cuménis, évêque, de tout ce que Pons son père avait, a et peut avoir dans le lieu de Bas et tout ce qu'on tient de lui dans ledit lieu et ses appartenances; plus la juridiction haute et basse dudit lieu de Bas; plus le fief que Guilhaume et Berau de Saint-Julien, chevaliers, frères, tiennent de lui dans le village de Doux; plus la maison de la Taillade, plus le village de Bassol, avec toutes leurs appartenances, plus tout ce que son dit père tenait par lui ou par autres et pouvait avoir depuis la croix appelée Del Soullié jusqu'à la croix appelée de la Croupe, et depuis lesdites croix jusqu'à la rivière de Loire et de ladite rivière jusqu'au Monistrol, autant qu'il s'étend en terres, prés, vignes, peschers, moulins, maisons, jardins, places et appartenances.

1307 (un parchemin). — Nouvelle assénée faite par messire Jean (de Cuménis), évêque du Puy, à Robert, mercier, de Bas, de la moitié du pré appelé de l'évêque, avec certaine aiguière, au cens annuel de trois sols ; plus une maison à Bas avec ses aisances, au cens annuel de 2 sols.

1308. — Hommage rendu par Mathieu Bonnas à messire Bernard de Castanet, évêque du Puy, d'une terre à la ville de Bas, un pré en la prairie de Lanau, terre au lieu du Cros ; plus trois pièces de terre audit lieu Del Cros, de Malpas ; plus le Garayt, plus autre terre et pré, maison au château de Monistrol, plus une carte avoine de censive, sur le pré Del Mazel.

1309. — Imbert Manc clerc, de Bas, reconnaît tenir en fief un pré situé dans la paroisse de Bas, qui confronte d'une part avec le jardin de Jean Rayret et avec le chemin qui va de Bas au fleuve de Loire.

1310. — Hommage rendu par le sieur Briand de Rochebaron, à messire Bernard de Castanet, évêque, de tout ce qu'il a et tient dans la ville de Bas, et généralement tout comme à celui ci-dessus de l'année 1302.

1311. — Hommage fait par Jean de Pouzols, clerc et procureur des prêtres, diacres et clercs du chapitre de l'église de Bas, et à leur nom, à messire Bernard de Castanet, évêque, d'une maison près le cimetière de Bas ; plus 2 sols 6 deniers et 5 chandelles qu'ils prennent de l'église de Bas, à la fête de la Toussaint ; plus 12 sols qu'ils prennent sur la chapellenie de Bas pour un légat, plus la censive qu'ils prennent à une maison située à la place de Bas, et autres rentes qu'ils prennent sur certaines maisons y confinées, ce dont ils font hommage audit évêque.

1315. — Pierre du Mas Froid, du village de Bas, reconnaît tenir en fief une maison située à Bas, avec ses droits et appartenances, y confrontée.

1319. — Hommage fait par noble Felix de Senelerre, veuve de Bernard de Rochebaron, tutrice de ses enfants, à messire Durand, évêque, de tout ce que ledit Rochebaron a ou peut avoir dans la ville de Bas et ce qu'on y tient de lui.

1319. — Hugo Viu, clerc et procureur nommé du curé, prêtres, diacres et clercs de l'église de Bas, au nom de tous les susdits prêtres et clercs, a reconnu hommage à qui dessus du fief, tant terres que maisons, possessions, et reconnaît tenir en fief franc les maisons, terres et autres possessions y confinées et spécifiées suivant les anciens hommages.

1323. — Hommage fait par noble Herail, sieur de Rochebaron, à messire Durand, évêque, de ce qu'il a à la ville de Bas, avec la juridiction et autres villages y nommés.

1329. — Vidimus de l'hommage de l'an 1310, mois de novembre, fait par noble Beraud *(Briand)*, seigneur de Rochebaron, de tout ce qu'il a à la ville de Bas, et la juridiction haute et basse avec le fief que Guilhaume et Beraud de Saint-Julien, frères, tenaient de leur père en ladite ville.

1329. — Hommage fait par dame veuve de Briand de Rochebaron, au seigneur évêque, comme dessus.

1329. — Hommage fait par noble Héracle de Rochebaron, fils de Briand, en tant qu'il le touche, au susdit évêque, de tout ce qu'il a dans la ville de Bas, juridiction, etc.

1343. — Hommage rendu par noble Beraud de Beauzac à messire Jean de Chandaurat, évêque, de toutes les rentes qu'il prenait au lieu et mandement de Bas.

1344. — Noble Héracle, seigneur de Rochebaron, damoiseau, reconnaît tenir en fief tout ce qu'il avait et devait avoir au lieu de Bas et tout ce qu'on tient à lui dans ledit lieu de Bas, avec tous ses droits et appartenances; plus la juridiction haute et basse dudit lieu de Bas; plus le fief que les héritiers de Guilhaume et Bertrand de Saint-Julien tenaient dans le lieu de Bas; plus la maison de la Taillade et le village de Basset avec ses appartenances, et tout ce qu'il avait et pouvait avoir et qu'on tenait à lui de la croix appelée Del Soullié jusqu'à la croix de la Croupe, et desdites croix jusqu'au fleuve de Loire et jusqu'au Monistrol, de quelle manière que cela soit, et comme que ce soit et puisse s'étendre sur les habitants, censives, tailles, usages, servitudes, terres, prés, vignes, paccages, moulins, jardins, places, etc.

1362. — Noble Guigon de Rochebaron reconnait tenir en fief à messire Bertrand de la Tour, évêque du Puy, tout comme ci-dessus et autres, etc.

1362. — Noble Bertrand de Rochebaron reconnait tenir en fief franc et honoraire les rentes et juridictions, tous les droits de servitude, rentes et autres droits qu'il avait, tenait et percevait au mas et terroir de Basset, de Cheucle et de Roveyre, avec toutes leurs appartenances qu'il perçoit dans le susdit mas et lieux.

1362. — Hommage fait par noble Guigon de Rochebaron à messire Bertrand, évêque, de tout ce qu'il a à la ville de Bas et ce qu'on y tient de lui; plus la juridiction haute et basse, etc.; plus ce qu'il a au village de Basset; plus ce qu'il a et que son père avait depuis la croix Del Soullié jusqu'à la croix de la Croupe et de ladite croix jusqu'à la rivière de la Loire et jusqu'au Monistrol, etc.

1383. — Noble Lambert de Beauzac reconnait tenir en fief tout ce qu'il avait au lieu et mandement de Bas, et tout ce qu'il avait à Confolent et appartenances desdits lieux.

1383. — Noble dame Marguerite de Châteauneuf, tutrice du sieur de Rochebaron, reconnait tenir en fief tout ce que ledit sieur de Rochebaron avait et jouissait au lieu de Bas, et tout ce qu'on y tenait à lui audit lieu de Bas, avec tous ses droits et appartenances; plus la juridiction haute et basse dudit lieu de Bas, excepté le fief que tient Hugonnet Mareschal, seigneur Dous Sauvages; plus reconnait tenir en fief ce que ses successeurs et Bertrand de Saint-Julien tenait à eux au Villards; plus la maison de la Taillade et tout ce qu'il percevait au village de Basset, avec ses droits et tout ce qu'il tient et qu'on tient de lui au lieu appelé Del Sollier, et autre appelé de la Crope, jusqu'au fleuve de la Loire, et du fleuve de Loire jusqu'à Monistrol et autres, etc.; plus tient en fief franc les rentes, juridiction et tous les droits et propriétés et servitudes de ladite juridiction qu'avait noble Briant de Rochebaron, au mas et terroir de Bas-en-Basset, de Chantelle et de Ronde, et leurs appartenances.

1384. — Hommage fait par noble Pierre de Labertiege,

au patriarche, de certaine censive qu'il prenait annuellement sur une maison et jardin dans la ville de Bas.

1699 (28° juillet). — Arrêt définitif donné contradictoirement au parlement de Paris, au sujet de la dime de la paroisse de Bas.

BATIE D'ANDAURE (LA)

DIOCÈSE DE VALENCE (1).

1309. — Noble Pierre de Mastre reconnait tenir en fief à messire Bernard de Castanet, évêque du Puy, le château et forteresse de la Bastide d'Andaures, diocèse de Valence, avec tout le mandement et juridiction, justice haute et basse dudit château et tout ce qu'il avait, tenait et autres tenaient de lui dans ledit château, mandement et appartenances, et ce pour rendre ledit château audit seigneur évêque.

1347. — Noble Jausserand de la Mastre, damoiseau, reconnait tenir en fief son château et forteresse de la Bastide d'Andaures, diocèse de Valence, avec tout le mandement et juridiction haute et basse dudit château et tout ce qu'il avait, tenait et on tenait à lui dans ledit château, mandement et appartenances.

1348. — Philipe Bertrande de Colombiers, fille majeure, reconnait tenir en fief de messire Jean de Chandorat, évêque du Puy, son château de la Bastide d'Andaure et forteresse dudit château, avec tout son mandement, juridiction haute et basse et tout ce qu'elle avait, tenait et on tenait à elle dans ledit château et mandement.

1362. — Noble Pierre de Saint-Didier, chevalier, fils à

---

(1) La Batie d'Andaure, chef-lieu de commune du canton de Saint-Agrève (Ardèche), est du diocèse de Viviers et non de celui de Valence.

Jausserand, reconnait tenir en fief à messire Bertrand de la Tour, évêque du Puy, le château de la Bastide d'Andaure, diocèse de Valence, avec la forteresse dudit château et tout son mandement et juridiction haute et basse, et tout ce qu'il avait, tenait et on tenait à lui dans ledit château et mandement, et ce pour rendre.

1383. — Noble dame Philipe Bertrande de Colombiers reconnait tenir en fief son château de la Bastide d'Andaure, dans le diocèse de Valence, et la forteresse dudit château, avec tout son mandement et juridiction haute et basse dudit château et tout ce qu'elle y avait, tenait et on tenait à elle.

1640. — Investiture à M. Jean Verjac dans une transaction.

BAUZAC

1274. — Hommage consenti par noble Jausserand d'Usson à messire Guilhaume de la Roue, évêque du Puy, de son château de Beauzac.

1295. — Hommage fait par Jausserand, prieur de Chamalières, à messire Guidon de Noveville (*Guy de Neufville*), évêque du Puy, de tout ce qu'il tient au Teil, en la paroisse de Beauzac.

1307. — Noble Armand de Rochebaron, seigneur du château d'Usson, chevalier, fait hommage à messire Jean de Cuménis, évêque du Puy, de tout ce qu'il avait et tenait à Beauzac, dans la même forme que ses prédécesseurs le tenaient, excepté le mas appelé Del Teil.

1308. — Noble Imbert Maret de Beauzac reconnait tenir en fief de messire Bernard de Castanet, évêque du Puy, tout ce qu'il avait et percevait dans le lieu de Beauzac et tout ce qu'on y tient à lui dans ledit lieu, plus le fief que tient à lui Lambert

Moret, Bertrand Tronchet, dans la paroisse de Beauzac, plus le fief que tient à lui sieur Eustache Albuin, chevalier, plus le fief que tient à lui dame Flore, veuve du sieur Monac Sicard, chevalier, le tout dans la paroisse de Beauzac et appartenances.

1309. — Noble Armand de Rochebaron, chevalier, et noble Elize, sa femme, de son autorité, reconnait tenir en fief sa parerie qu'il avait et percevait à Beauzac, dans le village et paroisse de Beauzac et de Confolens, avec les hommes desdits lieux, plus le bois appelé de Montroter *(Montortier)* avec ses appartenances, situé dans ladite paroisse de Beauzac, plus ce qui est dit ci-après qu'on tient de lui, savoir ce que tient sieur Guilhaume d'Albert, chevalier, dans la paroisse de Beauzac; tout ce que tient à lui Pons de Beauzac, dans le mas de la Fraitisse et appartenances; tout ce que tient à lui noble Pons de Beauzac, l'écluse appelée Del Vivier, laquelle est au fleuve de Loire, et tout ce qu'il avait dans ladite écluse et tout ce que tient à lui ledit seigneur Pons de Beauzac, au mas de la Roveyre, et tout ce que tient à lui Durand Torte, à Cussac, et tout ce qu'il avait et tenait à lui dans ledit lieu de Cussac et ses appartenances; plus tout ce qu'avait et tenait à lui noble Lambert Moret, au mas de Chazalets et appartenances, lequel mas est dans la paroisse de Beauzac; plus le mas de Chaslutz que tient à lui noble Bernard Tronchet, avec ses appartenances; plus tout ce qu'il avait, percevait et on tenait à lui dans le village de Beauzac et ses appartenances, et tout ce qu'il avait encore et percevait et tenait à eux dans ledit mas et paroisse de Beauzac; plus reconnait la parerie et château maison qu'il avait à Beauzac, que tout fut de noble Lambert Mouret, et ce pour rendre; plus le fief que tient à lui noble Hugue Drogue, au lieu appelé Del Curtil, avec ses appartenances; plus le village de Bouchieroles et tout ce qu'il a, perçoit et on tient à lui dans ledit village, lequel est situé dans la paroisse de Sainte-Sigolène; plus le village appelé de Champoux *(Champaux)*, avec ses appartenances, et tout ce qu'il avait, percevait et on tenait à lui dans ledit village, lequel est dans la paroisse de Monistrol.

1309. — Frère Eustache Dalorme, précepteur de la maison militaire de Saint-Jean-de-Jérusalem, au Puy, reconnait tenir en fief à messire Bernard de Castanet, évêque, le lieu appelé de Pébulit, avec toute ses juridictions et appartenances, suivant les conventions ci-devant faites entre le précepteur de la susdite maison; plus reconnait tenir au nom de ladite maison le mas de Las Ruches et Del Sapet, avec leurs appartenances, lesquels lieux sont dans la paroisse de Chamclauze; plus grange et terres d'Orcelet et Del Chaulet et village de Masialibrau et mas Cortet, et village Del Mont Saint-Marty, et mas de Maulhac, et mas de Filetrame avec les appartenances desdits lieux, suivant lesdites conventions passées par la transaction du 6ᵉ mars 1305.

1312. — Noble Bertrand de la Baume, diocèse de Mende, reconnait tenir en fief la moitié du lieu et ténement Del Mazel, et tout ce qu'il avait à Clapontoyre.

1318. Pons de Beauzac, dit de Vorzet, damoiseau, reconnait tenir en fief à messire Durand, évêque du Puy, tout ce qu'il avait dans le château et mandement de Beauzac, tout ce qu'il avait dans le château et mandement de Bas, tout ce qu'il avait dans la paroisse d'Yssingeaux, et tout ce qu'il avait à Confolens et appartenances desdits lieux; plus la grange de Vorzet, tout ce qu'il avait dans les mas Del Mazel, de Chambounet et de Liauret, et tout ce qu'il avait, tenait et on tenait à lui dans lesdits mas, lieux et appartenances.

1319. — Hommage rendu par Armand de Rochebaron, à qui dessus, de la parerie de Beauzac, et tout ce qu'il avait en ladite ville et paroisse de Beauzac; plus le mas appelé de Montrotier avec ses appartenances, de la paroisse de Beauzac; plus les fiefs ci-après que tiennent à lui les nobles et autres, tout ce que tient Guilhaume d'Albert, chevalier, en la paroisse de Beauzac, et ce que tient à lui Guilhaume de Bronac, dans le mas de la Fraitisse, et Pons de Beauzac, dans l'écluse appelée Del Vivier, qui est au fleuve de Loire, et tout ce qu'il a dans ladite écluse; et tout ce que tient à lui Pons de Beauzac, au mas de la Roveyre et Durand Torte, à Cussac, et Lambert Mouret, damoiseau, au mas de Chazalets, paroisse de Beauzac, et Bertrand Tronchet, damoiseau, au mas de Chasluis, et divers autres y spécifiés, avec leurs appartenances, aux environs de Beauzac.

1320. — Hommage fait par Bertrand Mouret, à qui dessus, de tout ce qu'il avait et percevait au lieu de Beauzac, et tout ce qu'on tenait à lui dans ledit lieu de Beauzac, et le fief qu'on tenait à lui à Lamberte, sieur Eustache Albin, chevalier, et le fief que tient à lui dame Flore, veuve de Sicard, le tout situé dans la paroisse de Beauzac.

1328. — Hommage fait par Bertrand Morel, à messire Bernard, évêque, de ce qu'il avait au château et mandement de Beauzac.

1328. — Hommage fait par Pons de Beauzac, au seigneur évêque, des rentes qu'il a au mandement de Beauzac et autres lieux.

1331. — Religieux frère Artaud de Fay, précepteur de la maison de Saint-Jean-de-Jérusalem, reconnaît tenir du seigneur évêque du Puy, le lieu appelé de Pébulit, avec ses droits et appartenances et tout le ténement; plus les mas appelés de Palandrau et del Boschilho avec tous leurs droits et appartenances desdits mas, et tout ce qu'il avait et devait avoir; plus le lieu de Saint-Germain et appartenances dudit lieu, suivant les conventions passées ci-devant par acte public.

1340. — Hommage fait par le sieur de Rochebaron à monseigneur l'évêque, de tout ce qu'il avait au terroir et mandement de Beauzac et autres qui tenaient de lui audit mandement de Beauzac et paroisse, excepté le mas du Teil.

1341. — Transaction entre messire Jean, évêque, et noble Armand de Rochebaron, qui règle le fief et porte hommage de la ville de Beauzac et ses appartenances.

1342. — Hommage fait par Bilharde Jausserand d'Usson, à messire Jean de Chandaurat, évêque du Puy, du château et mandement de Beauzac, etc.

1344. — Hommage fait par Bertrand Mouret à messire Jean de Chandaurat, évêque, de tout ce qu'il avait en la ville de Beauzac.

1345. — Hommage fait par noble Beraud de Beauzac à messire Jean de Chandaurat, évêque, de tout ce qu'il avait au château de Beauzac.

1347. — Hommage rendu par Jean Mouret audit évêque, comme ci-dessus, de tout ce qu'il a au château et mandement de Beauzac.

1362. — Hommage fait par Bertrand de Beauzac, à messire Bertrand de La Tour, évêque, de ce qu'il prend au château et mandement de Beauzac.

1383 (24° juin). — Hommage fait par Jean Rochier, du Puy, à messire Bernard de Chanac, patriarche de Jérusalem, de huit livres de rente qu'il prend à Beauzac.

1383. — Jean Rochery, bourgeois du Puy, reconnait tenir en fief franc huit livres tournois de rente, avec pleine justice qu'il a de nouveau acquis de noble Bertrand de Beauzac, au lieu de Lhiouret *(Lioriac)*, dans la paroisse de Beauzac ; plus quatre livres de censive qu'il perçoit pour la dot de sa femme.

1383. — Noble Lambert de Bauzac reconnait tenir en fief tout ce qu'il avait, tenait, percevait et possédait dans le château et mandement de Beauzac, plus la grange de Borzet, tout ce qu'il avait au mas Del Mazel, de Chambonnet, de Lieuret, excepté le mas des Bordeas et de Fraissice *(La Frétisse)*, qu'il dit tenir du seigneur de Chalencon, acquis de Bertrand de Beauzac.

1384 (18° septembre). — Hommage fait par noble Lambert Mouret à messire Bertrand de Chanac, patriarche, de tout ce qu'il a et perçoit dans la ville de Beauzac.

1384. — Noble Lambert de Chazalet, paroisse de Beauzac, reconnait tenir en fief tout ce qu'il avait et percevait au village de Beauzac, et tout ce qu'on y tenait à lui dans ledit village.

1714 (5° avril). — Hommage fait par messire Armand de Colomb, à messire Claude de la Rochemond *(Roche-Aymon)*, évêque, de l'entière terre, château et mandement de Beauzac, dans lequel sont dénommés plusieurs lieux et villages de ladite terre.

BEAUDINER [1]

1238. — Hommage fait par Guilhaume, seigneur de Beaudiner et dame Philippe, comtesse de Valentinois, à monseigneur l'évêque du Puy, du château de Beaudiner et appartenances.

1267. — Hommage rendu par Ademard, seigneur de Beaudiner, à messire Guilhaume de la Roue, évêque du Puy, du château de Beaudiner avec ses appartenances.

1275. — Hommage rendu par dame Luce de Beaudiner, veuve de Guilhaume de Poitiers, à messire Frédole, évêque du Puy (2), du château de Beaudiner avec ses appartenances.

1275. — Rémission faite par Ademard et Guilhaume, père et fils, à frère Malfrait, du château de Beaudiner.

1311. — Hommage fait par Guilhaume de Poitiers, à messire Bernard de Castanet, évêque, du château de Beaudiner avec ses appartenances.

1319. — Hommage fait par Guilhaume de Poitiers, à messire Bernard de Castanet (3), évêque du Puy, du château de Beaudiner avec ses appartenances, et du château de Monregard avec ses appartenances, et aussi le village de la Chapelle, proche de Monistrol, avec les terres, ténements et appartenances, et le village du Pinet, et le village de Pleyne, et village Maizonettes, et le village des Pinatelles, et le village de Mouretz, et le mas Del Roure, et le mas Del Cros, et la Chapelle sous Beaudiner, avec tous les ténements et appartenances des susdits villages et mas ; plus le fief de Varennes.

---

(1) Commune de Saint-André-des-Effangeas, canton de Saint-Agrève (Ardèche).
(2) Guilhaume II de la Roue et non Frédole était évêque du Puy en 1275.
(3) Durand de Saint-Pourçain et non Bernard de Castanet occupait en 1319 le siège épiscopal du Velay.

1319. — Hommage rendu par dame Luce, veuve du sieur Guilhaume de Poitiers, au seigneur évêque, du château de Beaudiner avec ses appartenances.

1327. — Hommage fait par dame Luce de Beaudiner, à messire Bernard, évêque, du château et mandement de Beaudiner.

1337. — Hommage fait par.... à messire... du château et appartenances de Beaudiner.

1343. — Hommage fait par noble Jean Pagan, à messire Jean de Chandaurac, évêque, des censives qu'il prenait au mandement de Beaudiner.

1343. — Semblable hommage.

1343. — Hommage fait par messire Gérard Bastet, à messire Jean de Chandaurac, évêque, du château et mandement de Beaudiner, excepté ce qu'y tient Jean Pagan.

1349. — Hommage fait par Guilhaume Gastet, doyen de Valence, au seigneur évêque, du château et mandement de Beaudiner (1).

1363. — Hommage fait par messire Guilhaume Gastet (*Bastet*), de Crussol, à messire Bertrand de la Tour, évêque, du château et mandement de Beaudiner, plus tout ce qu'il a et lui peut appartenir dans le mandement et terroir des Costes.

1370. — Hommage fait par.... à messire....

1394. — Hommage fait par noble Guilhaume Bastet, doyen de Valence, au seigneur évêque du Puy, du château et mandement de Baudiner.

1621. — Investiture de la place de Beaudiner, avec ses appartenances, faite par noble Charles de Serres, frère et héri-

---

(1) Cet hommage est consigné aux *Instrumenta de la Gaule chrétienne*, T. II col. 213, au nom de Guilhaume *Bastet*.

tier de messire Jacques de Serres, évêque du Puy, en faveur de noble Jean de Romanet, acquise du sieur duc d'Uzès, au prix de 40,000 livres, acte reçu Davignon, notaire.

1628. — Hommage fait par le procureur de demoiselle Judith de Fay, comme héritière de noble Hector de Fay et de Baume, son frère, à messire Just de Serres, évêque du Puy, du château et mandement de Beaudiner.

BEAUFORT [1]

1205. — Hommage fait par Guigon de Goudet à messire Jean de Cuménis, évêque, du fort et château de Beaufort et leurs appartenances, et d'un moulin, vigne et jardin y joints qui est proche de Goudet. Monsieur Delaval le tient en 1739.

1301. — Hommage rendu par Pons de Goudet à messire Jean de Cuménis, évêque, du château et forteresse de Beaufort avec ses appartenances, plus un moulin, vigne et jardin, et tout ce qu'il a au mandement et ténement dudit château.

1309. — Hommage rendu par sieur Pons de Goudet à messire Bernard de Castanet, évêque, du château et forteresse de Beaufort avec ses appartenances, plus un moulin, vigne et jardin, et tout ce qu'il a au mandement et ténement dudit château.

1318. — Hommage rendu par noble Gilbert, seigneur de Goudet, à messire Durand, évêque, du château et forteresse de Beaufort, avec ses appartenances, plus un moulin, vigne et jardin, et tout ce qu'il a au mandement et ténement dudit château.

---

[1] Commune de Goudet.

1328. — Hommage fait par Gilbert, seigneur de Goudet, à messire Bernard, évêque, du château et forteresse de Beaufort avec ses appartenances ; plus une vigne, four et moulin tout joints.

1343. — Hommage fait par noble Pons, seigneur de Goudet, fils à Gilbert, à messire Jean de Chandaurat, évêque, du château et forteresse de Beaufort avec ses appartenances ; plus une vigne, four et moulin, avec ses appartenances.

1358. — Hommage fait par noble Pons de Goudet au seigneur évêque, du château et appartenances de Beaufort ; plus une vigne, four et moulin, avec ses appartenances.

1362. — Hommage fait par Lambert de Goudet à messire Bertrand, évêque, du château de Beaufort avec les vignes, four, moulin et appartenances dudit château.

1383. — Hommage fait par Lambert, seigneur, baron de Goudet, au seigneur évêque, du château de Beaufort avec les vignes, four et moulin, avec toutes leurs appartenances.

1652, 21 août. — Quittance des lods de la terre de Beaufort, donnée par messire Henri de Maupas du Tour, évêque, à sieur Robert Jourdain, conseiller du roi, de l'acquisition qu'il a faite de ladite terre de Beaufort, du seigneur de Saint-Vidal.

M. Delaval est possesseur de la susdite terre et château en 1739.

BEAUJEU [1]

1261. — Noble Guilhaume de Pélissac a fait hommage à messire Guilhaume de la Roue, évêque du Puy, de sa grange de Pélissac, avec ses appartenances, de Mazandran avec ses appartenances, et de Monsue, avec ses appartenances.

[1] Beaujeu, commune du Chambon.

1285. — Noble Pierre de Ferlay rend hommage à qui dessus, du village Del Mazel avec ses appartenances, qui est dans le mandement de Beaujeu.

1285. — Hommage fait par André Adémar, à messire Frédole, évêque du Puy, de tout ce qu'il avait au mandement de Beaujeu.

1285. — Noble Raymond de Beaudiner rend hommage à messire Frédole, évêque, de ce qu'il a à Mendigoles *(Mandigoul)* et Pouzols dans le mandement de Beaujeu.

1291. — Hommage rendu par sieur Pierre Chastel, à messire Guidon de Novaville *(Guy de Neufville)*, évêque du Puy, de tout ce qu'il a au mandement et château de Chapteuil.

1291. — Hommage rendu par sieur Hugues de Mercuret, à messire Guidon de Novaville, évêque du Puy, de tout ce qu'il prend au mandement de Beaujeu.

1296. — Noble Pierre Ferlay fait hommage à messire Jean de Cuménis, évêque du Puy, du mas Del Mazel avec ses appartenances, qui est dans le mandement du château de Beaujeu.

1296. — Hommage rendu par sieur Hugo de Fay, à messire Jean de Cuménis, évêque du Puy, de tout ce qu'il avait au mandement du château de Beaujeu; plus tout ce qu'il avait dans le lieu du Chambon et village de la Bourga, et dans la paroisse du Chambon.

1296. — Hommage rendu par Falcon de Monteils, à messire Jean de Cuménis, évêque du Puy, de tout ce qu'il a au mandement de Beaujeu, avec ses appartenances; plus tout ce qu'il avait dans le château et mandement de Chapteuil et de Bonas.

1296. — Hommage fait par Raymond de Saunac à messire Jean de Cuménis, évêque du Puy, de tout ce qu'il a au château et mandement de Beaujeu.

1296. — Noble Pons Vianer fit hommage au susdit seigneur évêque, de sa grange Del Mazel, avec ses appartenances, dans le mandement du château de Beaujeu.

1296. — Noble Guilhot de Pélissac fit hommage au susdit évêque, des villages de Pélissac et de Suc avec leurs appartenances, situés au mandement de Beaujeu.

1296. — Hommage rendu par Guigon Chastang audit seigneur évêque, de tout ce qu'il avait dans le mandement du château de Beaujeu.

1296. — Hommage fait par Pierre Chastang audit seigneur évêque, de tout ce qu'il avait dans le mandement du château de Beaujeu.

1297. — Hommage fait par Raymond de Saunac, à messire Jean de Cuménis, évêque du Puy, de tout ce qu'il avait au château et mandement de Beaujeu.

1302. — Noble Armand Farlays de Crussol a fait hommage au susdit seigneur évêque, du mas Del Mazel, dans le mandement du château de Beaujeu, avec ses appartenances.

1308. — Noble Guilhaume Del Suc, de Pélissac, reconnait tenir en fief à qui dessus tout ce qu'il avait et percevait au lieu Del Suc et au lieu de Pélissac, avec les appartenances desdits villages qui sont dans le mandement de Beaujeu; plus ce qu'il a acquis de Gérenton de Bronac, qui est le mas de Joanches, situé dans la paroisse de Saint-Jeure, mandement de Beaujeu.

1308. — Hommage fait par Gérente de Braunac, à messire Bernard de Castanet, évêque, de tout ce qu'il a, tient et qu'on tient de lui dans le mandement du château de Beaujeu.

1308. — Imbert Bonhomme reconnait tenir en fief au susdit seigneur évêque, tout ce qu'il avait et on tenait à lui dans le mas de la Valette et appartenances, dans le mandement de Beaujeu, et tout ce qu'il avait et tenait à lui dans le château et susdit mandement de Beaujeu; plus maison et jardin que tient à lui dans la ville du Monistrol, Estienne Terrier, habitant dudit lieu; plus le pré du Moulin, situé dans le mandement de Monistrol.

1308. — Noble Pons Monterio reconnait tenir en fief à qui dessus, tout ce qu'il avait, tenait et on tenait de lui dans le village et territoire de Joux; plus tout ce qu'il avait, tenait et ou tenait de lui au village et terroir de la Bruyère, dans le mandement du château de Beaujeu, et tout ce qu'il a et qu'on tient de lui dans ledit mandement.

1308, 10 mars. — Hommage fait par Hugo du Pont, fils à Guilhaume, à messire Bernard de Castanet, évêque du Puy, de sa grange de la Valette, jouxte le château de Beaujeu, avec ses appartenances, excepté la terre appelée la Chabanerie qui fut des Mazets, et reconnue à l'évêque sous certaine rente annuelle, excepté le pré qui est jouxte la Faye de la Valette; plus ce qu'il avait au mas appelé Cortet, avec ses appartenances, tout dans le mandement de Beaujeu.

1308, 11 mars. — Hommage fait par Reymond de Saune audit seigneur évêque, de 5 sols de rente qu'il percevait au lieu de Gardailhac; de 12 deniers et un cartal d'avoine, dans le château de Beaujeu, et tout ce qu'il avait et qu'on tenait de lui dans ledit château, mandement et appartenances.

1308, 12 mars. — Hommage rendu par sieur Pierre de Monastier, chevalier, à messire Bernard de Castanet, évêque du Puy, du village de Mendigoles, avec ses appartenances, situé au mandement de Beaujeu, et tout ce que d'autres tiennent de lui dans ledit village; plus tout ce qu'il tient et qu'on tient de lui dans le mas de Pouzols et appartenances; plus tout ce qu'il a et qu'on tient dans le château et mandement du château de Beaujeu, excepté ce qu'il a au mas de Puyaury; plus ce qu'il tient au mas appelé de Chanteloube et appartenances; plus ce qu'il tient et ce qu'on tient de lui au château de Mons.

1308, 13 mars. — Hommage rendu par Jean Colomb de Brossira, à messire Bernard de Castanet, évêque, de tout ce qu'il a et qu'on tient de lui à Beaulieu, au terroir de la Celle, situé dans le mandement de Beaujeu.

1308, 13 mars. — Hommage fait par Pierre Chassang de Bods audit seigneur évêque, de tout ce qu'il a et qu'on tient de lui dans le château et au mandement du château de Beaujeu.

1308, 13 mars. — Hommage rendu par Pons, sieur Blancr, damoiseau, à messire Bernard de Castanet, évêque, de sa grange Del Mazel, avec ses appartenances, dans le mandement de Beaujeu, excepté quelque terroir ; plus ce qu'il avait et percevait dans le mas de Gardailhac et appartenances ; plus tout ce qu'il avait, percevait et qu'on y tenait de lui dans le village du Chambon, le tout dudit mandement.

1309. — Noble Hugo de Fay reconnait en fief à qui dessus 14 cartes de seigle, mesure de Tence, une carte avoine mesure susdite, et 18 deniers qu'il perçoit de censive dans le massive village de la Boriade, de la paroisse du Chambon ; plus 6 deniers tournois de censive sur le Chapat de Chambon, et tout ce qu'il tenait et autres tenaient de lui dans le château et mandement de Beaujeu.

1309, 3 juin. — Hommage fait par Hugo de Mercoiret (*Mercuret*), à messire Bernard de Castanet, évêque, de certaine rente annuelle qu'il perçoit au château de Beaujeu et appartenances.

1309, 3 juin. — Hommage fait par Miracle, femme de Hugon de Mercuret, à messire Bernard de Castanet, évêque du Puy, de ce qu'elle avait et percevait au mas de Chanalethes et ses appartenances.

1309. — Noble Armand Forlays reconnait tenir en fief à qui dessus le mas de Macelle avec ses appartenances, et tout ce qu'il avait, tenait et on tenait à lui dans ledit mas, lequel est situé dans le mandement du château de Beaujeu ; et tout ce qu'il avait et on tenait à lui dans ledit château et mandement de Beaujeu.

1309, 14 juillet. — Hommage fait par Guillaume de Laulagner et sa femme, à messire Bernard de Castanet, évêque, de 10 cartons de seigle qu'ils prenaient annuellement de censive dans la moitié du village Del Crouzet, par indivis, au mandement de Beaujeu.

1309. — Hommage fait par Jean Ruel, audit seigneur évêque, d'un tènement appelé de La Baysse, dans le mandement du château de Beaujeu, et tout ce qu'il a dans ledit mandement; plus une pièce de terre, un pré et deux jardins y confrontés; plus un cartal de seigle qu'il perçoit sur les moulins dudit ténement de la Baysse et autres lieux.

1311, 9 septembre. — Hommage fait par Artaude de la Vastre, femme de Guigon de Fay, à messire Bernard de Castanet, évêque du Puy, de ce que son mari avait à Font Reynaudenc, jusques à la Chavane Del Montet et dudit lieu jusqu'au ruisseau Del Rosset, et de là en droite ligne jusqu'au mandement de Beaujeu, et tout ce qu'elle a et doit avoir dans ledit mandement de Beaujeu et dans la paroisse du Chambon.

1313. — Noble Jourdain Del Suc, dit de Pélissac, reconnaît tenir en fief à qui dessus tout ce qu'il avait, tenait, percevait et on tenait à lui au village Del Suc et au village de Pélissac, avec toutes les appartenances desdits villages qui sont dans le mandement du château de Beaujeu, diocèse du Puy; plus reconnaît tout ce qui relève de noble Herancon de Bronac, savoir le mas appelé de Joanenches, situé en la paroisse de Saint-Jeure du susdit mandement; plus le mas de Masandrau, et généralement tout ce qu'il avait, tenait et on tenait à lui dans les villages susdits et appartenances.

1314. — Hommage rendu par Guigon de Mercoyret, à messire Bernard de Castanet, évêque du Puy, de tout ce qu'il a, perçoit et qu'on tient de lui dans le lieu de Chanalelhes, mandement de Beaujeu et de Tence.

1314. — Beraude de Beulioc (*Beaulieu*) confesse tenir au susdit seigneur évêque, la rente qu'elle avait et percevait à Beaujeu.

1319. — Hommage fait par dame Luce, femme de noble et puissant seigneur Guilhaume de Poitiers et fille de noble Guilhaume de Beaudiner, à messire Durand, évêque du Puy, de tout ce qu'elle avait au mandement de Beaujeu.

1319. — Jourdain Del Suc, fils d'autre dit de Pélissac, reconnaît tenir en fief à qui dessus, tout ce qu'il avait et percevait au village Del Suc et dans le village de Pélissac, avec toutes ses appartenances, lesquels villages sont dans le mandement de Beaujeu; plus le mas de Masandrau, avec ses appartenances qui est dans le susdit mandement.

1319, 12 avril. — Hommage fait par Guillaume de Monastier, audit seigneur évêque, du lieu de Mendigoles et ses appartenances, et tout ce qu'il tenait et on tenait de lui au château de Beaujeu, avec ses appartenances; plus ce qu'il avait et qu'on tenait de lui dans le mas de Pouzols et au mas appelé de Pueyaures dans le mandement de Beaujeu.

1319. — Pons Montora, damoiseau, reconnait tenir en fief à qui dessus, tout ce qu'il avait, tenait et on tenait à lui dans le village et terroir de Joux; plus tout ce qu'il avait, tenait et on tenait à lui dans le village et terroir de la Bruyère, dans le mandement du château de Beaujeu, et tout ce qu'il avait, tenait et on tenait à lui dans ledit château et mandement.

1319, 12 avril. — Hommage rendu par Jean Colomb de la Brosse, audit seigneur évêque, de tout ce qu'il avait et qu'on tenait de lui au terroir de la Celle, situé dans le mandement de Beaujeu.

1319, 14 avril — Hommage rendu par Armand Ferlais de Crussol, à messire Durand, évêque du Puy, du mas de Macelle, avec ses appartenances et tout ce qu'il a, tient et qu'on tient de lui dans le mandement du château de Beaujeu, et tout ce qu'il a, tient et on tient de lui dans le château et mandement susdit.

1319, 12 novembre. — Hommage fait par Pons Montorra, à messire Durand, évêque du Puy, de tout ce qu'il avait et qu'on tenait de lui dans le village et territoire de Joux; plus tout ce qu'il a et qu'on tient de lui au village et territoire de la Brueyà *(Bruyère)* dans le mandement du château de Beaujeu, et tout ce qu'il avait, tenait et on tenait de lui dans le mandement dudit château de Beaujeu.

1319. — Pons Bianer, damoiseau, et son frère, clerc, héritier de Pons Bianer, reconnait tenir en fief à qui dessus la grange Del Mazel, avec ses appartenances, située dans le mandement du château de Beaujeu, excepté le ténement Del Feu, excepté ce que son père avait acquis du nommé Julien, excepté aussi ce que son père avait acquis de Vincent Del Teyssour; plus reconnait tout ce qu'il avait et percevait dans le mas de Gardalhac et appartenances, lequel mas est dans le mandement du château de Beaujeu; plus tout ce qu'ils avaient, percevaient et on tenait à eux au terroir du lieu du Chambon, lequel terroir est dans le mandement du susdit Beaujeu ; plus un métan (1) de seigle, un métan d'avoine, sept deniers tournois qu'ils percevaient au terroir dit Del Feu, et tout ce que leur père avait acquis de dame Clermonde, femme de sieur François Chevalier, excepté ce que leur père avait acheté de Pierre de Chastelvillo dans le mas Del Mazel.

1320, 4 janvier. — Hommage rendu par Reymond de Senne, damoiseau, à messire Durand, évêque du Puy, de certaines rentes qu'il tient et qu'on tient de lui dans le mandement du château de Beaujeu, et ses appartenances.

1320, 15 janvier. — Hommage fait par André de Bonnas audit seigneur évêque, de 20 setiers de blé, savoir, 14 de seigle et 6 d'avoine, mesure du château de Beaujeu ; plus 72 sols tournois, 8 gélines de cens qu'il prend au mas Del Mazel, dans le mandement du château de Beaujeu, et généralement tout ce qu'il a et perçoit dans ledit mas et appartenances, etc.

1320, 4 octobre. — Hommage rendu par Guilhaume de Lamuzeires, à messire Durand, évêque du Puy, de ce qu'il a de sa légitime, l'ayant au lieu de Poybresse et de Poyroyet, dans la paroisse du Chambon ; plus ce qu'il a au lieu et ténement de la Celle, et ce qu'il perçoit et on tient de lui dans ledit lieu, tout dans le mandement du château de Beaujeu ; plus les terres et possessions que sa femme a dans lesdits lieux et ténements du Chambon, de la Bourga, de Las Bastias, de la Soucheyre, Del Pont de Mars et ce qu'on tient d'eux Guigon de Villelongue, et ses frères, et les habitants de la Soucheyre, et tout ce qu'ils ont dans les susdits lieux tant en rentes, censives que autres choses, et tout ce qu'ils ont et tiennent, et autres tiennent d'eux dans le lieu et ténement du Pont de Mars, dans le mandement du château de Bonnas, et autres choses qui seront mises à leur place.

1320. — Guilhaume Bayle reconnait tenir en fief la moitié du village et ténement Del Mazel et tout ce que Bertrand avait en la Pointeyre.

---

(1) Le métan, appelé aussi mégelade et selalah, était une mesure pour les grains dont la capacité variait suivant les localités.

1320, 12 octobre. — Hommage fait par Guilhaume Delles, dit Francoins, à messire Durand, évêque du Puy, du ténement appelé de Lespinasse, paroisse de Tence, dans le mandement du château de Beaujeu; plus autre ténement appelé de la Guéesa *(les Gueuses)*, qui est tenu en emphitéose par Jacques et Pons Charroire, y dûment confrontés; plus un ténement appelé Del Montélhet, qu'y tient Jacques Grosset, aussi y confiné; plus un pré et une pièce de terre aussi confinés; plus un moulin qu'y tient Jean Barat, que tout autres fois étaient communes dudit évêque, situées dans le mandement de Beaujeu; plus reconnait tout ce qu'il a, tient et qu'on tient de lui dans le mandement et château susdit de Beaujeu; plus le mas appelé du Four Ardms; plus le mas appelé de Chilinaro; plus le mas appelé de Las Sucheyres, la moitié duquel est dans le mandement du château de Chapteuil; plus tout ce qu'il tient et on tient de lui dans le susdit château et mandement.

1321, 1er Mars. — Hommage rendu par André Revel, de Tence, à messire Durand, évêque du Puy, d'un ténement appelé de la Baysse, situé dans le mandement du château de Beaujeu, et tout ce qu'il a, perçoit et on tient de lui dans ledit mandement; plus une pièce de terre, un pré, un jardin y confrontés : plus un cartal de seigle qu'il perçoit annuellement dans le moulin situé audit ténement de la Baysse.

1327. — Jourdan Del Suc, dit de Pellissac, damoiseau, reconnait tenir en fief à messire Bernard, évêque du Puy, tout ce qu'il avait, tenait, percevait et on tenait à lui au village Del Suc et au village de Pollissac, avec toutes les appartenances, desdits villages qui sont dans le mandement du château de Beaujeu; plus reconnait tout ce qu'il avait acquis de Gérenton de Bronac, damoiseau, qui est le mas appelé de Joauenches, situé dans la paroisse de Saint-Jeure, diocèse du Puy, et dans le mandement du château de Beaujeu, avec ses appartenances; plus le mas de Masandrau, avec ses appartenances, et généralement tout ce qu'il avait, tenait et on tenait à lui dans les susdits villages et mas.

1327. — Jean Colud, damoiseau, reconnait tenir en fief à qui dessus tout ce qu'il avait, tenait et on tenait à lui par Bonnefoy Beaujon, au terroir de la Cella, situé dans le mandement de Beaujeu.

1328. — Noble Guilhaume de Monastier, chevalier, reconnait tenir en fief, à messire Bernard, évêque du Puy, savoir, le village de Mandigolles, avec ses droits et appartenances, situé dans le mandement du château de Beaujeu, et tout ce qu'il avait, tenait et on tenait à lui dans ledit village; plus tout ce qu'il avait et on tenait à lui dans le mas de Pouzols et ses appartenances; plus tout ce qu'il avait et on tenait à lui dans le château et mandement de Beaujeu, excepté ce qu'il avait au mas appelé Puyaury; plus reconnait le mas appelé de Chanteloube, avec ses appartenances, et tout ce qu'il avait, tenait et on tenait à lui dans le château et mandement de Mons.

1328. — Pierre Bonihois *(Bonhomme?)* de Monistrol reconnait tenir en fief à qui dessus tout ce qu'il avait et on tenait à lui au mas de la Valette, situé dans le mandement de Beaujeu, et tout ce qu'il avait et on tenait à lui dans le château et mandement de Beaujeu.

1328. — Guigon..... reconnait tenir en fief à qui dessus certaines rentes dans le mandement de Beaujeu; plus quatre pièces de terre au terroir appelé de la Fon, et garenne, et pinède; plus six cartons de seigle, froment et avoine, qu'il perçoit au mas de Veyrines, au mas de Champert, au mas Fraissinet, au château de Beaujeu, à Issingeaux, au mas de Chanalelhes, dans le mandement de Mercuer, au mas de la Dragoneyre, mandement de Beaujeu, au mas de l'Herm, de Jermeyrac, à la Chalm, dans le mandement de Mézères, et ce qu'il possédait et on tenait à lui dans le château d'Issingeaux et de Bonnas; plus ledit Guigon tient en fief franc audit seigneur évêque et au sieur de Roche, par indivis, un cartal froment, mesure de Retournac; plus trois cartons de seigle à Centignac; plus un jardin situé au terroir Del Gachabrer, et tout ce qu'il avait dans le mas de Centignac.

1328. — Pons et Jean Vianés, frères, reconnaissent tenir en fief à messire Bernard, évêque du Puy, la grange Del Mazol avec ses appartenances, située dans le mandement du château de Beaujeu, excepté ce que leur père avait acquis de Julienne; plus tout ce qu'ils ont et perçoivent dans le mas de Gradalhac, dans le susdit mandement; plus tout ce qu'ils avaient et perce..

vaient dans le lieu Del Chambon et terroir dans le susdit mandement; plus certaines censives idem.

1328. — Guilhaume Elles, dit Francon, damoiseau, reconnait tenir en fief à messire Bernard, évêque du Puy, le mas appelé de Lespinasse, paroisse de Tence, dans le mandement de Beaujeu, y confronté; plus le ténement appelé Del Montelhet; plus un pré et une terre; plus reconnait généralement tout ce qu'il avait, tenait et on tenait à lui dans le mandement de Beaujeu ; plus le mas appelé de Chilmarc, le mas de la Soucheyre, etc.

1328. — Guilhaume Elles, dit Francon, damoiseau, reconnait tenir en fief au susdit seigneur évêque, le mas appelé Dous Jouhax et tout ce qu'il avait et on tenait à lui dans ledit mas et appartenances; plus le pré qui est sous la maison de La Chanal jouxte l'eau de Rodesse qui fut de la dot de sa femme.

1328. — ..... de Romegis, veuve de Guilhaume de Las Muzeyres, damoiseau, reconnait tenir en fief à messire Bernard, évêque du Puy, certaines rentes qu'elle perçoit à Villelongue, à la Soucheyre, à la Bastie, à la Bourga et autres, le tout mesure de Fay.

1328. — Hugo de Pons, damoiseau, reconnait tenir en fief à qui dessus ce qu'il a à la Valette, jouxte le château de Beaujeu, sa grange de la Valette, avec ses appartenances, et la terre appelée la Chabannerie, qui fut des Mullets, qui reconnait ce tenir..... cens annuel, excepté le pré qui est sous la Faye de la Valette ; plus le fief franc..... et ce qu'il avait au mas appelé Cortet et appartenances, et tout ce qu'il avait et on tenait à lui dans le mandement du château de Beaujeu.

1328. — André de Bonnas reconnait tenir en fief au susdit seigneur évêque le mas appelé Del Mazel Dous Iralz *(Mazel-Giraud)*, etc., dans le mandement du château de Beaujeu; plus la censive qu'il perçoit dans le susdit mandement.

1328. — André de Bonnas, de la ville du Puy, reconnait tenir en fief au susdit seigneur évêque le mas appelé Del Mazel dous Quartz, paroisse de Saint-Vozy *(Saint-Voy)*, proche de Bonnas, situé dans le mandement du château de Beaujeu;

plus vingt setiers de blé, de la mesure de Tence, quatorze de seigle et six d'avoine, septante-deux sols tournois, tant pour cens que pour taille, et huit gélines qu'il perçoit dans ledit mas et sur les hommes dudit mas.

1339. — Rozette, veuve d'André Bonnas, de la ville du Puy, tutrice d'André Bonnas, son fils, a reconnu tenir en fief à messire Bernard, évêque du Puy, le mas appelé Del Mazel, avec ses appartenances et tout ce qu'on tient d'elle dans ledit mas ; plus la rente qu'elle tenait et percevait dans le susdit mas et appartenances situé dans le mandement du château de Beaujeu ; plus la rente annuelle qu'elle perçoit dans le mas de Laulagner, proche Foumourettes et de la Chaize, avec les appartenances desdits mas qui sont dans le mandement du château de Bonnas ; plus les rentes qu'elle perçoit au terroir de Bandaces, de Cayres-la-Ville, dans le mandement du château de Cayres.

1340. — Sieur Hugon de la Valette a reconnu tenir en fief à qui dessus, sa grange appelée de la Valette, avec ses appartenances, et une terre appelée de la Chabanerie, située près le château de Beaujeu ; plus ce qu'il a au mas appelé Courtet, et tout ce qu'il a et qu'on tient de lui dans le mandement du château de Beaujeu et appartenances.

1343. — Jean et André de Bonnas, de la ville du Puy, reconnaissent tenir en fief à messire Jean de Chandorat, évêque du Puy, le mas Del Mazel Dous Girardz, paroisse de Saint-Voy, proche Bonnas, situé dans le mandement du château de Beaujeu ; plus vingt setiers de blé, mesure de Tence, tant pour censive que pour taille, et huit gélines qu'ils perçoivent dans ledit mas.

1343. — Pierre Bonihois reconnait tenir en fief tout ce qu'il avait et on tenait à lui dans le mas appelé de la Valette et appartenances, dans le mandement du château de Beaujeu, et tout ce qu'il avait et on tenait à lui dans ledit château et mandement.

1343. — Jourdain Del Suc, dit de Pélissas, reconnait tenir en fief franc tout ce qu'il avait, tenait, percevait et on tenait à lui au village Del Suc et au village de Pellissac et leurs dépendances, situés dans le mandement du château de Beaujeu; plus le mas appelé de Joanenches, situé dans la paroisse de Saint-Jeure, mandement susdit; plus le mas de Masandrau, avec ses appartenances, et tout ce qu'on tient à lui dans les susdits villages.

1343. — Hugue du Pont, damoiseau, reconnait tenir en fief une grange appelée la Valette, avec ses appartenances, excepté une terre appelée de la Chabanarie qui se tient dudit seigneur évêque sur certaine rente, excepté un pré qui est contre la Faye de la Valette; plus reconnait ce qu'il avait au mas appelé Courtet et appartenances dudit mas; plus reconnait tout ce qu'il avait et on tenait à lui dans le mandement du château de Beaujeu.

1343. — Armand Elles, dit Francon, damoiseau, reconnait tenir en fief franc un ténement appelé de Lespinasse, paroisse de Tence et mandement de Beaujeu, y confronté; plus autre ténement appelé de la Guèze qu'on tient à lui en emphitéose; plus autre ténement appelé Del Montalhet; plus un pré et une terre aussi y confrontée; plus tout ce qu'il avait, tenait et on tenait à lui dans le mandement du château de Beaujeu; plus reconnait le mas appelé des Arverine; plus le mas appelé de Silinart; plus le mas appelé de la Soucheyre qui sont dans le mandement du château de Chapteuil, et généralement tout ce qu'il tenait et on tenait à lui dans le château et mandement susdit de Chapteuil.

1343. — Jean Vianer, damoiseau, reconnait tenir en fief sa grange Del Mazel, avec ses appartenances, située dans le mandement du château de Beaujeu, excepté le ténement Del Pont, excepté ce que son père avait acquis de Juliane, excepté ce que son père avait acquis de Vincent Del Toycdor; plus reconnait tout ce qu'il avait et percevait au mas de Gardalhac, qui est dans le susdit mandement; plus tout ce qu'il avait, percevait et on tenait à lui au terroir du village du Chambon, lequel terroir est dans le mandement du susdit château de Beaujeu; plus un métau de seigle, un métau d'avoine et sept deniers qu'il perçoit au terroir Del Pieu, et tout ce que son père avait acquis au mas Del Mazel et terroir susdit.

1343. — André Ruel de Tence, reconnait tenir en fief franc un ténement appelé de Baysse situé dans le mandement de Beaujeu ; et tout ce qu'il avait, percevait et on tenait à lui dans ledit mandement ; plus une pièce de terre et un pré, et deux jardins y confrontés ; plus un cartal de seigle qu'il perçoit annuellement sur un moulin à scie, dans ledit ténement de la Baysse.

1343. — Maitre Berly Bochet, notaire, reconnait tenir en fief huit cartons de seigle, deux cartons d'avoine et neuf deniers de censive qu'il perçoit à Beaujeu.

1344. — Pierre Monastié, damoiseau, reconnait tenir en fief le village de Mendigoles, avec ses droits et appartenances, situé dans le mandement du château de Beaujeu, et tout ce qu'il tient et on tient de lui dans ledit village et appartenances ; plus tout ce qu'il avait et on tenait à lui au mas de Pouzols et appartenances ; plus tout ce qu'il avait et on tenait à lui au château et mandement du château de Beaujeu, excepté ce qu'il avait au mas appelé de Pueynas ; plus reconnait tenir le mas appelé de Chanteloube, avec ses appartenances, situé dans le mandement du château de Mons, et tout ce qu'il avait, tenait et on tenait à lui dans ledit château de Mons et dans son mandement.

1347. — Guilhaume de Martolis, damoiseau, reconnait tenir en fief franc le terroir appelé Del Suc Abonel, dans le mandement de Beaujeu, sur la rente d'une carte de seigle et six deniers tournois qu'il perçoit sur Martin et Vital de Vacharesse, un carton de seigle, douze deniers tournois et une géline sur Jacques Barbier.

1362. — Armand Bianer, damoiseau, reconnait tenir en fief sa grange Del Mazel, avec ses appartenances, situé dans le mandement du château de Beaujeu, excepté le ténement Del Feu, excepté encore ce que ledit Armand a acquis d'Armand Julien et de Vincent Del Teysser ; plus reconnait tout ce qu'il perçoit au mas de Gardalhac, situé dans le susdit mandement, etc. ; plus tout ce qu'il avait, percevait et on tenait à lui au terroir du village du Chambon, situé dans le susdit mandement, etc. ; plus un meiton de seigle, un meiton d'avoine et sept deniers tournois qu'il perçoit au terroir Del Feu, et tout ce que ledit Armand avait acquis de la dot de sa femme à Pierre de Chastelville, dans le mas Del Mazel, etc.

1362. — Noble Jean de Bronac reconnait tenir en fief le mas de Bronac avec ses appartenances, le mas de Chansaucel *(Chante-Ouzel)* et tout ce qu'on tient à lui auxdits mas; plus tout ce qu'il avait et on tenait à lui au Fraissinet de Bronac, tout dans le mandement du château de Bonnas, et tout ce qu'il avait et on tenait à lui au mandement du château de Beaujeu.

1362. — Noble Reymond, de Vachères, confesse et reconnait tenir en fief tout ce qu'il avait, tenait et on tenait à lui au mas de la Valette et appartenances, dans le mandement de Beaujeu, et tout ce qu'il avait, tenait et on tenait à lui dans le susdit mandement.

1362. — Noble Armand Elles, dit Françon, du Puy, reconnait tenir en fief un ténement appelé de Lespinasse, paroisse de Tence, et dans le mandement du château de Beaujeu, confronté avec le terroir de Gardalhac et de l'autre part avec la terre de Jean Grosset; plus autre ténement appelé de la Guèza que tiennent à lui en emphytéose Jacques et Pons Charreyre; plus autre ténement appelé de Montel qu'y tient Jean Grosset; plus un pré et une pièce de terre appelés de la Chafart; plus un moulin qu'y tient Jean Barate, tout y confronté et situé dans le susdit mandement de Beaujeu, et généralement tout ce qu'il avait et on tenait à lui dans le susdit mandement; plus le mas appelé sous Arverine; plus le mas appelé de Silvart; plus le mas appelé de la Soucheyre qui sont dans le mandement du château, district et juridiction de Chapteuil, et tout ce qu'il avait et on tenait à lui dans ledit château et mandement; plus tout ce qu'il avait, tenait, possédait et on tenait à lui au mas de Chaspignac et appartenances, lequel mas est du mandement du château de Mercuer,

1362. — Noble Hugon du Pont reconnait tenir en fief sa grange appelée la Valette et appartenances, excepté une terre appelée la Chabanarie, ladite grange située jouxte le château de Beaujeu; plus reconnait ce qu'elle avait au mas appelé Courtet; plus tout ce qu'elle avait et on tenait à elle dans le mandement du château de Beaujeu.

1362. — Reymonde de Besse reconnait tenir en fief le terroir appelé Del Suc à Bonel, dans le mandement du château de Beaujeu.

1364. — Noble Reymond de Saunia, chevalier, reconnait tenir en fief le mas de Bossilhou, avec ses appartenances, et tout ce qu'il avait et on tenait à lui dans ledit mas; plus le mas Del Bosc et de Cogulet, et tout ce qu'il tenait et qu'on tenait à lui dans lesdits mas; plus un pré appelé Del Brul y confronté; plus tout ce qu'il avait et on tenait à lui au mas appelé de Bacelles; plus cinq sols de censive qu'il perçoit à Gardalhac; plus la maison Del Curtil, avec les prés, terres, oches, moulin et appartenances, et six deniers et un cartal d'avoine à Beaujeu, et tout ce qu'il avait et on tenait à lui dans le château de Beaujeu et mandement.

1366. — Hugon de Pellissac, damoiseau, reconnait tenir en fief franc tout ce qu'il avait, percevait et on tenait à lui au village Del Suc et au village de Pellissac, et appartenances dans le mandement du château de Beaujeu; plus tout ce que ses prédécesseurs avaient, savoir le mas appelé de Joanenches en la paroisse de Saint-Jeure et susdit mandement; plus le mas de Masandrau, avec ses appartenances, et tout ce qu'il avait, tenait et on tenait à lui dans les susdits villages et mas.

1383. — Noble Pierre Mayol, jeune, reconnait tenir en fief à messire Bernard de Chanac, patriarche de Jérusalem, administrateur de l'évêché du Puy, toutes les rentes tant en blé qu'en argent, gélines qu'il avait, possédait et tenait au lieu sive mas de Mandigollés, de Moulin de Grannete et de Sallecrup, situés dans le mandement du château de Beaujeu; plus les censives et rentes qu'il percevait annuellement au lieu, sive mas de Mazals, proche de Roucoules, et au mas de Terreyre, situés au mandement de Saint-Pal-de-Mons qu'il a nouvellement acquises.

1383. — Noble Hugues Del Suc, dit de Pellissac, reconnait tenir en fief franc, tout ce qu'il avait, percevait et on tenait à lui au village Del Suc et au village de Pellissac, avec leurs appartenances, qui sont situés au mandement du château de Beaujeu; plus tout ce qu'il avait au mas appelé de Joanenches, situé dans la paroisse de Saint-Jeure, susdit mandement, avec ses appartenances ; plus le mas de Mazandrau avec ses appartenances et généralement tout ce qu'il tenait et on tenait à lui dans le susdit mas et appartenances.

1383. — Pierre de Farie reconnait tenir en fief treize métans de blé seigle, et huit métans avoine, de la mesure du château de Beaujeu, acquis de noble Jean Branet.

1383. — Armand de Mezères reconnait tenir en fief franc les censives et rentes qu'il avait et percevait dans le mas de la Borie, mandement du château de Beaujeu.

1383. — Noble Parpalhon de Mercoyret reconnait tenir en fief un métan d'avoine et une géline au château de Beaujeu ; plus six métans de seigle qu'il perçoit de censive dans le jardin du seigneur évêque à Beaujeu ; plus tout ce qu'il avait, tenait, percevait et autres tenaient à lui dans le mas de Chanalilhes, mandement du château de Beaujeu, et tout ce qu'il avait, percevait et on tenait à lui dans ledit château et mandement ; plus tout ce qu'il percevait au mas de la Dragoneyre, mandement de Beaujeu.

1383. — Jean de Bonnas et Jean son fils, bourgeois du Puy, reconnaissent tenir en fief franc les mas appelés Del Mazel et Dous Gérards, situés dans le mandement du château de Beaujeu, et toutes les censives et rentes qu'ils perçoivent dans lesdits mas et terroirs ; plus toutes les censives et rentes qu'ils perçoivent en propriété au mas de Solompchet, situé dans le mandement et juridiction du château de Beaujeu.

1383. — Noble Armand Branery reconnait tenir en fief dudit seigneur évêque sa grange Del Mazel située dans le mandement du château de Beaujeu, avec ses droits et appartenances ; plus un setier blé seigle, deux métans avoine, une manœuvre, une géline et six sols qu'il perçoit sur Pierre Fromant Del Fieu ; plus un métan seigle sur Guilhaume Versilhac ; plus tout ce qu'il perçoit au mas de Gardalhac qui est douze métans seigle et douze deniers sur Antoine Vincent, et une émine de seigle, un cartal avoine, et douze deniers sur Jacques Gardalhac et autres, et tout ce qu'il tient au mas de la Bruyère sur les particuliers y nommés.

1383. — Noble Marguerite, veuve d'Ademard de Garde, reconnait tenir en fief tout ce qu'elle avait et qu'on tenait à elle dans le mas de la Valette et appartenances dans le mandement de Beaujeu, et ce qu'on tient à elle dans ledit mandement.

1383. — Noble Reymond de Savignac reconnait tenir en fief le mas de Rossilhe et tout ce qu'il avait, tenait et qu'on tenait à lui dans ledit mas; plus le mas Del Bost et de Cogaclet, et tout ce qu'on tenait à lui dans le susdit mas et appartenances; plus un pré appelé Del Vignal et tout ce qu'on tient à lui au mas appelé de Bascole; plus la maison Del Curtil, avec les prés, terres, oches, moulin et appartenances de ladite maison, comme aussi les appartenances que tiennent à lui Jacques Pastore et Pierre Pons, et la maison que tient à lui Chorel avec ses appartenances; plus cinq sols tournois de censive qu'il perçoit à Gardalhac, six deniers et un cartal d'avoine au château de Beaujeu, et tout ce qu'on tient à lui dans ledit château et mandement de censives et rentes qu'il perçoit sur les particuliers y dénombrés.

1384. — Noble Artaude du Pont, femme de Gérenton de Cheynas, reconnait tenir en fief sa grange appelée de la Valette, avec ses appartenances, qui est contre le château de Beaujeu, excepté la tour appelée de la Chabanarie qui est Dous Marais, excepté un pré qui est jouxte la Faye de la Valette qu'y tiennent à elle Ihugue et Jean Liotard en fief franc; plus reconnait ce qu'elle avait et on tenait à elle dans le château de Beaujeu et appartenances.

1384. — Armand de Las Fayas, damoiseau, reconnait tenir en fief franc le ténement appelé de Lespinasse, paroisse de Tence, dans le mandement du château de Beaujeu; plus autre ténement appelé de la Guerce qu'y tiennent en emphytéose Jacques et Pons Charroyre; plus le ténement appelé Del Montelhet; plus un pré et une pièce terre; plus un moulin qu'y tient Jean Barrot; plus tout ce qu'il avait et on tenait à lui dans le mandement.

1576. — Reconnaissance des habitants du village du Mazel, de Mazel Girard, pour la justice et taillabilité au mandement de Beaujeu.

1625. — Investiture des rentes levables au lieu de la Valette Eynier, mandement de Beaujeu, acquises par demoiselle Marguerite Besson du Bouchet, au prix de 712 livres.

1627, 23 avril. — Investiture portant hommage du pré, terre et bois appelé de Sœisgnaiclause en fief franc et noble acquis par Jean Roche fils à George du lieu de Chaumète, sis dans le mandement de Beaujeu.

BEAUX [1]

1309. — Hommage fait par Pierre de Mercouiret (*Mercuret*), chevalier, et Artaude, sa femme, à messire Bernard de Castanet, évêque, du village, maisons et tout le terroir de Beaux, proche d'Yssingeaux, avec toutes ses appartenances et tout ce qu'ils tiennent et perçoivent dans le mas de Veirines et appartenances, lequel mas est dans le mandement de Mézères; plus tout ce qu'ils tiennent à Veaunac, de la paroisse d'Yssingeaux; plus tout ce qu'ils tiennent au mas de Sarlis, dans le mandement de Mézères; plus ce qu'ils ont dans le mas de Veirines, d'Yssarlès et appartenances, dans le mandement de Mézères.

1321. — Hommage fait par noble Artaude de Beaux, veuve de Pierre de Beaux, à messire Durand, évêque, du village, maisons et tout le territoire de Beaux, et de tout le reste, comme ci-dessus.

1328. — Hommage fait par Artaude de Beaux, à messire Bernard, évêque, du mas, maison et tout le territoire, comme ci-dessus.

---

(1) Beaux, commune d'Yssingeaux.

1335. — Hommage fait par sieur Guichard Veirilier à messire Bernard, évêque, du village, maison et tout le terroir de Beaux, près d'Yssingeaux, avec leurs appartenances, le tout comme ci-dessus.

1341. — Transaction passée entre monseigneur l'évêque et noble Artaude d'Ebde, dame de Beaux, dans laquelle est dit que la haute moyenne justice du château et village de Beaux, du mandement de Mezères, de la paroisse d'Yssingeaux, appartient à l'évêque.

1343. — Bertrand Amiste de Beaux, damoiseau, reconnait tenir en fief sa grange de Beaux, avec ses appartenances, située dans le mandement de Monistrol; plus les censives et rentes qu'il perçoit dans la ville, château et mandement du Monistrol.

1347. — Noble Briant de Beaux, damoiseau, reconnait tenir en fief sa maison de Beaux et sa grange qu'il avait dans le lieu de Beaux avec ses appartenances, et tout ce qu'il avait, tenait et on tenait à lui dans le château et mandement de Mezères et appartenances; plus un jardin au terroir de Vanniac et tout ce qu'on tient à lui dans le château et mandement susdit, excepté ce qui fut d'Elizabeth Anieste, dans le mandement dudit château; plus reconnait en fief audit seigneur évêque et au sieur de Roche en commun, vingt cartons de blé, quinze sols et deux gélines qu'il perçoit annuellement de censive à Retournac.

1347. — Ademard de Beaux, damoiseau, reconnait tenir en fief, suivant un papier, comme il a reconnu ci-devant.

1355. — Autre transaction entre le seigneur évêque et noble Artaude Bertrand d'Ebde, pour raison de la juridiction de Beaux.

1362. — Hommage fait par noble Artaude d'Ebde, dame de Beaux, à messire Bertrand, évêque, du village, maison et tout le territoire de Beaux, proche d'Yssingeaux, avec toutes ses appartenances.

1365. — Dame Chalue de Beaux, veuve de noble Richaud

de Beaux, reconnait tenir en fief la grange de Beaux avec ses appartenances, et tout ce qu'avait et tenait le susdit Richaud, et qu'on tenait à lui dans le château et mandement de Mezères; plus un jardin que tient à elle Armand de Beaunac (*Vaunac*), et tout ce qu'elle tient au château et mandement de Mezères.

1365. — Elise de Beaux, fille et héritière de noble Richaud de Beaux, chevalier, reconnait tenir en fief sa grange de Beaux et le reste tout de même que ci-dessus.

1365. — Noble Jausserand de Beaux reconnait tenir en fief sa grange de Beaux et appartenances, et tout ce qu'il avait, tenait, et on tenait à lui au mandement de Mezères; plus un jardin situé au terroir de Bronac, et tout ce qu'il avait et on tenait à lui au château et mandement de Mezères, excepté ce qui est donné en dot à Yzabeau, mère du sieur Richaud ; plus tient audit seigneur évêque et au sieur de Roche par indivis vingt cartes de blé, quinze sols et deux gélines qu'il perçoit annuellement de censive à Retournac.

1367. — Dame Cécile Torte, femme à noble Hugon de Bon, chevalier, reconnait tenir en fief le mas de Belvezer avec ses appartenances, le mas de Beaux, le mas Del Mazel, lesquels sont dans le mandement du château du Monistrol; plus les maisons qu'on tient à elle à la ville du Monistrol et certaine censive, etc.

1383. — Hommage fait par noble Artaude d'Ebde, à messire Bernard de Chanac, patriarche, du village, maison et tout le territoire de Beaux, proche d'Yssingeaux, avec toutes ses appartenances, et tout ce qu'elle a dans ledit village.

1493. — Hommage fait par noble Blaise Vigier, à messire Geoffroy de Pompadour, évêque, de quatre livres cens de rente qu'il prend au lieu de Beaux, acquis du sieur de Pouzols sur Claude Monnier et André, et sur Jean Larderol, dudit lieu de Beaux.

BELLECOMBE [1]

1294 (en août). — Arbitrage pour la décision des différends de monseigneur l'évêque et l'abbesse de Bellecombe.

1295 (en octobre). — Transaction passée entre monseigneur l'évêque et la dame abbesse de Bellecombe, au sujet de la haute, moyenne et basse justice de la terre de Bellecombe et abbaye.

1304. — Hommage fait par dame Ygenet de Cornillon, abbesse de Bellecombe, tant à son nom que de son couvent, à l'évêque du Puy, des rentes qu'elle prenait au lieu Del Cros et autres au mandement de Bonnas.

1309, 4 juin. — Transaction passée entre messire Bernard de Castanet, évêque du Puy, et la dame abbesse de Bellecombe, ensuite des transactions ci-dessus, laquelle règle les droits que ledit seigneur évêque du Puy a sur les villages dépendants de l'abbaye dudit Bellecombe, avec le fief, justice et autres droits y spécifiés.

1319. — Hommage fait par la dame abbesse de Bellecombe à messire Durand, évêque, de tout le monastère et appartenances.

1319. — Hommage fait par ladite abbesse de Bellecombe, semblable à celui ci-devant. Plus elle y reconnaît vingt-trois cartons avoine, mesure du Puy, un denier argent et neuf livres huile qu'elle prenait sur certaines maisons en la rue de Chamarlenc, au Puy.

1362. — Hommage fait par madame l'abbesse de Bellecombe à messire Bertrand, évêque, de la haute justice, seigneurie et fief dudit lieu de Bellecombe et des rentes qu'elle prend au lieu d'Araules, Saint-Jeure, Champclause et autres, avec les conditions y mentionnées.

1368. — Transaction ensuite de la sentence arbitrale faite entre messire Bertrand de la Tour, évêque, et la dame abbesse de Bellecombe, laquelle transaction porte hommage fait par ladite dame audit seigneur évêque.

1383. — Hommage fait par l'abbesse de Bellecombe, à l'évêque du Puy, de tout ce qui est désigné aux hommages et transactions précédents.

1383. — La dame abbesse de Bellecombe reconnait tenir en fief, au seigneur évêque du Puy, le contenu qui est dénombré dans une carte signée de maître Guilhaume Granet, notaire, comme il est copié de suite de l'année 1367 et autre ci-devant en 1294.

1394 (en septembre). — Transaction entre messire Guy de Neufville, évêque du Puy, et la dame abbesse de Bellecombe, laquelle règle la justice et le fief relevant de l'évêché (1).

BLACHE (LA)

MANDEMENT DE MERCŒUR (2).

1291. — Hommage de Pons de la Blache, dit Alferand...
. . . .

1296. — Pons de la Blache reconnait tenir en fief sa maison et appartenances, plus le pré de la Prade, et ce qu'il

---

(1) C'est à l'année 1391, époque à laquelle vivait Guy de Neufville, et non à 1394 qu'il faut rapporter cet hommage.
(2) La Blache, commune de Malrevers, canton du Puy.

avait au village de Faugères, Jabruzac, Chaspignac, Coste, Guinamendèche, Lous Adulhs, Malataverne, et autres avec ses appartenances à Mercuer.

1308. — Pons Alferand reconnait tenir en fief le mas de la Blache, avec ses appartenances et tout ce qu'il avait au terroir de Chaspignac, de Faugères, de Jabruzac et au château de Mercuer et mandement.

1327. — Pons Alferand a fait hommage du mas de la Blache et ses appartenances au mandement de Mercuer, et de tout le reste, de même que ci-dessus.

1343. — Reymond Alferand reconnait tout de même que ci-dessus.

1362. — Agnès, veuve de Reymond Alferand, reconnait tout de même. Idem.

1383. — Agnès Francone, veuve de Pierre Gachet, du Puy, reconnait tenir en fief le mas de la Blache, avec ses appartenances.

1389. — Noble Eymard Francon reconnait le tout comme ci-dessus.

1572. — Sieur Jean Marquès reconnait tenir en fief les rentes qu'il prenait aux lieux de la Blache, la Brosse et autres, etc.

BLASSAC [1]

1296. — Hommage fait par Aymery de Blassac, à messire Jean de Cuménis, évêque, de la part qu'il avait au village de Blassac, mandement de Lignon, excepté sa maison audit lieu;

[1] Blassac, commune de Saint-Nicolas.

plus de toutes les terres qu'il tenait qui furent des Roveyraux, et certaines chabanneries, des terres au lieu de la Villette et du Pinet, qui est dans le terroir de Trévas, et de tout ce qu'il avait au mas appelé de Rosseilles, avec ses appartenances; plus reconnaît le mas de la Chalm et les chabanneries qui sont en la paroisse de Saint-Maurice-de-Lignon.

1309. — Hommage fait par Falconne Chardonnère, veuve et tutrice de la fille du susdit Aymery, à messire Bernard de Castanet, évêque, de tout comme ci-dessus.

1343. — Hommage fait par damoiselle Joyette de Blassac, à messire Jean de Chandaurat, évêque, de sa part et de tout ce qu'elle a au lieu et village de Blassac, et tout le reste comme ci-dessus, au précédent hommage.

1362. — Hommage fait par damoiselle Joyette de Blassac, à messire Bertrand de la Tour, évêque, comme ci-dessus.

1383. — Hommage fait par Guilhaume de Sollempnhac *(Solignac)*, à messire Bernard, patriarche, de sa part et de tout ce qu'il avait au lieu de Blassac et autres sus-nommés.

BLAVOSY

MANDEMENT DE MERCOEUR

Hommages rendus en 1293, 1308, 1310, 1318, 1328, 1343.

1362. — Reymond de Ceissaguet reconnaît tenir en fief tout ce qu'il percoit au mas et terroir de Blavozy, comme spécifié, et tout ce qu'il avait et qu'il tenait à lui dans le mas Del Roure, et au mas de Vernasse, et le fief qu'il avait et tenait au mas de Jabruzac et appartenances; plus tout ce qu'il avait, percevait et on tenait à lui dans le château de Mercœur; plus deux jardins et tout ce qu'il avait et on tenait à lui dans ledit château, et tout ce qu'il avait et on tenait à lui dans le mas appelé Montredon et ses appartenances; plus tout ce qu'il avait, et on tenait à lui au terroir de Boisset, excepté une vigne et un champ situé dessous la vigne; plus une versane qui dure de Garnelhe jusqu'au mas appelé de Cluzel; plus le Garayt de Las Peuzes et les maisons et champs de Champinasses; plus le pré, maisons, champs et bois, situés au terroir de Tallayssac, après Jean Gras, supérieur, jusqu'au tènement qui vient de la Volpilière; plus le pré Del Tronc que tient à lui Pierre Armand; plus le pré Del Viol que tient à lui Jean Merchaders; plus le jardin qui est sous le village de Rieux, que tiennent à lui Jean et Benoît Brunels; plus le pré Del Martouret, que tient à lui Pierre Jaletz, de Rieux, et tout ce qu'il avait et on tenait à lui dans le château et mandement de Mercuer.

BONNAS [1]

1254. — Acquisition faite par messire Bernard de Vantadour, évêque du Puy, d'Eustache de la Mastre, damoiseau, de tout ce qu'il avait au tènement et appartenances du château et lieu de Bonnas, avec le fief, hommes, cens, qu'il avait près Saint-Voy, et de tout ce qu'il avait du pont de Mars jusqu'au château de Bonnas, avec leurs appartenances.

1281. — Hommage rendu par Armand de Fay, Giraud et Guilhaume de Romégis, écuyers, à messire Guilhaume de la Roue, évêque du Puy, de tout ce qu'ils ont au château et mandement de Bonnas et dans les paroisses d'Araules, Saint-Voy et de Chanclause, excepté la moitié du village Dous Horsens, et ce qu'ils ont dans le mandement de Fay et au village du Freischet.

[1] Bonnas, commune de Saint-Jeures.

1282. — Acquisition faite par messire Guilhaume de la Roue, évêque du Puy, de Pons Ménétaire, de la parerie qu'il avait à Bonnas, et bois de Meygal Lizion, etc.

1285. — Hommage fait par Guilhaume de Rorrières, à messire Frédole, évêque du Puy, de la parerie qu'il avait au château de Bonnas, commune avec Girard de Rorrières, et généralement tout ce qu'il a audit château et mandement.

1285. — Beraud de Bonnas a fait hommage à qui dessus de tout le bien qu'il a en quel endroit qu'il soit et comme qu'il soit.

1285. — Hommage fait par Hugues Chabrier, à messire Frédole, évêque du Puy, de sa maison qu'il a à Bonnas avec tout ce qu'il a au château de Bonnas et appartenances ; plus les villages de Laulagnier, de la Chièze et de Foumorette.

1285. — Noble Pons Monataire, de Bonnas, fait hommage à qui dessus de tout ce qu'il avait dans le mas du Chomel et de la Roche, et leurs appartenances qui sont dans la paroisse de Saint-Voy-de-Bonnas.

1291. — Hommage fait par demoiselle Chazenède à messire Guy de Neufville, évêque du Puy, de tout ce qu'elle tient et autres tiennent dans le mandement de Bonnas ; plus les villages et terres de Foumorettes, Laulagnier, Nérail, Chaize Del Cros et Araules, et tout ce qu'elle a auxdits lieux.

1291. — Hommage fait par Guérine, veuve de Pons Monedier, de Bonnas, à messire Guigon de Novaville, évêque, de tout ce qu'elle tient et autres tiennent d'elle aux lieu et terroir d'Araules, Beffhas, Montregard et appartenances, et généralement de tout ce qu'elle tient et que les autres tiennent d'elle dans lesdits mandements et lieux de Montregard et Bonnas.

1291. — Hommage rendu par Guilhaume Charrias, à messire Guidon de Novaville, évêque du Puy, d'un chazal et un jardin qu'il a au château de Bonnas et tout ce qu'il a audit château.

1295. — Transaction passée entre messire Guidon, évêque, et le prieur de Saint-Jean de Jérusalem, en règlement de la justice, dans la juridiction de Bonnas et autres lieux.

1296. — Hommage fait par Falcon du Monteil, à messire Jean de Cuménis, évêque, de tout ce qu'il a aux châteaux, mandements et appartenances de Bonnas, de Chapteuil et de Beaujeu.

1296. — Messire Guigon de Bouzols, abbé de Saint-Vozy, reconnait tenir en fief le village de Versilhac, avec ses appartenances, excepté ce qui se tient du chapitre; plus reconnait les villages Del Vilar, de Valètes, de Charboneyres, de Polinhas, de Rachassac, et tout le reste qu'il a de noble dans lesdits lieux qui tiennent de lui sieur Guigon, excepté le lieu des Ermens que tient Jean Baudoin : tous lesdits lieux étant dans le mandement de Bonnas et qui sont du fief dudit seigneur évêque.

1296. — Hommage fait par Guilhaume de Pouzols, à messire Jean de Cuménis, évêque du Puy, de tout ce qu'il a dans le château et bourg de Bonnas et dans le mandement, excepté ce qu'il a aux Saignes, plus tout ce qu'il a au château et mandement de Chapteuil.

1296. — Messire Jean Baudoin, chanoine du Puy, fait hommage à messire Jean de Cuménis, évêque, du village Dous Ermens, avec ses appartenances.

1296. — Hommage fait par Pons de la Bastie, à messire Jean de Cuménis, évêque, du tènement de la Bastie et baylie de Bonnas, avec ses maisons qu'il a audit Bonnas et à Monbuzac et tènement de Las Fuilhes, qu'y tient Pons Coste, et le tènement qu'il a dans la paroisse de Chamelause, qu'il tient au seigneur de Chapteuil.

1296. — Hommage fait par Pierre de Montregard audit messire Jean de Cuménis, évêque, du pré de Pelagelei et pré de Las Chastres, en maison de Leauter et tout ce qu'il a à Bonnas; savoir : maisons, jardins, vine eches et mas de Las Roches, avec les Arthes de la Chieze et une eche; plus deux parties du bois de Lézion et de Las Coatz, pré Massart et pré de Château-Vieux et le mas de Lazath et de Montchiroz, avec leurs appartenances.

1296. — Noble Guilhaume de Romégier fit hommage audit seigneur évêque, de tout ce qu'il avait dans le château de Bonnas et dans son mandement, et de tout ce qu'il pourra y acquérir.

1297. — Hommage fait par Hugon de Bronac, à messire Jean de Cuménis, évêque, de tout ce qu'il a dans le mandement de Bonnas, savoir : tout ce qu'il a à Montgiraud et appartenances, et affaires de Joanesches, le tout dans le mandement de de Bonnas.

1297. — Sentence arbitrale qui règle les limites des châteaux de Chapteuil, Montvert, Eynac, Montuscla, Bonnas, etc.

1300. — Hommage fait par Garine, femme de Guilhaume de la Rochète, à messire Jean de Cuménis, évêque, de tout ce qu'elle a et perçoit à Araules, dans le mandement du château de Bonnas. Lesdits lieux et rentes lui sont venus par succession, de feu Pons Monédier, son premier mari.

1304 (en novembre). — Hommage rendu par Durand Chabrier, à messire Jean de Cuménis, évêque, des mas de Laulagnier, du mas de Foumourettes, du mas de la Chaize, de l'affaire du Frayssenet, de l'affaire de la Coste Borrel, avec toutes les appartenances desdits lieux et mas.

1305 (en juin). — Hommage rendu par Pons de Pouzols, à messire Jean de Cuménis, évêque, de tout ce qu'il a et perçoit dans le mas du Bouchet, de Las Saignes, de la Corba et dans le territoire Del Rieu, de la Suchère et dans le château de Bonnas, dans le mas de la Bastida, au terroir de la Suenescha ; plus l'affaire Dalis Crocolz, tous lesdits lieux dans le mandement de Bonnas, et tout ce qu'il a et perçoit dans ledit château et mandement de Bonnas, excepté ce qu'il a dans le mas de Malchany.

1306. — Noble Pons de Romégis fait hommage à qui dessus de tout ce qu'avaient et possédaient Pons de Landerol et

Flocard, fils de Pierre de la Mastre; plus tout ce qu'il avait dans le château et mandement de Bonnas, que ses ancêtres tenaient.

1308. — Hommage fait par Guilhaume de Romezy, à messire Bernard de Castanet, évêque, de tout ce qu'il a au château de Bonnas et dans le mandement.

1308, 10 mars. — Hommage fait par Hugo Chabrier, à messire Bernard de Castanet, évêque, du mas et village de Foumourette, le mas de Laulagnier, le mas de la Chièze; plus ce qu'il a à Vernassac, à la Celle, au Cros d'Araules, au Freicinet, et généralement de tout ce qu'il a et qu'on tient de lui dans le château et mandement de Bonnas et appartenances dudit château et mandement.

1308. — Noble Guilhaume de Romigières a prêté hommage à qui dessus, de tout ce qu'il avait dans le château de Bonnas et mandement, et tout ce qu'il pourra acquérir; plus de tout ce qu'il a dans la paroisse d'Araules, de Chamelauze, et de tout ce qu'il avait dans le lieu du Chambon et appartenances dudit lieu, et tout ce qu'il avait ou Boschal et au mas de la Celle, qui sont dans la paroisse du Chambon, et tout ce qu'il avait à Pouzols, paroisse de Saint-Jeure, et tout ce qu'il avait et percevait à Las Charreyras de Pouzols et aux moulins de ladite paroisse.

1308, 13 mars. — Hommage rendu par Gérentes de Braunac, à messire Bernard de Castanet, évêque, du mas de Braunac et appartenances, et ce qu'il a dans le mas de Montgiraud et tout ce qu'on y tient de lui; plus tout ce qu'il a, tient et on tient de lui au Freicinet de Braunac; et ce qu'il a et on tient de lui dans le mandement et château de Bonnas; plus tout ce qu'il a et on tient de lui dans le château et mandement de Beaujou.

1308, 13 mars. — Hommage fait par Pons de Pouzols, à messire Bernard de Castanet, évêque, du mas de Las Saignes; plus sa part du lieu de la Flanescha (*la Planche*); plus sa part qu'il a au lieu appelé de Corbe; plus sa part Del Bochet et de la Bucheyra; plus les rentes qu'il perçoit à Fauries et la terre du Rieu, et la terre qu'il a dans les appartenances et mandement du château de Bonnas.

1308, 13 mars. — Hommage fait par Falcon de Monteils, à messire Bernard de Castanet, évêque du Puy, de tout ce qu'il a, perçoit et qu'on tient de lui dans le château et mandement de Bonnas, avec ses appartenances, excepté ce que tiennent Pons et Guillaume de Romigier.

1308, 16 mars. — Hommage fait par Pons Del Chambouet, au nom de sa femme, à Messire Bernard de Castanet, évêque du Puy, de tout ce qu'elle avait au village d'Araules et appartenances, tout ce qu'elle avait dans le mas de Montgiraud, et de tout ce qu'elle tient dans le mandement et château de Bonnas, avec toutes ses appartenances.

1308. — Pierre de Montregard reconnaît tenir en fief à qui dessus, chazal à Bonnas, jardin et cinq pièces de terre au terroir de Las Rotes; plus pré de Château-Vieux; plus le mas de Lazuoylh, bois de Las Coas, pré Massard; plus maison de l'Hantier située au mas Del Serménes; plus pré de Pelaialenc; plus la grange de Los Ormenes (*Ermens*), et moitié du mas de Monchires, tout dans le mandement de Bonnas.

1309, 3 juin. — Hommage fait par Pons Imbert, damoiseau, seigneur de La Brosse, à messire Bernard de Castanet, évêque, de la maison forteresse de La Brosse; plus des villages Del Rauzet, du Tia, du Bos, de Flaniac, paroisse de Saint-Jeure de Bonnas; plus des villages de Chazaux, la Vallette, Eynier et Versilhac, et de ce qu'il avait et autres tenaient de lui au Montéillet, et le fief que tient de lui Pierre Donamérles, et ce que tient de lui Pons de Chambonets, et aussi Gilles de Pélhissac, et généralement tout ce qu'il tient et qu'on tient de lui dans le diocèse, excepté ce qu'il tient du seigneur de Beaudiner.

1309. — Hommage fait par Bernard de Monteils, à messire Bernard de Castanet, évêque du Puy, du mas appelé Del Bcohats, avec ses appartenances, lequel mas est dans le mandement de Bonnas.

1309. — Noble Pons de Romégis reconnaît tenir en fief à qui dessus, sa parerie qu'il avait dans le château de Bonnas, et tout ce qu'il avait et on tenait à lui dans ledit château et mandement, excepté la moitié du mas des Ormins, et ce qu'il avait au Fraissenet.

1309, 12 juillet. — Hommage rendu par Pierre de la Bastide, fils à Pons, à messire Bernard de Castanet, évêque, de sa maison de la Bastide, située dans le mandement du château de Bonnas; plus un pré appelé Praclaux, y confiné; plus le terroir de Las Clautres; plus une terre appelée les Arbres de la Chèze; plus une terre appelée Lou Prat Rauzet; plus une bailie dans le château de Bonnas, et tout ce qu'il a et perçoit dans ledit château et mandement, dans la paroisse de Chamelause et qu'on tient de lui, excepté ce qu'il tient des autres seigneurs.

1309 (en juillet). — Hommage fait par Jacques de Plaignols, prieur de l'église de Niaigle, à messire Bernard de Castanet, évêque, du mas de Richarenches, avec ses appartenances; plus du bois qui est près dudit lieu; plus de plusieurs rentes y spécifiées qu'il prenait dans le mandement de Bonnas sur les hommes et villages y mentionnés.

1310 (en octobre). — Hommage fait par Arnaud de Selignac, à messire Bernard de Castanet, évêque du Puy, de sa parerie qu'il avait au château de Bonnas, et tout ce qu'on y tenait de lui dans ledit château et mandement de Bonnas, excepté la moitié du mas des Hermens, et ce qu'il avait au mas de Freicinet.

1311. — Estienne de Montelhet, Jean de Grange, Guilhaume de Grange, Guilhaume de Montelhet, Pierre Fabre, Thomas, fils de Bernard de Montel et Barthélemy, fils à Jean Del Montelhet, tous habitants du village de Montelhet, mandement de Bonnas, reconnaissent tenir en fief du susdit seigneur évêque, certaine censive sur le mas de la Suchère, le mas Del Dèves, le mas de la Varenne et le mas de Montelhet, avec toutes leurs appartenances qui tiennent à cor et à cri dudit château de Bonnas.

1311. — Hommage fait par Gérente de Moreta, à messire Bernard de Castanet, évêque, de certaines censives à lui dues par les habitants de Fauries, à raison d'un terroir appelé la Chèze, lequel est dans le mandement de Bonnas.

1316. — Reconnaissance et hommage fait par les habitants de Fauries, à messire Bernard, évêque, comme ils se reconnaissent être justiciables en toute justice et l'avaient toujours été du seigneur évêque, à cause de son château de Bonnas.

1318. — Reymond Baudoyn, de la ville du Puy, reconnaît tenir en fief franc, à messire Durand, évêque du Puy, le village appelé des Hermens avec ses droits et appartenances; ledit village est situé sous le château de Bonnas, dans son mandement.

1318. — Bertrand Chabrié reconnaît tenir en fief franc à qui dessus le mas et village appelé Foumouretes; plus le mas de Laulagner, le mas de la Chaize et tout ce qu'il avait à Arniassac, à la Celle, au Cros d'Araules, et aussi ce qu'il avait à Fraissinet, et tout ce qu'il avait et on tenait à lui dans le mandement du château de Bonnas et dans les susdits lieux et appartenances, le tout dans le mandement du susdit château de Bonnas.

1318, 20 mars. — Hommage fait par Pons de Chambonot, à messire Durand, évêque, de tout ce qu'il tient et qu'on tient de lui au village d'Araules; plus tout ce qu'il perçoit et qu'on tient de lui aux mas de Montgiraud et de Brauuac, avec toutes les appartenances desdits lieux qui sont situés dans le mandement de Bonnas.

1318, 13 octobre. — Hommage fait par Pons Bolfart de Laulagner, à messire Durand, évêque du Puy, de son mas appelé Suc à Bonel, au terroir de Bonnas, appartenant audit évêque avec tout droit et tout ce que ledit Pons a audit mas et emphytéose qu'on y tient de lui.

1319, 13 avril. — Hommage fait par Guilhaume de Romégis, à messire Durand, évêque, de tout ce qu'il avait dans le château de Bonnas et dans le mandement, et tout ce qu'il pourrait acquérir dans ledit mandement; plus tout ce qu'il a dans les paroisses d'Araules et de Chamclause; plus ce qu'il a en la ville du Chambon et appartenances, tout ce qu'il a à Altechal de ladite paroisse et au mas de la Celle, paroisse dudit Chambon, tout ce qu'il a à Pouzols, paroisse Saint-Jeure, tout ce qu'il perçoit à Las Charreyres de Pouzols, aux moulins, dite paroisse Saint-Jeure et tout ce qu'il a dans la paroisse de Saint-Voy.

1319, 13 avril. — Hommage fait par Pierre de la Bastide, à messire Durand, évêque, de sa maison de la Bastide, située dans le mandement du château de Bonnas; plus un pré appelé Praclaux, y confiné au pré appelé la Saigne et un terroir appelé de Las Claustres; plus une terre appelée les Arbres de la Chièze; plus le terroir de la Nauta, par dessus les Hermens; plus une terre appelée le Prat Rocet, le tout confiné; plus une bailie qu'il a dans la tour de Bonnas et tout ce qu'il perçoit dans ledit château et mandement et dans la paroisse de Chamclause, et ce qu'on y tient de lui.

1319, 13 avril. — Hommage fait par sieur Pons de Pouzols, à messire Durand, évêque, du mas de Las Saignes; plus sa part du lieu de la Flacnêche, sa part du lieu de la Corbé, sa part du lieu du Bouchet et de la Suchèyre; plus les rentes qu'il perçoit à Fauries et au terroir de Rif, avec leurs appartenances et autres terres qu'il a dans ledit mandement et château de Bonnas.

1319, 13 avril. — Hommage fait par Pierre de Montregard, à messire Durand, évêque, d'un chazal, jardins et quelques terres qu'il a à Bonnas, au terroir de Las Roches; plus le pré de Castronetery, le mas de Lazeuil, le bois appelé de Las Coas et le pré de Massart; plus la maison de Lhauter, située dans le mas des Hermens; plus le pré de Polialène; plus sa grange des Hermens, le tout dans le mandement du château de Bonnas; plus la moitié du mas de la Chalin de Monchiros; plus une oche avec les Arbres de la Chièze; plus deux parts de forestage du bois de Lézion, le tout dans ledit mandement.

1319, 12 juin. — Hommage fait par Vidalle, femme de Jean de la Tourreilhe et Artaude de Braunac, demoiselles, à messire Durand, évêque du Puy, de ce que Jacques Girard de Braunac tenait dans le mas de Braunac; plus ce qu'elles ont dans le mas de Montgiraud et tout ce qu'on tient d'elles dans ledit mas et mandement du château de Bonnas.

1319, 24 novembre. — Hommage fait par maître Bertrand Fabre, notaire royal d'Yssingeaux, à messire Durand, évêque, de certaines rentes qu'il perçoit dans le mandement de Bonnas.

1319. — Hommage fait par noble dame Lucé, femme de

noble seigneur Guilhaume de Poitiers, fille du seigneur de Beaudiner, à messire Durand, évêque, de tout ce qu'elle tient et que d'autres tiennent d'elle dans le mandement du château de Bonnas.

1320, 4 octobre. — Hommage fait par sieur Guilhaume de Larmuzière avec sa femme, à messire Durand, évêque du Puy, de certaines rentes qu'ils prenaient dans le mandement du château de Bonnas et de Beaujeu.

1325. — Noble Gérente de Solignac, sieur de Romégis, diocèse de Viviers, reconnait tenir en fief franc au seigneur évêque du Puy, tout ce qu'il avait, tenait et on tenait à lui au lieu de la Soucheyre et ses appartenances en deçà de la rivière de Lignon, avec toute juridiction haute et basse ; plus tout ce qu'il avait dans le mandement de Fraissinet, dans le mandement du château de Bonnas.

1327. — Bertrand Fabre d'Yssingeaux, prêtre, reconnait tenir en fief à messire Bernard, évêque du Puy, une émine de seigle et une émine d'avoine de rente, mesure de Bonnas, qu'il perçoit annuellement sur les hoirs de Charrade de Torfol ; plus quatre sols six deniers et un carton de seigle de ladite mesure sur Guilhaume de la Salce ; plus trois sols six deniers sur Pierre Barre, et autres censives sur d'autres, mesure d'Yssingeaux, dans le mas Del Maignis ; plus un pré situé dans ledit mas Del Maignis, proche l'eau de Cressolz.

1328. — Hommage fait par sieur Giraud de Romégis, à messire Bertrand (*Bernard*), évêque, de tout ce qu'il a dans le château et mandement de Bonnas.

1328. — Hommage fait par sieur Gilles de L'Herm, à messire Bertrand (*Bernard*), évêque, de tout ce qu'il a, tient et on tient de lui dans le château et mandement de Bonnas.

1328. — Pierre de Montregard, du mandement de Bonnas, reconnait tenir en fief à qui dessus, le chazal de Bonnas, les jardins dudit lieu et ses appartenances, cinq pièces de terre qu'il avait audit lieu et appartenances, lo mas de Lazueil, le bois appelé de Las Cors et le pré dit de Massart ; plus la maison de la Bastide, prè la Jalème ; plus la grange située aux

Ermens, le tout dans le mandement du château de Bonnas ; plus une oche aux Arbres de la Chaize ; plus deux parties du forestage.

1328. — Hommage fait par Armand de Chambonet, à messire Bertrand (*Bernard*), évêque, de tout ce qu'il tient et qu'on tient de lui, depuis le château de Saussac jusques à la rivière appelée de Rams ; plus tout ce qu'il a, tient et qu'on tient de lui au lieu d'Araules, à Montgiraud et à Braunac, avec leurs appartenances, lesquels lieux sont dans le mandement du château de Bonnas.

1328. — Pons de Pouzols reconnait tenir à qui dessus en fief le mas de Las Saignes ; plus sa part qu'il avait dans le lieu appelé de la Flauenche et de la Corbe, et sa part qu'il avait au lieu appelé Del Bouchet et de la Soucheyre ; plus les rentes qu'il avait et percevait à Fauries et au terroir du Rif, dans le mandement de Bonnas, et tout ce qu'il avait au château et mandement susdit de Bonnas.

1328. — Hommage fait par dame....... de Romegiis, veuve de Guilhaume de Larmazières, à messire Bertrand (*Bernard*), évêque, de plusieurs censives qu'elle prenait dans le mandement de Bonnas, où les lieux y sont spécifiés.

1328. — Hommage rendu par Hugon de Montels, à messire Bertrand (*Bernard*), évêque, du mas appelé Del Bochats, avec ses appartenances, dans le mandement du château de Bonnas.

1328. — Beraud Baudoyn reconnait tenir en fief à messire Bernard, évêque du Puy, le village appelé des Ermens, avec ses appartenances et tout ce qu'on y tenait à lui, qui est situé sous le château de Bonnas.

1331. — Hommage fait par Guilhaume Saunier, clerc de l'église du Puy, de certaines rentes qu'il prenait dans le mandement de Bonnas.

1331 (en août). — Hommage fait par Gérentes, de sa prairie qu'il avait au château de Bonnas, et tout ce qu'il a et qu'on tient de lui dans le château et mandement dudit Bonnas, excepté la moitié du mas des Hermens.

1331. — Hommage rendu par Giraud de Romégis, *dit de Montgiraud*, seigneur en partie du château de Bonnas, de tout ce qu'il a dans le mandement dudit Bonnas, de douze cartons et demi seigle, sept cartons et demi d'avoine, mesure de Bonnas ; sept sols quatre deniers de censive et onze sols pour la taille qu'il perçoit annuellement ; ensemble autres rentes dans ledit mandement de Bonnas.

1343. — Hommage fait par Géronton de Solignac, à messire Jean de Chandaurat, évêque, de sa parerie du château de Bonnas, et tout ce qu'il tient et d'autres tiennent de lui dans ledit château et mandement, excepté la moitié du mas des Hermens et ce qu'il a au mas des Hermens.

1343. — Reymond Baudoyn, de la ville du Puy, reconnaît à qui dessus le village appelé des Ermens, avec ses droits et appartenances, et tout ce qu'il avait et on tenait à lui dans ledit village et appartenances, lequel est situé sous le château de Bonnas et dans son mandement.

1343. — Hommage fait par André Ruel d'Yssingeaux, notaire royal, à messire Jean de Chandaurat, évêque, de certaines rentes qu'il perçoit dans le mandement de Bonnas.

1343. — Hommage fait par Arnaud de Chambonet, à messire Jean de Chandaurat, évêque, de tout ce qu'il a, perçoit et qu'on tient de lui dans le château de Salsac *(Saussac)*, jusques à l'eau appelée de Rams ; plus tout ce qu'il a et qu'on tient de lui dans le lieu d'Araules, aux mas de Montgiraud et de Braunac, avec leurs appartenances, lesquels lieux sont dans le mandement de Bonnas.

1343. — Hommage fait par Bertrand Chabrier, à messire Jean de Chandaurat, évêque, de ce qu'il a dans le mandement de Bonnas, le mas et village appelé de Fournourettes, mas de la Chèze, et tout ce qu'il a au mas de Laulagner ; plus tout ce qu'il a à Ernhasade *(Arnassac)*, à la Celle, au Crôs d'Araules et au Frayssenet ; et tout ce qu'il a et qu'on tient de lui dans lesdits lieux, et tout ce qu'on tient de lui dans le château et mandement susdit de Bonnas.

chazal à Bonnas et jardins dans ledit lieu, et cinq pièces de terre qu'il avait au terroir appelé de Las Rottes; plus le pré de Château-Vieux, le mas de Lazeul, le bois appelé de Las Coas et pré dit Massard; plus la maison de l'Hauter, située au mas des Ermens; plus le pré de Pelvalenc et sa grange située aux Ermens, le tout dans le mandement du château de Bonnas; plus la moitié du mas de la Chalm et de Montchirots; plus une oche aux Arbres de la Chaize.

1343. — Hommage fait par Pierre de Mercuret, à messire Jean de Chandaurat, évêque, des rentes qu'il prenait au mandement du château de Bonnas.

1343. — Garonne *(Gérenton?)* de Romigères, damoiseau, reconnaît tenir en fief tout ce qu'avait son père dans le château de Bonnas et au mandement et dans le mandement dudit château, tout ce qu'il pourra acquérir et tout ce qu'il avait dans la paroisse d'Araules et de Chamclauze; plus tout ce qu'il avait au village du Chambon et appartenances, et tout ce qu'il avait au Bochal, dite paroisse, et au mas de la Celle qui sont dans la paroisse du Chambon et tout ce qu'il avait à Pouzols, paroisse de Saint-Jeure, et tout ce qu'il percevait à Las Charreyres de Pouzols et aux moulins de ladite paroisse; plus le mas appelé de Montgiraud, situé dans le mandement du château de Bonnas, lequel mas il a acquis d'Hugon de Bronac.

1343. — Hommage fait par Guilhaume de Pouzols, à messire Jean de Chandaurat, évêque, du mas de Las Saignes, sa part du lieu de Fleuonèche, sa part du lieu de Corbe et sa part du lieu du Bochet et de la Socheyre; plus les rentes qu'il perçoit à Fauries et terroirs de Rioux, et les terres qu'il a dans les appartenances du mandement du château de Bonnas et dans ledit château et mandement.

1343. — Hommage rendu par Hugon de Monteils, à messire Jean de Chandaurat, évêque, du mas appelé de Bochats, avec ses appartenances, qu'il avait dans le mandement de Bonnas.

1343. — Hommage rendu par sieur Guilhaume Mottet et sa femme, à messire Jean de Chandaurat, évêque, de la maison de la Bastide, avec ses appartenances; plus un pré appelé Praclaux; plus autre pré appelé la Saigno; plus le terroir appelé Las Claustres; plus une pièce de terre appelée les Arbres de la Chièze, et le terroir de la Nauta sur les Hermens; plus autre pièce appelée prat Roucet; plus une baylie dans le château de Bonnas et tout ce qu'il perçoit, le tout dans le mandement de Bonnas.

1345. — Gérenton de Romigières reconnait tenir en fief tout ce qu'il avait dans le château et mandement de Bonnas, et tout ce qu'il y pourra acquérir; plus tout ce qu'il avait dans la paroisse d'Araules et de Chamalause, au village du Chambon, tout ce qu'il avait au Bouchal, dite paroisse, au mas de la Celle, paroisse du Chambon, tout ce qu'il avait à Pouzols, paroisse de Saint-Jeure, et tout ce qu'il percevait aux Charreyres de Pouzols et aux moulins de ladite paroisse de Saint-Jeure; plus le mas appelé de Montgiraud, situé dans le mandement du château de Bonnas, acquis d'Hugon Bronac.

1362. — Hommage fait par Bernard de Monteils, à messire Bertrand de La Tour, évêque, du mas appelé Del Bochats, avec toutes ses appartenances dans le mandement du château de Bonnas, dans la paroisse de Saint-Voy, et tout ce qu'il a dans le mandement et appartenances du château de Bonnas; a déclaré que la haute justice dudit mas de Bochats appartenait à monseigneur l'évêque.

1362, 23 juillet. — Hommage fait par Jean, seigneur de Solignac, à messire Bertrand de la Tour, évêque, de sa parerie du château de Bonnas et de tout ce qu'il avait et qu'on tient de lui dans le château et mandement de Bonnas, excepté la moitié du mas Dous Hermens; plus tout ce qu'il avait et qu'on tient de lui au mas et terroir de Freicenet; plus tout ce qu'il avait aussi et qu'il tient au lieu de la Suchère, avec ses appartenances, jusques à la rivière de Lignon en deçà avec la juridiction haute et basse qu'il avait dans les susdits lieux.

1352. — Jean Baudoin reconnait tenir en fief le village appelé Dous Ermens, avec ses droits et appartenances, et tout ce qu'il avait et qu'on y tenait de lui dans ledit village qui est situé dans le château de Bonnas.

1362, 25 juillet. — Hommage fait par André de Bonnas, bourgeois du Puy, à messire Bertrand de La Tour, évêque, de douze setiers blé, mesure de Bonnas, moitié seigle et moitié avoine, et six livres argent de censive qu'il prenait au lieu de Laulagnier, paroisse de Saint-Voy, mandement de Bonnas; plus trois setiers trois cartons seigle, trois setiers trois cartons avoine, trente-cinq sols et six gélines de censive qu'il prenait au lieu de la Chièze, paroisse de Saint-Voy audit mandement de Bonnas.

1362, 25 juillet. — Hommage fait par Pierre Brun, du Puy, à messire Bertrand de La Tour, évêque, de quatre setiers, une quarte et un quart de blé seigle, trente-deux sols et dix gélines et demi de rente qu'il prenait au lieu et paroisse d'Araules, mandement de Bonnas.

1362. — Pierre des Ermens reconnait tenir en fief un chazal à Bonnas et jardins audit lieu, et cinq pièces de terre qu'il avait au terroir de Las Rottes; plus le pré Château-Vieux, le mas Del Velh, le mas de Las Coas, le pré appelé Massart et la maison de Lauther située au mas des Ermens; plus le pré de Pretjalenc; plus sa grange située aux Ermens, tout dans le mandement de Bonnas; plus la moitié du mas de la Chalm, de Montgirots, plus une oche aux Arbres de la Chaize; plus deux parts de forestage du bois de Lezieu, tout dans le susdit mandement.

1362. — Jean de Pouzols reconnait tenir en fief le mas de Las Saignes; plus sa part qu'il avait au lieu appelé de Las Flanenches et sa part qu'il avait au lieu appelé de la Combo et au lieu appelé Del Bouchas de la Sucheyre; plus les rentes qu'il avait et percevait à Fauries, terres de Rieu et terres qu'il avait aux appartenances du mandement du château de Bonnas, et tout ce qu'il avait dans le susdit château et mandement.

1362, 27 juillet. — Hommage fait par Artaud Chabrier, à messire Bertrand de La Tour, évêque, de certaines rentes qu'il avait au mandement de Bonnas.

1362, 27 juillet. — Hommage fait par Guilhaume et Jean de la Croix, à messire Bertrand de La Tour, évêque, de plusieurs fonds y désignés et confinés qu'ils avaient au lieu de la Bastide et de la rente y mentionnée, le tout dans le mandement de Bonnas.

1362. — Jean de Pouzols reconnait tenir en fief tout ce qu'il avait dans le château de Bonnas et tout ce qu'il y pourra acquérir, tout ce qu'il avait dans la paroisse d'Araules et de Chamelause, tout ce qu'il avait dans le village du Chambon, au Bouchal, au mas de la Celle et à Pouzols, paroisse de Saint-Jeure, à Las Charreyres de Pouzols et aux moulins de la susdite paroisse ; plus le mas de Mongiraud dans le mandement de Bonnas.

1364, 16 mai. — Hommage fait par Reynaud de Fay et Marguerite de Saint-Quentin, sa femme, à messire Bertrand de La Tour, évêque, de tout ce qu'ils avaient au mandement de Bonnas.

1366, 7 juin. — Hommage fait par Pierre de Gazelles, à messire Bertrand de La Tour, évêque, de certaines rentes qu'il prenait au village d'Araules, ses terroirs et dépendances, le tout dans le mandement de Bonnas, rentes qu'il avait acquises de Pierre Brun et autres y nommés.

1366. — Hommage fait par Pierre de Gazelle, bourgeois du Puy, à messire Bertrand de la Tour, évêque, de certaines rentes par lui acquises au lieu d'Araules et autres lieux dans le mandement de Bonnas.

1373. — Autre hommage prêté par Pierre de Gazelles, porté ci-après.

1373. — Pierre de Gazelles reconnait tenir en fief à messire Bertrand, évêque du Puy, les censives, rentes et autres qu'il perçoit, vingt six cartons de seigle et quatorze sols de censive qu'il perçoit sur un pré appelé le Brul, de noble Egido d'Ebdo, avec la seigneurie, droits de lods et investiture ; plus trente-deux sols tournois, dix gélines, quatre setiers et une émine de blé (mesure de Bonnas), de censive qu'il perçoit au lieu d'Araules, mandement de Bonnas qui fut acquise de Pierre Brun ; plus soixante sols de censive, etc., qu'il a acquis d'Astort de Charence et qu'il perçoit au mas de la Terralhe et verrier ;

plus douze cartons de seigle et neuf deniers aussi acquis et qu'il perçoit au lieu de la Varenne, sur les y dénommés; plus vingt-quatre sols, dix deniers et neuf cartons de froment, vingt-cinq cartons de seigle et trente-cinq ras d'avoine de la mesure de Mercuer et neuf gélines, acquis de Pierre Brun, qu'il perçoit au mas de Faugères et terroir; plus onze cartons de seigle qu'il avait et percevait sur Michel Eymonet et autres; plus tient en fief comme dessus une pièce de bois appelée Dous Egalz; plus septante un sols et six deniers de censive acquis du susdit Bertrand d'Ebde qu'il perçoit sur les y nommés; plus tient comme dessus huit cartons de froment, quatre cartons d'avoine, douze cartons de seigle, dix sols deux deniers, une géline et une manœuvre qu'il perçoit sur le ténement et habitants y nommés.

1375. — Hommage fait par Jean de Chandaurat audit seigneur évêque, de tout ce qu'il avait dans le mandement de Bonnas et autres lieux.

1383. — Pierre de Gazelles reconnait tenir en fief à messire Bertrand de Chanac, patriarche et administrateur de l'évêché du Puy, les rentes qu'il perçoit, le tout comme ci-dessus, dans les mandements de Bonnas, Mercuer, etc.

1383. — Hommage rendu par Pierre de Gazelles à messire Bernard (*Bertrand*) de Chanac, patriarche de Jérusalem, de certaine censive qu'il prenait au lieu d'Araules, mandement de Bonnas; plus douze cartons seigle qu'il levait au lieu de la Varenne.

1383, 6 juin. — Hommage fait par Jean de la Tour, dit Ollivier, à messire Bernard (*Bertrand*), patriarche, de sa maison de la Bastide, située dans le mandement du château de Bonnas, d'un pré appelé Prateloux; plus autre pré appelé de Las Saignes; plus le terroir appelé de Las Claustres; plus une pièce de terre appelée les Arbres de la Chèza; plus le terroir de la Nuilo, sur les Hommes; plus autre pièce de terre appelée Lou Prat Roncet, le tout dans le mandement de Bonnas, y dûment confiné; plus une baylie qu'il avait dans le château de Bonnas et mandement, tout ce qu'il a perçoit et qu'on perçoit de lui dans ladite baylie, tout ce qu'il a, perçoit dans le château et mandement dudit château, et on la paroisse de Champollouse, et ce qu'on y tient de lui.

1383, 10 juin. — Hommage fait par Bernard de Montells au susdit seigneur évêque, du mas appelé Del Bochats, avec ses droits et appartenances, situé dans le mandement du château de Bonnas, de la paroisse de Saint-Voy ; plus tout le susdit mas, et reconnaît que la haute justice doit appartenir audit seigneur évêque ; plus tout ce qu'il avait et tenait au mas de Cotuol (*Couteaux*), au mas de Bigorre, au mas Chabert, au mas de Bronac, au mas de Coutal, et tout ce qu'il avait, tenait et autres tenaient à lui dans le château et mandement de Chaptoul et mandement et château de Bonnas ; plus la forteresse de Joux et la Borie de Joux, avec ses appartenances, partie acquise de Delmas Ollivier et Bianer ; plus toutes les rentes et hommages qu'il perçoit au mas de Fraissinet et dans le mandement de Beaujeu, et tout ce qu'il a dans le dit mandement.

1383, 17 juin. — Hommage fait par noble Jean de Braunac à messire Bernard (*Bertrand*), patriarche, du mas de Braunac, avec toutes ses appartenances, du mas de Chantaussel et appartenances ; plus tout ce qu'il avait et qu'on tenait de lui au Freicinet de Braunac, le tout dans le mandement du château de Bonnas.

1383, 22 juin. — Hommage fait par noble Jean Pourchas à messire Bernard (*Bertrand*), patriarche, de sa maison de la Bastide, d'un pré appelé Praclaux ; plus autre pré appelé de la Saigne ; plus le terroir appelé de Las Claustres ; plus une pièce de terre appelée les Arbres de la Chaize ; plus le terroir de la Naute, sur les Hermens ; plus autre pièce de terre appelée Lou Prat Roucet, le tout dans le mandement de Bonnas y dûment confiné ; plus une baylie qu'il avait dans le château de Bonnas et mandement, tout ce qu'il perçoit et qu'on perçoit de lui dans ladite baylie, tout ce qu'il a, perçoit dans le château et mandement dudit château et en la paroisse de Champolause et ce qu'on y tient de lui.

1383. — Jean Baudoin, bourgeois du Puy, reconnaît tenir

en fief franc le village des Hermens, et tout ce qu'il avait et on tenait à lui dans ledit village qui est situé sous le château de Bonnas et mandement.

1383, 1ᵉʳ juillet. — Hommage fait par noble Guilhaume de Pouzols à messire Bernard (*Bertrand*), patriarche, du mas de Las Saignes, de sa part qu'il avait dans le lieu appelé de la Fluenesche, et sa part qu'il avait dans le lieu appelé de la Courbe, et sa part du lieu appelé Del Bochats et de la Suchère; plus les rentes qu'il a et perçoit à Fauries et terroir de Rif, et terres qu'il a aux appartenances et mandement du château de Bonnas; et tout ce dessus est dans le mandement dudit château.

1383, 4 juillet. — Hommage fait par noble Artaud Chabrier, clerc du Puy, audit messire, patriarche, de plusieurs censives y désignées qu'il prenait au mandement de Bonnas.

1383. — André de Bonnas reconnaît tenir en fief franc les censives et rentes qu'il perçoit au mas de Laulagner, de la Chaize, de Foamourettes et autres dans le mandement du château de Bonnas, sur les particuliers y dénombrés.

1383, 9 juillet. — Hommage rendu par Bertrand Soulas à messire Bernard (*Bertrand*), patriarche, de tous les quarts des blés qu'il levait et prenait au terroir du Boschet paroisse de Saint-Jeure et plusieurs autres rentes y désignées qu'il prenait audit lieu du Boschet, Araules, Bonnas et autres personnes audit mandement.

1383, 1ᵉʳ octobre. — Hommage fait par noble Parpalhon de Mercuret à messire patriarche, de plusieurs autres rentes y désignées qu'il prenait audit mandement de Bonnas.

1383. — Noble Antoine de Romeriis reconnaît tenir en fief tout ce qu'il avait dans le château de Bonnas, diocèse du Puy, et au mandement et dans le mandement dudit château, et tout ce qu'il avait dans la paroisse d'Araules et de Chamalaues; plus tout ce qu'il avait au lieu du Chambon et appartenances dudit lieu, tout ce qu'il avait au Boschet de ladite paroisse et au mas de la Celle, qui sont dans la paroisse du Chambon, tout ce qu'il avait à Peuzols, paroisse de St-Jeure, et tout ce qu'il avait et percevait sur les Charreires de Pouzols et aux moulins de ladite paroisse de Saint-Jeure; plus le mas appelé de Montgiraud, situé au mandement du château de Bonnas, lesquels mas ledit Giraud avait acquis d'Hugon de Bronac, à ce qu'il dit.

1383. — Mondon des Ermens, fils de noble Pierre des Ermens, reconnaît tenir en fief le chazal de Bonnas, ses jardins dudit lieu et cinq pièces de terre qu'il avait, aussi une maison dans ledit terroir appelé de Las Rottes; plus le pré de Château-Vieux, le mas Del Viel, le bois appelé de Las Coas et le pré appelé de Marsac; plus la maison de Lauther, située au mas des Ermens; plus le pré de Palejono; plus la grange située aux Ermens, le tout situé dans le mandement du château de Bonnas; plus la moitié du mas de la Chalm de Mougues et une cuche aux arbres de la Chaize; plus deux parts du forestage du bois de Lezieu, tout dans le mandement du château de Bonnas.

1383. — Noble sieur Géronton de Solignac, seigneur de Romigières, reconnaît tenir en fief franc sa parerie du château de Bonnas, et tout ce qu'il avait et on tient à lui dans ledit château et mandement, excepté la moitié du mas des Ermens, et ce qu'il a au terroir de Fraissinet.

1389. — Hommage à messire Pierre, évêque, par Jacques de Bonas, des censives et rentes aux mas de Laulagner, de la Chèze et à Founourettes, mandement de Bonnas (1).

1389. — Noble Antoine de Romières, *dit de Montgrand*, reconnaît tenir en fief tout ce qu'il avait au château et mandement de Bonnas et sous le mandement et à Araules, dans la paroisse, et de Champclauze, au village du Chambon, au Bouchal dite paroisse, au mas de la Celle, à Pouzols, paroisse de Saint-Jeure; plus le mas de Montgiraud.

1389. — Jean Bauduin, bourgeois du Puy, reconnaît tenir en fief le village appelé Dous Hermens, avec ses appartenances, situé sous le mandement de Bonnas.

(1) C'est Gilles de Bellemène et non Pierre qui était évêque du Puy en 1389.

1575, 3 mai. — Hommage fait par messire Jean Besson, notaire royal du Boschet Saint-Jeure, à messire Antoine de Sénéterre, évêque, de certaines rentes et cens qu'il avait acquis du sieur Claude Rouveyroles, levables dans le mandement du château de Bonnas, comme il y est spécifié.

1612. — Investiture portant hommage et dénombrement de la métairie de la Chau, paroisse d'Araules, dans le mandement de Bonnas, acquise par noble Pierre de Salces, de damoiselle de Langon, veuve de noble Jacques des Ermains.

1625. — Quittance de lods des rentes levables à la Valette Eynier, acquises par demoiselle Marguerite du Bouchet, de messire Antoine Dumas, chanoine de Saint-Agrève, dans le mandement de Bonnas.

1638 et 1639, 13 mars. — Sentence rendue au bailliage de Montfaucon, confirmée par autre du sénéchal du Puy, qui condamne les habitants du mandement de Bonnas à payer le droit de quart des blés qu'ils font dans les communes, à l'évêché du Puy.

1640, 18 mai. — Investiture donnée à noble Claude de Chambarlhac, sieur de Fornets, par messire Just de Serres, évêque du Puy, des rentes qu'il a acquises du sieur Jean Bertrand et Lucrèce Rave, mariés, lesdites rentes levables au lieu de Foumourettes et autres villages au mandement de Bonnas; ladite investiture portant hommage desdites rentes.

1645. — Investiture portant hommage des cens, rentes et droits seigneuriaux sur les villages de Foumourettes, le Molinas, la Chèze, Laulagner, Petit, le Bouchet, Faurias, etc., tout dans le mandement de Bonnas, acquises par demoiselle Gabrielle de Seignhauvert, de noble Jacques de Peleprat, au prix de seize mille livres.

1645, 21 avril. — Hommage portant investiture pour damoiselle Gabrielle de Senhauvert, veuve du feu sieur de Bouchet, de la paroisse de Saint-Jeure, en Velay, donnée par messire Henry de Maupas du Tour, évêque du Puy, des rentes que ladite damoiselle a acquises de noble Jacques de Pealeprat, levables ès lieux de Foumourettes, Lou Moulinas, la Chèze et autres y nommés au mandement de Bonnas.

1662. — Investiture portant hommage des cens, rentes, revenus et autres droits seigneuriaux aux lieux de l'Aurias, la Chèze, le Bouchet, Montbazat, la Coste, Louis Hermens, la Bastie, Foumourettes et leurs dépendances, acquis par noble Claude de Chambarlhac, sieur de Foumourettes, de messire Claude de Clavières, seigneur dudit lieu, au prix de mil huit cent dix livres.

1665, 10 mai. — Investiture des maisons et domaine appelé de Durfort, situé près de Saint-Jeure, donnée par l'économe de l'évêché du Puy, à noble Charles de la Roche, sieur de Montple, acquis de noble Jean Véron, au prix de trois mille deux cents livres. Ledit domaine y est dûment confiné.

BONNEVILLE [1]

1296. — Hommage fait par Pons de Bonneville à messire Jean de Cuménis, évêque, de la maison de Bonneville, et de tout ce qu'il a au mandement de Chapteul.

1309. — Hommage fait par Pons de Bonneville à messire Bernard de Castanet, évêque, de ce qu'il avait au lieu de Bonneville, Marsilhac et la Freideire, au mandement de Chapteul, avec tout ce qu'il avait audit mandement.

1328. — Hommage rendu par Pons de Bonneville à messire Bernard, évêque, de ce qu'il avait au lieu de Bonneville, Marsilhac et la Freideire, au mandement de Chapteul, avec tout ce qu'il avait audit mandement.

[1] Bonneville, commune de Saint-Pierre-Eynac.

1343. — Hommage fait par Amphosset de Bonneville à messire Jean de Chandaurat, évêque, du mas de Bonneville, de tout ce qu'il avait audit lieu de Marsilhac, la Freideire, et de tout ce qu'il avait au mandement de Chapteul.

1362. — Hommage fait par maitre Guilhaume Besseire, vicaire d'une chapelle de Saint-Agrève, à messire Bertrand de la Tour, évêque, de certaine rente, au lieu de Bonneville.

1362. — Hommage fait par Hugou de Bonneville à messire Bertrand de la Tour, évêque, de la forteresse et maison de Bonneville, et tout le mas de Bonneville, avec ses appartenances, excepté un champ, un bois et tout ce qu'il tient de lui dans ledit mas et appartenances ; plus le terroir de la Salcette, dans le territoire de Seignetran, la maison Del Fornil et tout ce qu'il avait et qu'on tient de lui dans le mandement et juridiction de Chapteul, *item* le mas de la Fredeire, avec ses appartenances.

1383, 9 juin. — Hommage fait par noble Louis de Bonneville au seigneur évêque, de la forteresse et maison de Bonneville, avec tout le mas de Bonneville, avec ses appartenances; plus le mas de la Freideire, le mas de Marsilhac, au terroir de Salettes; plus le terroir de Seignetran, maison Del Fornil et tout ce qu'il a, tient et on tient de lui dans le mandement et juridiction de Chapteul.

BORNE
et villages en dépendant

1296. — Hommage rendu par Pierre Barthélemy, du Puy, à messire Jean de Cuménis, évêque, de ce qu'il avait aux villages de Lanthenas, la Chazotte et dans le village de Lodo (*Loudes*), avec leurs appartenances et tout ce qu'il a dans la paroisse de Borne et de Lode, et tout ce qu'il a au terroir de Las Jointes, excepté ce qu'il tient du vicomte de Polignac.

1309, 12 août. — Hommage fait par Pierre Barthélemy du Puy, à messire Bernard de Castanet, évêque, de ce qu'il a, perçoit et qu'on tient de lui dans les villages de Lanthénas, de la Chazotte, au lieu de Lode, avec les appartenances desdits villages et lieu, dans la paroisse de Borne et de Lode; plus le terroir de Las Jointes, excepté ce qu'il y tient du vicomte de Polignac.

1310. — Hommage rendu par Pierre Barthélemy du Puy, fils à autre Pierre Barthélemy, à messire Bernard de Castanet, évêque, de tout ce qu'il a, perçoit et qu'on tient de lui dans les villages de Lanthenas, de la Chazotte, au lieu de Lode et appartenances dudit lieu et villages, et dans la paroisse de Borne et de Lode; plus le territoire de Las Jointes, excepté partie dudit territoire de Las Jointes qui est au sieur vicomte de Polignac. Tous les susdits villages et lieu sont dans le diocèse du Puy.

1327. — Hommage rendu par Jean Barthélemy du Puy, fils de Pierre Barthélemy, à messire Bernard, évêque, de tout ce qu'il a, perçoit et qu'on tient de lui aux villages de Lanthénas, de la Chazotte, au lieu de Lode et appartenances desdits villages et lieu, dans les paroisses de Borne et de Lode, au territoire de Las Jointes, excepté partie du terroir de Las Jointes, qui tient du seigneur vicomte de Polignac, lequel lieu, villages et paroisses, sont du diocèse du Puy.

1337. — Hommage fait par le procureur du chapitre de Saint-Vosy au seigneur évêque, de la rente qu'il perçoit au lieu de Borne, ensemble deux procurations faites par le susdit chapitre, pour reconnaître ladite rente, en parchemin.

1343. — Hommage fait par Jean Barthélemy, fils de Pierre Barthélemy, à messire Jean Chaudaurat, évêque, comme ci-dessus.

1343. — Hommage fait par Pierre Chambefort du Puy, à messire Jean de Chandaurat, évêque, au village de Borne, mas de la Giberte, avec les terroirs et appartenances dudit village et mas qui tient depuis la rivière de Borne jusqu'à l'église et tout ce qu'il a, perçoit et ce qu'on tient de lui dans le susdit village et mas.

1343. — Hommage fait par noble François de Lode (Loudes) chevalier, à messire Jean de Chandaurat, évêque, d'un sien moulin appelé de Muze, avec les prés et terres y joints; plus ce qu'il a, tient, possède et autres tiennent de lui au village de Borne jusqu'à la rivière appelée de Muze.

1343. — Hommage rendu par seigneur Pons de Rochebaron à messire Jean de Chandaurat, évêque, de tout ce qu'il a, possède et d'autres tiennent de lui à l'estrade qui va de Borne vers Coubladour, du côté de Lode.

1343. — Le chapitre de Saint-Vosy tient en fief les rentes et censives qu'il perçoit dans le village, sive lieu de Borne.

1343. — Hommage fait par Hugon, seigneur de Lode, à messire Jean de Chandaurat, évêque, du sien moulin appelé de Muze, avec les prés et terres joints audit moulin; plus ce qu'il a, perçoit et qu'on tient de lui au lieu de Borne jusqu'au ruisseau appelé de Muze, avec toutes ses appartenances.

1354. — Bilhaut d'Usson, damoiseau, reconnait tenir en fief tout ce qu'il avait, tenait et possédait à l'estrade publique qui va de Borne à Coubladour du côté de Lode, et tout ce que d'autres tiennent à lui dans ledit tènement avec la juridiction mère, mixte, impère.

1357, 25 juillet. — Hommage fait par Pierre Barthélemy du Puy, à messire Bertrand de la Tour, évêque, de tout ce qu'il a, perçoit et qu'on tient de lui aux villages de Lanthenas, de la Chazotte, avec toutes leurs appartenances et dans les paroisses de Borne et Lode; plus ce qu'il perçoit au territoire de Las Jointes, excepté comme ci-dessus (1).

1362, 28 juillet. — Hommage fait par Bertrand, seigneur de Loudes, audit seigneur évêque, des rentes qu'il a et perçoit à Vendas, Vourey (Vaures?) Borne, et de son moulin appelé la Muze, avec les prés, terres joints audit moulin; plus ce qu'il a, possède et qu'on tient de lui au lieu de Borne jusqu'au ruisseau de la Muze.

(1) 1357.

1362. — Hommage rendu par Jean Chambefort à messire Bertrand de la Tour, évêque, du village de Borne et mas de la Giberte, avec tous leurs territoires, ténements et appartenances ; plus tout ce qu'il a au lieu de Borne, vers l'église, et tout ce qu'il perçoit et qu'on tient de lui dans ledit village, mas, terroirs et appartenances, depuis la rivière jusqu'à l'église.

1362. — Hommage fait par le chapitre de Saint-Vozy au seigneur évêque, des rentes qu'il perçoit au lieu de Borne.

1383. — Hommage rendu par noble Allario *(sic)* de Beauchier, veuve de Jean Chambefort, et comme tutrice de Jean Chambefort, à messire Bertrand de Chanac, patriarche, du village de Borne et mas de la Gilberte, le tout comme dessus.

1383. — Elise et Marguerite Barthélemy, sœurs, reconnaissent tenir en fief franc au seigneur évêque, le lieu, sive mas de Lanthenas, avec toutes ses appartenances, avec tout ce qu'elles avaient, tenaient, possédaient, et on tenait à elles.

1383. — Hommage fait par le chapitre de Saint-Vozy, des rentes qu'il perçoit au lieu de Borne.

1389, 7 juillet. — Hommage rendu par Allize de Beauchier, tutrice de Guilhaume Chambefort, à messire Pierre Gérard, évêque, du lieu de Borne et mas de la Giberte, avec tous les territoires, appartenances dudit lieu et mas au-delà de la rivière de Borne, vers l'église de Borne, et tout ce qu'elle a, perçoit et on tient d'elle dans le lieu et mas susdits ; plus tout le mas appelé de la Chezotte ; plus tout ce qu'avait, tenait ledit Guilhaume et autres tenaient de lui audit mas et appartenances.

1389. — Elix et Marguerite Barthélemy, sœurs, filles et héritières d'Elis Barthélemy, reconnaissent tenir en fief franc le lieu, sive mas de Lanthenas, avec toutes ses appartenances et tout ce qu'elles avaient, tenaient et possédaient audit lieu et appartenances, comme possédaient Pierre et Alix Barthélemy, son fils.

1493. — Hommage fait par Guilhaume Rogery à messire ~~Geoffroy de Pompadour, évêque, de soixante-cinq sols de rente annuelle qu'il a acquise au lieu de Borne et de la Vallette.~~

1498. — Hommage fait par Guilhaume Rogery à messire Geofroy de Pompadour, évêque, de certaine rente annuelle qu'il a acquise dans la paroisse de Borne.

BOTS [1]

MANDEMENT DE MERCŒUR.

1291. — Monaquy Sicard fait hommage de tout ce qu'il avait au village de Bots et appartenances.

1308. — Hommage de Jean Sicard.

1308. — Hommage de Guilhaume, seigneur de Senoul.

1318. — Même hommage.

1318. — Hommage de Guigon Castang.

1327. — Hommage de Catherine, veuve d'Hugon de Boissier.

1327. — Hommage de Guigon Castaug.

1328. — Hommage de Guilhaume de Senoul.

1343. — Hommage de Jean Vianner.

1343. — Hommage du sieur de Senoul.

1343. — Hommage de noble Guigon Royrand de Boissier.

1343. — Noble Odon de Senoul, damoiseau, reconnaît tenir en fief tout ce qu'il avait, tenait et on tenait à lui au

---

[1] Ce nom de lieu ne figure sur aucune carte de la Haute-Loire. Ce mot signifierait-il le Bois et s'appliquerait-il à une localité disparue ? C'est une hypothèse fort admissible, à moins que Bots ne soit Beso, commune de Rosières, hameau peu éloigné de Mercœur du Bos, commune de Saint-Étienne-Lardeyrol.

Le manuscrit original porte sous le nom de Bots un double chapitre avec les mêmes noms de vassaux et les mêmes dates. Nous avons pensé qu'il n'y a pas lieu de reproduire ces deux paragraphes comme faisant un double emploi.

village appelé de Bois, avec ses appartenances, et tout ce que tient à lui Denis Charbonnier; plus le fief que tiennent à lui Seneul, Jaye et Espinasse, le tout dans le mandement du château de Mercœur et appartenances.

1383. — Hommage de noble Guigon de Seneul.

1383. — Hommage de noble Bertrand de Plagnol.

1493. — Hommage de Armand Vianner.

BOUCHEROLLE [1]

1309. — Hommage fait par Armand de Rochebaron à messire Bernard de Castanet, évêque, du lieu de Boucherolles, avec ses appartenances, et tout ce qu'il y prend et ce qu'on y tient de lui; ledit lieu est dans la paroisse de Sainte-Sigolène.

1310. — Hommage fait par Armand de Rochebaron, sieur d'Usson, à messire Durand, évêque, du village de Boucherolles, avec ses appartenances.

1342. — Hommage rendu par noble Bulhard d'Usson à messire Jean de Chandayrat, évêque, du village de Boucherolles, avec toutes ses appartenances et de tout ce qu'il y perçoit et qu'on y tient de lui, situé dans la paroisse de Sainte-Sigolène.

[1] Boucherolle, commune de Sainte-Sigolène.

BOUZOLS [1]

1196. — Hommage fait par Jausserand de Saint Romain à messire Bertrand de Chalancon, évêque du Puy, du château de Bouzols, avec toutes ses appartenances.

1269. — Hommage fait par noble Pierre de Bouzols à messire Guilhaume de la Roue, évêque du Puy, du château de Bouzols et appartenances.

1285. — Hommage fait par Beraud, seigneur de Bouzols à messire Frédole, évêque du Puy, du château de Bouzols et appartenances.

1285. — Pierre Baudoin de Glavenas fait hommage à qui dessus du village de Villaret et appartenances, situé dans le mandement du château de Bouzols.

1291. — Noble Pierre Didier, damoiseau, reconnait tenir en fief les hommes, terres et tout ce qu'il avait à Cobon (Coubon), et appartenances, excepté un pré, une oche audit village de Cobon et la vigerie qui est sur le pont de Cobon qu'il avait au seigneur Guigon de Bouzols, abbé de Saint-Vozy, par permutation ; plus reconnait tout ce que son père avait au village de Bournac et au château et mandement de Chaptéul ; plus reconnait le bois de l'Herm, terroir et appartenances, tout ce qu'il avait au terroir et lieu de la Borie, à Bouzols, au terroir appelé Aussel, et tout ce qu'il avait de rente de la vigerie au château et mandement de Bouzols.

1308. — Hommage fait par messire Eymard, comte de Poitiers à messire Jean de Chanénis, évêque du Puy, du château de Bouzols et appartenances, etc.

---

(1) Bouzols, commune de Coubon.

1300. — Hommage fait par messire Armand, vicomte de Polignac à messire Jean de Cuménis, évêque du Puy, du château de Bouzols et appartenances.

1309. — Hommage fait par Béatrix, vicomtesse de Polignac à messire Bernard de Castanet, évêque du Puy, du château de Bouzols et juridiction.

1311. — Noble Pierre de Servissas reconnait tenir en fief au seigneur évêque, le tout comme ci-devant en 1291.

1319. — Hommage fait par messire Armand, vicomte de Polignac à messire Durand, évêque du Puy, de la place de Bouzols et appartenances.

1320. — Hommage fait par noble Armand, vicomte de Polignac au susdit seigneur évêque, du château de Bouzols et appartenances.

1344. — Acte portant investiture faite par dame Philippe de Poitiers, en faveur de Pierre de Gazelles, d'une rente acquise à Cobon, qui sert pour les fiefs de Bouzols dépendant de l'évêché du Puy.

1346. — Noble et puissante dame de Poitiers, vicomtesse, reconnait, pour la seigneurie de Bouzols, tenir en fief à messire Jean de Chandorat, évêque du Puy, le mas de la Borie avec les droits et appartenances dudit mas ; et si on faisait des forteresses dans ledit mas, ladite dame de Bouzols serait tenue de les rendre audit seigneur évêque.

1352. — Hommage fait par seigneur Guilhaume de Rozier de Beaufort, vicomte de Turaine (*Turenne*), à messire Jean, évêque du Puy, du château de Bouzols et appartenances.

1352. — Sieur Guilhaume de Rozier de Beaufort, reconnait tenir en fief au susdit seigneur évêque, le lieu, terroir et appartenances de la Borie, etc.

1577. — Noble Guy Béraud, seigneur de Servissas et Mazengon, reconnait tenir en fief de l'évêché du Puy, les cens et rentes levables aux villages de Bournac et d'Orzilhac y

BRIVES

1312. — Hommage fait par maître Jacques de Lantriac, prêtre de Brives, procureur du maître de la maison des lépreux de Brives, à messire Bernard de Castanet, évêque, de la maison de Brives et de plusieurs autres rentes que ladite maison prend en plusieurs lieux, terroirs et personnes, y nommées ès-mandements de Brives, Mercuer, Lapte et Chapteul.

1319. — Hommage fait par Guilhaume de Combreux, procureur de la maison des lépreux de Brives, à messire Durand, évêque, comme ci-dessus.

1319. — Hommage rendu par le procureur de la maison de Brives, tant de ladite maison, rentes, que de toutes les dépendances d'icelle.

1328. — Hommage rendu par le procureur de la maison de Brive, à messire Bernard, évêque du Puy, de tout, comme ci-dessus.

1343. — Hommage fait par Thomas de Las Rullières, maître de la maison et léproserie de Brive, à messire Jean de Chandaurat, évêque, des rentes que ladite maison prenait aux lieux de Brive, Sinzelles, Blavozy et autres y mentionnés.

1362. — Hommage fait par Jean Rony, prêtre et procureur de Guilhaume Savery, maître de la maison des infirmeries de Brive, à messire Bertrand de la Tour, évêque, de la maison des infirmeries de Brive, avec toutes ses appartenances et de tout ce qu'il tient dans Brive comme il y est spécifié; plus toutes les rentes que ladite maison tient à Saupac, Lapte, Mercuer, Chapteul, Retournac et autres.

1383. — Hommage fait par le maître de la maison lépreuse de Brive, à messire Bertrand de Chanac, patriarche de Jérusalem et administrateur de l'évêché du Puy, de la maison de l'infirmerie de Brive, avec toutes ses appartenances, et des rentes que ladite maison perçoit dans Brives, aux environs et dans les mandements y spécifiés.

1389. — Hommage fait par le maître de la maison de l'infirmerie de Brives, à messire Pierre Girard, évêque, du tout comme ci-dessus, et depuis Brives jusques à la ville du Puy, et de ladite ville jusques à la rivière de Loire, jadis du mandement de Mercuer; plus toutes les rentes qu'elle a au mandement de Mercuer, de Chapteuil et de Lapte.

1579. — Noble Louis de Lobeyrac, seigneur de Villeneuve, reconnait tenir en fief franc et noble toute la justice et rentes acquises par le sieur de Glavenas, du seigneur vicomte de Polignac, en la place de Villeneuve, et ledit de Lobeyrac acquise du sieur de Glavenas.

1581. — Investiture portant hommage par maître Guillaume Bertrand, juge de la cour commune, de la justice haute, moyenne et basse, avec droit de taillabilité, de guet, persecution d'eau, etc., et de la même manière qu'en jouissait ledit vicomte de Polignac, de lui acquis sur les maisons, granges, curtillages, jardins, terres, prés, rivages et autres domaines appartenant tant à Catherine Eyraude, veuve de sieur Jacques Pascal, qu'audit Bertrand, et aussi sur les communes, chemins et passages situés au lieu et terroir de Villeneuve de Corsac, près la ville du Puy.

1627 et suivant. — extrait de délibération, conclusions prises par messire Just de Serres, évêque, le chapitre de son église, les consuls de la ville du Puy, les administrateurs et le bureau de l'Hôtel-Dieu, pour la rémission qui est ensuite faite de la maison de la maladrerie de Brive, avec toutes ses dépendances et appartenances, à messieurs les révérends pères Chartreux, pour y bâtir un monastère de leur ordre et jouir de tous les revenus de la susdite maison, sous la réserve des fiefs dus aux seigneurs évêques du Puy, et moyennant la pension annuelle de deux cent quarante livres pour les pauvres de l'Hôtel-Dieu de Notre-Dame du Puy, quitte de toutes charges, comme aussi la pension du maître servant l'église dudit Hôtel-Dieu. De plus, ledit seigneur évêque a réservé le droit de sépulture en l'église dudit lieu de Brive que lesdits révérends pères Chartreux feront édifier, tant pour lui que pour ses successeurs évêques.

Nota. Le susdit messire Just de Serres, évêque, décéda le 28 août 1641. Il avait siégé vingt ans et fut enterré en l'église des Jésuites du Puy le 30 dudit mois d'août 1641, près du corps de feu messire Jacques de Serres, son oncle et prédécesseur évêque, qui décéda en janvier 1621, et avait siégé vingt-quatre ans. Dieu leur ait fait miséricorde.

1675. — Investiture de rentes en directe de Sinzelles et de Villeneuve de Corsac avec un domaine par échanges entre M. le commandeur de Saint-Jean-de-Jérusalem et les révérends pères Chartreux, l'indemnité réservée.

BRONAC [1]

1309. — Hommage fait par Gérento de Bronac à messire Bernard de Castanet, évêque, du mas de Bronac et ses appartenances, et ce qu'il a au mas de Montgiraud, et tout ce qu'on y tient de lui, plus ce qu'il a et qu'on tient de lui au Fraicinet de Bronac, situé dans le mandement de Bonnas, et dans ledit mandement ; plus tout ce qu'il a et qu'on tient de lui dans le mandement du château de Beaujeu.

1310. — Hommage fait par Guilhaume de Bronac à messire Durand, évêque, du mas de Bronac, avec ses appartenances et tout ce qu'il a dans le mas de Montgiraud, et tout ce qu'on tient de lui dans ledit mas, au Fraicinet de Bronac, dans le mandement du château de Bonnas, et dans le mandement et château de Beaujeu.

---

[1] Bronac, commune de Saint-Voy.

1328. — Hommage fait par Guilhaume de Bronac à messire Bernard, évêque, du mas de Bronac et ses appartenances, du mas de Montgiraud et tout ce qu'on y tient de lui; plus ce qu'il a et qu'on tient de lui au Fraicinet, dans le mandement du château de Bronac et dans le mandement et château de Beaujeu.

1339. — Dans un grand rouleau tirant vingt-six peaux, hommage fait par Géronton de Bronac à messire Bernard Brun, évêque, du mas de Bronac, avec ses appartenances, du mas de Chantaussel et appartenances; plus tout ce qu'il tient dans le mas de Fraicinet de Bronac; plus tout ce qu'il a à Arnassac.

1343. — Hommage fait par Géronton de Bronac à messire Jean de Chandaurat, évêque, du mas de Bronac et ses appartenances, de tout ce qu'il a au mas de Montgiraud et de tout ce qu'on tient de lui dans lesdits mas; plus tout ce qu'il tient et qu'on tient de lui au Fraicinet de Bronac, dans le mandement du château de Bonnas; dans le château et mandement de Bonnas, et du château et mandement de Beaujeu.

1362. — Hommage fait par noble Jean de Bronac à messire Bertrand de la Tour, évêque, du mas de Bronac et appartenances, du mas de Chantaussel et ses appartenances, et tout ce qu'on y tient de lui; plus ce qu'il a, tient et qu'on tient de lui au Fraicinet de Bronac dans le mandement du château de Bonnas, et dans le château et mandement de Beaujeu.

1383. — Hommage fait par noble Jean de Bronac à messire Bertrand de Chanac, patriarche, du mas de Bronac et ses appartenances, du mas de Chantaussel et ses appartenances, et de tout ce qu'il tient et qu'on tient de lui dans le mandement du château de Beaujeu.

1389. — Hommage fait par noble Jean de Bronac à messire Pierre Girard, évêque, du mas de Bronac avec ses appartenances, du mas de Chantaussel avec ses appartenances, et de tout ce qu'on y tient de lui; plus ce qu'il a et on tient de lui au Fraicinet de Bronac (lesdits mas sont dans le mandement du château de Bonnas) et tout ce qu'il a et qu'on tient de lui dans le mandement du château de Beaujeu.

CAYRES

1238. — Substitution du château de Cayres faite par Pierre de Beauville seigneur de Sereys, en faveur de monseigneur l'évêque du Puy, lui s'en allant à Jérusalem.

1291. — Hommage fait par Ittier Mirm... à messire Guy de Neufville, évêque du Puy, de tout ce qu'il a au château et mandement de Cayres, soit en terres, prés, bois, champs, usages, hommes et tous autres droits lui appartenant audit mandement de Cayres.

1296. — Falcone Chardonèle fait hommage à messire Jean de Cuménis, évêque, de la maison du château de Cayres et de tout ce qu'elle avait dans le village de Gratuze et ses appartenances.

1296. — Hommage fait par Godefroy de Cayres, seigneur d'Agrain, de tout ce qu'il a à Cayres-la-ville, à Cayres-le-château et appartenances.

1296. — Guilhaume Arnaud fait hommage à qui dessus de tout ce qu'il a dans le château et mandement de Cayres, et ce pour rendre, excepté le mas Del Bouchet.

1306. — Noble Armand Sallabrus fit hommage audit seigneur évêque, de tout ce qu'il avait au château et mandement de Cayres, aux Rivets, dans les terroirs de Vilato, de Trintignac, de Cogul et de tout ce qu'il avait dans le diocèse du Puy.

1394. — Hommage rendu par Armand Sallabru, fils à autre Armand, de tout ce qu'il avait dans le mandement de Cayres et dans le château, aux Rivets, aux terroirs de Villette, de Trintignac, de Cogul, de la moitié du mas Avidène, dans le terroir de Cayres-la-ville, et de tout ce qu'il a dans le diocèse du Puy.

1304. — Hommage fait par Étienne Pestre à messire Bernard, évêque (1) d'un mas appelé Gontaline situé au village et appartenances de Bonnefont, dans le mandement du château de Cayres.

1305. — Reymond de Seneujol, fils, a fait hommage à messire Jean de Cuménis, évêque, de tout ce qu'il avait et possédait à Bonnefont, à Saigne-Courbine, et Las Clauses de Cayres. Le tout est situé dans le mandement de Cayres.

1308. — Hommage fait par Armand Sallabru audit seigneur évêque, de sa maison, village et de tout ce qu'il a au village de Rivets et ses appartenances, situé dans le mandement de Cayres ; plus tout ce qu'il a et on tient de lui dans le mas Avidenc et dans le château et mandement de Cayres.

1308. — Hommage fait par Hugues la Rode audit seigneur évêque, de tout ce qu'il a et qu'on tient de lui dans le village de Bonnefon, mandement du château de Cayres, dans ledit château, dans le mas Avidenc et appartenances, situé dans ledit mandement.

1308. — Noble Ittier de Mirmande a reconnu tenir en fief à messire Bernard de Castanet, évêque du Puy, sa maison et village de Trintignac, avec ses appartenances, et tout ce qu'on tient de lui dans ledit village et appartenances, lequel lieu est dans le mandement du château de Cayres, et tout ce qu'il avait et on tenait à lui dans ledit château et mandement ; plus la quatrième partie du mas de Cogul et ses maisons de Cayres.

1308. — Hommage rendu par Guigue de la Rode à qui dessus, de tout ce qu'il a et on tient de lui dans le village et appartenances de Bonnefon, situé dans le mandement de Cayres, et dans le mas Avidenc, comme dessus.

1308. — Hommage fait par Jourdain de Seneul (Seneujols), audit messire évêque, de tout ce qu'il tient et on tient de lui au village de Bonnefon.

(1) Jean de Castanh, et non Bernard, était évêque du Puy en 1304.

1308. — Hommage fait par Etienne de Seneul *(Seneujols)*, audit seigneur évêque de sa maison au château de Cayres, que tient à lui Jean de la Roche; plus un champ au mandement de Cayres, que tient à lui Jean Roche.

1308. — Bernard Pestre reconnait tenir en fief au susdit seigneur évêque, un mas de Goutalines, situé dans le village et appartenances de Bonnefon, mandement du château de Cayres, et tout ce qu'il avait et on tenait de lui dans ledit village et dans le château et mandement de Cayres.

1308. — Hommage fait par Guilbaume et Raymond Reynés, oncle et neveu, audit seigneur évêque, de tout ce qu'ils tenaient et on tenait d'eux dans le village de Bonnefon.

1309. — Hommage fait par Brun Mey de Cayres audit seigneur évêque, de tout ce qu'il a et qu'on tient de lui dans le mandement de Cayres.

1309. — Etienne de Roche, avec sa femme, reconnaissent tenir en fief à qui dessus deux setiers de seigle qu'ils perçoivent dans le mas de Fraunac, dus aux Boudignos; plus un setier avoine au mas de Cogul.

1309. — Hommage rendu par Beraud de Solignac à messire Bernard de Castanet, évêque du Puy, du lieu de Cayres et du village d'Auteyrac.

1309. — Hommage rendu par Durand Portal, d'une appenderie avec ses appartenances dans le mandement de Cayres.

1309. — Hommage rendu par Thomas Corbeyre audit seigneur évêque, d'un chazal appelé de la Fou, d'un jardin appelé de Fongiraudenche, d'un pré appelé des Aubespy, tout dans le mandement du château de Cayres et terroir de Bonnafon.

1309. — Hommage rendu par Pons de la Rode audit seigneur évêque, de vingt-sept pièces de terre, tant en prés qu'en champs, dans le tènement de Bonnefon; et de sa maison, cour, jardin et appartenances, avec les censives qui sont sur les habitants, spécifiées dans ledit tènement.

1309. — Hommage fait par Eustache de Seneul *(Seneujols)*,

audit seigneur évêque, de tout ce qu'il a, perçoit et on tient de lui dans le village et mandement du château de Cayres, de censive y dénombrée sur chaque particulier.

1309. — Hommage rendu par Marguerite de Saint-Haon audit seigneur évêque, d'une pièce de terre appelée Champlane, autre pièce de terre appelée la Cham de Las Laisoles, autre de de la Condamine, autre au terroir de Fontfreide.

1309. — Hommage fait par Godefroy de Cayres, seigneur d'Agrain, audit seigneur évêque, de tout ce qu'il a, perçoit et qu'on tient de lui à Cayres-la-ville et à Cayres-le-château, avec ses appartenances.

1310. — Hommage fait par Pierre de la Rode audit seigneur évêque, de tout ce qu'il a, tient et on tient de lui au village de Bonnefon et au château et mandement de Cayres.

1318. — Sieur Etienne Saunier, chanoine du Puy, reconnait tenir en fief à messire Durand, évêque du Puy, tout ce qu'il avait, tenait, possédait et on tenait à lui au terroir de Trantignac, situé dans le mandement de Cayres, savoir les rentes qu'il perçoit sur les tenanciers dudit terroir.

1318. — Hommage fait par Beraud Pestre à messire Durand, évêque du Puy, d'un mas appelé Goutalines, situé au village et appartenances de Bonnefon, mandement du château de Cayres et de tout ce qu'il a et on tient de lui dans ledit village et dans le mandement du château de Cayres.

1318. — Hommage fait par Durand Portal audit seigneur évêque, d'une appenderie avec ses appartenances, située dans le mandement du château de Cayres, contre le terroir de Fronnac.

1318. — Hommage fait par Guigue de la Rode audit seigneur évêque, de tout ce qu'il a, tient, possède et on tient de lui dans le village et appartenances de Bonnefon, situé dans le mandement de Cayres, et tout ce qu'il a et on tient de lui au mas Avidene et appartenances, et dans le château et mandement de Cayres.

1318. — Hommage fait par Etienne Paulian audit seigneur évêque, de la moitié du mas Avidene, de tout ce qu'il a, tient, possède et on tient de lui dans le château et mandement de Cayres.

1318. — Noble Pierre de Mirmande, fils à Itrier, reconnaît tenir en fief à messire Durand, évêque, sa maison et village de Trentignac, avec ses appartenances et tout ce qu'on tient à lui dans ledit village et appartenances qui sont dans le mandement de Cayres, et tout ce qu'il avait et on tenait de lui dans le château et mandement susdit ; plus la quatrième partie du mas de Cogul et ses maisons de Cayres ; plus six deniers de censive qu'il perçoit sur une maison à Cayres.

1318. — Hommage fait par Guilhaume de Seneul (Senetujols) audit seigneur évêque, de tout ce qu'il a, perçoit et on tient à lui des rentes qu'il perçoit au village de Bonnefon, y dénombrées.

1318. — Hommage fait par Armand Salabru à messire Durand, évêque du Puy, de sa maison aux Rivets, de ce qu'il a au village de Rivets et appartenances et de tout ce qu'il a, tient, et on tient de lui au mas Avidene, dans le château et mandement de Cayres et appartenances.

1318. — Hommage fait par Roymond Roynés audit seigneur évêque, de tout ce qu'il a et on tenait de lui au village de Bonnafon.

1318. — Hommage fait par Beraud de Seneul (Senéujols) audit seigneur évêque, de tout ce qu'il a dans le mas de Bonnefon et qu'on y tient de lui, et de tout ce qu'il a, tient, et on tient de lui dans le mandement du château de Cayres.

1318. — Hommage rendu par Etienne de Seneul (Senéujols) audit seigneur évêque, de sa maison située au château de Cayres, que tient Jean Roche et les hoirs de Guilhaume Roché ; plus un champ situé dans le mandement dudit château, que tiennent lesdits Roche ; plus un jardin à Cayres.

1318. — Hommage fait par Pierre de la Roie audit seigneur évêque, de tout ce qu'il a, tient et on tient de lui dans le village de Bonnafon, situé dans le mandement de Cayres, et dans ledit mandement.

1318. — Hommage rendu par Daliday Dussoire audit seigneur évêque, de tout ce qu'il a, tient, et on tient de lui au château et mandement de Cayres.

1318. — Hommage fait par Pons Imbert, *dit Barbaste*, audit seigneur évêque, de sa maison au château de Cayres, d'un pré et jardin au terroir de Cayres et de ce qu'il a au mas de Mérandas, tout dans le mandement de Cayres, excepté certaine rente qu'il a vendue audit seigneur évêque.

1318. — Hommage fait par Reymond de Seneul (*Seneujols*), audit seigneur évêque, de la moitié d'une maison au château de Cayres et de la moitié d'un champ dans ledit mandement.

1320. — Hommage fait par Pons de la Rode audit seigneur évêque, de vingt-sept pièces de terre, tant champs que prés, dans le tènement de Bonnafon et appartenances, lesquels terres, champs et prés, tiennent de lui les habitants y nommés et d'une maison, cour, jardin et appartenances qu'on tient de lui, y confrontés.

1321. — Hommage fait par noble Godefroy de Cayres, seigneur d'Agrain, audit seigneur évêque, de tout ce qu'il a, perçoit et on tient de lui à Cayres-la-Ville, et au château de Cayres et appartenances.

1322. — Hommage fait par Philipe Meyna, fille de Brn Meyna, audit seigneur évêque, de certaines rentes qu'elle perçoit au mas de Fronnac, dit Lous Boudignons d'Espinasses, dans le mas Del Chastel et autres et de tout ce qu'elle a au château et mandement de Cayres.

1323. — Hommage fait par Gente de Rosipeyre, veuve de Jean Rosipeyre, du Puy, à messire Bernard Brun, évêque, d'une carte seigle de cens qu'elle perçoit sur Guilhaume de Seneul (*Seneujols*), dans le mandement du château de Cayres. (1)

1327. — Hommage fait par Durand Portal à messire Bernard, évêque du Puy, d'une appenderie au mandement de Cayres.

1327. — Hommage fait par Pierre et Guilhaume Arnaud,

---

(1) Suivant la *Gallia Christiana*, à la de Rosey, etc., Pierre IV [...] [...] Bernard Brun occupait le siége épiscopal du Puy en [...]

frères, audit seigneur évêque, de leur maison et forteresse d'Auteyrac, de tout ce qu'ils ont, tiennent et on tient d'eux dans le territoire d'Auteyrac et Del Chastel, excepté le mas Del Borchet, appelé mas d'Auteyrac, qui se tient du seigneur de Solignac de tout ce qu'ils ont et on tient d'eux au château de Cayres et mandement, à Praclaux et territoire, dans la paroisse de Laudes, et de certaines rentes annuelles sur divers particuliers.

1328. — Hommage fait par Hugon Corbeyre à messire Bernard, évêque du Puy, d'un chazal appelé de la Font, d'un jardin appelé de Font Giraud de Nèche et d'un pré appelé de Laubespy, du mandement de Cayres et terroir de Bonnafont.

1328. — Noble Pierre de Mirmande, fils à Ittier, reconnaît tenir en fief à qui dessus, sa maison et le village de Trentignac, avec ses appartenances, tout ce qu'on tient à lui dans ledit village et appartenances qui sont dans le mandement de Cayres, tout ce qu'il avait et on tenait à lui dans ledit château et mandement ; plus la quatrième partie du mas de Cogul et ses maisons de Cayres ; plus six deniers de censives qu'il perçoit sur une maison à Cayres.

1328. — Hommage fait par maître Reymond de Seneujols, prêtre, audit seigneur évêque, pour ce qu'il a et qu'on tient de lui au village de Bonnafont et appartenances, et ce qu'il a au château et mandement de Cayres.

1328. — Hommage fait par André de Bonnas audit seigneur évêque, de certaines rentes qu'il perçoit au village de Cayres-la-ville, terroir et appartenances.

1328. — Hommage fait par Hugue de la Rode, audit seigneur évêque, de tout ce qu'il a, tient et on tient de lui au village de Bonnafont, mandement de Cayres, et dans ledit mandement.

1328. — Hommage rendu par Beraud Pestre audit seigneur évêque, du mas appelé Goutalines, situé dans le village et appartenances de Bonnafont, dans le mandement de Cayres, et de tout ce qu'il a et on tient de lui dans ledit village et dans le château et mandement de Cayres.

1328. — Hommage rendu par....... de Seneujols, prêtre, chanoine de Saint-Agrève, audit seigneur évêque, de tout ce qu'il a et on tient de lui au village de Bonnafont et dans le château et mandement de Cayres.

1328. — Hommage fait par Antoine de Hazer audit seigneur évêque, de tout ce qu'il a au bourg du château de Cayres et au mas de......... et terroirs, ténements et appartenances desdits lieux, bourg, mas et de ce qu'on tient de lui dans ledit château et mandement de Cayres.

1328. — Hommage fait par.......... de Seneujols audit seigneur évêque, de certaines rentes qu'il prend à Bonnafon, dans le mandement de Cayres.

1328. — Hommage fait par maître André d'Alzon audit seigneur évêque, de tout ce qu'il a et perçoit au mas de Rivets et appartenances, de certaine maison et guérite contre le château de Cayres, du côté du soir, et généralement de ce qu'il perçoit et qu'on tient de lui dans ledit mas de Cayres.

1328. — Hommage fait par Etienne Saunier, chanoine, audit seigneur évêque, des rentes annuelles qu'il perçoit dans le village de Trentignac et autres.

1328. — Hommage fait par..... audit seigneur évêque, d'un chazal appelé de la Font, d'un jardin appelé de Font Giraudenche et autres dans le mandement de Cayres, au terroir de Bonnefon.

1334. — Hommage fait par Etienne Pestre audit seigneur évêque, d'un mas appelé Goutalinés, situé au village de Bonnafont, au mandement du château de Cayres et de tout ce qu'il tient et qu'on tient de lui audit village, mandement, château de Cayres et appartenances.

1336. — Gente Récipeyre, veuve de Jean Récipeyre, reconnait tenir en fief à messire Bernard, évêque, une carte de seigle de censive sur Guilhaumié de Seneal, dans le mandement du château de Cayres.

1339. — Hommage rendu par Rozéte, veuve d'André Bonas, de la ville du Puy, audit seigneur évêque, des rentes qu'elle perçoit au terroir de Vendages, de Cayres-la-ville, dans le mandement du château de Cayres.

1343. — Hommage rendu par Pierre Portal, du Puy, à messire Jean de Chaudaurat, évêque du Puy, d'une appenderie avec ses appartenances, située dans le mandement du château de Cayres, au terroir de Fronnac, d'un setier de seigle et treize sols trois deniers qu'il perçoit dans ledit terroir de Fronnac et de treize cartons de seigle et avoine qu'il perçoit dans ledit terroir.

1343. — Hommage fait par Pons et Louis d'Alzon audit seigneur évêque, savoir des rentes qu'ils perçoivent annuellement au mas de Rivets, avec leurs appartenances, d'une guérite qui est contre le château de Cayres, du côté du soir, et généralement de tout ce qu'ils perçoivent dans ledit château, mandement de Cayres et appartenances.

1343. — Hommage fait par Armand de Couzer audit seigneur évêque du Puy, de tout ce qu'il tient et qu'on tient de lui en emphytéose dans le bourg du château de Cayres, dans le mas appelé de Rivets, dans le village ou mas appelé de Bonnafon, avec leurs terroirs et appartenances, dans ledit mandement du château de Cayres et de certaines rentes qu'il perçoit audit mandement sur divers particuliers.

1343. — Hommage fait par Gente, veuve de Jean Rosipeyre de la ville du Puy audit seigneur évêque, de certaines rentes qu'elle prend au mas de Bonnefont sur divers particuliers dans le mandement de Cayres.

1343. — Hommage fait par Jean Pestre audit seigneur évêque, du mas appelé de Goutaines, situé dans le village et appartenances de Bonnefont, dans le mandement du château de Cayres, et de tout ce qu'il a, tient et on tient de lui dans ledit village et dans le château et mandement dudit Cayres.

1343. — Hommage fait par Hugon de la Rode audit seigneur évêque, de tout ce qu'il a, tient et on tient de lui dans le village de Bonnefont, situé dans le mandement du château de Cayres et dans ledit château, mandement et appartenances.

1343. — Hommage fait par Guigon de la Rode audit seigneur évêque, de tout ce qu'il a, tient et on tient de lui dans le village et appartenances de Bonnefont, dans le mas Avidene avec ses appartenances, tout dans le mandement de Cayres.

1343 — Hommage fait par Gentilhe, veuve de Pierre de Portal audit seigneur évêque, de certaines rentes qu'elle prend dans le mandement du château de Cayres contre le terroir de Fronnac et au terroir de Fronnac, d'une appenderie avec ses appartenances, située jouxte le terroir de Fronnac dans le mandement de Cayres ; plus par indivis avec Pierre de Montrevel de ce qu'ils ont, tiennent et on tient à eux dans le mas Del Garayt, situé au mandement de Mezeres.

1343. — Hommage fait par Etienne Pestre audit seigneur évêque, d'un mas appelé de Goutalines, situé dans le village et appartenances de Bonnefont dans le mandement du château de Cayres, et de tout ce qu'il a, tient et on tient de lui dans ledit village, château et mandement dudit Cayres.

1343. — Hommage fait par Elize Pauliane, demoiselle, audit seigneur évêque, de la moitié du mas appelé Avidene, lequel est dans le mandement de Cayres.

1343. — Hommage fait par André de Bonnas audit seigneur évêque de certaine rente qu'il perçoit dans le mas appelé Cayres-la-Ville et dans le terroir et appartenances dudit mas.

1343. — Hommage fait par noble Pierre de Mirmande, chevalier, audit seigneur évêque, de sa maison, village de Trintignac, avec ses appartenances, de tout ce qu'on tient de lui dans ledit village et appartenances dans le mandement et château de Cayres, de la quatrième partie du mas Cogul, de ses maisons de Cayres et de certaine rente qu'il perçoit sur certains particuliers dans le susdit mandement de Cayres.

1343. — Hommage fait par Hugon Corbayro audit seigneur évêque, d'une maison qui avait été chazal, appelée de la Font, avec un jardin appelé de Font Giraudenche, d'un pré appelé des Aubespy, tout dans le mandement de Cayres et de certaine rente sur divers particuliers de Bonnefont.

1343. — Hommage rendu par Miracle de Bonnefont audit

seigneur évêque du Puy, de sa maison avec un chazal, situés dans le mas de Bonnefont, d'un jardin dans le susdit mas avec ses appartenances et de certaine rente qu'elle perçoit sur Catherine Chanal de Bonnefont.

1343. — Hommage fait par Pierre de la Rode audit seigneur évêque, de certaine rente annuelle qu'il perçoit au mas de Bonnefont dans le mandement du château de Cayres.

1343. — Hommage fait par Pierre Armand audit seigneur évêque, de sa maison et forteresse d'Auteyrac, de tout ce qu'il tient dans ledit territoire d'Auteyrac, dans le mas appelé Lou mas Del Chastel et appartenances, de tout ce qu'il a, tient, et on tient de lui dans le mandement et château de Cayres, dans le mas appelé Praclaux et appartenances, paroisse de Landos, et de certaines rentes annuelles qu'il perçoit sur le seigneur de Ronzet.

1343. — Noble Ellize, femme de Falcon Del Moly, reconnait tenir en fief à messire Jean de Chandorat, évêque du Puy, tout ce qu'elle avait et tenait au village de Gratuze et appartenances, situé dans le mandement du château de Cayres.

1344. — Hommage fait par noble Pierre Armand, de sa demeure et forteresse d'Auteyrac, de tout ce qu'il a et tient dans le territoire d'Auteyrac, du mas appelé Del Chastel et appartenances, excepté le mas Del Boschet qu'il dit tenir du seigneur de Solignac, de ce qu'il a et tient au château de Cayres et mandement, au mas appelé de Praclaux et territoire, dans la paroisse de Landos, excepté un pré, et de dix sols de censive qu'il prend et tient sur le Commandeur ou sur la moitié de la maison de Ronzet.

1354. — Pierre Salabru, damoiseau, reconnaît tenir en fief franc sa maison au village de Rivets, et tout ce qu'il avait et tenait dans ledit village, mandement de Cayres et dans le château et mandement de Cayres.

1362 (25 juillet). — Hommage fait par Jean de Bonnas, fils d'André, à messire Bertrand de la Tour, évêque du Puy, de quatre setiers et demi de seigle et autant d'avoine, mesure du Puy,

le mas appelé Cayres-la-Ville et dans le mas terroir et appartenances dudit mas, dix setiers, six cartons, un sixième de seigle, cinq setiers, quinze cartons d'avoine, deux cartons de pois, trois livres, seize sols, six deniers et huit gélines, avec lods et investitures qu'il perçoit et tient aux lieux et villages de Saint-Christophe et Talode, ladite rente de nouveau par lui acquise de noble Guilhaume de Chatilhete, chevalier.

1362. — Hommage fait par Catherine, veuve de Guilhaume Belon, à messire Bertrand de la Tour, évêque du Puy, des rentes qu'elle perçoit au mas de Rivets, d'une guérite qui est contre le château de Cayres du côté du soir, et généralement de tout ce qu'elle perçoit et doit percevoir dans le château et mandement de Cayres.

1362. — Hommage fait par Catherine, fille de Jean Resipeyre, audit seigneur évêque, d'une carte de seigle de rente qu'elle perçoit au mas de Bonnefont.

1362. — Hommage fait par Etienne Pestre audit seigneur évêque, du mas appelé Goutalines, situé au village de Bonnefont, mandement du château de Cayres, et de tout ce qu'il a, tient et on tient de lui dans ledit village, dans le château, mandement de Cayres et appartenances.

1362. — Noble Pons de Mirmande, chevalier, reconnait tenir en fief sa maison et village de Trintignau, avec ses appartenances, tout ce qu'on tient à lui dans ledit village et appartenances, qui est dans le mandement du château de Cayres, tout ce qu'il avait et on tenait à lui dans ledit château et mandement; plus la quatrième partie du mas de Cogul, ses maisons de Cayres, la censive qu'il perçoit à Cayres et tout ce qu'il y a acquis; plus le terroir de Motte-Taillade avec ses appartenances, situé dans le susdit mandement.

1362. — Hommage fait par Durand de Portal audit seigneur évêque, d'une appenderie avec ses appartenances et dépendances, située dans le mandement du château de Cayres, terroir de Fronnac, d'un setier de seigle et 13 sols 4 deniers qu'il perçoit dans ledit terroir de Fronnac, d'un carton de seigle et trois cartons d'avoine audit terroir qui fut du sieur de Roche; plus tient par indivis avec Pierre de Montreyel, tout ce qu'il a, tient, et on tient de lui au mas Del Garayt, situé dans le mandement de Mezères qu'il a acquis du sieur Pierre Portal et de Pierre de Montreyel.

1362. — Hommage fait par noble Pierre Salebrun audit seigneur évêque de sa maison au village de Rivets et de tout ce qu'il a, tient et on tient de lui dans ledit village de Rivets et appartenances dans le mandement de Cayres et dans le château et mandement dudit Cayres; plus il reconnait, pour sa femme, audit seigneur évêque, tout ce qu'il perçoit dans le mandement du château de Mercœur avec cinq sols dans ledit mandement; plus, audit nom, ce qu'il perçoit au lieu de Chazeaux et appartenances, au mas de Blalhac et tout ce qu'ils tiennent et on tient d'eux dans le mandement de Mezères.

1362. — Beraud d'Agrain reconnait tenir en fief sa maison et forteresse d'Auteyrac, tout ce qu'il tenait dans le terroir d'Auteyrac, au mas appelé Del Chastel et appartenances, excepté le mas Del Bochet, appelé le mas d'Auteyrac qu'il tient du seigneur de Solignac; plus tout ce qu'il avait et on tenait à lui dans le château de Cayres et mandement, au mas de Praclaux et terroir de Praclaux, paroisse de Landos.

1383. — Hommage fait par noble Alize de Bauche, veuve de Jean Chambefort, à messire Bernard (*Bertrand*) de Chanac, patriarche de Jérusalem et administrateur de l'évêché du Puy, de la rente en blé, argent et gélines qu'elle perçoit au mas de Rivets et ses appartenances, d'une guérite qui est contre le château de Cayres, du coté du soir, de tout ce qu'elle perçoit dans le château et mandement de Cayres, et d'une maison ou tour au mas Frayt, avec ses appartenances.

1383. — Hommage fait par François et Agnès Chèze, sa femme, au susdit messire patriarche, de douze cartons de seigle, deux ras d'avoine de censive, mesure de Cayres, six cartons et demi seigle qu'ils perçoivent sur Jean Baisse, deux ras d'avoine et demi carton de seigle qu'ils perçoivent sur Mathieu de Cayres et toutes les dîmes qu'ils perçoivent dans le mandement de Cayres.

1383. — Hommage fait par Durand de Portal, fils de Pierre,

au susdit messire patriarche, d'une appenderie avec toutes ses appartenances, située dans le mandement du château de Cayres et contre le terroir de Fronnac, d'un setier de seigle, treize sols, trois deniers qu'il perçoit et doit percevoir audit terroir de Fronnac, de treize cartons de seigle, trois cartons d'avoine audit terroir, de trois cartons de seigle de censive qui fut de Guilhaume de Seneul (*Séneujols*).

1383. — Hommage rendu par noble Pons de Rode au susdit messire patriarche, de tout ce qu'il a, tient et on tient de lui dans le village de Bonnefont, situé dans le mandement de Cayres et dans le château et mandement dudit Cayres; plus de dix sols de rente qu'il perçoit au terroir de la Clauze.

1383. — Hommage rendu par noble Pierre Salebrun audit messire patriarche, de sa maison au village de Rivets, et de tout ce qu'il tient et qu'on tient de lui dans ledit village, mandement de Cayres et dans ledit château et mandement.

1383. — Hommage fait par Jean de Bonnas et Jean, son fils, bourgeois du Puy, à messire patriarche, de quatre setiers et émine de seigle, trois setiers, une émine d'avoine et vingt-cinq sols argent, de censive annuelle qu'ils perçoivent dans le mas appelé de Cayres-la-Ville, au terroir et appartenances dudit mas; plus de dix setiers, six cartons, un sixième de carton de seigle, cinq setiers, quinze cartons d'avoine, deux cartons de pois, trois livres dix-sept sols, six deniers et huit gélines qu'ils perçoivent dans les lieux ou villages de Saint-Christophe et Talode.

1383. — Hommage fait par Eustache, chevalier et Marguerite Armande, sa femme, au susdit messire patriarche, de sept setiers et une émine seigle et avoine de censive annuelle sur deux mas qui sont dans le tènement de Mars, proche le château de Charbonnier, l'un appelé de Mars et Jausserand, et l'autre appelé le mas Dous Hugues, de quatre setiers d'avoine dans ledit mas, cinq sols de censive sur Guilhaume et Jean Vital, dits Dumeine et autres; de la forteresse d'Auteyrac, de tout ce qu'ils ont et tiennent audit territoire d'Auteyrac, au mas appelé Del Chastel, au château et mandement dudit Cayres, au mas et terroir de Praclaux, et de cinq sols de rente dans le susdit terroir.

1383. — Noble Randon Damas et sa femme reconnaissent tenir en fief leur maison, village de Trintignac et tout ce qu'on y tenait à eux, lequel village est dans le mandement du château de Cayres, tout ce qu'ils avaient et tenaient dans ledit château et mandement, la quatrième partie du mas de Coguyol, leurs maisons de Cayres, six deniers de censive sur la maison de Pierre et Jean Assaillits à Cayres, et généralement tout ce qu'ils avaient et on tenait à eux dans le château et mandement de Cayres, excepté le mas appelé Doa Chardonalz, qu'ils tiennent du seigneur de Solignac, et ce qui a été acquis par leurs prédécesseurs sur Jacques Cellarier, prêtre ; plus reconnaissent le terroir appelé de Motte-Taillade, avec ses appartenances, situé dans le susdit mandement.

1383. — Hommage fait par Catherine Rossipeire audit messire patriarche d'une carte de seigle de rente qu'elle perçoit au mas de Bonnefont.

1383. — Hommage fait par François de Sénenjols audit messire patriarche, du mas appelé de Goutalines, situé dans le village et appartenances de Bonnefont, mandement de Cayres, et de tout ce qu'il a, tient et on tient de lui dans ledit village, terroir et mandement dudit Cayres.

1383. — Hommage fait par noble Béatrix de Rochegude, femme de Pierre de la Rode, audit messire patriarche, de la rente qu'elle perçoit au mas de Bonnefont, mandement de Cayres.

1383. — Jean de Bonnas et Jean son fils, bourgeois du Puy, reconnaissent tenir en fief franc quatre setiers et une émine de seigle, trois setiers et une émine d'avoine, mesure du Puy, vingt-cinq sols de censive annuelle au mas appelé Cayres-la-Ville et au terroir et appartenances dudit mas.

1386. — Hommage fait par noble Barthélemy Darianne audit messire patriarche, de ce qu'il a à Cayres et au Fraissinet.

1389. — Ledit Jean de Bonnas a reconnu comme en 1383, et de plus des rentes à Saint-Christophe et à Talode.

1389. — Pierre Forit de la ville du Puy, reconnait tenir certaines rentes à Cayres, au Rivets, à Bonnefont et à Sénenjol.

1389. — François François, du Puy, reconnait tenir en fief douze cartons seigle, deux ras avoine, etc., de rente qu'il prend à Cayres.

1389. — Noble Durand de Portal, fils à Pierre, reconnait tenir en fief franc une appenderie au mandement de Cayres, au terroir de Fraunac, un setier seigle, treize livres, trois deniers, treize cartes seigle et trois cartes avoine de rente audit terroir de Fraunac.

1395. — Hommage fait par noble Jean de Bonnas à messire Pierre Gérard, évêque du Puy, de quatre setiers et une émine seigle, trois setiers et une émine d'avoine, vingt sols argent de censive qu'il prend dans le mas appelé de Cayres-la-Ville et dans le territoire dudit mas, de dix setiers, six cartons et un sixième de carton seigle, cinq setiers, quinze cartons avoine, deux cartons de pois, trois livres, seize sols, six deniers argent et huit gélines qu'il perçoit à Saint-Christophe et à Talode (1).

1395. — Hommage par noble Durand Portal, semblable à celui de 1383.

1455. — Acte d'exposition faite par devant l'évêque du Puy par les habitants du lieu et mandement de Cayres sur la dispute du paquerage avec le seigneur d'Auteyrac.

1489. — Reconnaissance faite par les habitants du lieu de Cayres, de Rivets et de Villette audit seigneur évêque, du bois et paquerages, situés en la côte Del Luc, Bouchet-Saint-Nicolas, des Fulctz, Del Chapal, de Monroques, de Rochazets et de Champlane, au cens annuel de vingt-quatre cartons de seigle, mesure de Cayres.

1491. — Reconnaissance et hommage faits à messire Geoffroi de Pompadour, évêque du Puy par Cristofore Fabre d'un pré situé aux appartenances du mas de Bonnefont.

1491. — Hommage fait par Bernard de Loboyre audit

(1) En 1395, l'évêque du Puy était Pierre VI d'Ailly.

seigneur évêque, de dix livres de censive et rente perpétuelle qu'il a acquise de Dragonnet de Chadiac et qu'il perçoit aux villages d'Espinasses et de Chaudeyrac, dans le mandement de Cayres.

1517. — Hommage portant acquisition à messire Antoine de Chabannes, évêque du Puy, fait par les syndics de Saint-Vozy et de Saint-George, de la métairie de Trintignac, dans le mandement de Cayres, consistant en maisons, grange, prés, champs, bois, terres, etc., avec certaines rentes y attachées lesquels syndics en ont fait hommage audit seigneur évêque dans le même acte d'acquisition.

1562. — Dénombrement et déclaration faits par noble Antoine de Coubladour, sieur de Jalasset, des cens et rentes qu'il tient en franc fief de l'évêché du Puy, dans le mandement de Cayres, signés par ledit sieur de Coubladour.

1562 (23 novembre). — Hommage portant investiture par les syndics de messieurs les chanoines de l'église Saint-Agrève du Puy, à messire Antoine de Saint-Nectaire, évêque du Puy, des cens et rentes qu'ils perçoivent dans le mandement du château de Cayres.

1562 (23 novembre). — Hommage rendu par messieurs les chanoines de la collégiale de l'église Saint-Agrève du Puy à messire Antoine de Saint-Nectaire, évêque du Puy, des rentes qu'ils perçoivent au mandement de Cayres.

1562 (25 novembre). — Hommage rendu par noble Antoine de Coubladour, sieur de Jalasset, à messire Antoine de Saint-Nectaire, évêque du Puy, des cens et rentes qu'il prend aux Rivets, à Cayres-la-Ville, à mas Frayt et à Cayres, tout dans le mandement de Cayres.

1563 (4 novembre). — Hommage rendu par Antoine Rozier, praticien, du lieu de Vourey, audit seigneur évêque, des rentes qu'il prend au mandement de Cayres.

1577. — Ratification et quittance au profit de noble Jean de la Rode, sieur de Sénenjol en Velay, portant reconnaissance du fief à messire Antoine de Saint-Nectaire, évêque du Puy, des biens qu'il possédait et percevait au village de Bonnefont et autres dans la terre, mandement et juridiction de Cayres.

1579 (27 octobre). — Hommage fait par noble Gabriel Orvy, seigneur et baron d'Agrain, au susdit messire évêque, des cens, rentes et autres revenus que ledit sieur d'Agrain a acquis de Colette Simarde et Jean Alvéras dans le village de Cayres, Rivets et leurs dépendances sur les habitants y nommés.

1585. — Maître Jean Durade de Cayres a reconnu tenir en fief les cens, rentes et droits seigneuriaux qu'il prend au lieu de Cayres, Bonnefont, etc.

1604 (25 février). — Investiture d'une métairie au lieu d'Espinasses et d'une rente acquise audit lieu, mandement de Cayres, donnée par messire Just (Jacques) de Serres, évêque du Puy, à messire George Pradier, avocat.

1604. — Investiture de la métairie noble et moulins de Trintignac, paroisse de Cayres.

1624 (10 février). — Investiture donnée par messire Just de Serres, évêque du Puy, à sieur Pierre Primet, marchand du Puy, d'une rente par lui acquise au lieu de Bonnefont, mandement de Cayres.

1624. — Investiture avec promesse de faire hommage, de trente-deux cartons seigle et vingt-quatre ras avoine, mesure du Puy, de rente annuelle à prendre sur les habitants du village de Bonnefont, mandement de Cayres, acquise par Pierre Primet et dame Philipe Pondrau, sa femme, marchands du Puy, de noble Antoine de Fortuneyre, sieur du Faut, au prix de 600 livres.

1625 (12 juillet). — Reconnaissance faite par Jean Imbert, du lieu de Chacornac, paroisse de Cayres, en faveur de messire Just de Serres, évêque du Puy, des fonds situés au lieu et terroir de Mérances dans le mandement de Cayres, sous la censive annuelle et perpétuelle de vingt-quatre cartons seigle et quinze cartons avoine, mesure de Cayres, les quatre cartons valant sept ras, portables au château de Cayres ou autre lieu dans ledit mandement.

CHABRESPINE [1]

CHATEAU ET MANDEMENT.

1284. — Hommage rendu par Jausserand Malet, abbé de Saint-Pierre-Latour, à messire Frédole, évêque du Puy, du château, mandement et appartenances de Chabrespine.

1296. — M. Jausserand Malet, chanoine du Puy, fait hommage à messire Jean de Cuménis, évêque et reconnait tenir les maisons qu'il a au Puy dans le cloitre, le château de Chabrespine, son mandement, et tout ce qu'il a dans le diocèse du Puy et autres lieux.

1309. — Hommage rendu par Jausserand Malet, abbé de Saint-Pierre-la-Tour, à messire Bernard de Castanet, évêque du Puy, du château de Chabrespine, avec son mandement et appartenances, de tout ce qu'il a, perçoit et on tient de lui dans les paroisses de Grazac, Saint-Maurice-de-Lignon et généralement dans tout le diocèse du Puy.

1318. — Hommage fait par Jausserand Malet, abbé de Saint-Pierre-la-Tour, à messire Durand, évêque du Puy, du château de Chabrespine, avec tout son mandement et appartenances, et de ce qu'il a, perçoit et on tient de lui dans les paroisses de Grazac et de Saint-Maurice-de-Lignon

1325. — Hommage rendu par Bertrand Malet, fils à Jausserand, à messire Durand, évêque du Puy, du château de Chabrespine, avec tout son mandement et appartenances et de ce qu'il a, perçoit et on tient de lui dans les paroisses de Grazac et de Saint-Maurice-de-Lignon.

1327. — Hommage fait par sieur Imbert Malet, chanoine de l'église du Puy, à messire Bernard, évêque du Puy, du

---

(1) Chabrespine, commune de Grazac.

château de Chabrespine, avec son mandement et appartenances, avec la juridiction haute, basse, mère, mixte, impère, de vingt-deux setiers, une émine de seigle, une émine froment, vingt sols argent, de rente qu'il prend sur le moulin dudit château et de certaine rente qu'il prend dans ledit mandement.

1332. — Vidimus par le bailli du Velay de l'hommage fait par Jausserand Malet, abbé de Saint-Pierre-la-Tour, du château de Chabrespine, avec tout son mandement et appartenances.

1343. — Hommage fait par Pierre Bertrand Malet, à messire Jean de Chandaurac, évêque du Puy, du château de Chabrespine avec toute justice, comme dessus, et comme a été hommagé par Imbert Malet, et de tout ce qu'il a et qu'on tient de lui dans les paroisses de Grazac et de Saint-Maurice-de-Lignon, etc.

1343. — Sieur Imbert Malet, chanoine du Puy, reconnait tenir en fief le château de Chabrespine, avec tout son mandement et appartenances, avec la juridiction haute et basse, mère, mixte, impère et quatre charretées de foin qu'il perçoit annuellement sur le pré appelé de Las Dreytes, y confronté.

1383. — Noble Jean Malet, seigneur de la Tour Maubourg, reconnait tenir en fief le château de Chabrespine, avec tous ses droits, mandements, appartenances, ledit château rendable à réquisition, ce que Jausserand Malet, abbé de Saint-Pierre-la-Tour, avait, percevait et tenait dans les paroisses de Grazac, de Saint-Maurice-de-Lignon, et généralement dans tout le diocèse du Puy, excepté ce qu'y tient à lui, en rente, la dame Elix de Chalançon, savoir les mas de Mele, Dal Pucel et ce que tenait et avait de rente Alize d'Usson dans le château et mandement vieux d'Aunac (sic) et appartenances.

1389. — Hommage rendu par noble Jean de la Tour de Maubourg, à messire Pierre Gérard, évêque du Puy, du château de Chabrespine, comme avait hommagé Jausserand Malet, abbé de Saint-Pierre-la-Tour.

1389. — Noble Jean de la Tour, seigneur de Maubourg, reconnait tenir en fief le château de Chabrespine, avec son mandement et appartenances, rendable.

CHALENCON [1], CRAPONNE

CHATEAUX ET BOURGS.

1285. — Hommage rendu par noble Bertrand, seigneur de Chalancon à messire Frédole, évêque du Puy, du château de Craponne mandement, juridiction, mère, mixte, impère dudit château et mandement, excepté ce qu'il avait eu de feu sieur de Beaumont, hors dud.t château, excepté trois villages qu'il avait achetés, plus le fief sans rendre le château de Chalancon, le péage du Pont-Empeyrat, le terroir d'Ardenne qui est entre le château de Chomelix et Arsac, le fort d'Orceyroles et les autres villages qui appartiennent au château de Craponne, dans son mandement.

1296. — Hommage fait par Bertrand, seigneur de Chalancon, chevalier, à messire Jean de Cuménis, évêque du Puy, dudit château de Chalancon, du château de Craponne avec son mandement et appartenances, du péage du Pont-Empeyrat, et de tout ce qu'il avait dans le terroir, lieu d'Ardenne et environs, en bois et terres dans la paroisse de Saint-Agricol (*Saint-Georges-l'Agricol*), comme croit ledit Bertrand.

1300. — Hommage rendu par noble Guilhaume seigneur de Chalancon, à messire Jean de Cuménis, évêque du Puy, du château, bourg de Chalancon et l'estrade jusques aux azulhs dudit château, du château de Craponne avec son mandement et appartenances, du péage du Pont-Empeyrat et de la tour, sive forteresse d'Orceyrolles.

1309. — Hommage fait par noble Guilhaume de Chalancon, à messire Bernard de Castanet, évêque du Puy, des

---

(1) Chalencon, commune de Saint-André-de-Chalencon.

châteaux et bourgs de Chalancon et Craponne, du péage du Pont-Empeyrat, de ce qu'il a au terroir et lieu d'Ardenne, dans la paroisse d'Agricol, et de la tour et forteresse d'Orceyrolles.

1319. — Hommage rendu par noble Guilhaume de Chalancon, à messire Durand, évêque du Puy, du château et bourg de Chalancon, de l'estrade jusqu'aux azulhs du château et bourg de Crapnne avec son mandement et appartenances, du péage du Pont-Empeyrat, de ce qu'il a au terroir d'Ardenne et environs, bois, terres et autres dans la paroisse Saint-Agricol, de la tour et forteresse d'Orceyrolles et des propriétés que sieurs Guilhaume et Etienne de Chalancon, ses oncles, tenaient dans le mandement de Craponne.

1327. — Hommage fait par noble Gaigon, seigneur de Chalancon, fils de Guilhaume, à messire Bernard, évêque du Puy, du château et bourg de Chalancon, et de tout le reste comme dessus.

1343. — Hommage rendu par sieur Guilhaume de Chalancon à messire Jean de Chandorat, évêque du Puy, du château et bourg de Chalancon, et de tout le reste comme ci-dessus.

1383. — Hommage rendu par noble Guilhaume, seigneur de Chalancon, chevalier, à messire patriarche, du château et bourg de Chalancon, de l'estrade jusqu'aux azulhs dudit château, du château et bourg de Craponne avec son mandement et appartenances, du péage du Pont-Empeyrat, de tout ce qu'il a au lieu et territoire d'Ardenne et environs, bois, terres et autres dans la paroisse de Saint-Agricol, de la tour et forteresse d'Orceyrolles, des propriétés que Guilhaume et Etienne de Chalancon, ses oncles, tenaient à usufruit dans le mandement de Craponne, sauf ce qu'il a acquis depuis et ce qui relève de monsieur de Beaumont.

CHAMALIÈRES

PRIEURÉ ET CONFOLENT

1295. — Frère Jaucebrun, prieur du prieuré de Chamalières, a reconnu tenir en fief tout le fief qui tient dudit prieuré au Theil et tout ce qu'il a dans la paroisse de Bauzac.

1309. — Hommage rendu par M. Reymond de Mostuejols, prieur de Chamalières, à messire Bernard de Castanet, évêque du Puy, du lieu de Chamalières, du mas Costs *(Lascourt)* du mas des Bayles, Dous Pieyras *(Pières)* Dous Saignas *(Saignes)* du village de Ventressac, du mas de Poyet, de la grange des Andreux, du mas de l'Herm, des granges d'Aulhac, Pécombarde, de Pierre de la Montagne et de Guillaume Olivier.

1325. — Hommage rendu par Etienne Hugonnet, prieur du prieuré de Chamalières, à messire Durand, évêque du Puy, de trois setiers, de douze cartons froment, de quatre setiers huit cartons et demi de seigle, de six combles d'avoine, mesure ferrata de la Bastide, de sept sols tournois, de deux gélines de rente qu'il perçoit au mas appelé d'Aunas, mandement du château de Mezères.

1340. — Hommage rendu par messire Jean Fabre, prieur du prieuré de Chamalières, à messire Jean de Chandorat, évêque du Puy, du lieu de Chamalières, du mas de Las Costs, et du reste comme ci-dessus.

1360. — Hommage rendu par sieur Pierre de Noshières, moine de l'ordre de Saint-Benoit, prieur du prieuré de Chamalières, à messire Bertrand de la Tour, évêque du Puy, du lieu de Chamalières, des mas de Los Costs, de Bayle, de Pieyres, de Sanhas, du village de Viubestou (sic. Ventressac?), du mas de Poyet, de la grange des Andreux, du mas de l'Herm, de la grange dudit prieuré appelée d'Aulac, des granges de Pécombarde, de Pierre Montagne, de Guillaume Olivier, avec toutes leurs appartenances; dans lequel acte il y a des échanges à vérifier.

1366. — Noble religieux frère Pierre de Noszières, moine de l'ordre de Saint-Benoit, prieur du prieuré de Chamalières du Puy, de gré a reconnu et confessé tenir et devoir tenir en fief franc du susdit seigneur évêque, savoir tout ce qui a été reconnu suivant ce que contient un instrument d'accord et transaction passé avec ses prédécesseurs prieurs et le seigneur évêque du Puy, en l'année 1209, lequel a été transcrit tout de suite et dans lequel le seigneur évêque du Puy s'est réservé et retenu pour lui toutes les dimes du village, terroir et appartenances de Ventressac, situé dans la paroisse de Retournac, et tout ce qu'il percevait dans le bois appelé de Granotz (*Grignou*) et aux mas, ténements et granges de Pieyres, etc.

1385. — Hommage rendu par sieur Pierre de Noshières, prieur du prieuré de Chamalières, à messire patriarche, du lieu de Chamalières, des mas de Las Costs, de Bayle, de Pieyres, de Saignes, du village de Ventressac, du mas Poyet, à la grange des Audreux, du mas de l'Herm, de la grange dudit prieuré appelée d'Aulac, des granges de Pécombarde, de Pierre de la Montagne, de Guillaume Olivier, avec toutes leurs appartenances comme dessus.

1389. — Hommage rendu par sieur Pierre de Noshières, prieur du prieuré de Chamalières, diocèse du Puy, à messire Pierre Gérard, évêque, des lieux mentionnés dans l'hommage de 1385.

1624. — Reconnaissance faite par messire Nicolas de Fay, prieur de Chamalières et Confolent, en faveur de messire Just de Serres, évêque du Puy et ses successeurs, lequel dit Nicolas de Fay reconnait audit seigneur évêque la pension annuelle de vingt cartons de blé seigle, mesure dudit sieur prieur, qu'il promet payer annuellement et perpétuellement, comme de temps immémorial a été payée par les prieurs de Confolent aux seigneurs évêques du Puy.

CHAMBON (LE)

1293. — Noble Hugo de Fay fait hommage à messire Jean de Cuménis, évêque du Puy, de tout ce qu'il avait et qu'on tenait de lui dans le lieu du Chambon, au village de la Bourga et dans la paroisse du Chambon.

1296. — Noble Guillaume de Romigier fit hommage audit seigneur évêque de tout ce qu'il avait dans les paroisses d'Araules, Champclause, au lieu du Chambon et appartenances dudit lieu, à Boucal de ladite paroisse, au mas de la Celle de ladite paroisse, à Pouzols, paroisse de Saint-Jeure, et de tout ce qu'il percevait au Charreyras-de-Pouzols et aux moulins de ladite paroisse de Saint-Jeure.

1308. — Guillaume de Romigier a rendu hommage à messire Bernard de Castanet, évêque du Puy, de tout ce qu'il avait dans la paroisse d'Araules comme dessus.

1309. — Noble Hugues de Fay reconnait tenir en fief à qui dessus les rentes qu'il perçoit dans le mas de la Boriade, dans la paroisse du Chambon.

1629. — Acensement de la haute justice du Chambon-de-Tence à noble Claude de Luzy, le fief réservé.

CHAMBON DE MONISTROL [1]

1285. — Hommage rendu par Jausserand, seigneur de Saint-Didier, à messire Frédole, évêque du Puy, du château et village du Chambon.

---

[1] Chambon de Monistrol, commune de Monistrol-sur-Loire.

1302. — Hommage fait par noble Alexandre, seigneur de Saint-Didier, à messire Jean de Cuménis, évêque du Puy, de tout ce qu'il avait au village du Chambon.

1309. — Hommage fait par Giraud de Chambon, du château du Chambon et village dudit lieu, avec les rentes dudit village.

Nota. — Ledit château et village sont du mandement de la terre de Monistrol.

1327. — Hommage rendu par Guilhaume de Chambon à messire Bernard, évêque du Puy, de son château, maison et village du Chambon, de tout ce qu'il tient et qu'on tient de lui dans ledit village, au *suc* de Chastelar jusques à la rivière de Loire, du terroir de Pré-Vieux avec ses appartenances et de tout ce qu'on tient de lui dans le mandement du château de Monistrol.

1344. — Hommage fait par Giraud de Chambon à messire Jean de Chandorat, évêque du Puy, de sa maison et village du Chambon avec ses appartenances, de tout ce qu'il tient dans ledit village, au *suc* de Chastelar jusques à la rivière de Loire, du terroir de Pré-Vieux avec toutes ses appartenances et de tout ce qu'on tient de lui dans le mandement du château de Monistrol.

1362. — Hommage fait par noble Guilhaume de Chambon à messire Bertrand de la Tour, évêque du Puy, de sa maison, forteresse, village du Chambon, de tout ce qu'il tient et qu'on tient de lui dans ledit village, au *suc* de Chastelar jusques à la rivière de Loire, et du terroir de Pré-Vieux, le tout comme ci-dessus.

1383. — Hommage rendu par noble Guilhaume de Chambon, à messire patriarche, de sa maison, forteresse, village du Chambon et autres choses, le tout comme ci-dessus.

CHAMPCLAUSE

1281. — Hommage fait par Armand de Fay et Guilhaume Romégis à messire Guilhaume de la Roue, évêque du Puy, de ce qu'ils ont dans la paroisse de Champclause.

1296. — Hommage fait par Pons de la Bastie à messire Jean de Cuménis, du tènement qu'il a dans la paroisse de Champclause.

1296. — Hommage fait par Guilhaume de Romégis à messire Jean de Cuménis, évêque, de tout ce qu'il a dans la paroisse de Champclause.

1298. — Hommage fait par Guilhaume et Pons Chamelaux, frères, audit seigneur évêque, du mas des Merles et du tènement de Las Teyres, dans la paroisse de Champclause.

1308. — Hommage fait par Guilhaume de Remégis à messire Bernard de Castanet, évêque, de tout ce qu'il a dans la paroisse de Champclause.

CHANÉAC [1]

CHATEAU ET PLACE.

Hommages faits par les comtes de Valentinois et autres, des années 1220, 1251, 1276, 1291, 1311, 1315, 1327, 1340, 1343, qu'on peut voir aux hommages de Fay.

(1) Chanéac, chef-lieu de commune, canton de Saint-Martin-de-Valamas (Ardèche).

1362. — Hommage rendu par Louis d'Anduze, seigneur de la Voûte, de Montregard et de Chanéac, à messire Bertrand de la Tour, évêque du Puy, du château de Chanéac, diocèse de Viviers, avec son mandement et appartenances, de tout ce qu'il peut avoir dans ledit château et mandement, et de ce qu'il y pourra acquérir et ses successeurs.

1388. — Hommage rendu par Louis, seigneur de la Voûte, à messire patriarche, des châteaux de Chanéac et Montregard, avec leurs mandements et appartenances. (1)

1449. — Vidimus par la cour royale du bailliage du Puy, à la réquisition de messire Jean de Bourbon, évêque du Puy, d'un hommage rendu l'année 1229, du château de Chanéac et autres.

CHANTELOUBE [2]

1285. — Noble Reymond de........., dit de Beaudiner, a fait hommage à messire Frélole, évêque du Puy, du village de Chanteloube, avec juridiction, appartenances et « ajacenses, » de tout ce qu'il a et tient dans le mandement du château de Mous, de toutes les rentes qui y sont, à Coronse, à Chalvean, proche dudit mandement, à Mendigoule et appartenances dudit lieu, et de tout ce qu'il a à Pouzols et dans tout le mandement du château de Beaujeu, excepté le Puy-Aure (*Péaure*).

1343. — Hommage fait par noble Hugon de Pierre Gorde, à messire Jean de Chandorat, évêque du Puy, du mas et territoire de Chanteloube, du pré d'Arsac, du cros d'Arsac avec toute juridiction.

---

(1) La Gallia Christiana signale Pierre Girard comme évêque du Puy en 1358.
(2) Chanteloube, commune de Saint-Privat-d'Allier.

1343. — Hommage fait par noble Hugon, seigneur de Pierre Gorde, chevalier, audit seigneur évêque, comme ci-dessus.

1385. — Hommage rendu par noble Hugon, seigneur de Pierre Gorde, à messire patriarche, du mas appelé de Chanteloube, du pré et cros d'Arsac, le tout comme dessus.

1652. — Investiture portant hommage de la terre et seigneurie de Chanteloube et dépendances, acquise par messire Antoine Jacques de Fay, seigneur de la Bastie, de messire Guilhaume de Veny, seigneur de Fernoel, Ours et autres places, au prix de 13000 livres.

CHAPTEUIL [1]

1213. — Pons de Chapteuil a hommagé à M....., évêque, les châteaux de Chapteuil, Montvert, Montuscla, Mezères, Beaulieu, Artias et Lardeyroles.

1220. — Noble Pons de Chapteuil fait hommage au seigneur évêque du Puy, de son château de Chapteuil, de tout son mandement, de tout ce qu'il a à Mezères, Beaulieu, Artias, Lardeyroles, et des châteaux de Montvert, Montuscla, avec leurs mandements.

1236. — Hommage rendu par messire Pons de Chapteuil à messire Bernard de Rochefort, évêque du Puy, du château de Chapteuil avec toutes ses appartenances.

1272. — Hommage fait par Jausserand de Saussac et autres vassaux y nommés, au seigneur Pons de Chapteuil, en dénombrement des rentes qu'ils avaient dans ledit mandement de Chapteuil.

---

(1) Chapteuil, commune de Saint-Julien-Chapteuil.

1296. — Hommage fait par Guilhaume de Tournon, à messire Jean de Cuménis, évêque du Puy, de tout ce qu'il a dans le château et mandement de Chapteuil, excepté de ce qu'il a dans le village de Fraissinet.

1296. — Hommage fait par Guilhaume Pourchas, chevalier, à messire Jean de Cuménis, évêque du Puy, de tout ce qu'il avait dans les châteaux de Chapteuil, Mercœur et leurs mandements.

1296. — Hommage fait par Pons de Bonneville audit seigneur évêque, de tout ce qu'il a dans le château, mandement, maison et village de Bonneville, avec toutes ses appartenances, et de tout ce qu'il avait dans le château et mandement de Chapteuil.

1296. — Hommage fait par Falcon de Montels audit seigneur évêque, de tout ce qu'il a dans le château et mandement de Chapteuil.

1296. — Hommage rendu par Guilhaume de Pouzols audit seigneur évêque, de tout ce qu'il a au château et mandement de Chapteuil.

1296. — Hommage fait par Reymond de Saune, au susdit seigneur évêque, de tout ce qu'il avait dans le château et mandement de Chapteuil.

1296. — Hommage fait par Ebde de la Chalm audit seigneur évêque, de tout ce qu'il a dans le château et mandement de Chapteuil.

1296. — Hommage fait par Hugon de la Chau au susdit seigneur évêque, de ce qu'on tient de lui, et de tout ce qu'il a et sa femme, dans le château et mandement de Chapteuil.

1296. — Hommage fait par Hugon de Lorme (*sic*) audit seigneur évêque, de certaine rente qu'il a dans le mas de Chambert *(Machabert)*, qui est dans le mandement du château de Chapteuil.

1296. — Hommage fait par Pons Vigier, héritier de sieur Hugon de l'Ham (*sic*), audit seigneur évêque, de tout ce qu'il a et perçoit dans le château de Chapteuil, savoir : le village de l'Herm, avec ses appartenances, tout ce qu'il perçoit dans le village de Mounedeyres, dans le bourg du château de Chapteuil, au mas Del Chier et au village de Cottuol *(Couteaux)*, le tout dans le susdit mandement, excepté ce qu'il perçoit dans le village de Neyzac.

1296. — Hommage fait par Ode Saunier audit seigneur évêque, de sa maison et grange Del Montel, situées dans le mandement du château de Chapteuil.

1296. — Hommage fait par Pons Charbonnel audit seigneur évêque, de sa grange de Belregard, et de tout ce qu'il a et tient dans le château et mandement de Chapteuil.

1296. — Hommage fait par Bertrand de Servissas audit seigneur évêque, de tout ce qu'il avait dans le village Del Fraisser *(le Fraysse)*, et ses appartenances dans le mandement du château de Chapteuil.

1296. — Hommage rendu par sieur François d'Ales, chevalier, audit seigneur évêque, de tout ce qu'il a dans le mandement du château de Chapteuil, et des mas de Fornealvergne et de Bacelles, avec leurs appartenances.

1296. — Hommage fait par Reymond de Saune audit seigneur évêque, de tout ce qu'il avait dans le château et mandement de Chapteuil.

1296. — Hommage fait par Guilhaume Plantat de Chapteuil au susdit seigneur évêque, de ce qu'il avait dans le mas de Bar et dans le mandement du château de Chapteuil.

1296. — Hommage rendu par Guilhaume Mège de Chapteuil à messire Jean de Cuménis, évêque du Puy, de tout ce qu'il avait dans le château et mandement de Chapteuil.

1297. — Hommage rendu par Pierre Fichu au susdit seigneur évêque, de tout ce qu'il a au mas de Bacelles et appartenances et dans le mandement du château de Chapteuil.

1297. — Hommage fait par Odilo d'Albusso audit seigneur évêque, des maisons qu'il a dans le château de Chapteuil, de ce qu'il perçoit au terroir d'Auteyrac, dans les mas de Marcillac, Mounedeyres, Bigorre, Machabert, et à Bournac pour rente.

1297. — Reconnaissance des droits seigneuriaux faite par Pons de Chapteuil à Gérante de Fourton.

1299. — Hommage rendu par Barthélemy et André Paulien, frères, audit seigneur évêque, de tout ce qu'ils ont et reçoivent annuellement de rente dans le mas de Bacelles, au mandement de Chapteuil.

1305. — Hommage fait par Guilhaume de Chateauneuf audit seigneur évêque, de tout ce qu'il a et perçoit à La Chapelle, dans le mas de Saint-Martial, mandement du château de Chapteuil.

1305. — Hommage rendu par Guilhaume Charbonnel de Bar audit seigneur évêque, de tout ce qu'il a dans le mandement du château de Chapteuil, au territoire de Bar, au mas de Bacelles et dans le mandement dudit château.

1305. — Hommage fait par Pons de Chapteuil à messire Bernard, évêque du Puy, de tout ce qu'il a à Chapteuil et Eynac (1).

1308. — Hommage rendu à messire Bernard de Castanet, évêque du Puy, par Guilhaume de Chateauneuf, de tout ce qu'il a aux villages de La Chapelle, Saint-Martial, Sumène, aux mas de Trélis, Del Rocayrol *(Rocherol)*, de Grasset, et au château et mandement de Chapteuil.

1308. — Hommage prêté audit seigneur évêque par Guilhaume Halias, de Fernalverge, de Bacelles et de tout ce qu'il a au mandement de Chapteuil.

1308. — Hommage prêté à qui dessus par Falco de Montels, du mas de Cottroi et de ce qu'on y tient de lui, du mas de Cancoules, et de ce qu'il tient aux châteaux et mandements de Chapteuil et de Bonnas.

(1) En 1305 l'évêque du Puy était Jean de Cuménis et non Bernard.

1308. — Hommage à qui dessus par Catherine, fille de Dalmas de La Roche, du mas des Chazeaux, de la paroisse d'Yssingeaux, de tout ce qu'elle tient dans ladite paroisse et au mas de Mandaroux, situé au mandement de Chapteuil.

1308. — Hommage comme dessus, prêté par Guilhaume Charbonnel, de ce qu'il a dans le château et mandement de Chapteuil.

1308. — Hommage prêté comme dessus par Reymond Mélicy, du mas de la Cobarde, à Chapteuil.

1308. — Hommage prêté comme dessus par Pons Longle d'Alpignac, des maisons qu'il a dans le château de Chapteuil, de ce qu'il a au terroir de Talozac, aux mas de Marcillac, Mounedeyres, Bigorre, Machabert, Bournac, de la rente de six cartons de seigle, de six cartons avoine sur les y nommés, et de ce qu'il tient et qu'on tient de lui dans le château et mandement de Chapteuil.

1308. — Hommage prêté à qui dessus par Reymond de Saune, du diocèse de Viviers, du village de Monedeyres, du mas de Villaret, du bois de la Roche, des mas de Rossilhon, Del Bosc, de Cogulet, du pré du Breuil, du mas de Bacelles, de la maison du Cortil, avec les prés, terres, oches, moulin et appartenances du mas de Machabert, du village de Bournac, du mas de Caucoules, le tout situé dans le mandement du château de Chapteuil, de cinq sois de rente à Gardalhac, d'un sol et d'un cartal avoine au château de Beaujeu.

1308. — Hommage prêté comme dessus par Pierre de Chazeaux, du mas de Bacelles, pour la rente qu'il y a, et au terroir de Chapteuil, et de ce qu'on tient de lui audit Chapteuil.

1308. — Hommage prêté à qui dessus par Barthélemy Paulien, de certaine rente qu'il prend au mas de Bacelles, au terroir de Chapteuil.

1308. — Hommage prêté comme dessus par Ebo de la Chau et Hélis, sa femme, du mas de la Chau, de tout ce qu'ils ont dans le château de Chapteuil et mandement, à Retournaguet et à Prahelz. *(Prdenilles?)*

1308. — Hommage rendu au susdit évêque par Guilhaume Porchas, de tout ce qu'il a dans les châteaux et mandements de Chapteuil et de Mercœur, au mas de Chaude-Oreille, et de ce qu'il a au Villaret et à Molueyras.

1308. — Hommage prêté au susdit seigneur évêque par Pons Vigier, de tout ce qu'il a et perçoit dans le château et mandement d'Arzon, dans les mas de Malhac, Sâccua, Las Eranhas, au château de Chapteuil, et aux villages des Ermens, de Fraisset, Del Chier, de Mounedeyres et de Cottaol.

1308. — Hommage prêté à qui dessus par Pons de Bonneville, d'un chazal à la tour de Servissas, de tout ce qu'il a et perçoit dans le château et mandement de Chapteuil, au mas des Maris de Saint-Marcel, au mas de la Roche, dans le susdit mandement, et dans la tour de Servissas, par indivis avec le seigneur de Bouzols.

1308. — Hommage prêté comme dessus par Guilhaume Bayle de Fay, du mas de Chanicros avec ses appartenances ; de tout ce qu'il a, tient et qu'on tient de lui dans le lit mas, au village du Villaret et appartenances, dans le terroir de Nayzac et dans le château de Chapteuil et appartenances.

1309. — Hommage prêté à qui dessus par Pons Charbonnel, de sa grange de Belregard, avec ses appartenances, située dans le mandement de Chapteuil et des rentes qu'il perçoit dans ledit mandement de Chapteuil.

1309. — Hommage prêté à qui dessus par Ode Segnier, de sa grange Del Montel avec ses appartenances, située dans le mandement du château de Chapteuil et de tout ce qu'il a, tient et qu'on tient de lui dans ledit château et mandement.

1309. — Hommage prêté à qui dessus par Bertrand de Servissas, de la moitié du mas Del Fraysser, par indivis, et ses appartenances, situé dans la paroisse de Laussonne, mandement de Chapteuil.

1309. — Hommage prêté à qui dessus par Pierre Pantecoste, de la moitié du mas des Crochets avec ses appartenances, et de tout ce qu'il a, tient et qu'on tient de lui au château et mandement de Chapteuil.

1309. — Hommage prêté à qui dessus par Guilhaume Del Trau d'Aubenas, de tout ce qu'il a, tient et qu'on tient de lui aux mas de Bacelles, de Bar, aux terroirs des Fromentaiz et des Mazelets, dans les villages de Bournac, Tolrioc, et appartenances desdits lieux, dans le château, mandement et juridiction du château de Chapteuil, au terroir de Maizoncelles, et appartenances dans la paroisse d'Issarlès, diocèse de Viviers.

1309. — Hommage prêté à qui dessus par Salomon Belon, clerc du Puy, de la moitié du mas de Coharde, dans le mandement de Chapteuil ; plus reconnait tenir en fief franc sa maison dans la ville du Puy, à la rue de Rochetaillade.

1309. — Hommage prêté à qui dessus par Hugon de Salsac (Saussac), de tout ce qu'il a, tient et qu'on tient de lui dans le mandement du château de Chapteuil.

1309. — Hommage prêté à qui dessus par Pons de Saint-Germain, de tout ce qu'il a au mas de la Prade, dans le mandement de Chapteuil.

1309. — Hommage prêté à qui dessus par Salomon Bellon, de la ville du Puy, de la rente qu'il perçoit dans le mandement de Chapteuil, de la moitié du mas de Coharde, situé dans le mandement de Chapteuil, des rentes qu'il perçoit dans ledit mas, de ce qu'il a, perçoit, tient et qu'on tient de lui dans le château et mandement de Chapteuil, et d'une maison située au Puy, en la rue de Rochetaillade.

1309. — Hommage prêté à qui dessus par Pons de Monchalm (Montchampt), de son mas appelé de Montchamp, situé dans la paroisse de Laussonne, mandement du château de Chapteuil, et de tout ce qu'il a dans le mandement, terres cultes, incultes, bois, et dans leurs appartenances.

1310. — Hommage prêté à qui dessus par Pierre Pestre, prêtre, d'un jardin au château de Chapteuil, d'une maison et terre joints, d'un pré que tient André Chareyre, situé audit Chapteuil, d'autre tiers de pré et autre jardin, d'autre jardin et maison contigus, d'autre jardin avec un chazal, et de tout ce qu'il a, tient et qu'on tient de lui en fief franc dans le château et appartenances.

1310. — Hommage prêté à qui dessus par sieur Guilhaume de Tournon, chevalier, de tout ce qu'il a, tient, perçoit et autres tiennent de lui dans le château, mandement de Chapteuil et appartenances dudit château, et dans le village Del Fraisser, situé dans le susdit mandement.

1314. — Reconnaissance et hommage prêtés au seigneur évêque du Puy par les habitants du mandement de Chapteuil, les habitants Del Fraisset, de Chanalies, Del Betz, Del Villaret, de Prades, Saint-Julien, Mézeyrac, La Cotte, Monnedeyres, Bourjac, Bigorre, Cançouies, Masfrayt, Couteaux, Machabert; tant pour eux que pour leurs successeurs, ils confessent être hommes-liges, justiciables, exploitables, comptables à toute volonté de monseigneur l'évêque, et se sont obligés et soumis en bonne forme.

1318. — Hommage rendu par Hugon de Saussac de tout ce qu'il a et qu'on tient de lui au château de Chapteuil.

1318. — Hommage prêté à messire Durand, évêque du Puy, par Pierre de Chazeaux, de dix cartons de seigle, mesure de Chapteuil, de deux gélines et d'un sol de rente qu'il perçoit annuellement au mas de Bacelles, au terroir de Chapteuil, et de tout ce qu'il a, tient et qu'on tient de lui dans ledit château et mandement.

1318. — Hommage rendu à qui dessus par Salomon Bellon, du Puy, de la moitié par indivis du mas appelé Cohardes, situé dans le mandement du château de Chapteuil, de certaine rente qu'il a dans ledit mas, d'une maison qu'il tient en fief franc, située dans la ville du Puy, en la rue de Rochetaillade, de trois setiers et deux cartons de blé, savoir : deux setiers et une émine seigle, dix cartons d'avoine, mesure de Chapteuil, de vingt sols tournois, neuf gélines et demi de rente qu'il perçoit dans le mas de Bar sur les particuliers y nommés.

1318, 14 mars. — Hommage prêté à messire Durand, évêque du Puy, par Guilhaume de Chateauneuf, de tout ce qu'il a dans le village de la Chapelle, au village de Saint-Martial, aux mas de Sumène, de Trélis, Del Récayrol, de Grasset et de tout ce qu'il a dans le château et mandement de Chapteuil.

1318. — Hommage prêté à qui dessus par Guilhaume Porchas, de quatre mas qu'il a dans le château et mandement de Chapteuil, de tout ce qu'il a, tient et autres tiennent de lui dans le château et mandement de Mercœur, du mas de Chaude-Oreille et de tout ce qu'il a, tient et qu'on tient de lui au Villaret, à Molneyras, et appartenances desdits lieux.

1318. — Hommage prêté à qui dessus par Reymond de Seneul, clerc, et Guilhaume de Châteauneuf, diocèse de Viviers, de la moitié d'une maison dans le château de Cayres, de la moitié d'un champ situé dans le mandement dudit château, de ce qu'il a dans le lieu de la Chapelle, de Saint-Martial, au village de Sumène, aux mas de Trélis, de Rocayrol, de Grasset et dans le château et mandement du château de Chapteuil et appartenances.

1318. — Hommage prêté à qui dessus par Aelize de Monchalm, du mas appelé de Monchalm, situé dans la paroisse de Laussonne, mandement de Chapteuil, de tout ce qu'elle a dans le mandement dudit Chapteuil, en terres cultes, incultes et bois, et de tout ce qu'elle a et qu'on tient d'elle dans ledit mas.

1318. — Hommage prêté à qui dessus par Hugues de Gleyras, dit *de Bonneville*, d'un chazal sous la tour de Servissas, de tout ce qu'il a et perçoit dans le château et mandement de Chapteuil, du mas Dous Maris-Saint-Martial, de ce qu'il a dans le mas de la Roche et appartenances, lequel mas est situé dans le mandement de Chapteuil, et de tout ce qu'il a et autres tiennent de lui dans ledit mandement ; plus reconnaît tenir dudit seigneur évêque du Puy et du seigneur de Bouzols, par indivis, tout ce qu'il a dans la tour de Servissas.

1318. — Hommage prêté à qui dessus par Guigon Saugnier, de sa maison, grange Del Montel, avec ses appartenances situées dans le mandement du château de Chapteuil, et de ce qu'il a, tient et qu'on tient de lui dans ledit mandement et château.

1318. — Hommage prêté à qui dessus par Bertrand de Servissas, paroisse de Laussonne, de la moitié du mas de Traysser, avec ses appartenances, situé dans la paroisse de Laussonne, mandement du château de Chapteuil.

1318. — Hommage prêté à qui dessus par Pierre Pentecoste, des Crochets, de la moitié du village des Crochets, avec ses appartenances, et de tout ce qu'il tient et qu'on tient de lui dans le mandement du château de Chapteuil.

1318. — Hommage prêté à qui dessus par Egide de Herem (*l'Herm*), de la moitié du mas appelé de Cotuol, avec ses appartenances, de tout ce qu'il a et tient dans le mas de Cancoules, dans le château et mandement de Chapteuil, dans le mas d'Aunas et appartenances, à Monpeyroux, la Blache, Esclauze, Varennes, la Montanada, dans le breuil de Blalhac, dans le mandement de Mezères et château, dans le mas d'Orzilhac, à Veirines, à Planèzes et autres.

1319. — Hommage prêté à qui dessus par Jacques Pistor, d'un jardin à Chapteuil, de partie d'une maison, d'autre jardin, d'autre maison et four, du tiers d'un pré, d'un jardin, d'autre maison, cour et jardin contigus, d'autre jardin et chazal, le tout confiné, et de tout ce qu'il a, tient, et qu'on tient de lui en fief franc dans ledit château et mandement de Chapteuil.

1319. — Hommage prêté à qui dessus par Dalmas Roussel, de la ville du Puy, de tout ce qu'il a et perçoit au mas de Cancoules et appartenances, situé dans la paroisse de Fronton (*Saint-Front*), diocèse du Puy.

1319. — Hommage prêté à qui dessus par Guillaume Baylo de Fay, du mas appelé de Chameros, avec ses appartenances, de ce qu'il a et qu'on tient de lui dans ledit mas et appartenances, dans le village Del Villaret, et dans le mandement du château de Chapteuil.

1319. — Hommage prêté à qui dessus par Pons Longle d'Alpignac, des maisons qu'il a dans le château de Chapteuil, de ce qu'il a et perçoit dans le terroir de Taleyrac, avec sieur Pierre Pestre et ses frères, dans les mas de Marcilhac, Monedeyre, Bigorre, Machabert, Boutnac, savoir : six cartons d'avoine et six cartons de seigle sur Mathieu, Etienne, Pons et Martin, dits Mounet, sur Jean Gay, Pons Del Ranc, Jacques Mounet, et de tout ce qu'il a, tient, et qu'on tient de lui dans le mandement de Chapteuil.

1320. — Hommage prêté à qui dessus par noble Hugon de Tournon, de tout ce qu'il a, tient, perçoit, et autres tiennent de lui dans le mandement, château de Chapteuil et appartenances et au village du Fraisse qu'il dit être du susdit mandement de Chapteuil.

1320. — Hommage rendu à messire Durand, évêque du Puy, par Nicolas Joubert, clerc, procureur de Jean de la Chau, et autres, du mas de la Chau, avec ses appartenances, de tout ce qu'il a, tient, et qu'on tient de lui dans le château de Chapteuil et dans son mandement, à Retournaguet, à Prahals et dans les appartenances desdits lieux.

1320. — Hommage prêté à qui dessus par Reymond de Senna, chevalier, de tout ce qu'il a, tient, et qu'on tient de lui dans le village de Monedeyres et appartenances, au mas de Villaret et appartenances, du bois appelé Del Suchet, du mas de Ressilhe et appartenances, des mas Del Bosc, de Cogulet, Bacelas et appartenances, du pré du Breuil confrontant avec le champ dudit Reymond et de Pons Médicy, de la maison du Cortil avec les prés, oches, terres, moulin et appartenances de ladite maison et que tiennent de lui Jacques Pistor et Pierre Bon, de la maison que tient à lui Licharel avec ses appartenances, du mas de Machabert, que tiennent de lui Alix de Machabert et ses fils, de tout ce qu'il a et qu'on tient de lui au village de Bournac et appartenances, au mas de Cocolas (Cancoules) et appartenances, de cinq cartons de seigle, un carton de froment, dix ras avoine, mesure de Chapteuil, de cinq sols trois deniers et deux gélines que son père percevait sur Guillaume Charbonnel, de rente annuelle et censive, et sur Nicolas Barriol, de Burgétonove, dans le mandement de Chapteuil pour des maisons, prés, terres et autres que tiennent lesdits Nicolas, Guillaume Charbonnel et autres, et d'autres rentes qu'il perçoit dans le mandement de Beaujeu.

1327. — Hommage rendu à messire Bernard, évêque du Puy, par Pierre de Chazeaux, de dix cartons de seigle, mesure de Chapteuil, de deux gélines, douze deniers de rente qu'il perçoit dans le mas de Bacelles, dans le terroir de Chapteuil, et de tout ce qu'il a et qu'on tient de lui dans ledit mandement.

1327. — Hommage prêté à messire Bernard, évêque du Puy, par Pierre de Chazeaux, de la rente qu'il perçoit dans le territoire de Chapteuil et de tout ce qu'il a dans le château et mandement dudit Chapteuil.

1327. — Hommage prêté à qui dessus par Travet de Trave, de tout ce qu'il a, tient et qu'on tient de lui dans le mas de Bacelles et appartenances, au mas et territoire des Fromentals, au terroir de Mazelairs, dans le village de Bournac et de Jolayec (Jalajoux) et appartenances, dans le château, mandement et juridiction du château de Chapteuil, au territoire de Maison-Seule et appartenances dans la paroisse d'Issarlès, diocèse de Viviers.

1327. — Hommage prêté à qui dessus par Beraud de Servissas, dit *Masengue*, paroisse de Laussonne, du mas Del Fraisser, par indivis, avec ses appartenances, de la moitié dudit mas situé dans la paroisse de Laussonne et mandement de Chapteuil.

1327. — Hommage rendu à messire Bernard, évêque du Puy, par Delmas Roussel, de tout ce qu'il a et perçoit dans le mas de Cancoules et appartenances, et dans la paroisse de Fronton, diocèse du Puy.

1327. — Hommage rendu à qui dessus par Guillaume Porchas, de son mas et de tout ce qu'il a dans le château et mandement de Chapteuil, excepté du mas de Neyzac qui tient du seigneur de Saussac : plus de tout ce qu'il a et autres tiennent de lui dans le château et mandement du château de Mercœur, à Chaude-Oreille, Lonclazet, Moieyras et autres.

1328. — Hommage prêté à messire Bernard, évêque du Puy, par Pons Longle d'Alpignac, des maisons qu'il a dans le château de Chapteuil, de ce qu'il a et perçoit dans le territoire d'Anteyrac, avec la maison de Pierre Pestre, prêtre, et ses frères, et de tout ce qu'il a et perçoit dans les mas de Marcilhac, Monedeyre, Bigorre, à Machabert et à Bournac, savoir : six cartons d'avoine et six cartons de seigle sur divers particuliers y nommés qui sont dans le mandement de Chapteuil.

1328. — Hommage rendu à qui dessus par Egilde de

l'Herm, du mas de Cottuol, et appartenances et de tout le reste comme en l'hommage de 1318.

1328. — Hommage prêté à messire Bernard, évêque du Puy, par Reymond de Sanne, de tout ce qu'il a et qu'on tient de lui au village de Monedeyre, au Villaret et leurs appartenances, du bois appelé Del Suchet, avec ses appartenances, du mas de Rossilhes, avec ses appartenances, de tout ce qu'il a, tient et qu'on tient de lui dans ledit mas, des mas Del Bos, de Bacelles et appartenances, du pré Del Breuil, y confronté, de tout ce que tient à lui ledit Charreyre, d'une maison, prés, oches, terres, moulin et appartenances de ladite maison de Cortil que tiennent à lui Jacques Pistor et Pierre Bon, de la maison que tient à lui Licharel, avec ses appartenances, du mas de Machabert que tiennent à lui Alix de Machabert et son fils, de tout ce qu'il a et qu'on tient de lui au village de Bournac et appartenances, au village de Cancoules, de cinq cartons de seigle, un carton de froment, dix ras d'avoine, mesure de Chapteuil, de cinq sols trois deniers tournois, deux gélines qu'il perçoit de rente annuelle sur divers particuliers, de tout ce qu'il a et autres tiennent de lui dans le château et mandement de Chapteuil, de cinq sols tournois de cens qu'il perçoit à Gardalhac, de douze deniers et un cartal avoine dans le château de Beaujeu, de tout ce qu'il a, tient et qu'on tient de lui aux châteaux et mandements de Beaujeu et de Chapteuil.

1328. — Hommage prêté à messire Bernard, évêque du Puy, par Pierre Longle d'Alpignac, des maisons qu'il a dans le château de Chapteuil, de tout ce qu'il a et perçoit dans le territoire d'Auteyrac, avec la maison de Pierre Pestre et ses frères, de tout ce qu'il a et perçoit dans les mas de Marcilhac, Monedeyre, Bigorre, Machabert et à Bournac, savoir : six cartons d'avoine et six cartons de seigle sur divers particuliers y nommés qui sont dans le mandement de Chapteuil.

1328. — Hommage prêté à qui dessus par Pons Vigier, de tout ce qu'il a, tient et perçoit dans le château et mandement d'Arzon, dans les mas de Malhac, Saccua, Las Eragnas, au château de Chapteuil et villages de l'Herm, Del Fraisset, Del Chier, de Monnedeyres et de Cottuol.

1328. — Hommage rendu à messire Bernard, évêque du Puy, par Guigon Savin, de tout ce qu'il a, tient et qu'on tient de lui dans le château et mandement de Chapteuil.

1328. — Hommage rendu à qui dessus par André d'Alzon, de cinq cartons de seigle, trois ras d'avoine, etc., de rente annuelle qu'il prend dans le mandement de Chapteuil.

1328. — Hommage prêté à qui dessus par Hugon de Glavenas, dit *de Bonneville*, de tout ce qu'il a, perçoit et qu'on tient de lui dans le château et mandement de Chapteuil, dans les mas de la Roche et dans le mandement et château de Chapteuil ; plus reconnait par indivis tout ce qu'il a à la tour de Servissas et généralement tout ce qu'il a et qu'on tient de lui dans le mandement du château de Chapteuil.

1328. — Hugo de Montel reconnait tenir en fief au susdit seigneur évêque, tout ce qu'il avait et autres tenaient de lui dans le château et mandement de Chapteuil, et tout ce qu'il avait dans les mas de Cottuol, de Machabert, de Bigorre, de Bournac et de Cauconles.

1328. — Pons de Bonneville reconnait tenir en fief à messire Bernard, évêque du Puy, tout ce qu'il avait et tenait dans les mas de Bonneville, Marcilhac, la Fredoyre, le tout situé dans les mandements du château de Chapteuil et dans le château et mandement susdit ; plus reconnait tenir en fief franc et honoraire audit seigneur évêque du Puy, les terroirs de Las Salcétes, de Saignetran et la maison, oches et droits de ladite maison, etc.

1328. — Guillaume Faurie reconnait tenir en fief à qui dessus, le mas appelé de Chameros avec ses appartenances, tout ce qu'il avait et qu'on tenait à lui dans ledit mas, dans le village Del Villaret, au terroir de Neyzac et appartenances, et dans le château et mandement de Chapteuil et appartenances.

1331. — Jean de la Chau reconnait tenir en fief à messire Bernard, évêque du Puy, toutes les rentes que Jean de la Chau avait et qu'on tenait à lui dans les châteaux de Chapteuil, Mézères et leurs mandements.

1340. — Bertrand Mazengue, dit *Servissas*, reconnait tenir en fief à qui dessus, seize sols six deniers tournois, deux cartons de seigle et deux cartons d'avoine de censive qu'il perçoit dans le mandement du château de Chapteuil.

1343. — Bertrand de Servissas, dit *Mazengue*, reconnait tenir en fief franc la moitié du mas Del Fraisse, situé dans la paroisse de Laussonne, dans le mandement du château de Chapteuil, seize sols six deniers, deux cartons de seigle, deux cartonades d'avoine, mesure de Chapteuil, qu'il a acheté de Reymond de Saigne au mas Chabert, dans le susdit mandement de Chapteuil.

1343. — Noble Catherine, veuve de noble Pons Vigier, reconnait tenir en fief franc à messire Jean de Chandorat, évêque du Puy, tout ce qu'elle avait, percevait et autres tenaient d'elle dans le village et château de Chapteuil, aux villages de l'Herm, Del Fraisser, Del Chier, de Mounedeyres, de Cottuol, et appartenances desdits villages et lieux, et dans le mandement du susdit château de Chapteuil et appartenances, excepté ce qu'elle avait au village et mas de Neyzac qu'elle tient du seigneur de Saussac.

1343. — Pons Longle d'Alpignac, damoiseau, reconnait tenir en fief les maisons qu'il avait au château de Chapteuil, ce qu'il avait et percevait au terroir d'Auteyrac, aux mas de Marsilhac, de Mounedeyre, de Bizorre, au mas Chabert, à Bournac, et dans le château et mandement de Chapteuil.

1343. — Pierre de Chazeaux reconnait tenir en fief au susdit seigneur évêque, dix cartons de seigle, de la mesure du château de Chapteuil, deux gélines, douze deniers tournois de rente qu'il perçoit dans le mas de Baceilles et dans le terroir de Chapteuil, et tout ce qu'il avait et qu'on tenait à lui dans ledit château et mandement.

1343. — Reymond de Sahuna, damoiseau, reconnait tenir en fief audit seigneur évêque tout ce qu'il avait et qu'on tenait à lui dans le village de Mounedeyres, le mas du Villaret, le bois appelé de la Souche et appartenances, le mas de Roussilhe et appartenances, les mas Del Bosc, de Cognet, un pré appelé

Del Brul, tout ce qu'il tient et qu'on tient à lui dans le mas appelé de la Celle, la maison Del Curtilh, avec les prés, terres, oches, moulin et appartenances, tout ce qu'il tient et qu'on tient à lui dans le château de Beaujeu, mandement et appartenances.

1343. — Noble Guillaume de Chateauneuf, chevalier, reconnait tenir en fief à messire Jean de Chandorat, évêque du Puy, tout ce qu'il avait dans les villages de la Chapelle, de Marcial, au village ou mas de Sumène, aux mas de Trélis, de Rocairol, de Grasset, et tout ce qu'il avait dans le château et mandement de Chapteuil.

1343. — Guigon Saunier, damoiseau, reconnait tenir en fief sa maison, *sive* grange Del Montel, avec ses appartenances, située dans le mandement du château de Chapteuil, et tout ce qu'il avait, tenait et qu'on tenait à lui dans ledit château et mandement.

1343. — Noble Travet de Trave, damoiseau, reconnait tenir en fief au susdit seigneur évêque tout ce qu'il avait, tenait, et qu'on tenait à lui dans le mas de Bacelles et appartenances, au mas de Bar, aux terroirs de Fourmental, de Mazelers, aux villages de Bournac, Jalayée et appartenances desdits lieux, au château, mandement et juridiction de Chapteuil, au terroir de Maisoncéles et appartenances dans la paroisse d'Issarlès, diocèse de Viviers ; plus reconnait tenir le mas appelé Delpy et appartenances, avec la juridiction haute et basse dudit mas situé dans la paroisse d'Issarlès, diocèse de Viviers, ledit mas y confronté ; plus tout ce qu'il avait au mas, *sive* village Del Crouzet, etc.

1343. — Jacobe Conroze, femme de Jacques Recipeyre, reconnait tenir en fief six cartons de seigle, neuf ras d'avoine et trois cartons de froment qu'elle perçoit de censive annuelle dans le mandement du château de Chapteuil.

1343. — Guillaume Salm, damoiseau, reconnait tenir en fief tout ce qu'il avait et qu'on tenait à lui dans le mas, *sive* tènement de Mandaros et appartenances, situé dans le mandement du château de Chapteuil et tout ce qu'il avait dans ledit mandement.

1343. — Guillaume Daly de Poinsac, clerc du Puy, reconnaît tenir en fief au susdit seigneur évêque tout ce qu'il avait, tenait et qu'on tenait à lui au mas de Bacelles et appartenances, au mas de Bar, aux terroirs de Fromentas, de Mazelers, au village de Bournac, de Jalavoc et appartenances, au château, mandement et juridiction de Chapteuil.

1343. — Guigon Porchas reconnaît tenir en fief le mas qu'il avait au château et mandement de Chapteuil et appartenances, excepté le mas de Neyzac qui tient du seigneur de Saussac; plus reconnaît tout ce qu'il avait et autres tenaient de lui au château et mandement de Mercœur, au mas de Chaude-Oreille avec ses appartenances, au Villaret, à Molveyras et appartenances desdits lieux.

1343. — Guigon Porchas, damoiseau, et Elix, sa femme, reconnaissent tenir en fief le mas de la Chau, avec ses appartenances, tout ce qu'ils avaient et autres tenaient d'eux dans le château et mandement de Chapteuil, à Retournaguet, à Praals et appartenances desdits lieux.

1344. — Guillaume et Catherine, mariés, reconnaissent tenir en fief la moitié du mas, sive village Dous Tranchets, avec ses appartenances, tout ce qu'ils avaient, tenaient et qu'on tenait à eux dans ledit lieu et appartenances, et au château, mandement et juridiction du château de Chapteuil.

1344. — Pierre de Fare, damoiseau et procureur nommé de Jean Del Rochain, mineur, reconnaît en fief à messire Jean de Chandorat, évêque du Puy, six cartons de seigle, quatre cartons de froment et six deniers de censive qu'il prend au mandement de Chapteuil.

1347. — Guillaume de Pouzols, dit *Mat*, damoiseau, reconnaît tenir en fief cinq cartons de seigle, mesure de Chapteuil, qu'il perçoit au mas de Cottuel, mandement de Chapteuil.

1348. — Guigon Vigier reconnaît tenir en fief franc tout ce qu'il avait, percevait et autres tenaient à lui au village et château de Chapteuil, aux villages de l'Herm, Del Fraisser, Del Chier, de Mounedeyres, de Cottuel et appartenances desdits villages et lieux, au mas de Neyzac et généralement dans le château et mandement de Chapteuil, aux mas de Marsilhac, de Saccuart, de Las Eragnas et appartenances dudit mas, au mas appelé Chatdonc, lesquels mas sont dans le mandement d'Arzon, et tout ce qu'il avait, tenait et autres tenaient à lui dans ledit château et mandement d'Arzon.

1349. — Pierre Dous Crochets reconnaît tenir en fief la moitié du mas, *sive* village Dous Crochets et appartenances, et tout ce qu'il avait, tenait et qu'on tenait à lui dans le château et mandement de Chapteuil.

1350. — Reymond de Sereys, dit *Elles*, damoiseau, reconnaît tenir en fief franc les censives, rentes et usages qu'il avait, tenait et qu'on tenait à lui au château de Chapteuil et dans son mandement.

1350. — Reymond de Saune, damoiseau, reconnaît tenir en fief le mas appelé de Rossiihes, avec ses appartenances et tout ce qu'il tenait et qu'on tenait à lui dans ledit mas, les mas Del Bosc, de Cogulet et ce qu'on tient à lui dans lesdits mas, un pré appelé du Breuil, y confronté, le mas de Bacelles et appartenances, la maison de Curtilh, avec les prés, oches, terres, moulins et appartenances de ladite maison Del Curtilh et tout ce qu'y tiennent de lui Jacques Pistor et Pierre Bon, tout ce qu'il avait et percevait aux mas de Machabert, de Bournac, de Cancoules et appartenances, le tout dans le mandement du château de Chapteuil, quinze sols tournois de censive qu'il perçoit à Gardalhac, six deniers et une carte d'avoine au château de Beaujeu et généralement tout ce qu'il perçoit et qu'on tient de lui dans les châteaux et mandements de Beaujeu et de Chapteuil.

1362. — Noble Pons de Trave reconnaît tenir en fief franc tout ce qu'il avait, tenait et qu'on tenait à lui dans les mas de Bacelles, de Bar, aux terroirs de Fromentals et des Mazolers, aux villages de Bournac, Jalayoc et appartenances desdits lieux, au château et mandement de Chapteuil, au terroir de Meyzenetes de la paroisse d'Issariès ; plus reconnaît tenir le mas appelé Del Py et appartenances avec la juridiction haute et basse dudit mas situé dans la paroisse d'Issariès, diocèse de Viviers, y confronté, tout ce qu'il avait au mas, *sive* village de Crouzet, et certaine censive annuelle qu'il prend au susdit lieu de Crouzet.

1362. — Noble dame Etoile de Saussac, femme de sieur Guigue Chandorat, chevalier, reconnait tenir en fief tout ce qu'il avait au mandement du château de Chapteuil, au mas de Bournac, de Bigorre, de Malaval, de la Prade, de Saint-Martial, du Villaret, Del Fraisser et dans le mandement du château de Chapteuil, avec juridiction réelle et personnelle, suivant la tradition depuis quarante-neuf ans ; plus la troisième partie qu'il avait à la *Table* appelée de Lancau, trente-un sols tournois qu'il perçoit en seize tables à la porte jouxte l'église de Saint-Pierre-le-Monastier, les maisons qu'il avait situées à la rue de la Traverse (1) et de Monpeyroux (2), qu'y tenaient divers particuliers. Plus reconnait en fief vingt sols tournois de rente qu'il avait acquis, six livres de rente suivant la directe qu'il avait et percevait au mas de Blanlhac, dans le mandement de Mezères, et tout ce qu'il avait et percevait au mandement de Mercœur.

1362. — Noble sieur Guillaume Roustain, chevalier, reconnait tenir en fief franc à messire Bertrand de la Tour, évêque du Puy, tout ce qu'il avait, tenait et qu'on tenait à lui dans le mas de Bacelles et appartenances, au mas de Bar et appartenances, aux terroirs de Fourmental et des Mazoliers, aux villages de Bournac, de Jalayo et appartenances, et dans le château, mandement et juridiction de Chapteuil, tout ce qu'il a acquis de noble Pons de Trave d'Aubenas, certaine censive qu'il reçoit annuellement dans le mandement du château de Chapteuil et au mas de Jalayo et d'Anteyrac.

1362. — Mathieu Fraissinet, femme de Pierre de Saussac, reconnait tenir en fief franc un champ situé au lieu de Cleyssac, terroir de la Salce, y confronté.

1362. — Guillaume de Chazeaux reconnait tenir en fief dix cartons de seigle, mesure du château de Chapteuil, deux

---
(1) Aujourd'hui rue Haute-Ville.
(2) Aujourd'hui rue de la Prison.

gélines et douze deniers de rente qu'il perçoit annuellement au mas de Bacelles, au terroir de Chapteuil, tout ce qu'il avait et qu'on tenait à lui dans le château et mandement susdits ; plus reconnaît comme dessus tenir en fief franc la part supérieure appelée la *Chaise* du Puy, avec une maison située dans la rue de la Rochete (1), sous la *Chaize*; plus tient en fief franc vingt sols de censive qu'il perçoit sur divers particuliers.

1362. — Noble Jean de Masengue reconnaît tenir en fief la moitié du mas Del Fraisser avec ses appartenances, qui est dans la paroisse de Laussonne et mandement de Chapteuil, vingt-six ras d'avoine qu'il perçoit audit mas Del Fraisser et sept sols neuf deniers qu'il perçoit au pré appelé de la Chalm dans les côtes Del Baric, situées dans le susdit mandement.

1362. — Guigon Pourchas reconnaît tenir en fief franc le mas et tout ce qu'il avait au château et mandement du château de Chapteuil, le mas de Nayzac et appartenances, situé dans le mandement du château de Chapteuil, le mas de Chaude-Oreille, avec ses appartenances, tout ce qu'il avait et qu'on tenait à lui au Villaret, à Molneyras et appartenances desdits lieux, au mas de la Chau et appartenances, dans le château de Chapteuil et dans le mandement.

1362. — Pierre Valete reconnaît tenir en fief la moitié du village, *sive* mas Dous Crechets et appartenances et tout ce qu'il avait, tenait, et qu'on tenait à lui dans ledit lieu et dans le château et mandement de Chapteuil.

1363. — Marguerite Sauneyre, du consentement de Pierre Del Toulene *(du Thiolent?)*, son mari, reconnaît tenir en fief sa maison, *sive* grange Del Montel, avec ses droits et appartenances, située dans le mandement du château de Chapteuil.

1364. — Noble dame Marguerite de Saint-Quentin de Poitiers, du consentement de noble Reymond de Fay, son mari, reconnaît tenir la moitié du mas de Cottaol avec ses appartenances, ce qu'on tient d'elle dans ledit mas et dans le mas de Cancoules et appartenances, tout ce qu'elle avait et autres

(1) Aujourd'hui rue des Pèlerins.

tenaient à elle au château, mandement de Chapteuil et appartenances, au château, mandement de Bonnas et appartenances, excepté ce qu'y tiennent les héritiers de Guillaume Romégis, dans ledit château et mandement de Bonnas (tout ce dessus lui a été donné par Egide de Lorne, venant de Falcon de Monteil), plus reconnaît tenir en fief franc ce qu'elle avait au mas d'Aunas et appartenances, à Monpeyroux, la Blache, Esclauzes, Varennes, la Moutonade, au Breuil de Blanlhac, au mandement de Mezères et généralement tout ce qu'elle tient et possède dans ledit mandement; plus reconnaît tenir en fief franc tout ce qu'elle avait dans le château de Mezères, Hereme excepté, le tènement Dous Claveux, la maison, ville et Lou Garayt de Chamblas, le mas d'Arzilhac, ce qu'elle avait à Veyrines, à Planèzes, Lou mas Del Montel, Chaufage, l'édifice qu'elle avait au bois de Jalaure, le pasquerage qu'elle avait au mas de Peuy Ster, ce qu'elle avait à Malataverne, trois pièces de terre situées à Margnac, mandement d'Yssingeaux, tout ce qu'elle avait, tenait et qu'on tenait à elle au château et mandement de Mezères, à l'Herm, Jauzas, la Chalm, Jarmeyrac, au Garayt, à Chazelles, Vounas (*Vaunac?*) Veyrines, Malataverne, au Champ, à Arzilhac, Planèzes, Blanlhac, Varennes, Aunas, dans le mandement d'Yssingeaux, dans le mandement du château de Mercœur, savoir : au mas de Las Coulanges et de Vernassas et tout ce qu'elle avait, tenait et qu'on tenait à elle dans le mandement du château de Chapteuil, au mas de Cottaux, au château d'Espaly et au lieu de Coubladour, diocèse du Puy.

1364. — Noble Dalmas de Graiseles, mari de noble dame Alize de Châteauneuf, reconnaît tenir en fief tout ce qu'ils avaient au village, sive mas de Sumène, aux mas d'Arlis, Roucayrol, Grasset, Saint-Martial, et au château et mandement de Chapteuil et appartenances.

1375. — Noble Jean Chaudorat reconnaît tenir en fief à messire Bertrand, évêque du Puy, tout ce qu'il avait au mandement du château de Chapteuil, aux mas de Bournac, Dous Crochets, de Bigorre, de Malaval, de la Prade, de Saint-Martial, de Villaret et Del Fraisser, dans tout le mandement dudit Chapteuil, plus six livres tournois de censive et rente avec la seigneurie directe, la troisième partie qu'il avait aux *tables* appelées de Lanau, trente-un sols tournois qu'il perçoit sur seize *tables* qu'on met les samedis à la place jouxte le couvent et l'église de Saint-Pierre-le-Monastier, au Puy, deux maisons situées en la rue de la Traverse et de Monpeyroux (maître Jean de Petra, notaire, en tient une, et l'autre Durand Boussilhon), vingt sols tournois de rente qu'il a acquis avec la directe qu'il perçoit au mas de Blanlhac, mandement de Mezères, tout ce qu'il avait dans ledit mas qui est six livres, tout ce qu'il avait et percevait au mandement du château de Mercœur.

1383. — Noble Jean Pourchas a reconnu tenir en fief à messire patriarche tous les mas qu'il a dans le mandement du château de Chapteuil, les mas de Nayzac, de Chaude-Oreille et appartenances, tout ce qu'il avait et qu'on tenait à lui au Villaret, à Molveyras et appartenances desdits lieux, le mas de la Chau et appartenances; plus reconnaît quatre setiers de blé « expressés » dans une autre ancienne reconnaissance faite par ses prédécesseurs, et tout ce qu'il avait et autres tenaient à lui dans le château et mandement de Chapteuil et appartenances.

1383. — Noble Reymond de Poinsac reconnaît tenir en fief tout ce qu'il avait et qu'on tenait à lui au mas de Mavlaros et appartenances, situé dans le mandement du château de Chapteuil, et dans ledit mandement sa mère *(sic)*, plus le mas appelé de Chazaux, et tout ce qu'on y tenait à lui qui est dans la paroisse d'Yssingeaux, et tout ce qu'il avait et tenait dans ladite paroisse.

1383. — Noble Pons de Trave, chevalier, reconnaît tenir en fief franc tout ce qu'il avait, tenait, et qu'on tenait à lui dans le mas de Bacelles et appartenances, au mas de Bar, au terroir Dous Masalers, au village de Bournac, de Jabret et appartenances desdits lieux et dans le château et mandement de Chapteuil.

1383. — Guillaume de Brivate (*Brives*), de la ville du Puy, reconnaît tenir en fief à messire de Chanac, patriarche de Jérusalem, administrateur de l'évêché du Puy, le mas de Chamcros avec ses appartenances, tout ce qu'il avait et qu'on tenait à lui au village Del Villaret, au terroir de Neyzac et leurs appartenances dans le mandement de Chapteuil, au mandement de Chapteuil et au mas de Chameros (Le tout faisait partie de la dot d'Agnès, mère du susdit Guillaume); plus un pré situé au terroir de Mezeyrac, mandement de Chapteuil, y confronté.

1383. — Noble Alize Blanche, veuve de Jean Chambefort, reconnait tenir en fief franc cinq setiers de seigle, trois ras d'avoine, mesure de Chapteuil, deux sols six deniers qu'elle perçoit au mas de Bar, et autres censives qu'elle perçoit au susdit mas et au mas de Bacelles, au mandement de Chapteuil; plus autres rentes qu'elle perçoit au mas de Rivets et à Cayres; plus reconnait tenir en fief tout le mas appelé de la Chazote, tout ce que Guillaume Chambefort tenait, possédait et percevait dans ledit lieu et appartenances; plus reconnait comme dessus en fief franc le village de Borne et mas de la Giberte, avec son terroir et appartenances, situé au-delà l'eau de Borne, jusques à Borne, et tout ce qu'elle avait et percevait dans ledit village et mas susdit.

1383. — Noble Guigon de Bonneville, chevalier, reconnait tenir en fief la forteresse et maison de Bonneville, tout le mas de Bonneville, avec ses appartenances, savoir : champ, pré, bois et autres, et tout ce qu'on tient à lui dans ledit mas et appartenances; plus la maison de la Fredeyre et ses appartenances, tout ce qu'on tient à lui au mas de Maselhac et au terroir de Las Salcettes, le terroir de Seignetraus, la maison Del Fourmil, et tout ce qu'il avait, tenait, et qu'on tenait à lui au mandement et dans le mandement, district et juridiction du château de Chapteuil.

1383. — Catherine de Chazeaux, femme de Reymond Benoit, drappier, de la ville du Puy, reconnait tenir en fief à l'évêché dix cartons de seigle, mesure de Chapteuil, dix gélines et douze deniers de rente annuelle au mas de Bacelles, au terroir de Chapteuil, et tout ce qu'on tient à elle dans le château de Chapteuil et appartenances; plus reconnait tenir en fief franc la partie supérieure d'une maison située en la rue de la Rochete sous la *Chaize*, suivant l'acensement et emphytéose par Guillaume de Chazeaux au cens de vingt sols tournois.

1383. — Noble Marguerite Saanerie, veuve de noble Pierre Cenlevuls (*du Thiolent?*)(1), reconnait tenir en fief sa maison, *sive* grange de Montel, avec ses appartenances, située dans le mandement du château de Chapteuil.

1383. — Noble Jean de Servissas, dit *de Mazengues*, reconnait tenir en fief franc la moitié du mas Del Fraisser, par indivis, situé dans la paroisse de Laussonne, mandement du château de Chapteuil, vingt-six ras d'avoine, qu'il perçoit dans ledit mas Del Fraisser, de rente qui fut échangée avec Jean de Chandorat, évêque du Puy, sept sols deux deniers, qu'il perçoit au pré appelé de Monchalm et aux côtes Del Banc, situés au mandement de Chapteuil; plus tient en fief franc tout ce qu'il avait, tenait et qu'on tenait à lui aux mas de Bacelles, de Bar, avec leurs appartenances, aux terroirs des Fromentals, Del Mazélier, aux villages de Bournac, de Jelaroc et appartenances, au château, mandement et juridiction de Chapteuil, deux cartons et demi blé seigle, mesure de Chapteuil, quatre sols de censive qu'il perçoit annuellement avec directe dans le mandement du château de Chapteuil, aux mas de Jelaroc et d'Auteyrac, et tout ce qu'il a acquis dans le diocèse du Puy.

1383. — Noble Catherine Fiandine, de l'autorité, licence et consentement de noble Jaques de la Blache, paroisse de Saint Front, diocèse du Puy, reconnait tenir en fief franc, savoir : aux lieux de Chapteuil et de Fronton, les censives et rentes qu'elle perçoit sur les particuliers y dénommés.

1383. — Pierre Valette reconnait tenir en fief la moitié du village, *sive* mas des Crochets, avec ses appartenances et tout ce qu'il avait et qu'on tenait à lui dans ledit lieu et dans le château, mandement et juridiction de Chapteuil.

1383. — Noble François de Tournon, seigneur de la Chaise et de Boliac, reconnait tenir en fief tout ce qu'il avait et percevait dans le château et mandement de Chapteuil, le mas Dous Maris-Saint-Martial, ce qu'il avait au mas de la Roche, ce qu'on y tenait à lui dans lesdits mas et dans le susdit mandement de Chapteuil et au village Del Fraisser.

(1) Voir l'hommage de 1363, p. 155.

1383. — Noble Guillaume de Serres, du mandement de Chapteuil, reconnait tenir en fief franc onze cartons et demi et un tiers de demi carton de blé, tant froment que seigle, trois ras avoine, seize sols, une géline, qu'il prend de censive ou rente sur Jean Jeune; plus sur autres douze particuliers comme il y est spécifié.

1383. — Noble Jean Del Rochain reconnait tenir en fief six cartons de seigle, quatre cartons de froment et six deniers de rentes qu'il perçoit dans le mandement de Chapteuil sur les y nommés.

1383. — Noble sieur Guigon de Châteauneuf-en-Boutières reconnait tenir en fief franc tout ce qu'il avait et percevait aux villages de la Chapelle, de Saint-Marcial, et généralement tout ce qu'il avait et percevait dans le mandement du château de Chapteuil et appartenances des susdits villages.

1384. — Armand de Las Favas, damoiseau, reconnait tenir en fief franc les mas appelés Four Arvérine, Chilinart, de Las Focheyres, lesquels sont dans le mandement du château de Chapteuil et généralement tout ce qu'il tient et qu'on tient à lui dans le château et mandement susdit.

1384. — Noble Jean Roussel, du Puy, reconnait tenir en fief franc trois parties de trente-trois cartons de seigle, douze ras avoine, cinq sols quatre deniers de censive et rente qu'il perçoit annuellement dans le mandement de Chapteuil et aux lieux de Mounedeyre, Marsilhac, Auteyrac, tout dans le mandement susdit.

1389. — Hommage rendu par sieur Guillaume de Brive, bourgeois du Puy, qui a reconnu tenir en fief le mas appelé de Chameros avec ses appartenances, et ce qu'il a et qu'on tient de lui au village de Villaret, au terroir de Neyzac, et un pré au terroir de Mezères, mandement de Mercœur.

1389. — Catherine de Chazeaux reconnait tenir en fief dix cartons seigle, mesure de Chapteuil, deux gélines, douze deniers de censive et rente qu'elle prend au mas de Bacelles, au terroir de Chapteuil et une maison à la rue de la Rochette, sous la Chaize, à la ville du Puy.

1389. — Noble Jean Roussel, du Puy, reconnaît tenir en fief franc trois parties de trente-trois cartons seigle et douze ras avoine, argent 5 sols 4 deniers, de censive et rente qu'il perçoit dans le mandement de Chapteuil, au lieu de Monnedeyres, de Marsilhac et de Mezeyrac.

1389. — Noble Marguerite Sauneyre, veuve de noble Pierre de Teulenc, reconnaît tenir en fief franc la maison, *sive* grange Del Monteil, située dans le mandement de Chapteuil et de Monistrol.

1389. — Noble Guicharde de Vachères, reconnaît tenir en fief tout ce qu'elle perçoit au mandement.

1588. — Noble Antoine de Chapteuil, seigneur de Bonneville, a reconnu tenir en fief franc la métairie et domaine appelés de l'Herm, sis dans le mandement de Chapteuil.

1608. — Investiture portant hommage de plusieurs fonds et de la rente en directe appelée la Chapelle-Saint-Martial que le sieur de Saint-Vidal levait aux villages de Velherme, Chanalélies (*Chanaleilles* ou *Chanelets?*), L'Herm, etc., au mandement de Chapteuil.

1624. — Investiture de certaines rentes au village de Bournac, mandement de Chapteuil, acquises par maître Nicolas Alcil, notaire royal, de noble François Richaut, sieur de Chaude-Oreille.

1624. — Investiture des rentes au village de Bournac, mandement de Chapteuil, acquises de noble François Richaut, sieur de Chaude-Oreille.

1626. — Investiture d'un bâtiment de moulin « en crotte, » couvert de lauzes avec un chazal auprès, un pâtural et servitudes desdits moulins appelés le moulin et pâtural de Marson de Marsilhac, situés au terroir de Marsilhac.

1650, 8 janvier. — Noble Pierre Ranquet a acquis de maître Simon Jamont le domaine de Chaude-Oreille, situé en la paroisse de Saint-Julien-Chapteuil, au prix de 6,000 livres.

1650, 8 janvier. — Investiture portant hommage dudit domaine.

1652, 9 septembre. — Pierre Ranquet a acquis le domaine de l'Herm, mandement de Chapteuil, de noble Amable de Myet de Chapteuil, seigneur de Bourville (Bonneville), au prix de 9,000 livres.

1671. — Investiture portant hommage des rentes en fief franc échangées au mandement de Chapteuil par messire Amable de Myet de Chapteuil et Hugues Ranquet, seigneur de Chaude-Oreille.

1772, 7 septembre, contrôlé au Puy le 9 décembre. — Ventilation du fief de Mazengon, relevant partie de l'abbaye du Monastier, de la comté de Chapteuil et du chapitre Notre-Dame-du-Puy.

CHARBONNIER [1], PRATCLAUX [2]

LANDOS ET TERROIR DE MARS

1204. — Hommage fait par Guillaume Gibert à messire Jean de Cuménis, évêque du Puy, de dix-huit cartes de seigle de censive, mesure du Puy, qu'il prend au château de Charbonnier pour Offerandal, et au terroir de Praclaux, de trois cartes seigle, deux cartes orge et sept sols sept deniers (3).

1291. — Hommage rendu par Jean de Ribens à messire Guy de Neufville, évêque du Puy, de sa maison située au village de Landos, avec toutes ses appartenances.

1291. — Hommage rendu par Ittier Marmande à messire

---

(1) Charbonnier, commune de Landos.
(2) Pratclaux, commune de Landos.
(3) C'est Bertrand Ier de Châlencon et non Jean de Cuménis qui était évêque du Puy en 1204.

Guy de Neufville, évêque du Puy, de la maison où il habite avec autres choses, soit terres, prés, bois, cens, usages, hommes et autres droits lui appartenant au mandement du château de Cayres.

1296. — Hommage rendu par Guillaume Arnaud, chevalier, à messire Jean de Cuménis, évêque du Puy, de tout ce qu'il a dans le territoire de Praclaux, paroisse de Landos et au château et mandement de Cayres, excepté le mas Del Boschet.

1300. — Hommage fait par sieur Hugues de la Faye, chevalier, à messire Jean de Cuménis, évêque du Puy, des mas de la Donaze, El Juriart, Langlade, et d'une appenderie dans la ville neuve de Landos.

1308. — Hommage rendu par Guillaume Gilbert à messire Bernard de Castanet, évêque du Puy, de tout ce qu'il a dans le lieu de Praclaux, paroisse de Landos, et dans le château de Charbonnier et appartenances.

1308. — Hommage fait par Richard Dussoire à messire Bernard de Castanet, évêque du Puy, de tout ce qu'il a au terroir de Gibernet, avec ses appartenances, qui joint le terroir du château de Charbonnier.

1308. — Hommage rendu par Dalmas Dussoire à messire Bernard de Castanet, évêque du Puy, de tout ce qu'il a au Fraissinet, au terroir d'Albignac, dans le mandement de Jonchères, et des maisons qu'il a au château de Charbonnier.

1308. — Hommage rendu par Guillaume Arnaud à messire Bernard de Castanet, évêque du Puy, de sa maison d'Auteyrac, de ce qu'il a dans ledit terroir d'Auteyrac, au château et mandement de Cayres, au mas de Praclaux et terroir dans la paroisse de Landos.

1308. — Hommage fait par Pons Imbert de Barbaste audit seigneur évêque, de trois cartes de seigle de censive au mandement de Charbonnier, de sa maison dans le château de Cayres, d'un pré et jardin au terroir de Cayres, du fief du mas de Mérances, d'un setier seigle et dix sols argent qu'il a au mas

Ferraguet, situé au terroir de Bonnefont, le tout au mandement de Cayres.

1308. — Hommage fait par Bernard d'Antil à messire Bernard de Castanet, évêque du Puy, de tout ce qu'il a dans le mas de Praclaux et appartenances.

1309. — Hommage fait par Durand Philibert, du Puy, audit seigneur évêque, de sept setiers, une émine seigle et avoine de censive annuelle sur le mas des Hugues de Mars, dans le tènement de Mars, proche le château de Charbonnier.

1310. — Hommage fait par noble Hugonet de la Faye audit seigneur évêque, de ce qu'il tient dans la paroisse de Landos, aux mas de Lidonaze, Ligiroars et Langlade, avec toutes les appartenances desdits mas, et d'une appenderie terre dans ladite paroisse de Landos.

1311. — Hommage fait par Hugonet de la Faye à messire Bernard de Castanet, évêque du Puy, comme ci-dessus.

1311. — Hommage fait par Etienne Reymond Del Sap et autres, audit seigneur évêque, de la rente annuelle qu'ils perçoivent dans le mas et terroir de Mars, au mandement du château de Charbonnier.

1312. — Hommage fait par demoiselle Elize, femme de sieur Arnaud de Mirabel, audit seigneur évêque, d'une émine seigle de rente qu'elle perçoit au terroir de Charbonnier.

1314. — Hommage fait par Agnès et Catherine, filles de Bertrand Del Sap, audit seigneur évêque, des rentes annuelles qu'elles prennent à Charbonnier.

1318. — Hommage fait par Durand Cavalier à messire Durand, évêque du Puy, de sept setiers, une émine seigle et avoine de rente annuelle qu'il perçoit dans le mas et tènement de Mars, proche le château de Charbonnier.

1318. — Hommage fait par Dalmas Dussoire audit seigneur évêque, de tout ce qu'il a et tient dans le village et terroir de Fraissinet, dans le terroir d'Albignac, dans le château et mandement de Jonchères, dans les maisons qu'il avait au château de Charbonnier et à son domaine de Gibernet, excepté ce qui est à Jean Comigalz qui se tient dudit seigneur évêque, et autres choses.

1318. — Hommage fait par Guillaume Arnaud audit seigneur évêque, de tout ce qu'il a dans le mas et terroir de Praclaux, paroisse de Landos.

1319. — Hugo de la Faye, damoiseau, reconnait tenir en fief franc à qui dessus, dans la paroisse de Landos, les mas de Donaze et autres, etc.

1319. — Bertrand Boyer reconnait tenir en fief dudit seigneur évêque, sept setiers, une émine de blé, deux tiers de seigle, un tiers d'avoine, mesure de la Sauvetat, un sol six deniers de censive annuelle qu'il perçoit sur un mas au terroir de Mars, sur divers particuliers, mandement du château de Charbonnier, y confronté, tout ce qu'il avait dans ledit mas de Mars, et tout ce que Jean et Bertrand Boyer, fils d'autre Bertrand, avaient dans ledit mas de Mars.

1327. — Hommage fait par Pierre et Guillaume Arnaud à messire Bernard, évêque du Puy, de tout ce qu'ils ont au village et terroir de Praclaux, paroisse de Landos.

1328. — Hommage rendu par..... Gibert audit seigneur évêque, de tout ce qu'il a dans le château de Charbonnier et au lieu de Praclaux.

1328. — Hommage fait par Gibert de Soulage à messire Bernard, évêque du Puy, de tout ce qu'il a au lieu de Praclaux et appartenances, dans la paroisse de Landos et au château de Charbonnier.

1334. — Giraud Chandorat, seigneur de Mons, reconnait tenir en fief franc ce qu'il a dans le château et mandement de Charbonnier et appartenances, savoir : le mas de Giraudet et les mas Maretz.

1335. — Guillaumete Chanalayre, veuve de Chanali., marchand du Puy, reconnait tenir en fief sept setiers, une émine de seigle de censive annuelle qu'elle perçoit dans deux mas, proche le château de Charbonnier, dans le terroir de Mars, l'un appelé mas Durand de Mars et l'autre appelé Lou mas Hugues.

1343. — Contrat d'échange fait entre messire Jean de Chandorat, évêque du Puy, et noble Giraud de Chandorat, seigneur de Mons, proche le Puy, de certaines rentes que l'évêché avait au lieu de Mons, contre d'autres rentes à Charbonnier.

1343. — Hommage fait par Alexis Chevalier à messire Jean de Chandorat, évêque du Puy, de sept setiers, une émine de seigle et avoine de censive, qu'il perçoit dans les mas qui sont dans le tènement de Mars, proche le château de Charbonnier.

1343. — Hommage fait par Pierre Dussoire audit seigneur évêque, de sa maison antique de Charbonnier, du terroir de Gibernete, mandement du château de Charbonnier, qu'on tient de lui en emphytéose, de ce qu'il a et tient aux mandements de Cayres, de Jonchères, et au terroir d'Albignac.

1343. — Hommage fait par noble Giraud Chandorat audit seigneur évêque, de tout ce qu'il a dans le mandement de Charbonnier.

1343. — Hommage rendu par Hugues de la Faye à messire Jean de Chandorat, évêque du Puy, des mas qui tiennent à lui Hugon, proche de Landos, à Lidonaze, et le Giourad (sic), le mas de Langlade, tenu par Alary Lanoël et les héritiers dudit Girouard, avec les terroirs, censives et appartenances desdits mas, de tout ce qu'il a, perçoit et qu'on tient de lui dans lesdits mas qui sont dans les appartenances et paroisse du lieu de Ville-Vieille de Landos, d'une appenderie terre, située dans la paroisse et ville neuve de Landos, dans laquelle appenderie sont les maisons de Boséffans, la maison antique des Ouéles, des Alarys, des Noélz et Del Ros, avec toutes leurs appartenances et dépendances.

1343. — Hommage rendu par Guillaume et Pierre Arnaud à messire Jean de Chandorat, évêque du Puy, de leur maison et forteresse d'Auteyrac, de tout ce qu'ils ont dans le terroir d'Auteyrac, dans le mas appelé Del Chastel et appartenances, au château de Cayres et dans la paroisse de Landos.

1343. — Hommage fait par Etienne du Pont audit seigneur évêque, d'une émine de seigle, mesure du château de Charbonnier, qu'il perçoit au terroir de Charbouze.

1343. — Hommage fait par Guillaume d'Entil audit seigneur évêque, de tout ce qu'il a et tient à Praclaux et dans la paroisse de Landos.

1343. — Hommage fait par Gibert de Soulage audit seigneur évêque, de tout ce qu'il a dans le château et mandement de Charbonnier, de tout ce qu'il tient et perçoit dans le mas appelé de Verneudenc (*Vermondenc*), proche Del Chastagnier, diocèse de Mende.

1344. — Hommage fait par Pierre Arnaud d'Auteyrac audit seigneur évêque, de sa maison et forteresse d'Auteyrac, de tout ce qu'il avait et tenait au terroir d'Auteyrac, au mas Del Chastel (excepté le mas Del Bouchet dépendant d'Auteyrac, qui est au seigneur de Solignac), de tout ce qu'il tient à Praclaux et terroir dans la paroisse de Landos, de tout ce qu'il avait et tenait au château de Cayres, au mas de Praclaux et terroir, paroisse de Landos.

1344. — Hommage fait par noble Pierre Arnaud audit seigneur évêque, de tout ce qu'il a au mas et territoire de Praclaux, dans la paroisse de Landos.

1349. — Hommage fait par Marguerite, fille de noble Pierre Arnaud, audit seigneur évêque, de tout ce qu'elle avait dans le mas et territoire de Praclaux, dans la paroisse de Landos.

1362. — Pierre Dussoire reconnait tenir en fief franc sa maison antique de Charbonnier, la forteresse de ladite maison contiguë à icelle, le terroir de Gibernete, dans le mandement du château de Charbonnier, que tiennent de lui en emphytéose Jacques, André et Guilhaume Migails, frères, tout ce qu'il avait et tenait dans le château et mandement de Cayres, excepté quelques terres et possessions du seigneur de Solignac, tout ce qu'il avait dans le château, mandement de Jonchères et terroir d'Albignac, excepté ce qu'il avait acquis de Garine de Jonchères, qu'il dit tenir de Reymond de Fraissinet.

1362. — Hommage fait par Eustache Chevalier à messire Bertrand, évêque du Puy, de tout ce qu'il a au mas et territoire de Praclaux, dans la paroisse de Landos.

1362. — Eustache Chevalier reconnaît tenir en fief franc sept setiers, une émine de seigle et avoine, de censive, avec lods et rentes qu'il perçoit dans deux mas qui sont au tènement de Mars, proche le château de Charbonnier, un appelé le mas de Mars et l'autre le mas Hugues; il reconnaît en outre tenir quatre setiers d'avoine dans lesdits mas et cinq sols tournois de censive.

1383. — Hommage fait par sieur Giraud Arnalat à messire patriarche, du terroir de Giberneto dans le mandement du château de Charbonnier et de ce qui est tenu de lui en emphytéose par Barthélemy Migal, Pierre Chapa et Bertrand Meine, de Charbonnier.

1383. — Hommage fait par noble Eustache Chevalier et Marguerite Arnaude, sa femme, audit messire patriarche, de sept setiers, d'une émine de seigle et avoine de censive, avec rentes et lods qu'ils perçoivent dans les mas qui sont dans le tènement de Mars, proche le château de Charbonnier, appelé l'un mas de Mars et Jausserand, et l'autre appelé le mas Deus Hugues, de quatre setiers avoine de censive qu'ils perçoivent dans lesdits mas, d'autre rente qu'y percevaient Guillaume, Jean et Vital de Meine et autres, et généralement de tout ce qu'ils tiennent dans la paroisse de Landos.

1383. — Hommage fait par noble Bertrand de la Fayo à messire patriarche, des mas qu'il tient dans la paroisse de Landos, à Lidonazo, Louis Girouards et Langlade, et de tout ce qu'il a dans la paroisse de Landos.

1383. — Hommage fait par Vital Porchon, prêtre, audit messire patriarche, de sa maison située au lieu de Charbonnier, proche le château dudit lieu.

1383. — Hommage fait par noble Tandon d'Eutil, audit messire patriarche, de tout ce qu'il a au mas et territoire appelé de Praclaux.

1585. — Hommage et investiture faits par Mathieu Farnier, marchand du Puy, à messire Antoine de Saint-Nectaire, évêque du Puy, de censives, rentes, quarts, domaines, droits de directe en justice haute, moyenne et basse qu'il a au lieu de Landos.

CHARBONNIÈRE [1]

1308. — Hommage rendu par Jean Baudoin, clerc du Puy, à messire Bernard de Castanet, évêque du Puy, de la justice haute et basse du village appelé Charbonnière et de tout ce qu'il a dans ledit village, y confronté, étant de la paroisse d'Yssingeaux et Saint-Jeure.

1308. — Hommage fait par Guigue de Bouzols, abbé de Saint-Vozy, audit seigneur évêque, du village de Charbonnière.

1318. — Hommage fait par Pons de Glavenas, seigneur de Lardeyrol, à messire Durand, évêque du Puy, de ce qu'il tient aux villages de Charbonnière, la Vallette et autres.

1328. — Hommage fait par Guillaume de Glavenas, clerc du Puy, à messire Bernard, évêque, du village de Charbonnière.

1343. — Hommage rendu par Guigon de Glavenas, sénéchal du Puy, à messire Jean Chandorat, évêque, des villages de Charbonnière, Valette, Pulignac (Pelinac), Rochassac, Del Villard et appartenances.

---

[1] Charbonnière, commune de Saint-Jeure.

CHARROUIL (1) (LE)

1266. — Maitre Jourdain de Ceyssac, abbé de Saint-Pierre-la-Tour et chanoine du Puy, a rendu entre les mains de messire Frédole, évêque du Puy, sa maison, *sive* forteresse Del Charrouil et autre terroir avec ses appartenances qu'il tient et reconnaît tenir en fief dudit évêque du Puy et lui rend comme haut seigneur dudit lieu (2).

1285. — Maitre Jourdain de Ceyssac, chanoine du Puy, a fait reddition de sa maison, *sive* forteresse du Charrouil et autres terres avec toutes ses appartenances, avec juridiction mère, mixte, impère.

1291. — Hugon de Chattes a reconnu hommage à messire Guy de Neufville, évêque du Puy, de tout ce qu'il a en juridiction et autrement, au château et mandement du Charrouil.

1337. — Transaction Armand, vicomte de Polignac, qui remet à l'évêque.

1339. — Reddition du château du Charrouil.

1388. — Reymond de Prunes reconnaît tenir en fief le château du Charrouil avec son mandement, juridiction et autres droits, le village neuf de Vissac et tout ce qu'il avait au château de Vissac, mandement et appartenances (3).

(1) Le Charrouil, commune de Loudes.

(2) Guillaume II de la Roue, et non Frédole, était évêque en 1266.

(3) Le 3 juin 1376, noble Pierre de Gorce et Marguerite de Ceyssac, mariés, achetèrent à Reymond de Pruynes et à Marguerite de Vissac, son épouse, la métairie de Chadenac, près Cayres. Le contrat de vente donne aux vendeurs les qualifications suivantes : *Nobilis et potens vir Reymundus de Pruynis, filius nobilis et potentis viri domini Ludovici de Vissaco, militis, et Beatricis de Ceyssaco quondam conjugum uxoris que dicti nobilis Reymundi de Pruynis...*
L'acte d'acquisition, passé au château de Chaylon (*apud castrum de Chalho*) mentionne, comme témoins, nobles Hugues de Saint-Vidal, Pierre Del Teulent (du Theil?), Bertrand Chanteloube, écuyer, etc. Ce document appartient à l'Orphelinat de Saint-François-Régis.

1389. — Reymond de Pruines reconnaît, de même que ci-dessus, en fief franc à messire Pierre, évêque, le château du Charrouil, avec son mandement, le village neuf de Vissac et ce qu'il avait au château de Vissac et dans le mandement.

1613. — Investiture donnée à M. Hugues de Filère, conseiller du roi, par messire Jacques de Serres, évêque du Puy, des places du Charrouil, Mestrenac et domaines avec leurs dépendances acquis au prix de 23,000 livres.

CHASPUZAC

1296. — Sieur Bertrand de Cereys, chanoine du Puy, fait hommage à messire Jean de Cuménis, évêque du Puy, des villages de Chatuzias (*Chantuzier*) et de Vazeilles, avec leurs appartenances et juridiction mère, mixte, impère, de tout ce qu'il a au village de Coubladour, des villages de Montagnac et de Las Ternes, avec leurs appartenances, de tout ce qu'il avait dans le lieu de Chaspuzac et de la moitié du terroir de Jalavoux.

1296. — Sieur Garin de Cereys, chanoine du Puy, fait hommage audit seigneur évêque de son patrimoine, de la moitié du terroir de Jalavoux, avec ses appartenances, et du village de Linayrol, avec ses appartenances.

1309. — Sieur Bertrand de Cereys, chanoine du Puy, reconnaît tenir en fief de messire Bernard de Castanet, évêque du Puy, les villages de Chantuzier, Vazelhes, avec leurs appartenances et juridiction mère, mixte, impère, tout ce qu'il avait, tenait et percevait dans le village de Coubladour, les villages de Montagnac, de Las Ternes, avec leurs appartenances, tout ce qu'il perçoit et tient dans le village de Chaspuzac, et la moitié du terroir de Jalaos (*Jalavoux*).

1343. — Esmingarde, veuve de Guillaume Delles, reconnaît tenir en fief certaine censive qu'elle perçoit dans le mas appelé de Chaspignac, dans le mandement du château de Mercœur, et tout ce qu'elle avait et percevait dans le susdit mas et dans le mandement du château de Mercœur et appartenances.

1362. — Hugon de la Tour, sieur de Saint-Vidal, reconnaît tenir en fief franc tout ce qu'il avait et percevait au village de Chaspuzac, au mas de Las Ternes et terroir, au mas de Mauriac et dans son territoire, tout ce qu'il avait au terroir et mas Del Taulenc *(le Thiolent)*, tout ce que les habitants de Teulenc et Las Ternes tiennent à lui au terroir de Cereys, au-delà du ruisseau de Sal *(Say)* et tout ce que d'autres tiennent de lui; plus deux bories, *sive* granges, une appelée Jalavoux-la-Sobeyre et l'autre Jalavoux-la-Souteyre, avec leurs appartenances.

CHASPUZAC ET FONTANES [1]

1282. — La dame abbesse du monastère des Chazes reconnaît à messire Guillaume de la Roue, évêque du Puy, pour le droit de dime qu'elle perçoit dans le terroir de Fontanes et appartenances du diocèse du Puy et pour deux parts de dime charnelle, devoir payer annuellement audit seigneur évêque deux tiers d'un cartal avoine, mesure du Puy.

1313. — Pons Motet et Guillaume Tournet, clers et procureurs de religieuse dame Marguerite d'Allègre, abbesse du monastère des Chazes, du diocèse de Clermont, au nom de ladite abbesse, reconnaissent tenir en fief du seigneur évêque du Puy et ses successeurs, la moitié de la dime du mas de Fontanes, paroisse de Chaspuzac, et promettent de donner annuellement

---

[1] Fontanes, commune de Chaspuzac.

audit seigneur évêque, de censive, pour ses droits de dime, deux cartons d'avoine, mesure du Puy.

1314. — Sieur Guillaume Tronchet, curé de l'église de Chaspuzac, a reconnu tenir en fief du seigneur évêque, la moitié des dimes du mas de Fontanes, paroisse de Chaspuzac, et doit donner au seigneur évêque annuellement pour les susdites dimes de censive annuelle, deux cartons d'avoine, mesure du Puy.

1320. — Même hommage par sieur Guillaume Tronchet, curé de Chaspuzac.

1383. — La dame abbesse des Chazes a reconnu comme en 1313.

CHATEAUNEUF-DE-BOUTIÈRES [1]

1313. — Hommages rendus en divers temps par les seigneurs, comtes de Poitiers, Bastets, seigneurs de Crussol et autres, aux années 1229, 1251, 1276, 1291, 1311, 1315, 1319, 1327, 1340, 1343, 1349, 1352, 1613.

1628. — Transaction portant hommage fait par noble Pierre de Treslemont, procureur fondé de sieur de Villelongue, à messire Just de Serres, évêque du Puy, de trois parts de la seigneurie et justice de Villelongue et autres droits acquis du sieur de Rochebonne, comme membre séparé de la place de Châteauneuf-en-Boutières.

1629. — Expédition originale de transaction portant investiture et hommage de la place de Châteauneuf-de-Boutières, par noble Innocent de Soubeyran, seigneur de Saint-Martin, à messire Just de Serres, évêque du Puy.

(1) Châteauneuf-de-Boutières, commune de Saint-Félix-de-Châteauneuf (Ardèche).

1630, 10 janvier. — Transaction portant investiture et hommage de trois quarts de la place de Châteauneuf-de-Boutières, faite par noble Innocent de Soubeyran, seigneur de Saint-Martin, ayant acquis de nouveau ladite place.

1631. — Transaction portant investiture donnée à noble Antoine du Pont, par messire Just de Serres, évêque du Puy, de certains villages que ledit Pons a de nouveau acquis du sieur de Rochebonne, situés en la paroisse de Saint-Romain-le-Désert, démembrés de la seigneurie de Châteauneuf-de-Boutières.

1632. — Transaction portant investiture, par messire Just de Serres, évêque du Puy, à demoiselle Suzanne de Tremolet, de trois quarts de l'acquisition faite de Châteauneuf-la-Varenne, consistant en justice haute, moyenne et basse, cens, rentes, autres droits et devoirs en dépendant comme membre jadis séparé et « éclipsé » de l'entière place et seigneurie de Châteauneuf-en-Boutières, laquelle dite demoiselle en même temps a fait hommage audit seigneur évêque, les genoux à terre et en baisant les mains du seigneur évêque.

CHATEAUNEUF-LE-MONASTIER [1]

Hommages rendus en divers temps par le seigneur de Montlor de Châteauneuf-du-Monastier, spécifiés au folio de Montlor les années 1274, 1277, 1300, 1309, 1328, 1351, 1362, 1381, 1489, 1513, 1515.

1293. — Noble seigneur Guigon de Roche fait hommage à messire Jean de Cuménis, évêque du Puy, de tout ce qu'il a à Châteauneuf, proche le Monastier-Saint-Chaffre, et dans le mandement.

[1] Châteauneuf-le-Monastier, commune du Monastier.

1301. — Même hommage par noble Guigon de Roche, fils d'autre, audit seigneur évêque.

1515. — Au livre du protocole de notes de maître Servientis, notaire, folio 132, extrait de vente et investiture de Châteauneuf-du-Monastier, ladite investiture donnée par le fermier de messire Antoine de Chabanes, évêque du Puy, à puissant seigneur Barthélemy Maurice, acquéreur dudit château et appartenances.

CHAUDE-OREILLE [1]

1309. — Hommage fait par Guilhaume Pourchas à messire Bernard de Castanet, évêque du Puy, du mas de Chaude-Oreille, avec ses appartenances dans le mandement de Mercœur ou de Chapteuil.

1318. — Même hommage rendu par Guillaume Pourchas à messire Durand, évêque du Puy.

1327. — Même hommage fait par Guilhaume Pourchas à messire Bernard, évêque du Puy.

1343. — Même hommage fait par Guigon Pourchas à messire Jean de Chandorat, évêque.

1388. — Même hommage rendu par noble Jean Pourchas à messire patriarche.

---

[1] Chaude-Oreille, commune de Saint-Julien-Chapteuil.

CHAZAUX ET CHOUMOUROUX

PAROISSE D'YSSINGEAUX

1327. — Catherine, fille de Dalmas la Roche, confesse et reconnait tenir en fief de messire Bernard, évêque du Puy, le mas appelé de Chazaux, avec toutes ses appartenances, tout ce qu'elle tient dans ledit mas et appartenances situé en la paroisse d'Yssingeaux, dans le mas, sive ténement de Mandarols et appartenances situé dans le mandement du château de Chapteuil.

1343. — Hommage rendu par Agnès, fille de Guillaume Bayle, de Fay, et André, de Brioude, mariés, à messire Jean de Chandorat, évêque du Puy, du mas appelé de Choumouroux, avec ses appartenances, de tout ce qu'elle avait au terroir de Neyzac et appartenances situé dans le mandement du château de Chapteuil, et de tout ce qu'elle avait dans ledit château et mandement.

1362. — Hommage fait par Guillaume Brioude à messire Bertrand de la Tour, évêque du Puy, du mas de Choumouroux avec ses appartenances, et de tout ce qu'il a dans ledit mas et au village de Villaret.

1362. — Hommage fait par Guillaume de Poinsac, chevalier, à messire Bertrand de la Tour, évêque du Puy, du mas appelé de Chazeaux, avec ses appartenances, et de tout ce qu'on tient de lui dans ledit mas situé dans la paroisse d'Yssingeaux.

1383. — Hommage rendu par Jacques Choumouroux à messire Bertrand de Chanac, patriarche, d'un pré au terroir de Livignac, d'une pièce de terre audit terroir, d'un pré et terre appelés de Choumouroux, et de deux autres pièces de terre, le tout y dûment confiné.

1389. — Hommage rendu par Antoine de Choumouroux à messire Pierre Girard, évêque du Puy, d'un pré au terroir de Livignac, d'une pièce de terre audit terroir, d'un autre pré et terre aux appartenances de Choumouroux où il a été fait un édifice dans ledit lieu de Choumouroux, et de deux autres pièces de terre audit terroir, le tout y dûment confiné.

1389. — Hommage rendu par noble Reymond de Poinsac audit seigneur évêque, du mas de Chazeaux, de tout ce qu'il a dans ledit mas et appartenances, lequel est dans la paroisse d'Yssingeaux, et de tout ce qu'il a dans ladite paroisse et appartenances.

1623. — Investiture donnée par messire Just de Serres, évêque du Puy, à noble Jean de Saignard, sieur de Monthinea, du domaine et rentes du village de Chazeaux, paroisse d'Yssingeaux.

1629. — Acensement et abénavis perpétuel faits par ledit seigneur évêque audit noble Jean de Saignard, sieur de Monthinea, bailli d'Yssingeaux, de la haute justice du village de Chazeaux, de Poinsac, au mandement d'Yssingeaux, sous la réserve du fief.

CHAZES, CHASPUZAC, FONTANES

1284. — Hommage fait par Jausserand Mallet à messire Frédole, évêque du Puy, de ce qu'il tient à Chaspuzac et autres lieux.

1313. — Hommage rendu par le procureur de la dame des Chazes à messire Bernard de Castanet, évêque du Puy, de la moitié des dîmes du mas de Fontanes, paroisse de Chaspuzac, pour lesquelles elle donne annuellement audit seigneur évêque deux cartons d'avoine, de cens.

1314. — Même hommage fait par Guillaume Tronchet.

1318. — Hommage fait par dame Izabeau, abbesse des Chazes, à messire Durand, évêque du Puy, de la moitié des dîmes du mas de Fontanes, paroisse de Chaspuzac.

1319. — Même hommage rendu par messire Guillaume Tronchet, curé de Chaspuzac, audit seigneur évêque.

1328. — Hommage fait par sieur Guérin de Sereys, chanoine du Puy, à messire Bernard, de tout ce qu'il a au village de Chaspuzac.

1383. — Hommage fait par l'abbesse des Chazes au seigneur patriarche, de la moitié de la dîme du mas de Fontanes, paroisse de Chaspuzac.

1383. — Noble Hugon de la Tour reconnaît tenir en fief tout ce qu'il avait et percevait au lieu de Chaspuzac.

1384. — Noble Guillaume, de Villard, diocèse du Puy, au nom de noble Chabot Barthélemy, son frère, reconnaît tenir en fief les censives et rentes qu'ils perçoivent au lieu de Chaspuzac, sur les personnes y dénombrées.

CLISSAC [1]

1308. — Hommage de noble Royrand.

1319. — Hommage d'Astort de Ceyssaguet.

1319. — Hommage de Guigonne de Vernussas.

1343. — Hommage d'Hugon de Ceyssaguet.

1343. — Hommage de noble Guigon Royrand.

(1) Clissac, commune de Malrevers.

1343. — Jacques Bonnet de Cleyssac reconnait tenir en fief franc certaine censive qu'il perçoit au terroir de Cleyssac, dans le mandement du château de Mercœur.

1346. — Agnès Jaliote, femme de Pierre Joanny, de Cleyssac, a fait donation à son neveu d'un champ appelé de Las Salces, où se sèment cinq cartons de froment, lequel champ relève en fief franc du seigneur évêque et d'Astort de Ceyssaguet, et d'une maison qu'elle avait dans le mas de Cleyssac, du fief dudit seigneur évêque, etc.

1362. — Mathive Fraissinet, femme de Pierre Saussac, reconnait tenir en fief franc, un champ situé au lieu de Cleyssac, au terroir de la Salce, y confronté.

1364. — Hommage de noble Catherine de Boissier.

1383. — Hommage de maitre Pierre Salciac Lathome, semblable à celui de 1362.

1389. — Mathive Fraissinet, veuve de maitre Pierre Salzac, rend hommage comme en 1362.

CONTAGNET [1]

1229, mois de septembre, en parchemin. — Hommage rendu par dame Philippe, comtesse de Valentinois, à messire Etienne, évêque du Puy, des châteaux de Fay, Montréal, Queyrières, Chanéac, Giourand, Contagnet et Fourchado, de deux parts du château de Chambarlhac, de tout ce qui pourra être acquis dans lesdits châteaux, mandements et appartenances, de trois parts de Châteauneuf, du château de Saint-Agrève, avec tous les mandements et appartenances desdits châteaux.

[1] Contagnet, commune de Borée (Ardèche).

1251, en parchemin. — Hommage fait par Adémard de Poitiers, comte de Valentinois, à messire Bernard de Ventadour, évêque du Puy, des châteaux de Fay, Montréal, Queyrières, Chanéac, Giourand, Contagnet, Fourchade, de deux parts de Chambarlhac, de trois parts de Châteauneuf-en-Boutières, du château du Béage, avec tous leurs mandements et appartenances, et de tout ce qu'il pourrait avoir auxdits châteaux et mandements. (Fait dans l'église de Notre-Dame du Chambon, scellé du sceau dudit comte).

1276, 1ᵉʳ mai, en parchemin. — Reddition faite par noble Adémard de Poitiers, comte de Valentinois, à messire Guillaume de la Roue, évêque du Puy, des châteaux de Fay, Montréal, Chanéac, Chambarlhac, Fourchade, Contagnet, Béage, Giourand, Queyrières, avec tous les mandements et appartenances desdits châteaux, des châteaux de Bouzols, de Servissas et de tout le reste qu'il tient en fief dans les diocèses du Puy et Viviers.

1291, en parchemin. — Hommage semblable à celui de 1251, fait par noble Guillaume de Poitiers, seigneur de Fay, à messire Guy de Neufville, évêque du Puy.

1311, 3. kal. d'août. — Hommage rendu par Guillaume de Poitiers, seigneur, chevalier de Fay, fils d'Adémard de Poitiers, comte de Valentinois, à messire Bernard de Castanet, évêque du Puy, des châteaux de Fay, Montréal, Queyrières, Chanéac, Giourand, Contagnet, Fourchade, de deux tiers de Chambarlhac, de trois quarts de Châteauneuf-de-Boutières, du château du Béage, situés dans les diocèses du Puy et de Viviers. Ledit Guillaume, au nom de noble dame Luce, sa femme, fait hommage audit évêque, des châteaux de Beaudiner et de Montregard, avec tous leurs mandements et appartenances, excepté du lieu de la Chapelle qui est sous le château de Beaudiner et des terres que tient d'eux Pons Imbert de la Brosse dans ledit mandement, disant être lesdits fonds allodiaux; lesdits mariés reconnaissent tenir en fief dudit seigneur évêque tout ce qu'ils ont dans le village et appartenances de la Chapelle, proche Monistrol.

1311, en parchemin. — Il y a un *vidimus* dudit hommage fait par l'officialité du Puy en 1312.

1315. — Hommage rendu par dame Luce, femme de puissant Guillaume de Poitiers, à messire Bernard de Castanet, évêque du Puy, des châteaux de Fay, Montréal, Queyrières, Chanéac, Giourand, Contagnet, Fourchade, de deux parts de celui de Chambarlhac, de trois parts de Châteauneuf-de-Boutières et du château du Béage, avec leurs appartenances et mandements situés dans les diocèses du Puy et de Viviers. Ladite dame Luce hommage audit évêque en son particulier, suivant la charte de l'année 1275, signée par Adémard, seigneur de Beaudiner, et Guillaume, son fils, ses châteaux de Beaudiner et de Montregard, avec leurs mandements, ténements, appartenances, le village de la Chapelle, proche Monistrol, avec la tour, ténements, appartenances dudit village, les villages Del Pinû, Plainé, Meizonnetes, Las Pinatelles, Mouretz, les mas Del Roure, Del Cros et la Chapelle sous Beaudiner, avec tous les terroirs, ténements et appartenances desdits villages et mas, le fief de Varennes qu'elle tient avec Silvio de Lapte et Pons Imbert, la parerie du château de Bonnas qu'elle tient avec le sieur Drodo de Saint-Romain, abbé de Saint-Félix, et Gérente, son frère, les propriétés qu'elle a dans le fief et rerefief dans les châteaux et mandements de Bonnas et de Beaujeu, tout dans le diocèse du Puy.

1319. — Hommage rendu par noble Guillaume de Poitiers, fils d'autre Guillaume et de dame Luce de Beaudiner, à messire Durand, évêque du Puy, des châteaux de Fay, Montréal, Chanéac, Giourand, Contagnet, Fourchade, de deux parts de Chambarlhac, de trois parts de Châteauneuf-en-Boutières et du château du Béage situés dans les diocèses de Viviers et du Puy avec leurs mandements et appartenances, et de tout ce qu'il pourra acquérir à l'avenir.

1327. — Hommage rendu par sieur Guillaume de Poitiers, fils d'autre Guillaume de Poitiers et de Luce de Beaudiner, à messire Bernard, évêque du Puy, des fiefs ci-dessus, et en outre du château de Queyrières et du mas Del Rochain qui est de la dot de sa femme.

1343. — Hommage fait par Giraud Bastet, seigneur de Crussol, à messire Jean de Chandorat, évêque du Puy, des châteaux de Fay, Queyrières, Chanéac, Contagnet, de deux parts du château de Chambarlhac, de trois parts de Châteauneuf-en-Boutières, avec tous leurs mandements et appartenances, de tout ce qu'il pourra acquérir dans lesdits mandements, des châteaux de Giourand, du Béage, de Montréal, de Fourchade, du château de Beaudiner avec son mandement, des villages de Pirû, de Plainé, de Meizonnétes, et de tout ce qu'il a dans lesdits châteaux.

1349. — Même hommage rendu par noble Guillaume Bastet, doyen de Valence, à messire Jean de Chaudorat, évêque du Puy.

1352. — Hommage rendu par Guillaume Roger de Beaufort, vicomte de Turenne, à messire Jean, évêque du Puy, des châteaux de Bouzols, Servissas, du bourg de Fay, de Cortagnet, de Chambarlhac, de certaine rente à Coubon, du fief de la ville, fort et appartenances de Boulhac *(Volhac)* mandement de Bouzols, du lieu, terroir et appartenances de La Borie.

1419. — *Vidimus* de deux hommages du comte de Valentinois, l'un fait en 1229 par Philippe, comtesse de Valentinois, et l'autre par Adémard de Pictavin *(Poitiers)* comte de Valentinois, en 1251, des châteaux de Fay, Montréal, Queyrières, Chanéac, Giourand, Contagnet, Fourchade, de deux parts de Chambarlhac, de trois parts de Châteauneuf, du château de Saint-Agrève, etc., et rémission de partie desdits châteaux, par ledit Pictavin, l'an 1280.

1449. — *Vidimus* par la cour royale du bailliage du Puy, de l'hommage rendu par Philippe, comtesse de Valentinois, en 1229.

COSTE [1] (LA)

1308. — Falcon du Pin, de la ville du Puy, confesse tenir en fief de messire Bernard de Castanet, évêque du Puy, la maison et forteresse qu'il avait au terroir, sive lieu de la Coste, ledit terroir de la Coste avec ses juridictions et appartenances, excepté ce qu'il tient du seigneur Pierre de Servissas, lequel terroir se confronte d'une part avec la terre de l'hôpital Notre-Dame du Puy, et ce pour rendre en paix et en guerre ladite maison et forteresse.

1318. — Même hommage par Falcon du Pin, de la ville du Puy, à messire Durand, évêque du Puy.

1327. — Même hommage par Falcon du Pin, de la ville du Puy, à messire Bernard, évêque du Puy.

1343. — Même hommage par Vital du Pin, du Puy, à messire Jean de Chandorat, évêque du Puy.

1362. — Même hommage par Vital du Pin, bourgeois du Puy.

1363. — Même hommage par Géral du Pin, tuteur de Marguerite Vital du Pin.

1383. — Pierre de Montravel.....

[1] La Coste, commune de Saint-Germain-Laprade.

COUBLADOUR [1]

1284. — Hommage rendu par Jausserand Maillet et Guérin de Sereys à messire Frédole, évêque du Puy, de tout ce qu'ils ont au village de Coubladour.

1318. — Même hommage fait par Guérin de Sereys à messire Durand, évêque du Puy.

1319. — Même hommage fait par Astor de Sereys audit seigneur évêque.

1343. — Hommage rendu par Hugon Dumas à messire Jean de Chandorat, évêque du Puy, de tout ce qu'il a dans le mas de Coubladour et appartenances.

1343. — Même hommage rendu par noble Hugon, seigneur de Loudes, audit seigneur évêque.

1343. — Même hommage rendu par Vital Jausserand de Pouzols, audit seigneur évêque.

1343. — Hommage rendu par noble Etienne de Saint-Quintin audit seigneur évêque, de tout ce qu'il avait à Coubladour.

1343. — Vital Jausserand de Pouzols, damoiseau, reconnaît tenir en fief franc tout ce qu'il avait, tenait et possédait au village de Coubladour, lequel fief fut acquis par les prédécesseurs dudit évêque, du seigneur vicomte de Polignac.

1343. — Hommage fait par Guillaume Vital de Fix audit messire évêque, de seize cartons de seigle, mesure d'Allègre, de censive annuelle qu'il perçoit dans le territoire et village de

---

[1] Coubladour, commune de Loudes.

Coubladour, et généralement de tout ce qu'il a et perçoit dans ledit territoire.

1344. — Même hommage fait par Astor de Séroys audit seigneur évêque.

1362. — Hommage fait par Guillaume Salgues à messire Bertrand de la Tour, évêque du Puy, de certaine censive qu'il prend à Coubladour.

1362. — Hommage fait par sieur Bertrand de Loudes audit seigneur évêque du Puy, de certaine rente qu'il tient près de Coubladour.

1362. — Hommage fait par Reynaud de Fay et Marguerite de Saint-Quintin, mariés, audit seigneur évêque, de tout ce qu'ils ont dans le lieu de Coubladour.

1383. — Hommage fait par noble Bertrand, seigneur de Loudes, à messire patriarche, de tout ce qu'il a et perçoit dans les lieux de Coubladour et de Civoyrac.

1383. — Hommage fait par noble Hébrard Rosson audit messire patriarche, de tout ce qu'il a et doit percevoir des habitants et territoire de Coubladour.

1383. — Hommage fait par noble Pierre Jausserand de Pouzols audit messire patriarche, de tout ce qu'il avait dans le village de Coubladour.

1383. — Même hommage par noble Guérin d'Apchier, seigneur de Ceroys, audit messire patriarche.

1383. — Même hommage par noble sieur Guérin d'Apchier, seigneur de Ceroys.

1384. — Jean Vital de Fix reconnaît tenir en fief les rentes qu'il perçoit au mas de Coubladour, deux setiers de blé tout seigle, froment, orge et avoine.

1385. — Hommage fait par Jean Vital de Fix audit seigneur évêque, pour certaine rente qu'il prend à Coubladour.

1389. — Hommage rendu par Jourdain Aliet, de la Valette, paroisse de Saint-Paulien, à messire Pierre Girard, évêque du Puy, de certaine rente qu'il perçoit dans les lieux de Coubladour et de Loudes.

COUBON

1285. — Hommage rendu par noble Beraud, seigneur de Bouzols, à messire Frédole, évêque du Puy, d'une émine de seigle et de deux sols de rente qu'il a à Coubon.

1285. — Hommage rendu par Pierre Baudouy à messire Frédole, évêque du Puy, de trois parties du village de Villaret, d'une vigne et terre situées à Coubon.

1291. — Hommage rendu par Pierre Didier à messire Guy de Neufville, évêque du Puy, de tout ce qu'il a à Coubon et appartenances, excepté d'un pré et d'une *oche* qu'il dit relever de Bouzols, y dûment confinés.

1296. — Hommage rendu par Bermond de Faheto, chevalier, à messire Jean de Cuménis, évêque du Puy, de tout ce qu'il a dans le lieu et paroisse de Coubon.

1300. — Hommage rendu par Reymond Guigon à messire Jean de Cuménis, évêque, de tout ce qu'il avait au Villaret et appartenances, dans la paroisse de Coubon et de Saint-Jean-le-Monastier, excepté du mas Dol Batarel et de la quatrième partie du Villaret-Vieux.

1308. — Reymond Guigo, chevalier, et dame Elix, sa femme, reconnaissent tenir en fief dudit seigneur évêque le mas du Villaret avec ses appartenances, excepté la quatrième partie du mas de Villaret-Vieux et le lieu de Batarel, le tout dans la paroisse de Coubon et de Saint-Jean-du-Monastier.

1309. — Hommage rendu par Reymond de la Roche à messire Bernard de Castanet, évêque du Puy, d'un champ à Coubon, au terroir de la Roche.

1310. — Sieur Pierre de Servissas, comme tuteur de Béatrix et Gourdet, fils de noble Pierre Didier, reconnaît tenir en fief dudit seigneur évêque, tout ce qu'ils ont à Coubon et appartenances, excepté le pré et l'*oche* au village de Coubon, un pré qui avait été échangé avec Pierre Didier, situé jouxte l'eau de Laussonne et jouxte le chemin de Coubon à Bouzols, le bois de l'Herm, avec ses appartenances, et tout ce qu'ils ont au lieu de la Borie, à Bouzols et dans le territoire appelé Aussely.

1311. — Hommage rendu par Bermond de Faheto audit seigneur évêque, de ce qu'il tient au lieu de Coubon, maisons et terroirs.

1314. — Hommage rendu par les habitans du lieu, terroir et appartenances de la Borie, paroisse de Coubon, audit seigneur évêque, qui se rendent hommes liges, justiciables, exploitables, comptables, taillables, à toute volonté de l'évêque et de ses successeurs.

1318. — Hommage rendu par André Faheto à messire Durand, évêque du Puy, de tout ce qu'il avait au lieu, terroir et appartenances de Coubon, spécialement des maisons situées dans ledit lieu contre l'église de Coubon et d'un champ appelé de Saigne-Sauzet, y dûment confins.

1319. — Hommage rendu par noble et puissant seigneur Armand, vicomte de Polignac, à messire Durand, évêque du Puy, de certaine rente qu'il a sur Armand de Fraissinet, à Coubon.

1319. — Dame Alix Rochete, veuve de sieur Roymond Guigon d'Espaly, chevalier, reconnaît tenir en fief dudit seigneur évêque, le mas Villaret avec ses appartenances, excepté la quatrième partie du mas de Villaret-Vieux et du lieu de Batarel, le tout situé dans les paroisses de Coubon et de Saint-Jean-du-Monastier.

1319. — Pierre de la Roche confesse et reconnaît tenir en fief dudit seigneur évêque tout ce qu'il avait et tenait dans le terroir de Villaret, au mas Neuf, une vigne située jouxte la fontaine de Coubon, la part qu'il avait dans les trois parts du mas de Villaret-Vieux, tout ce qu'il avait dans le château de Saussac, au mas de Livignac, à Las Ollières, à la Guimpe et appartenances desdits lieux et mas, lesquels lieux sont situés dans les paroisses d'Yssingeaux, de Coubon, de Saint-Hostien et de Saint-Jean-du-Monastier, excepté ce qu'il avait dans le mas de Batarel.

1324. — Hommage rendu par noble Bertrand Hugon audit seigneur évêque, du village de Villaret et appartenances, et du lieu de Batarel, situés dans la paroisse de Coubon et de Saint-Jean-du-Monastier.

1327. — Pierre de la Roche a prêté hommage à messire Bernard, évêque du Puy, comme en 1319.

1328. — Jean d'Alamance, damoiseau, reconnaît tenir en fief de messire Bernard, évêque du Puy, certaine censive qu'il perçoit au mas Vieux de Villaret, paroisse du Monastier-Saint-Chaffre et sur d'autres particuliers y exprimés.

1328. — Hommage rendu par Guigue d'Espaly à messire Bernard, évêque du Puy, du mas de Villaret et de la terre de Batarel, dans la paroisse de Coubon.

1343. — Hommage rendu par André de Faheto à messire Jean de Chandorat, évêque du Puy, de tout ce qu'il a au lieu, terroir et appartenances de Coubon, spécialement des maisons qu'il a audit lieu et du champ appelé de Saigne-Sauzet.

1344. — Hommage fait par Bertrand de Roche, chanoine de Brioude, à messire Jean de Chandorat, évêque du Puy, de tout ce qu'il a au terroir de Villaret, dans le mas Neuf, d'un champ situé contre la fontaine de Coubon, jadis vigne, de sa part de trois parts du mas de Villaret et de tout ce qu'il avait au château de Saussac, aux mas de Livignac, de Las Ollières, de la Guimpe et appartenances situés dans les paroisses d'Yssingeaux, Coubon, Saint-Hostien et Saint-Jean-du-Monastier.

1344. — Hommage fait par sieur Guigon d'Espaly à messire Jean Chandorat, évêque du Puy, du mas de Villaret, avec toutes ses appartenances, excepté de la quatrième partie dudit mas et lieu de Batarel, le tout dans la paroisse de Coubon.

1345. — Hommage rendu par Pierre de la Roche, clerc du Puy, audit seigneur évêque, de tout ce qu'il a au terroir du Villaret, dans le mas Neuf, d'un champ situé contre la fontaine de Coubon, autrefois vigne, et de trois parts du mas de Villaret.

1347. — Hommage fait par noble dame Elix de Glavenas, veuve de Guigon d'Espaly, audit seigneur évêque, du mas de Villaret, avec ses appartenances (excepté de la quatrième partie du mas de Villaret-Vieux), et du lieu appelé Batarel, le tout dans la paroisse de Coubon.

1352. — Hommage rendu par sieur Guillaume Rozier de Beaufort, vicomte de Turenne, à messire Jean, évêque du Puy, de certaine rente qu'il a à Coubon.

1362. — Hommage rendu par noble Bertrand de Roche à messire Bertrand de la Tour, évêque du Puy, de tout ce qu'il a dans le territoire de Villaret, dans le mas Neuf, dans le champ situé contre la fontaine de Coubon qui était autrefois vigne, et de sa part du mas de Villaret-Vieux.

1362. — Hommage rendu par Pierre de Fayet à messire Bertrand de la Tour, évêque du Puy, de tout ce qu'il a dans le lieu, terroir et appartenances de Coubon, spécialement des maisons situées audit lieu contre l'église, et du pré appelé de Saigne-Sauzet, y confiné.

1383. — Hommage fait par Jean de Roche à messire patriarche, de tout ce qu'il avait dans le territoire de Villaret, au mas Neuf, d'un champ situé contre la fontaine de Coubon et de la part qu'il a des trois parts du mas de Villaret-le-Vieux.

1383. — Hommage rendu par noble Pierre de Fayete, *dit de Vergézac*, chevalier, de ce qu'il a, dans le lieu et territoire de Coubon avec ses appartenances, spécialement des maisons situées dans ledit lieu, proche de l'église et cimetière, et du champ de Saigne-Sauzot.

1389 — Même hommage rendu par noble Louis de Vergezac, à messire Pierre Girard, évêque du Puy.

1579. — Noble Gabriel Orvy, seigneur et baron d'Agrain, reconnait tenir en fief franc de l'évêché du Puy, la haute justice, moyenne, basse, mère, mixte, impère par lui acquise de messire Louis, dit *Armand*, vicomte de Polignac, de la métairie de la Vallette, sur les maisons, granges, édifices, terroirs et domaines assis audit lieu de la Vallette, un carton blé froment, et neuf sols argent de rente, avec droit de chasse, pêche, etc.

CUBLAISE-DE-LIGNON [1]

1328. — Robert de Rossilhon reconnait tenir en fief le mas de Cublaise et ses appartenances.

1343. — Même hommage.

1362. — Même hommage.

1383. — Geraud de Rosilhon reconnait tenir en fief le mas de Cublaise et ses appartenances. Ce mas est à présent tenu par le seigneur de Maubourg.

[1] Cublaise-de-Lignon, commune de Saint-Maurice-du-Lignon.

CUBLAISE-DE-SICARD [1]

1285. — Armand Sicard reconnait tenir en fief la chabanerie (2) Narberte et ses appartenances dans le mandement de Monistrol.

1296. — Même hommage par Moine Sicard.

1309. — Noble Jean Sicard reconnait tenir en fief la chabanerie Narberte, située à la Villette, et ses appartenances dans le mandement de Monistrol.

1343. — Même hommage par noble Pierre Sicard.

EBDE [3]

1296. — Sieur Jean Card fait hommage à messire Jean de Cuménis, évêque du Puy, du village d'Ebde, paroisse de Rosières.

1308. — Hommage de noble Royrand.

1321. — Noble sieur Bertrand d'Ebde, chevalier, reconnait tenir en fief de messire Durand, évêque du Puy, le village, la forteresse d'Ebde et ses appartenances, tout ce qu'il avait dans ledit village, aux mas de Redesse, de la Lèche, de

---

(1) Cublaise-de-Sicard, commune des Villettes.
(2) Chabannerie (cabannaria) signifie une petite maison de campagne, une métairie.
(3) Ebde, commune de Malrevers.

Loptha, de Faugères et appartenances, au château, mandement de Mercœur et appartenances. Il reconnait en outre le bois des Egalz avec ses appartenances et aisances dans le mandement de Mercœur, la parerie de Servissas avec la haute seigneurie, ce qu'il avait dans le mandement dudit château, et ce pour rendre.

1327. — Noble Bertrand d'Ebde, chevalier, reconnait tenir en fief de messire Bernard, évêque du Puy, le village, la forteresse d'Ebde et ses appartenances, tout ce qu'il tient dans ledit village, dans les mas de Rodesse, la Loche, Loptha, Faugères, dans le mandement de Mercœur, à Voraussas, à Saunac et appartenances desdits lieux.

1327. — Hommage de Pierre Guinamand.

1343. — Hommage de noble Guigon Royrand, de Boissier.

1343. — Hommage de Pons Guinamand, de Rieux.

1344. — Noble seigneur Bertrand d'Ebde, chevalier, reconnait tenir en fief le village et forteresse d'Ebde, tout ce qu'il avait dans ledit village, les mas de Rodesse, la Chaize, Loche, Faugères et appartenances, ce qu'il avait au château et mandement de Mercœur, un pré situé à la prairie d'Ebde qu'il avait acquis de Pons Guinamand, le bois des Egalz et appartenances dans le mandement de Mercœur.

1347. — Egide d'Ebde, chevalier, reconnait comme ci-dessus.

1362. — Hommage de noble Egide d'Ebde.

1363. — Pierre de Gazelles reconnait tenir en fief certaine censive qu'il perçoit à Ebde et sur le pré du Breuil d'Ebde, etc.

1363. — Hommage de Pierre de Gazelles.

1368. — Pierre de Gazelles reconnait tenir en fief quatre livres et vingt deniers d'argent qu'il perçoit sur un bois acensé, 8 cartons de froment, 12 métans de seigle, 12 métans d'avoine, deux gélines, deux manœuvres, la juridiction qu'avait noble Bertrand d'Ebde sur lesdits tenanciers, et ce que ce dernier tenait en seigneurie du seigneur évêque, au lieu d'Ebde, au bois des Egalz, etc.

1383. — Noble Bertrand d'Ebde reconnaît tenir en fief le village et forteresse d'Ebde avec ses appartenances, ce qu'il avait dans ledit village et appartenances, un pré dans la prairie d'Ebde qui fut de Pons Guinamand, et le bois des Egalz et ses appartenances dans ledit mandement.

ESPALY

1291. — Noble Armand Espays a reconnu et hommagé à messire Guy de Neufville, évêque, la maison de Reymond Bruery, située à Espaly, et tout ce qu'il y a.

1296. — Sieur Guigo du Pin a fait hommage à messire Jean de Cuménis, évêque du Puy, des maisons appelées Del Valz d'Espaly, avec leurs appartenances.

1296. — Hommage fait à qui dessus par Guillaume Vero, de la ville du Puy, comme héritier de Falconet du Pin, de la maison et grange de la Cotte, en fief franc, avec leurs appartenances, et ce pour rendre.

1308. — Sieur Guigo du Pin, clerc du Puy, reconnaît tenir en fief franc de messire Bernard de Castanet, évêque du Puy, un *curtil* jadis de Pierre du Pin, son père, avec ses juridictions et appartenances, lequel *curtil*, appelé Lou Balz, est situé dans le château d'Espaly, entre la roche dudit château et les maisons Dous Praulavis et Delz Bloyssacs, et tout ce qu'il avait dans le bourg d'Espaly, avec ses juridictions et appartenances.

1308. — Noble Armand de Servissas reconnaît en fief à qui dessus une maison à Espaly, proche le château. Commun entre le seigneur évêque et le chapitre; il tient encore dudit sieur évêque et chapitre tout ce qu'il avait dans le faubourg d'Espaly, en seigneurie, et à Hauterive.

1308. — Sieur Pierre de Servissas, trésorier et chanoine du Puy, reconnaît audit seigneur évêque et au chapitre, en commun et par indivis, tout ce qu'il avait dans le faubourg du château d'Espaly et appartenances.

1309. — Noble Jausserand de la Molhade reconnaît tenir en fief cinq sols de censive qu'il perçoit annuellement à Espaly, sur la maison de Barthélemy Gibert qui confronte avec l'étable du seigneur évêque, dix-huit deniers *idem* sur la maison du « libraire, » douze deniers sur la maison de Jacques Gibert, douze deniers sur la maison de Marcelet et de sa sœur, tout ce qu'il avait dans le château et mandement d'Espaly, lesdites maisons y confrontées.

1311. — Noble Pierre Falconet d'Espaly, fils et héritier à autre, reconnaît tenir en fief franc de messire Bernard de Castanet, évêque du Puy, les censives qu'il perçoit sur les habitants d'Espaly, de Saint-Marcel et environs, dénommés dans ledit hommage.

1313. — Noble Pierre Falconet d'Espaly reconnaît tenir en fief dudit seigneur évêque le fief franc spécifié dans une *carte* signée de Pierre de Saint-Flore, qu'il a fait apparoir et qui est ainsi conçue : « Noble Guigo de Jerès confesse
« en vérité reconnaître au sieur Falcon d'Espaly, chanoine
« du Puy, en fief franc, une maison dans le château d'Espaly
« avec ses droits et appartenances, les maisons de Vital d'Es-
« paly, les maisons de Salles et les autres maisons, propriétés,
« droits, seigneurie, rentes, censives, appartenances et hommes
« qu'il avait dans le château, tènement et appartenances
« d'Espaly. Ledit Guigo tient ce que dessus en fief franc et
« comme ses prédécesseurs. » Ainsi fait ledit Pierre Falconet.

1314. — Giraud et Bertrand Aspazy, frères, reconnaissent tenir en fief dudit seigneur évêque des maisons par moitié situées au château d'Espaly, avec leurs droits et appartenances, y confrontées.

1318. — Pierre du Pin, clerc du Puy, neveu et héritier de feu Guigo du Pin, reconnaît tenir en fief de messire Durand, évêque du Puy, un *curtil* qui fut de Pierre Dupin, avec ses droits et appartenances, lequel *curtil* appelé Lou Balz, est situé dans le château d'Espaly, contre le rocher dudit château et les maisons Dous Praclaux et Dous Bleyssalz, et tout ce qu'il avait dans le bourg d'Espaly.

1320. — Noble Bertrand Aspazy, clerc, reconnaît tenir en fief dudit seigneur évêque, des maisons situées au château d'Espaly, que tiennent Jacques Chauzit et Marguerite, sa femme, avec ses droits et appartenances, lesdites maisons y confrontées.

1328. — Armand du Pin, de la ville du Puy, reconnaît tenir en fief de messire Bernard, évêque, un *curtil* qui fut de Pierre du Pin, avec ses droits et appartenances, situé dans la ville du château d'Espaly et nommé Lou Balz, et tout ce qu'il avait dans le bourg d'Espaly et ses appartenances.

1328. — Falconet d'Espaly, damoiseau, reconnaît tenir en fief de messire Bernard, évêque du Puy, toutes les censives qu'il perçoit à Espaly et aux environs, y spécifiées.

1332. — Noble Armand Espazy, de Polignac, et Girard Espazy reconnaissent tenir en fief tout ce qu'ils tiennent dans le château d'Espaly et tout le mandement.

1343. — Guillaume d'Espaly, dit *Ferragne*, reconnaît tenir en fief franc de messire Jean de Chandorat, évêque du Puy, la censive qu'il perçoit à Espaly et aux environs.

1343. — Hugon de Borne La Mure, damoiseau, reconnaît tenir en fief franc tout ce qu'il avait dans le château et mandement d'Espaly, et une vigne avec ses appartenances, appelée la Pinède de Riotor, y confrontée.

1343. — Catherine, fille d'Armand du Pin, reconnaît tenir en fief franc un *curtil* qui fut de Pierre du Pin, avec ses droits et appartenances, appelé Lou Balz, situé dans la ville du château d'Espaly, devant le rocher dudit château et les maisons des Praclaux, et tout ce qu'elle avait dans le bourg d'Espaly.

1362. — Falco de Pinet et Guillaume Maurice reconnaissent tenir en fief un *curtil* qui fut de sieur Guigon du Pin, clerc, ledit *curtil*, appelé Lou Balz, jouxte la roche dudit château, et tout ce qu'ils tiennent dans le faubourg d'Espaly.

1362. — Guillaumète d'Espaly reconnait tenir en fief franc les rentes et censives qu'elle perçoit au terroir et appartenances d'Espaly et environs.

1362. — Noble sieur Hugon Borne La Mure, chevalier, reconnait tenir en fief tout ce qu'il avait dans le mandement et juridiction du château d'Espaly et une vigne avec ses appartenances située au vignoble appelé l'appenderie de Riotort.

1383. — Noble Guillaume d'Espaly reconnait tenir en fief franc toutes les rentes et censives y dénombrées qu'il perçoit à Espaly et aux environs.

1383. — Noble Hugon de Borne la Mure, reconnait tenir en fief franc tout ce qu'il avait dans le château et mandement d'Espaly, une vigne avec ses droits et appartenances située au vignoble appelé l'appenderie de Riotort, confrontée d'une part avec le chemin qui va d'Espaly vers sa maison appelée de Borne La Mure.

1383. — Vital Jean et Guillaume de Masam reconnaissent tenir en fief un *curtil* qui fut de Guigon du Pin, appelé Lou Balz, situé au château d'Espaly, jouxte la roche dudit château et les maisons des Praclaux et Dous Blaissardz, et en fief franc ce qu'ils avaient dans le bourg d'Espaly, avec tous leurs droits et appartenances.

1383. — Hugon Chabrié, de la ville du Puy, reconnait tenir en fief quatre livres tournois de censive, rentes acquises de noble Etienne de Verdun, coseigneur de Saint-Quintin, diocèse du Puy, et quarante sols à Espaly, mandement, terroir et appartenances.

1389. — Guillaume de Mazam, bourgeois du Puy, reconnait tenir en fief un *curtil*, appelé Lou Balz, situé au château d'Espaly jouxte le rocher dudit château et la maison de Praclaux et Dalz Blaissardz, et tout ce qu'on tient à lui au bourg d'Espaly.

1389. — Noble Pierre d'Espaly, à présent Ferragne, reconnait tenir en fief franc les rentes et censives qu'il lève à Espaly et environs.

1567. — Noble Jacques de Coubladour, sieur de Montréal, reconnait tenir en fief franc une maison, basse-cour, colombier et jardin à Espaly.

1624. — Investiture d'une maison, boutique et moulins à Espaly, rue de la Dance, d'autre maison, *curtillage* et jardin joignant, situés audit lieu, ladite maison contenant un moulin à orge, le tout acquis par maitre Jean Sejalières, au prix de 2420 livres, au cens annuel de quarante cartons, moitié froment et moitié seigle, mesure du Puy.

FAUGÈRES [1]

MANDEMENT DE MERCŒUR.

1296. — Hommage.....

1308. — Noble Pons Alferand.....

1308. — Noble Pierre-Maurice de Solelhac.....

1308. — Noble Royrand.....

1318. — Noble Pierre-Maurice de Solelhac.....

1327. — Pierre Brun et Jean Contagnet.....

1327. — Catherine, veuve d'Hugon de Boissier.....

1327. — Noble Pons Alferand.....

1343. — Jean, fils de Pierre Brun, du Puy.....

[1] Faugères, commun. de Saint-Étienne Lardeyrol.

1343. — Reymond Alferand.....

1355. — Noble Catherine Chanac.....

1362. — Alix Rafarde.....

1364. — Jean de Bonnas, procureur de noble dame Catherine de Chanac, veuve de Hugon de Boissier, reconnait tenir en fief de messire Bertrand de la Tour, évêque du Puy, toutes les censives et rentes que ladite dame perçoit au mas et terroir de Faugères, dans le mandement du château de Mercœur.

FAY

1229. — Hommage rendu par dame Philippe, comtesse de Valentinois à messire Etienne, évêque du Puy, des châteaux de Fay, Montréal, Queyrières, Chanéac, Giourand, Contagnet, Fourchade, de deux parties de Chambarlhac, de trois parties de Châteauneuf-de-Boutières, du château de Saint-Agrève (s'il vient à elle dans le partage) de tous les mandements, dépendances et appartenances desdits châteaux, rendables. (Acte passé à Montréal en 1229, au mois de septembre, avant Saint-Mathieu.)

1251. — Même hommage par Adémard de Poitiers, comte de Valentinois, à messire Bernard de Vantadour, évêque du Puy. Il reconnait en outre tenir en fief le château du Béage.

1276. — Reddition faite par Adémard de Poitiers, comte de Valentinois, à messire Guillaume, évêque du Puy, pour droit de seigneurie, des châteaux de Fay, Montréal, Chanéac, Chambarlhac, Fourchade, Contagnet, le Béage, Giourand, Queyrières, de leurs mandements, des châteaux de Bouzols, Servissas, et généralement de tout ce qu'il tient en fief dudit évêque.

1280. — Vidimus fait par le bailli du Velay des hommages de 1229 et 1251.

1291. — Hommage rendu par noble Guillaume de Poitiers, seigneur de Fay, à messire Guy de Neufville, évêque du Puy, des châteaux de Fay, Montréal, Queyrières, Giourand, Contagnet, Chanéac, Fourchade, de deux parts de Chambarlhac, de trois parts de Châteauneuf, du château du Béage dans le diocèse de Viviers, des mandements et appartenances desdits châteaux.

1311. — Même hommage rendu par noble Guillaume de Poitiers, seigneur de Fay, à messire Bernard de Castanet, évêque du Puy. Il reconnait de plus tenir en fief les châteaux de Beaudiner et de Montregard.

1311. — *Vidimus* fait par le bailli du Velay des hommages des châteaux et places sus-énoncés.

1315. — Hommage rendu par dame Luce, femme de puissant seigneur comte de Poitiers à messire Bernard de Castanet, évêque du Puy, des châteaux de Fay, Montréal, Queyrières, Chanéac, Giourand, Contagnet, Fourchade, Chambarlhac (deux parts), Châteauneuf-de-Boutières (trois parts), du Béage, du village de la Chapelle près Monistrol, et de bien d'autres choses.

1319. — Hommage rendu par noble et puissant seigneur Guillaume de Poitiers, fils à autre, à messire Durand, évêque du Puy, des châteaux de Fay, Montréal, Chanéac, Giourand, Contagnet, Fourchade, de deux parts de Chambarlhac, de trois parts de Châteauneuf-en-Boutières, du château du Béage, situés dans les diocèses du Puy et de Viviers, de leurs mandements, appartenances, et de tout ce que ledit Guillaume pourrait acquérir dans lesdits châteaux et mandements. (Le château de Queyrières manque ici.)

1327. — Même hommage par noble seigneur Guillaume de Poitiers, fils d'autre, et de dame Luce de Beaudiner, à messire Bernard, évêque du Puy, des fiefs ci-dessus, et de plus du mas Del Rochain. (Ici manque le château de Quoyrières.)

1340. — Hommage fait par Giraud Bastet, seigneur de Crussol, chevalier, héritier de Guillaumète de Poitiers, sa femme, à messire Bernard Brun, évêque du Puy, des châteaux de Fay, Queyrières, Chanéac, Giouraud, et du reste comme dessus, avec tous leurs mandements et appartenances, excepté du château de Montréal et du mas Del Rechain.

1343. — Hommage rendu par noble et puissant seigneur Giraud Bastet, seigneur de Crussol, à messire Jean de Chandorat, évêque du Puy, du château et mandement de Fay, (excepté le mas et terroir de Chanteloube, le pré et *Cros* d'Arsac que tient Hugon, seigneur de Peyregourde), du château de Queyrières, du château et mandement de Chanéac, du château de Contagnet, de deux parts du château et mandement de Chambarlhac, de trois parts de Châteauneuf-en-Boutières, de leurs mandements et appartenances, de tout ce qu'il pourra et ses successeurs acquérir dans lesdits châteaux et mandement. Il reconnait encore le château de Beaudiner et son mandement, les villages Del Pinu, de Pleyné, de Meyzonnètes, tout ce qu'il a dans lesdits châteaux, mandements et appartenances.

1344. — Noble Etienne, seigneur de Vissac, reconnait tenir en fief le château de Montréal, son mandement et appartenances, et tout ce qu'il y pourra acquérir.

1349. — Hommage fait par Guillaume Bastet, doyen de Valence, à messire Jean de Chandorat, évêque du Puy, du château et mandement de Fay, (excepté le village et terroir de Chanteloube, le pré et *Cros* d'Arsac que tient Hugon de Pierregourde), des châteaux de Queyrières et Contagnet, de deux parts de Chambarlhac, de trois parts de Châteauneuf-de-Boutières et de leurs mandemens, du château de Beaudiner, mandement et juridiction, des villages Del Pinu, de Pleyné, de Meizonnètes et de tout ce qu'il a audit mandement.

1352. — Hommage rendu par seigneur Guillaume Rozier de Beaufort, vicomte de Turenne, à messire Jean, évêque du Puy, des châteaux de Bouzols, Servissas, Fay, de certaine rente qu'il a à Coubon, du fort, village et appartenances de Bouilhac *(Volhac)* mandement de Bouzols, du lieu, terroir et appartenances de la Borie, du château de Fay et mandement, de deux parts du château et mandement de Chambarlhac, du château de Contagnet, du château, mandement et juridiction de Furcata *(Fourchade)*. Il y a deux extraits dudit hommage.

1449. — *Vidimus* par la cour royale du bailliage du Puy de l'hommage de 1229, fait par Adémard de Poitiers, des châteaux et places susdits, comme ci-dessus.

1623. — Investiture donnée par le seigneur évêque du Puy à messire Charles de Clermont, sieur et baron de Chaste, de la place et seigneurie de Fay, par lui acquise de puissant prince messire Henry de la Tour, duc de Bouillon, au prix de 30,000 livres.

FIX

1337. — Pierre Bedel, frère de Guillaume Bedel, de Fix, clerc, reconnaît tenir en fief de messire Bernard, évêque du Puy, les possessions qu'il avait au village et ténement de Fix.

1339. — Investiture donnée par le procureur de l'évêché du Puy à Pierre Rodulfe, clerc, pour un jardin par lui acquis, situé au lieu de Fix, y confiné.

1343. — Guillaume Vital, de Fix, reconnaît tenir en fief franc tout ce qu'il avait au lieu et terroir de Fix, excepté un pré et une terre contigus, situés à Fix, qu'il tient du seigneur de Vissac.

1343. — Pierre Vital, de Fix, reconnaît tenir en fief deux maisons au village de Fix, y confrontées, un pré à Fix, les champs de la Chalm, de Las Combes et Del Chier Cros, y confrontés.

1345. — Sieur Astort, seigneur de Sereys, chevalier, reconnaît tenir en fief de messire Jean de Chandorat, évêque du Puy, des rentes acquises aux lieux de Fix et de la Branla.

1362. — Jean Vualh *(sic)*, de Fix, mari de Blonde, fille de Guillaume Vincent, reconnait tenir en fief franc deux maisons au village de Fix, y confrontées, les champs de la Chalm et de Chameros, y confrontés, lesquels champs sont dans le terroir de Fix.

1384. — Jean Vitule *(sic)*, de Fix, reconnait tenir en fief une maison et grange situées à Fix, un pré, deux champs et des rentes, comme il y est dénombré.

FONTANES [1]

1268. — Hugo Cormarcés de Jonchères, fait hommage à messire Guillaume Golla *(Guillaume de la Roue)* évêque du Puy, du mas des Graces et appartenances situé dans la paroisse de Fontanes, diocèse de Mende, lequel mas est allodial.

1320. — Maître Guillaume Tronchet, curé de l'église de Chaspuzac, diocèse du Puy, rend hommage à messire Durand, évêque du Puy, comme en 1314 [2].

1320. — Noble Mateline, veuve de Pierre de Fraissinet, reconnait tenir en fief dudit seigneur évêque, la moitié par indivis de deux mas contigus situés dans la paroisse de Saint-Julien-de-Fontanes, diocèse de Mende, mandement de Jonchères, lesdits mas y confrontés.

1321. — Religieuse dame Isabelle, abbesse du monastère des Chazes, confesse tenir en fief dudit seigneur évêque, la moitié des dimes du mas de Fontanes, paroisse de Chaspuzac, diocèse du Puy. Elle reconnait, en outre, qu'elle doit donner chaque année pour ces dimes audit seigneur évêque et à ses successeurs deux cartons d'avoine, de censive, mesure du Puy,

---

[1] Fontanes, chef-lieu de commune du canton de Langogne (Lozère).
[2] Cet hommage et ceux de 1321, 1333 et 1334 se rapportant à Fontanes, commune de Chaspuzac (Voir pages 172 et 173.)

1343. — Natalie (sic), veuve de Pierre de Fraissinet, reconnait tenir en fief de messire de Chandorat, la moitié par indivis de deux mas contigus situés en la paroisse de Saint-Julien-de-Fontanes, diocèse de Mende, mandement de Jonchères et tout ce qu'elle avait dans la moitié desdits mas.

1383. — Noble sieur Pierre de Gorce et dame Marguerite de Ceyssac, sa femme, reconnaissent tenir en fief franc deux setiers et six cartons de seigle, mesure de Chanaliol, qu'ils ont acquis de noble Roymond de Pruynes, procureur de noble Marguerite de Vissac, et deux setiers six cartons de seigle qu'ils perçoivent sur Etienne et Vital Chevalier, dits *Valladiers*, frères, au lieu de Fontanes.

1384. — Noble Guillaume, de Villard, diocèse du Puy, au nom de noble Barthélemy Chabot, son frère, reconnait tenir en fief des censives et rentes à Fontanes, sur les personnes y dénombrées.

FOUMOURETTE [1]

1291. — Dame Chazadena reconnait tenir en fief de messire Guy de Neufville, évêque du Puy, le village et terres de Foumourette, Laulagnier, Néraille, la Chaize, Celle, du Cros d'Aranles et tout ce qu'elle avait dans lesdits lieux et dans le château de Bonnas et appartenances.

1304. — Noble Durand Chabrier fait hommage à messire Jean de Cuménis, évêque du Puy, des mas de Laulagnier, Foumourette, de la Chaize et des domaines de Fraissinet et de la Coste-Borrel, avec toutes leurs appartenances.

1308. — Noble Hugue Chabrier reconnait tenir en fief de

[1] Foumourette, commune de Saint-Voy.

messire Bernard de Castanet, évêque du Puy, le mas et village de Foumourette, situé dans le mandement du château de Bonnas, les mas de Laulagnier et de la Chaize, ce qu'il avait à Arnissac, à la Celle, au Cros d'Araules, à Fraissinet, dans lesdits lieux, appartenances, et dans le château, mandement de Bonnas et appartenances.

1328. — Bertrand Chabrier, damoiseau, reconnaît tenir en fief franc de messire Bernard, évêque du Puy, le mas et village de Foumourette, le mas de la Chaize, ce qu'il avait à Arnissac, à la Celle, au Cros d'Araules, et dans le château et mandement de Bonnas.

FREYCENET [1] ET BEAUNE [2]

1285. — Noble Bertrand de Beune (*Beaune*) reconnaît tenir en fief franc de messire Frédolo, évêque du Puy, le contenu d'une *carte* qu'il exhibera et à laquelle il veut qu'on ajoute foi.

1296. — Noble Hugue de Beune, chevalier, fait hommage à messire Jean de Cuménis, évêque du Puy, de la moitié de la tour et forteresse de Freycenet dans les murs, et ce pour rendre en paix et en guerre, du terroir et juridiction mère, mixte, impère de ladite forteresse, du mas des Villarets, situé au lieu des Uffernets et appartenances, et du bois de Coste Ombrenche dont il a été fait hommage précédemment dans une *carte* signée de Guillaume de la Roue.

1309. — Noble Armand de Fraissinet reconnaît tenir en fief dudit seigneur évêque, le mas Petit, situé dans le village, *sive* mas de Sinzelles et terroir, lequel mas est dans la paroisse

---

(1) Freycenet, commune de Rauret.
(2) Beaune, commune de Saint-Etienne-du-Vigan.

de Fontanes, diocèse de Mende et dans le mandement de Jonchères, tout ce qu'il avait dans ledit mas et appartenances. Il reconnait encore dans ladite paroisse et mandement les mas Grosset, Dous Bedeux, de Troncheyres et appartenances que tient de lui le nommé Troncheyre de Trémolet, ce qu'il avait dans ledit mas et appartenances dans le village de Freycenet, paroisse de Rauret, diocèse du Puy, dans le château et les « adeuls » de Jonchères, et généralement dans lesdits lieux et appartenances.

1318. — Noble Bertrand de Beune reconnaît tenir en fief de messire Durand, évêque du Puy, la moitié de la forteresse de Freycenet de Beune dans les Costes, et tout le terroir dudit lieu, avec juridiction mère, mixte, impère, situé dans la paroisse de Saint-Etienne-du-Vigan, diocèse de Viviers, le mas des Villarets et appartenances situé au village et terroir des Uffernets, paroisse de Saint-Paul-de-Tartas, diocèse de Viviers. La forteresse et terre dudit terroir confrontent avec les terroirs de la Vaisse, de Saint-Etienne-sous-Pradelles et du Cros. Cette forteresse que ledit Bertrand assure lui appartenir en fief allodial et en pleine justice est dans ladite paroisse de l'église Saint-Etienne. Il reconnait la tenir en fief dudit évêque, sous les conditions y spécifiées, et déclare tenir en outre en fief la moitié du mas situé dans le terroir de Salles, paroisse de Rauret, diocèse du Puy, le bois de Costo Ombrenche situé dans le mandement de Jonchères et paroisse de Rauret, la douzième partie de la parerie du château et ville de Pradelles avec ses appartenances, la juridiction mère, mixte, impère, haute et basse desdits château, ville et appartenances, la moitié de tous les droits, propriétés, juridiction haute et basse, mère, mixte et impère que ledit Bertrand a dit relever de Guillaume de Randon et que ledit sieur Guillaume avait ou « soulait » avoir sur les hommes et femmes du château et ville de Pradelles, la moitié de la juridiction que ledit Guillaume avait et « soulait » avoir sur les hommes et femmes dudit Bertrand, dans lesdits château et ville.

1328. — Hugon de Fraissinet, damoiseau, du mandement de Jonchères, reconnait tenir en fief de messire Bernard, évêque du Puy, tout ce qu'il a dans le mas de Freycenet, une maison située sous, etc.

1328. — .... de Fraissinet, damoiseau, reconnaît tenir en fief franc de messire Bernard, évêque du Puy, tout ce qu'il avait au mas d'Elpignac, mandement de Jonchères, un bois par indivis, y confronté, et ce qu'il tenait dans la paroisse de Fontanes, etc

1343. — Hugon de Fraissinet, damoiseau, reconnaît tenir en fief de messire Jean de Chandorat, tout ce qu'il avait au mas de Fraissinet et appartenances situé dans le mandement de Jonchères, une maison située sous le terroir de Jonchères et un jardin, y confinés.

1348. — Pons de Ranc, chevalier, h..tier de Hugon de Fraissinet, reconnaît tenir en fief de messire Jean de Chandorat, évêque du Puy, tout ce que ledit Hugon a reconnu ci-devant.

1362. — Noble Hugon de Beune et Guillaume de Beune, frères, coseigneurs de Pradelles, diocèse de Viviers, reconnaissent tenir en fief de messire Bertrand de la Tour, évêque du Puy, la moitié du château, sive forteresse de Beune dans les fossés dudit château, et le terroir dudit château, avec toute juridiction mère, mixte, impère, le tout situé paroisse de Saint-Étienne-du-Vigan, diocèse de Viviers, lequel château, terres, terroirs et mandement confrontent d'une part avec le terroir du mas de la Vaisse, d'autre part avec le terroir du village de Saint-Étienne-du-Vigan, de l'autre avec le terroir du Cros, le mas d'Arquejois, ruisseau entre deux, et le terroir du Bouchet. Ledit château, sive forteresse, est dans la paroisse de l'église de Saint-Étienne-du-Vigan, à ce qu'ils assurent. Ils reconnaissent encore en fief le mas des Villarets avec ses appartenances, situé au village et terroir des Uffernets, paroisse de Saint-Paul-de-Tartas, diocèse de Viviers, le bois de Costo Ombrenche, mandement du château de Jonchères et paroisse de Rauret, tout ce que Jean Vilate et ses prédécesseurs avaient au Fayas, en prés, terres, ce qu'ils percevaient sur les hommes appelés Durand au village de Saint-Étienne-du-Vigan, lesquels terres et prés sont situés dans le terroir du château de Beune, etc. Ils reconnaissent tenir en fief dudit évêque douze parts de la parerie du château et ville de Pradelles et appartenances consistant en juridiction mère, mixte, impère, haute et basse, etc. et étendre cette juridiction sur les hommes et femmes dudit château et ville.

1383. — Noble Guillaume de Beune, chevalier, coseigneur de Pradelles, reconnait tenir en fief de messire Bertrand de Chanac, patriarche de Jérusalem, administrateur de l'évêché du Puy, la moitié du château, sive forteresse de Freycenet de Beaune dans le fossé dudit château, avec la juridiction mère, mixte, impère, le tout dans la paroisse de Saint-Etienne-du-Vigan, le mas des Villarets et ses appartenances, situé dans le village et terroir des Uffernets, paroisse de Saint-Paul-de-Tartas, le bois de Coste Ombrenche, mandement de Jonchères, paroisse de Rauret, tout ce que Pierre Vilate et ses prédécesseurs avaient dans une « faisse » de terre et dans un pré que tiennent les habitans appelés Durand au village de Saint-Etienne-du-Vigan, lesquels terres et pré sont dans le terroir du château de Beaune. Il reconnait tenir en outre douze parts de la parerie du château et ville de Pradelles, la quatrième partie des terres de Folcanenches situées au château de Pradelles, la juridiction mère, mixte, impère, haute et basse sur les hommes et femmes dudit château et ville, la moitié des terres et juridiction mère, mixte, impère, hommes et femmes dudit château, ville et appartenances, sa part de la *leyde* dudit château, du blé qui se vend le jeudi.

1383. — Sieur Pierre de Vergezac, chevalier, et noble Marguerite de Saint-Didier, sa belle-sœur, reconnaissent tenir en fief tout ce qu'ils avaient au mas et terroir de Freycenet-de-Larbre.

1389. — Même hommage par noble Louis de Fayet, dit de *Vergezac*.

GLAVENAS [1] ET LARDEYROL [2]

1285. — Noble Pierre de Glavenas, chevalier, a rendu hommage à messire Frédole, évêque du Puy, du château de Lardeyrol avec son district et mandement, et en même temps il a baillé et rendu ledit château entre les mains du seigneur évêque qui l'a baillé audit Pierre Glavenas.

1285. — Noble Pierre de Glavenas a rendu hommage à qui dessus, de son château, mandement et appartenances de Glavenas, et ce pour rendre, excepté du péage du Pertuis qu'il dit tenir du seigneur de Chapteuil.

1285. — Noble Pierre de Glavenas, tuteur de Poncet de Glavenas, fils de sieur Guigon, a rendu hommage, au nom du susdit, du château de Glavenas, et ce pour rendre en paix et en guerre, du mandement et district dudit château, excepté de la Haute-Villay (*Haute-Vialle*) et Servesières avec leurs appartenances qu'il dit relever en fief du vicomte de Polignac.

1294. — Pierre de Glavenas a rendu par cet acte son oratoire (*sic*) et château de Glavenas entre les mains de messire Jean Cardinal, chanoine, fordoyen et vicaire général du seigneur évêque, lequel l'a reçu et baillé en garde à Hugon de Mercoyret.

1296. — Sieur Pons de Lardeyrol fait hommage à messire Jean de Cuménis, évêque du Puy, du château de Glavenas avec son mandement (excepté Haute-Vialle et Servesières), du château de Lardeyrol, bourg et mandement (excepté le village Dous Pas (*Louspis*), Joves, d'Alfinhac) (*Aupinhac*) du champ appelé de la Quantro, d'autre champ appelé Lou Triadou de Bonneville et desdits châteaux, pour rendre.

---

(1) Glavenas, commune de Saint-Julien-du-Pinet.
(2) Lardeyrol, commune de Saint-Etienne-Lardeyrol.

1296. — Noble Hugo de la Tour et Girine, sa femme, fille et héritière de Pierre de Glavenas, font hommage à messire Jean de Cuménis, évêque du Puy, de la parerie du château de Glavenas, diocèse du Puy, avec ses appartenances et mandement, et généralement de ce qu'ils ont audit château de Glavenas (excepté le village Dous Pis, proche de Lardeyrol). Ils reconnaissent en outre ce qu'ils ont aux villages de Saint-Paulien, Sedes, Azanières, Blanzac, Soleilhac et la juridiction mère, mixte, impère, justice haute et basse desdits villages.

1297. — Même hommage par noble Hugo de la Tour.

1308. — Noble Pons de Glavenas, sieur de Lardeyrol, reconnaît tenir en fief de messire Bernard de Castanet, évêque du Puy, le château de Lardeyrol, avec toute juridiction et appartenances dudit château, ce qu'il a dans tout son mandement, les villages de Saint-Etienne, de Combriol et leurs appartenances, excepté trois pièces de terre situées au tènement vieux. Il reconnaît en outre la moitié du château de Glavenas, ce qu'il tenait dans le mandement et château de Mercœur, avec ses appartenances. Ledit Pons de Lardeyrol et Ampheize (*Amphélise*) de Bouzols, sa femme, reconnaissent en fief franc le mas des Salles, paroisse du Brignon, avec sa juridiction et appartenances.

1309. — Germaine, fille et héritière de sieur Pierre de Glavenas, chevalier, reconnaît tenir en fief de messire Bernard de Castanet, évêque du Puy, la parerie du château de Glavenas avec toutes ses juridictions et appartenances, tout ce qu'elle tenait et percevait au-delà du fleuve de Loire jusques au château de Glavenas, excepté le village Dous Pis, paroisse de Saint-Etienne, proche Lardeyrol. Ladite Germaine reconnaît ce que dessus en fief franc, avec justice mère, mixte, impère, haute et basse, et ce pour rendre audit seigneur évêque.

1318. — Noble Pons de Glavenas, damoiseau, seigneur du château de Lardeyrol, reconnaît tenir en fief franc de messire Durand, évêque du Puy, le château de Lardeyrol, avec tous ses droits et appartenances, ce qu'il a à Saint-Estève (*Saint-Etienne*), à Combriol, et appartenances desdits lieux, excepté trois pièces de terre situées dans le tènement Julle, du *Delpi-*

gnac, dont une fut des Aloytes, l'autre de Guillaume Grapelauze et l'autre Del Raynès. Ledit Pons de Glavenas reconnaît en outre la moitié du château de Glavenas, ce qu'il avait dans ledit château et mandement, et dans le château, bourg et mandement de Mercœur.

1319. — Dame Girine de Glavenas, femme du sieur Hugon de la Tour, seigneur de Saint-Vidal, reconnaît tenir en fief franc dudit seigneur évêque, la parerie du château de Glavenas, diocèse du Puy, les droits appartenances et mandement de ladite parerie, tout ce qu'elle avait et percevait au-delà du fleuve de Loire vers le château de Glavenas, excepté le village Dous Pis, paroisse de Saint-Estève, proche Lardeyrol. Elle reconnaît de plus, en fief franc, avec mère, mixte, impère et justice haute et basse, ce que dessus être de la reddition dudit évêque et ses successeurs, excepté le fief que ledit Hugon avait acquis de Pierre Maurice de Solhelac dans le village de Faugères, mandement de Mercœur.

1320. — Noble Pons de Glavenas, seigneur de Lardeyrol, damoiseau, procureur de demoiselle Allize, fille de Dalmas d'Usson, reconnaît tenir en fief franc de messire Durand, évêque du Puy, l'affaire (1), sive mas Darnapessac, paroisse de Saint-Voy, dans le mandement du château de Velharma avec ses appartenances, le mas de la Salces et ses appartenances avec toute juridiction haute et basse, la haute juridiction et fourches dans le mas de Leyssa, le mas de la Bagornario et une pièce de terre que tient Durand Legal, jouxte ledit château et contigue avec la croix de la Gardette.

1325. — Maurice de la Tour, damoiseau, fils d'Hugon, confesse et reconnaît tenir en fief franc, de qui dessus, sa parerie du château de Glavenas, diocèse du Puy, avec ses droits, apartenances et mandement, tout ce qu'il percevait entre le fleuve de Loire et le château de Glavenas, excepté le village Dous Pis, paroisse de Saint-Etienne, proche Lardeyrol. Il reconnaît tenir le péage du Pertuis et tout ce que dessus, en

---

(1) Affar (Affarivel) signifie domaine, ferme, hameau. L'affar était un membre de fief se rattachant à un fief principal et qui par lui-même jouissait de tous les droits de fief.

franc fief, avec la justice mère, mixte, impère, haute et basse, et ce pour rendre en paix et en guerre. Il excepte le fief qui fut acquis de Pierre Maurice de Solelhac au mas de Faugères, mandement de Mercœur et tous autres qu'il peut tenir.

1328. — Jausserand de Glavenas, seigneur de Lardeyrol, damoiseau, reconnaît tenir en fief de messire Bernard, évêque du Puy, le château de Lardeyrol avec ses droits et appartenances, ce qu'il a dans tout le mandement et dans les villages de Saint-Etienne, de Combriol et de Villard, excepté trois pièces de terre.

1328. — Noble Maurice de la Tour, damoiseau, reconnaît tenir en fief de messire Bernard, évêque du Puy, ses pareries du château de Glavenas, avec ses droits, appartenances, mandement, et le reste comme à l'hommage de 1325.

1343. — Astort, seigneur de Lardeyrol, reconnaît tenir en fief de messire Jean de Chandorat, évêque du Puy, le château de Lardeyrol, avec ses droits et appartenances, ce qu'il avait dans ledit château, dans son mandement, dans les villages de Saint-Etienne, de Combriol et appartenances, excepté ce qu'il avait dans le village et terroir des Pis. Il reconnaît en outre tenir, comme dessus, trois pièces de terre dans le tènement du village Del Pignac (*Aupinhac*), avec la censive desdites pièces.

1343. — Noble Maurice de la Tour, chevalier, seigneur de Saint-Vidal, reconnaît tenir en fief franc dudit seigneur évêque la parerie du château de Glavenas, avec toutes ses appartenances et mandement, ce qu'il avait depuis le fleuve de Loire audit château de Glavenas, excepté le village des Pys, paroisse de Saint-Etienne, proche Larderol ; il reconnaît tenir en fief franc le péage du Pertuis, avec la justice mère, mixte, impère, haute et basse, et ce pour rendre en paix et en guerre, excepté le fief qui fut acquis de Pierre Maurice de Solelhac, au mas de Faugères, mandement du château de Mercœur, et ce qui était dû audit Maurice et qu'on devait lui reconnaître.

1355. — Reymond Achart, de Blavozy, reconnaît tenir en fief de messire Bernard, évêque du Puy, les rentes qu'il perçoit sur les habitants dans le mandement du château de Lardeyrol, sur les tenanciers y spécifiés.

1362. — Roymond Achard, de Blavozy, paroisse de Saint-Germain, reconnaît tenir en fief franc de messire Bertrand de la Tour, évêque du Puy, les censives et rentes qu'il perçoit dans le mandement de Lardeyrol et à Mercœur.

1362. — Noble Astort, seigneur de Lardeyrol, reconnait tenir en fief franc le château de Lardeyrol, avec tous les droits qu'il avait dans le village de Combriol et appartenances) excepté ce qu'il avait au village et terroir Dous Pys), trois pièces de terre situées dans le tènement du village d'Ampilhac *(Aupinhac)*, dont une fut des Allicotz, l'autre de Guillaume Grapelauzo, l'autre de Reynes, etc.

1362. — Noble Hugon, de Saint-Vidal, reconnait tenir en fief franc la parerie du château de Glavenas, avec ses droits, appartenances et mandement, tout ce qu'il avait et percevait du fleuve de Loire jusques au château de Glavenas (excepté le village Dous Pys, paroisse de Lardeyrol), le péage du Pertuis, la justice mère, mixte, impère, haute et basse, et ce pour rendre en colère ou apaisé, etc.

1383. — Noble Hugon de la Tour reconnait tenir en fief franc la parerie du château de Glavenas, avec tous ses droits, appartenances et mandement, tout ce qu'il avait et percevait entre le fleuve de Loire et le château de Glavenas (excepté le village Dous Pys, paroisse et proche Saint-Étienne-de-Lardeyrol), et le péage du Pertuis; il reconnait en fief franc le château et mandement de Glavenas et ses pareries, avec juridiction mère, mixte, impère et justice haute et basse, pour rendre en colère ou apaisé aux seigneurs évêques du Puy, à la seule réquisition.

1383. — Jean et Marguerite Achart reconnaissent tenir en fief les rentes souscrites qu'ils perçoivent sur les habitants dans le mandement du château de Lardeyrol.

1383. — Guigonet de Glavenas, seigneur de Lardeyrol, reconnaît tenir fief le château de Lardeyrol avec ses droits, appartenances, tout ce qu'on tient de lui dans ledit château et mandement, aux villages de Saint-Etienne, de Combriol et appartenances, au village et terroir Del Pix ; il reconnait ce que tenait noble Alize, tutrice, savoir, trois pièces de terre au ténement du village d'Alpignac, sous certaines conditions, et déclare en outre tenir, au nom que dessus, la moitié de ce qu'il avait au château et mandement de Glavenas.

1603. — Investiture de la moitié de la place et seigneurie de Glavenas et du moulin appelé Batifoulier, situé auprès du Breuil.

1628. — Investiture de la parerie de Glavenas, acquise par noble César de Saignar, sieur de Maumeyre, de messire Marc de Polignac, sieur d'Adiac, au prix de 8,000 livres.

1772. — Investiture portant quittance de lods de la co-seigneurie de Glavenas, acquise par dame Anne Claudine de Veyrac, épouse de M. Polier, greffier des Etats, au prix de 25,000 livres.

GRATUZE [1]

1309. — Alize, fille de noble Robert Del Tailler et femme de noble Falconet Del Moly, reconnait tenir en fief de messire Bernard de Castanet, évêque du Puy, tout ce qu'elle avait et tenait au village de Gratuze, et appartenances, avec la justice mère, mixte, impère qu'elle a dans lesdits lieux et appartenances.

1318. — Même hommage par Falco Del Moly, damoiseau et Alize, sa femme, à messire Durand, évêque du Puy, et à son église.

---

(1) Gratuze, commune de Saint-Jean-Lachalm.

1319. — Même hommage par Reymond Del Moly, *dit Chastelcon*, et Joye, sa femme, à messire Durand, évêque du Puy.

1328. — Même hommage par Falcon Del Moly qui reconnait tenir en fief de messire Bernard, évêque du Puy, tout ce qu'il avait d'Alize, sa femme.

1343. — Pierre Pons, de la ville du Puy, reconnaît tenir en fief de messire Jean de Chandorat, évêque du Puy, une pièce de terre avec ses droits et appartenances, située au terroir de Gratuze, paroisse de Saint-Jean-Lachamp, une maison dans ladite paroisse, une terre, *sive* forteresse contigue, appelée Lou Suc, *sive* la Torrelhe du Puy Del Montélérat, y confrontée.

1343. — Biazie (*Alize*) (1), femme de Falcon Del Moly, reconnait tenir en fief tout ce qu'elle avait au village de Gratuze et appartenances, situé au mandement du château de Cayres.

1344. — Maître Pierre Lauther, clerc notaire, reconnait tenir en fief une pièce de terre avec ses droits, située dans le terroir de Gratuze, paroisse de Saint-Jean-Lachalm, une maison dans ladite paroisse, une terre *sive* forteresse avec ses appartenances, appelée le *Suc* de la Torrelhe du Puys de Montélérat, y confrontée, la juridiction mère, mixte, impère qu'il avait dans ladite paroisse, laquelle forteresse il doit rendre en paix et en guerre, etc.

1362. — Pierre Lauther reconnait tenir en fief de messire Bertrand de la Tour, évêque du Puy, une pièce de terre avec ses droits et appartenances, au terroir de Gratuze, paroisse de Saint-Jean-la-Chaim, une maison, *sive* forteresse, dans ladite paroisse, terre qui s'appelle le Suc, *sive* la Combo du Puy de Montélérat, et la juridiction mère, mixte, impère, qu'il avait audit terroir.

1362. — Noble Odo Del Moly reconnait tenir en fief tout ce qu'il avait au village de Gratuze et appartenances situé au mandement de Cayres.

(1) Voir l'hommage de 1318.

1383. — Sieur Robert de Gratuze, moine, usufruitier, et Jean Robin, tuteur nommé de Jean Del Moly, seigneur de Gratuze, reconnaissent tenir en fief franc une pièce de terre, avec ses droits et appartenances, située au terroir de Gratuze, paroisse de Saint-Jean-la-Champ, et une maison, *sive* forteresse, dans ladite pièce de terre et qui s'appelle la Tourrelhe du Puys de Monclérac, y confrontée; ils reconnaissent de plus la juridiction mère, mixte, impère, acquise de sieur Pierre Laurens.

1383. — Jean Robin reconnaît tenir en fief tout ce qu'avait Jean Del Moly, au village de Gratuze. Ledit village est situé dans le mandement du château de Cayres, à ce qu'il dit.

HERM [1] (L')

1712. — Investiture portant hommage du domaine de l'Herm, franc et noble, acquis par M. Pierre Pagès, seigneur de l'Herm, de messire Florimond de Fay, sieur de Couasse, au prix de 9,000 livres, en la paroisse de Beaulieu.

HERMES-DE-BONNAS [2] (LES)

1296. — Messire Jean Baudoin reconnaît tenir en fief du seigneur évêque le village des Ermens et ses appartenances.

1308. — Même hommage par Jean Baudoin à messire Bernard de Castanet, évêque du Puy.

(1). L'Herm, commune de Rosières.
(2) Les Hermes, commune de Saint-Voy.

1318. — Même hommage par Reymond Baudoin à messire Durand, évêque du Puy.

1327. — Même hommage par Pierre de Montregard à messire Bernard, évêque du Puy.

1343. — Même hommage par Reymond Baudouin à messire Jean de Chandorat, évêque du Puy.

1362. — Pierre des Ermens a reconnu tenir en fief de messire Bertrand de la Tour, évêque du Puy, sa grange des Ermens située au mandement du château de Bonnas.

1383. — Jean Baudoin a reconnu tenir en fief franc de messire Bertrand de Chanac, évêque du Puy, comme ci-dessus.

HULMET [1]

1625. — Investiture portant hommage de la terre et seigneurie d'Ulmet, acquise par noble Jean de Bronac, de noble Christophe de Rozières, au prix de 55,000 livres.

ISSARLÈS [2]

1291. — Noble Beraud Ittier, seigneur de Giourand, reconnaît tenir en fief de messire Guy de Neufville, évêque du Puy, tout ce qu'il a aux villages et lieux des Issartaux, Playné,

---

(1) Hulmet, commune de Rancoules.
(2) Issarlès, chef-lieu de commune du canton de Coucouron (Ardèche).

Cobercoyrade (*Cuberteyrade*), avec les ténements et appartenances desdits lieux et villages dans la paroisse d'Issarlès, diocèse de Viviers.

1297 — Noble Travet, d'Aubenas, fait hommage à messire Jean de Cuménis, évêque du Puy, du village, terroir du Pinet et appartenances, de la moitié de la semence du terroir de Maison-Seule, de trois tourtes qu'il perçoit sur chaque feu des hommes du village du Crouzet, et d'une géline, le tout dans la paroisse d'Issarlès.

1309. — Noble Hugo Delmas, dit *de Poinsac*, comme tuteur de noble Travet d'Aubenas et au nom de ce dernier, reconnaît tenir en fief de messire Bernard de Castanet, évêque du Puy, le mas du Pin, ses appartenances et la juridiction haute et basse dudit mas situé dans la paroisse d'Issarlès, confrontant avec le terroir d'Issarlès d'une part, le terroir de Meysoncel d'autre part, le terroir de Varennes jusqu'au fleuve de Loire. Il reconnait encore tout ce que ledit Travet avait au mas, *sive* village de Crouzet, sur certaines maisons dudit village, trois pains de censive qu'il perçoit annuellement, et tout ce qu'il avait dans lesdits lieux.

1309. — Noble Beraud Ittier, seigneur de Giourand, diocèse de Viviers, reconnait tenir en fief dudit seigneur évêque les villages d'Issartaux, de Playné et tout ce qu'il avait à Issarlès au-delà de l'eau de Veyradeyre. Lesdits lieux sont dans la paroisse d'Issarlès.

1309. — Guillaume de la Vallette et Luca, sa femme, autorisée par son mari, ont reconnu tenir en fief de messire Bernard de Castanet, évêque, deux cartons de seigle qu'ils perçoivent annuellement au terroir de Vissac, trois cartons et demi de seigle qu'ils perçoivent audit mas sur les y nommés, deux cartons de seigle sur Guillaume Foretz, de Retournac, pour des terres qu'il tient d'eux au mas de Sentignac, quatre métaus froment sur Gaudy de Dreilh, pour des terres qu'il tient d'eux audit lieu et qui sont indivises entre le seigneur évêque et le sieur de Roche.

1318. — Beraud Ittier, du diocèse de Viviers, rend hommage à messire Durand, évêque du Puy, comme précédemment.

1327. — Même hommage par Beraud Ittier, damoiseau, à messire Bernard, évêque du Puy.

1327. — Travet de Trave, d'Aubenas, damoiseau, rend hommage comme précédemment, en 1309.

JAGONAS [1]

1285. — Noble Hébrard de Pradelles rendit hommage à messire Frédole, évêque du Puy, de la terre du Cros, des moulins de Passerant, et de tout ce qu'il avait à Serres et à Jagonnas en ces termes : « *Item et teneo a vobis in feudum quecumque bona et jure habeo et habere debeo apud Serras et apud Jagonas,* » etc.

1296. — Noble Hébrard de Pradelles fit hommage et reconnut à messire Jean de Cuménis, évêque du Puy, tout ce qu'il avait à Jagonas, à Joncherettes, à Serres, au terroir de Chapayrols et un quart de la tour de Jonchères, avec justice.

1309. — Hommage prêté par noble Pierre Falcon, coseigneur de Pradelles, au seigneur évêque du Puy, de trois moulins de Passerant, de ce qu'il avait dans les mas Dels Gauters, de Jagonas, et dans les confins : « *Item illud quod habet et percipit in manso Dels Gauters, de Jagonas, et quidquid habet, tenet, et tenetur ab eo infra dictos confines, et pro prædictis omnibus, habitis, receptis et recognitis, dictus Petrus Falconis,* » etc.

1318. — Pierre Falcon, seigneur en partie de Pradelles, damoiseau, reconnait tenir en fief franc de messire Durand, évêque du Puy, tout ce qu'il avait et percevait dans le mas des Gauters, de Jagonas et dans lesdits confins.

(1) Jagonas, commune de Rauret.

1313. — Même hommage par Pierre Falcon, seigneur de Pradelles, à messire Jean de Chandorat, évêque du Puy.

1395. — Investiture portant reconnaissance donnée par l'évêque du Puy, ou de sa part, à Etienne Boudon, de l'acquisition qu'il a faite d'un champ et pré appelés de Molin, situés dans le mas des Gautiers, confrontés d'une part avec le ruisseau d'Arqueje *(Arquejols)* et avec autre champ de Pierre Boudon.

1395 — Investiture, portant reconnaissance et accensement, donnée par le vicaire général de l'évêque du Puy, agissant au nom de ce dernier, à Jean Goudoin, du lieu de Saint-Etienne-du-Vigan, diocèse de Viviers, d'un champ au mas Dous Gautiers, appelé on Lardareyre, confronté d'une part avec la terre de Jacques de Ranc et le champ de Laurens Peschayre; d'autre champ au mas Dous Barris, confronté d'une part avec le chemin du Bouchet et le champ de Laurent Peschayre; d'autre champ au mas des Gautiers, confronté avec le champ de Jean Arnaud, fils à Bertrand, et celui de Pierre Gibon; d'autre champ, appelé en Las Clauzes, dans le mas des Gautiers, confronté avec le chemin Del Layris et de deux côtés avec les terres de Laurens Peschayre; d'autre champ au mas de la Borie, confronté avec le pré d'Etienne Peschayre et le champ de Pierre Jeune; d'un pré au mas dit *de Barras*, confronté avec le pré de Jean Goudoin et celui de Jean Arnaud; d'une maison située au lieu de Saint-Etienne, au mas de la Borie, etc.

JALAVOUX [1]

ET AUTRES.

1284. — Bertrand de Sereys, chanoine du Puy, a rendu hommage à messire Frédole, évêque du Puy, de tout ce qu'il possède et que possédaient ses devanciers dans les villages de Chantuzier, Vazeilles, Coubladour, Chaspuzac, Vergezac, Bergonhon *(Vergonge)*, et de la moitié de Jalavoux, paroisse de Saint-Rémy.

1309. — Sieur Garin de Sereys, chanoine du Puy, reconnaît tenir en fief de messire Bernard de Castanet, évêque du Puy, ce qu'il avait de rente, de son patrimoine, la moitié du terroir de Jalavoux, le village de Linayroles et tout ce qu'il avait dans lesdits lieux et appartenances.

1318. — Sieur Garin de Sereys.....

1319. — Sieur Astort de Sereys.....

1327. — Noble Astort de Sereys.....

1343. — Noble sieur Maurice de la Tour, seigneur de Saint-Vidal, chevalier, reconnaît tenir en fief de messire Jean de Chandorat, évêque du Puy, six livres tournois de rente avec la seigneurie mère, mixte, impère qu'il perçoit annuellement dans la grange, *sive* « borie, » terroir et appartenances de Jalavoux-la-Souteyre.

1343. — Noble Hugue de la Tour reconnaît tenir en fief, pour la dot de sa femme, vingt-cinq livres avec la seigneurie, juridiction mère, mixte, impère, qu'il perçoit de rente annuelle au mas de Chaspuzac, dans la « borie » grange de Jalavoux-la-Souteyre, et dans le terroir de ladite grange, y confronté.

[1] Jalavoux, commune de Vergezac.

1348. — Rechicot de Saint-Vidal, et Beatrix de Sereys, sa femme, reconnaissent tenir en fief tout ce qu'ils ont et perçoivent dans le lieu, *sive* mas Del Teulene (*Thiolent*), dans le lieu, *sive* mas de Mauriac, de Las Ternes, paroisse de Chaspuzac, et de Jalavoux la Soubere et appartenances.

1348. — Noble Alize de Sereys.....

1350. — Adam de Sereys.....

1358. — Bechicot (*sic*) de la Tour et Béatrix, sa femme, confessent et reconnaissent tenir en fief, de qui dessus, le lieu, *sive* mas de Jalavoux la Soubere, le mas, *sive* village de Las Ternes, le lieu, *sive* mas de Mauriac et de Teulene, avec leurs droits, terroirs, appartenances et la juridiction haute et basse.

1362. — Jean Couzit, chanoine de l'église de Saint-Georges-du-Puy, pour le chapitre de Saint-Georges, reconnaît tenir en fief une rente de cinq setiers de seigle, mesure du Puy, que ladite église de Saint-Georges perçoit annuellement sur la grange de Jalavoux-la-Soubeyre.

NOTA : Jalavoux est de la paroisse de Saint-Rémy,
Las Ternes est de la paroisse de Chaspuzac,
Goublador est de la paroisse de Loudes.
Mauriac est de la paroisse de Chaspuzac,
Le Teulene est de la paroisse de Nay.

1383. — Noble Hugon de la Tour reconnaît tenir en fief tout ce qu'il avait aux mas et terroirs Del Teulene, de Las Ternes, de Mauriac, tout ce que les habitans de Seneul (*Seneujols?*) et de Las Ternes tiennent de lui dans le territoire de Sereys, au-delà du ruisseau de Sal, deux « bories, » *sive* granges, appelées Jalavoux-le-Soubeyre et Jalavoux-le-Soteyre, avec leurs droits, appartenances et terroirs, contenus dans une transaction faite entre sieur Pierre de Montesquy, au nom de sa femme, dame Béatrix de Sereys, et sa mère.

1389. — Noble Hugon de la Tour, fils à autre, reconnaît tenir en fief franc tout ce qu'il a au mas Del Teulene, au village de Chaspuzac, aux mas de Las Ternes, de Mauriac et terroirs, la grange de Jalavoux haute et la grange de Jalavoux basse, la parerie du château de Glavenas qui va dudit château jusques à la Loire, le péage du Pertuis et tout ce qu'il a au mandement et château de Glavenas, avec la justice, rendable, ce qui fut acquis par Maurice de Solelhac, au mandement de Mercœur.

1611. — Investiture de la terre de Jalavoux donnée à maître Jean Bernard, avocat de la sénéchaussée du Puy, en toute justice.

JONCHÈRES [1]

1285. — Sieur Gilbert de Saint-Haon fait hommage à messire Frédole, évêque du Puy, de ce qu'il tient en fief dans le mandement du château de Jonchères, la tour et l'eau de Loire [2], dans ledit mandement.

1285. — Noble Hébrard de Pradelles fait hommage audit seigneur évêque, de la quatrième partie de la tour de Jonchères, avec ses appartenances.

1285. — Noble Villatte reconnait tenir en fief dudit seigneur évêque la juridiction mère, mixte, impère, et tout ce qu'il a au château de Jonchères et mandement.

1285. — Noble Gilbert de Saint-Haon reconnait tenir en fief tout ce qu'il a dans le mandement du château de Jonchères en deçà et au delà de la Loire.

1291. — Noble Reymond Malarthe a reconnu tenir en fief de messire Guy de Neufville, évêque du Puy, les mas de Bermondenc, de Saint-Jacques, de Chastagnie, du mandement de Jonchères, avec les hommes, maisons, jardins, usages, servitudes, rentes, juridiction et appartenances.

---

[1] Jonchères, commune de Rauret.
[2] L'auteur du Répertoire a peut-être pris l'Allier pour la Loire (Elaver pour Liger). La situation de Jonchères sur la rive droite de l'Allier donne quelque vraisemblance à notre hypothèse.

1296. — Noble Villatte de Pradelles reconnaît à messire Jean, de Cuménis, évêque du Puy, la juridiction mère, mixte, impère, ce qu'il a dans le château et mandement de Jonchères, excepté ce qu'il a au mandement des Armandz, situé dans le village d'Arquejols et à Jagonnas. Il reconnaît encore la moitié de la forteresse de Freycenet (et ce pour rendre), les mas de la Pinède, de Las Salles et de Tronchères, dans la paroisse de Rauret.

1296. — Noble Hébrard de Pradelles fait hommage à messire Jean de Cuménis, évêque du Puy, de la maison, forteresse et terroir du Cros, avec ses appartenances et juridiction mère, mixte, dans le diocèse de Viviers) et ce pour rendre), du terroir de Chapeyrols et appartenances, de ce qu'il a à Serres, à Jagonnas, à Joncheyrettes, de la quatrième partie de la tour de Jonchères, avec la seigneurie et juridiction de ladite quatrième partie.

1296. — Noble d'Entil, chevalier, fait hommage en fief franc audit seigneur évêque, avec pleine juridiction, de la quatrième partie des Costes et mandement du château de Jonchères, de tout ce qu'il avait à Chassanilas (Chaussinilles), à Sinzelles, de deux cartes d'avoine à la Pinède, de tout ce qu'il a à Joncheyrettes, à Fontfreide, et de la quatrième partie du bois commun de Jonchères.

1296. — Noble Bernard de Fraissinet fait hommage audit seigneur évêque, du domaine d'Albignac, de la moitié du bois de Joncheyrettes et domaine de Fontanès, de dix sols tournois de rente qu'il perçoit au terroir de Serres, avec les « Chazeaux » de rente de la dot de sa femme, et de quatre sols six deniers qu'il perçoit aux « loges » de Saint-Étienne pour la même chose.

1297. — Noble Pons de Sarrazin fait hommage audit seigneur évêque de tout ce qu'il a au village de Rauret-le-Soubeyre, ou supérieur.

1297. — Arnaud de Fraissinet fait hommage de tout ce qu'il avait à Jonchères, au Fraissinet, à Sinzelles, excepté de deux parties du mas de la Crouzette et de la moitié du mas de la Coste.

1300. — Noble Robert Beraud fait hommage à messire Jean de Cuménis, évêque du Puy, de tout ce qu'il a et perçoit au mas de Chaussinilles, sur les habitans dudit mas, de douze cartes de blé, huit de seigle et quatre d'avoine qu'il perçoit au mas de Joncheyrettes, sur les habitans dudit mas.

1304. — Noble Petronnet Villatte, héritier universel du sieur Villatte, fait hommage audit seigneur évêque, de la juridiction mère, mixte, impère, et de ce qu'il avait dans le château et mandement de Jonchères (et ce pour rendre), excepté du mas des Ermens situé au village d'Arquejols, et de ce qu'il avait à Jagonnas. Il fait hommage de la moitié de la forteresse de Fraissinet, par indivis (et ce pour rendre), de trois parties du château de Jonchères, de trois parties qu'il a dans l'oratoire sur les « adeuls » dudit château, de trois parts du bois de Bosc Rouget, dans le mandement dudit château et dans la paroisse de Fontanes, des mas de la Pinéde, de Las Salles et de Troncheyres, paroisse de Rauret.

1304. — Reymond de Freicinet, clerc, frère de noble Bernard, son tuteur, fait hommage audit seigneur évêque, de tout ce qu'il avait à Albignac, paroisse de Rauret, diocèse du Puy, à Fontanes, diocèse de Mende, et de la moitié du bois à Joncheyrettes, paroisse de Rauret.

1308. — Noble Bernard Garizine reconnait tenir en fief de messire Bernard de Castanet, évêque du Puy, la moitié par indivis de ce qu'il a dans le château et les « azuls » de Jonchères, tout ce qu'il avait dans le mas de Chaussinilles et appartenances, lequel mas est au diocèse de Mende.

1308. — Noble Hugo de Fraissinet reconnait tenir en fief ce qu'il a au mas de Fraissinet et appartenances situé dans le mandement du château de Jonchères, et un chazal dans ledit château.

1308. — Demoiselle Bertrande Garizine reconnait tenir en fief dudit seigneur évêque la moitié par indivis de ce qu'elle a dans le château et les « azuls » de Jonchères, tout ce qu'elle avait dans le mas de Chaussinilles et appartenances.

1308. — Noble Hugo Troncheyre, de Jonchères, reconnait tenir en fief de messire Bernard de Castanet, évêque du Puy, deux maisons dans le château de Jonchères avec les jardins et appartenances desdites maisons, un autre jardin dans ledit château, appelé la Peyreyre, jouxte le chemin qui va de Jonchères à Arquejols, la quatrième partie de la « vigerie » dudit château, qu'il tient dudit seigneur évêque, autres pareries dudit château, la huitième partie d'une carte de seigle qu'il perçoit, de cens, au moulin de la Salle, situé à l'eau d'Arquejols, la quatrième partie par indivis dudit moulin.

1308. — Noble Pons Troncheyre reconnait tenir en fief la moitié de la vigerie du château de Jonchères, par indivis, dans ledit château et appartenances, tout ce qu'il avait, dans le château de Jonchères, les « adulz » dudit château et appartenances, excepté un chazal dans ledit château, devant la chapelle, la moitié de la huitième partie, par indivis, du moulin de la Salle, situé dans le mandement dudit château, avec les appartenances dudit moulin.

1308. — Noble Garin de la Troncheyre reconnait audit seigneur évêque la moitié de la vigerie qu'il a dans le château et mandement de Jonchères, un jardin à la Peyreyre confrontant avec le chemin qui va à Arquejols, la moitié de la maison que tient de lui, par indivis, Durand de Jaume et la moitié par indivis du moulin situé dans le tènement de la Salle, mandement de Jonchères.

1308. — Damoiselle Agnès de Saint-Haon reconnait tenir en fief dudit seigneur évêque ce qu'elle avait dans le château et mandement de Jonchères

1308. — Noble Bernard d'Entil, chevalier, reconnait tenir en fief la juridiction haute et basse, ce qu'il avait dans le mas de Jonchoyrettes et appartenances, dans les villages de Chaussinilles, de Sinzelles et appartenances, le mas Conteral et appartenances, le tout au mandement de Jonchères ; le terroir de Fontfroide au mandement de Jonchères, deux cartes avoine de censive annuelle au mas de la Salle et au terroir de Pinède, lesquels mas et terroirs sont dans le mandement du château de Jonchères, la quatrième partie du bois Rogetz, par indivis, ce qu'il avait au mas et terroir de la Salle, la quatrième partie par indivis de la juridiction mère, mixte, impère dudit mandement et appartenances, la quatrième partie par indivis dans la juridiction à lui appartenant; une « comande » qu'il dit avoir au mas Rogier, au terroir de Jagonzac, qu'il échangea avec Hébrard de Pradelles.

1308. — Noble Reymond de Fraissinet reconnaît tenir en fief de messire Bernard de Castanet, évêque du Puy, ce qu'il avait au mas d'Albignac, mandement de Jonchères, la moitié d'un bois par indivis confrontant avec le chemin qui va de Jonchères à la moitié dudit bois et le chemin qui va vers la « loge » de la Pinède, et tout ce que Jean de Fontanes tient de lui à la Roche de Fontanes, diocèse de Mende.

1309. — Noble Giraud de Sinzelles reconnaît tenir en fief tout ce qu'il avait au mas de Sinzelles, un chazal que tient de lui Pierre de Fraissinet, tout ce que tient de lui Pierre de Fraissinet au mas de Sinzelles, et tout ce qu'il avait dans le château de Jonchères.

1309. — Noble Guigo Celarié reconnaît tenir en fief dudit seigneur évêque une maison dans le château de Jonchères, deux jardins audit château, la moitié d'une grange par indivis que tient de lui Pons Peyre, et ce qu'il avait au château, sive dans les « adulz » du château de Jonchères.

1309. — Jean Hébrard de Jonchères, paroisse de Rauret, reconnaît tenir en fief dudit seigneur évêque deux jardins situés dans la clôture du château de Jonchères.

1309. — Bertrand Jaubert, de Jonchères, paroisse de Rauret, reconnaît tenir en fief un jardin situé au *théron* de Jonchères, une pièce de terre dans le mandement et juridiction dudit château au lieu de Riou-Besse, autre pièce de terre à la Coste de Fraissinet.

1309. — Reymond de Joanny, de Jonchères, reconnaît tenir en fief de messire Bernard de Castanet, évêque du Puy, le champ de Riou-Besse, un jardin jouxte le *théron* de Jonchères et une maison dans le village de Jonchères.

1309. — Agnès Jauberte reconnaît tenir en fief dudit seigneur évêque deux champs ou deux pièces de terre situées l'une à la Côte sur Riou-Besse et l'autre sur le jardin d'Hugues Trémolet, au mandement de Jonchères.

1309. — Noble Pons de Ranco et Miracle, sa femme, de lui autorisée, reconnaissent tenir en fief dudit seigneur évêque les rentes de la constitution de dot faite par Pons de Phaète au lieu de Jonchères, de Joncheyrettes, et ce qu'ils avaient au château, mandement de Jonchères et appartenances.

1309. — Noble Pierre d'Entil reconnaît tenir en fief ce qui est écrit par maître Bernard de Maloère dans la reconnaissance faite ci-devant, par sieur Bernard d'Entil, son père, au seigneur évêque, le 6 mars 1308.

1309. — Noble d'Entil de Saint-Haon et sa femme reconnaissent tenir en fief dudit seigneur évêque six cartes de seigle, quatre cartes d'avoine, cinq sols tournois, de censive annuelle, sur les nommés Pascal de Pomeyrols, Jean Gazanhet et Pierre Brun, pour les terres qu'ils tiennent au mas de Pomeyrols et appartenances, lequel mas est dans le mandement du château de Jonchères, et une géline qu'ils perçoivent sur Jean Gazanhet et Pierre Brun, de Pomeyrols.

1309. — Noble Armand de Fraissinet reconnaît tenir en fief de messire Bernard de Castanet, évêque du Puy, le mas Petit, situé au village de Sinzelles, paroisse de Fontanes, diocèse de Mende, mandement de Jonchères, le mas Grosset, situé au lieu de Sinzelles, la moitié du mas des Redoux, situé audit lieu de Sinzelles et ses appartenances, le mas de Troncheyres, situé à Sinzelles, (lequel mas tiennent pour lui les nommés Troncheyres et Trémolet) tout ce qu'il avait au village de Fraissinet, paroisse de Rauret, au château de Jonchères, dans les « azuis » dudit château et généralement dans lesdits lieux et appartenances.

1310. — Noble Pierre de Fraissinet, du mandement de Jonchères, et sa femme, reconnaissent tenir en fief dudit seigneur évêque la moitié par indivis de deux mas contigus situés en la paroisse Saint-Julien de Fontanes, diocèse de Mende, et dans le mandement de Jonchères, confrontant avec les mas et terres de Trémolet, de Ligeac, de Chaussinilles et la rivière d'Allier.

1310. — Sieur Dumas de Fontanes, chevalier, reconnaît tenir en fief la troisième partie par indivis du mas Contoral, mandement de Jonchères et paroisse de Saint-Julien-de-Fontanes, diocèse de Mende.

1310. — Noble Armand Malbec, neveu d'autre, recteur de l'église de Saint-Bonnet, diocèse de Mende, reconnaît tenir en fief et en franc-alleu dudit seigneur évêque, le mas Bermoudenc, situé dans la paroisse de Chastagnier, diocèse de Mende, un jardin et un ras d'avoine, de censive, à Jonchères.

1311. — Noble Bertrand de Beaune, de Pradelles, fils à Hugon, diocèse de Viviers, reconnaît tenir en fief de messire Bernard de Castanet, évêque du Puy, la moitié de la forteresse de Fraissinet de Beaune dans les fossés (sic) et le terroir dudit lieu, avec la juridiction mère, mixte, impère, le tout situé dans la paroisse de Saint-Etienne-du-Vigan, le mas du Villaret et ses appartenances, situé au lieu des Uffernets, paroisse de Saint-Paul-de-Tartas. Ladite forteresse et terres dudit terroir confrontent avec les terres du terroir de la Vaysse, le terroir et village de Saint-Etienne-sous-Pradelles et le terroir du Cros. Ledit Bertrand tient en outre la moitié du mas de la Salle, mandement du château de Jonchères, paroisse de Rauret, et le bois de Coste-Ombrenche, situé dans lesdits mandement et paroisse.

1311. — Noble Reymond de Fraissinet reconnaît tenir en fief dix cartes de seigle et vingt-cinq sols tournois, dix cartes de blé et quinze sols qu'il perçoit annuellement de Martin Régis, dix cartes de blé et quinze sols, de censive, qu'il perçoit des Cottes, quatre cartes de blé et quinze sols qu'il perçoit annuellement du nommé Boyd, six cartes de blé et quinze sols tournois de Reymond Bedos, six cartes de blé et cinq sols de Jean Johanasso, quatre cartes de blé et dix sols de Durand Bedos, autant de Peyronelle, quatre cartes et quinze sols de Durand Jean-Pierre et Michel Bon, du Puy. Les redevances payées par les hommes sus-dénommés sont perçues sur des terroirs du mas de Fraissinet, qui fait partie du mandement du château de Jonchères.

1314. — Garine de la Troncheyre, de Jonchères, reconnaît tenir en fief deux maisons au château de Jonchères et leurs jardins, sa part de vigerie dudit château, la huitième partie d'un carton de seigle, de censive, qu'elle perçoit au moulin de la Salle, situé sur l'eau d'Arquejols, la quatrième partie, par indivis, dudit moulin, un jardin situé audit château, et deux cartes avoine, de censive, sur la maison de Jean et Jeanne de Jonchères.

1318. — Noble Pierre d'Entil, fils de Bernard, chevalier, reconnaît tenir en fief franc de messire Durand, évêque du Puy, toute la juridiction haute et basse sur le mas de Joncheyrettes, ce qu'il avait aux villages de Chaussinilles, de Sinzelles et leurs appartenances. Il reconnaît en outre le mas Contoral, une maison dans le château de Jonchères et ses appartenances, le terroir de Fontfreide, situé dans le mandement de Jonchères, deux cartes avoine, de censive annuelle, qu'il perçoit au mas de la Salle et au terroir de la Pinéa qui sont dans ledit mandement, la quatrième partie du bois Rogerz dans ledit mandement, la quatrième partie, par indivis, de la juridiction aux appartenances dudit château et mandement, une « comando » qu'il dit avoir au mas Rogier au terroir de Jagonzac.

1318. — Noble Guillaume d'Entil et Elisabeth, sa femme, de lui autorisée, reconnaissent tenir en fief franc de messire Bernard de Castanet, évêque du Puy, un métau de seigle et neuf deniers tournois de censive qu'ils perçoivent sur Vital Besse, de Jonchères, pour ce qu'il tient d'eux; une « cartalière » de seigle, deux sols tournois de censive sur Guillaume Besse, deux cartes avoine, (cette censive est perçue avec Guillaume Besse sur les Jays, dans le four de Jonchères); ils perçoivent encore une comble et demi avoine, et sur les Chazalets une « cartalière » et demi de seigle, deux gélines et trois deniers tournois de censive, vingt-huit sols tournois de censive annuelle dans les prés de Serres sur les Chazalets, quatre sols six deniers de censive annuelle sur les Guigetz de Saint-Etienne. Ils reconnaissent en outre les maisons que tiennent d'eux Pierre et Guillaume Chazalet, Gilles Gaye et deux jardins que tiennent d'eux Guillaume Gaye, le tout dans le château et mandement de Jonchères.

1318. — Noble Hugo Troncheyre reconnait tenir en fief dudit seigneur évêque, la moitié de la vigerie du château de Jonchères, et tout ce qu'il avait dans ledit château, les « adulz » et appartenances (excepté un chazal dans ledit château, devant la chapelle), la moitié de la huitième partie du moulin de la Salle.

1318. — Hommage par noble Garin Troncheyre, de Jonchères, comme en 1314.

1318. — Hommage par Hugo Fraissinet, de Jonchères, comme en 1308.

1318. — Jean Vaillat, de Jonchères, reconnait tenir en fief de messire Durand, évêque du Puy, un jardin et une maison à Jonchères.

1318. — Dumas Dassoire (d'Usson?), notaire royal, confesse tenir en fief franc dudit évêque ce qu'il avait au village et terroir de Fraissinet, au terroir d'Albignac, au château, mandement de Jonchères et appartenances desdits lieux, et des maisons dans le château de Charbonnier; son « affaire » de Gibernète, excepté « l'affaire » qui relève de Jean Conugal, qu'il tient à cens certain dudit seigneur évêque, et tout ce qu'il avait dans le château et mandement de Cayres.

1319. — Hommage en fief franc par Armand de Fraissinet, comme en 1309.

1320. — Hommage par Pons de Ranco, damoiseau, et Miracle, sa femme, comme en 1309. Ils reconnaissent encore ce qu'ils avaient au village, forteresse de Serres et ses appartenances, dans le mandement du château de Jonchères, au terroir d'Albignac et appartenances, ce que tenait d'eux Vital dans ledit terroir, ce qu'ils avaient au village de Fontanes, au mas de Chaussinilles et dans le terroir de Fraissinet, excepté ce que tient dans ledit terroir Pierre Villatte, à cause des permutations faites entre son père et sieur Villatte, de Pradelles.

1320. — Hommage par Guigo Celarié, damoiseau, à messire Durand, évêque du Puy, comme en 1309.

1320. — Armand Malbec, recteur de l'église Saint-Bonnet, diocèse de Mende, reconnaît tenir en fief franc et allodial dudit seigneur évêque le mas Bermondenc, que tiennent en emphytéose et par indivis Pierre Aldoyer et Jean Toscan, moyennant certains cens annuels. Il reconnaît ledit mas avec ses droits, censives, seigneurie, juridiction, autres droits allodiaux et appartenances, un jardin et un ras d'avoine, de censive, que tient à Jonchères Vital Bachalary, autre jardin et une maison que tient Pierre Chazalet, un métan d'avoine, de censive, sur Arnal Malbec.

1327. — Noble Hébrard, seigneur en partie de Pradelles, reconnaît tenir en fief franc de messire Bernard, évêque du Puy, ce qu'il avait à Joncheyrettes, à Serres, le lieu du Cros, la quatrième partie de la tour de Jonchères, avec la seigneurie, juridiction et appartenances de ladite quatrième partie, le mas de Montiliaguet et ses appartenances, les censives, propriétés et rentes qui peuvent provenir de la permutation faite avec Pons de Ranco, damoiseau, ce qu'il avait aux mas de Fraissinet, de Joncheyrettes, d'Albignac et de Serres, paroisse de Rauret.

1328. — Hommage par Reymond de Fraissinet, damoiseau, comme en 1308.

1328. — Reymonde, veuve de Pierre Villatte, reconnaît tenir en fief dudit évêque, la moitié de la tour, deux maisons jouxte ladite tour et autres choses, comme ci-dessus.

1328. — Noble Beraude, veuve de Peyronnet Villatte, reconnaît tenir en fief franc de messire Bernard, évêque du Puy, le mas Hugo (*le Masigon*) et ses appartenances, situé sous la ville de Pradelles, le mas du Monteil, tant culte qu'inculte et appartenances, situé dans la paroisse de Saint-Clément, proche Pradelles, ce qu'avait ledit Peyronnet dans les paroisses de Saint-Étienne-du-Vigan, Fontanes, Rauret, dans le mas inférieur d'Arquejols, son territoire et appartenances, aux Salles et appartenances, à Fontanes, au mas de Sinzelles, au terroir d'Albignac, au château et mandement de Jonchères, au terroir de Fraissinet de Beaune, la moitié de la forteresse de Fraissinet de Béaune, dans les fossés, ce qu'elle a à la Troncheyre, au bois de Botz, au terroir de Jagonnas et appartenances, et en plusieurs autres endroits.

1328. — Garin Troncheyre, damoiseau, reconnait tenir en fief deux maisons à Jonchères, y confrontées, la quatrième partie de la vigerie, la huitième partie du moulin de la Salle, la quatrième partie de………, un jardin situé audit château de Jonchères, etc.

1328. — ………… reconnait tenir en fief la moitié de la vigerie du château de Jonchères, par indivis, ce qu'il avait dans ledit château et dans les « azeuls, » etc., la moitié de la huitième partie du moulin appelé de……, etc.

1328. — Bertrande, veuve de Pierre Villatte, damoiseau, reconnait tenir en fief le mas supérieur et inférieur du Bouchet, paroisse de Saint-Etienne-du-Vigan, et autres, etc.

1328. — Jean Goy, de Acogus *(sic)*, diocèse de Viviers, reconnaît tenir en fief la censive annuelle qu'il perçoit au terroir de Saint-Etienne-du-Vigan.

1328. — Reymond de Fraissinet, damoiseau, reconnait tenir en fief de messire Bernard, évêque du Puy, la moitié de la tour et deux maisons jouxte ladite tour, situées dans le château de Jonchères.

1328. — Hommage par Hugues de Fraissinet, damoiseau, comme en 1308. Il reconnait encore une maison sous la tour du château de Jonchères, contigue avec la place de Jonchères et avec la maison de Joannis, chemin entre deux.

1340. — Hommage par Arnaud de Fraissinet, semblable à celui d'Arnaud de Fraissinet en 1319.

1343. — Pons Troncheyre reconnait tenir en fief de messire Jean de Chanderat, évêque du Puy, la moitié de la vigerie du château de Jonchères, indivise avec ledit château, ce qu'il a dans ledit château devant la chapelle, la moitié de huit prés indivis avec le moulin de la Salle, dans le mandement dudit château.

1343. — Bertrand, fils d'Hébrard, seigneur en partie de Pradelles, reconnaît tenir en fief le lieu du Cros, diocèse de Viviers, où il y avait deux mas, le terroir de Pomeyrols, où il y en avait quatre, ce qu'il avait à Serres et à Joncheyrettes, la quatrième partie de la tour de Jonchères, avec la seigneurie et juridiction de la quatrième partie (et ce pour rendre), les mas de Montiliaguet et du Cros.

1343. — Armand de Fraissinet, damoiseau, reconnaît tenir en fief comme en 1319.

1343. — Reymond de Fraissinet, damoiseau, reconnaît tenir en fief franc ce qu'il avait au mas d'Albignac, mandement de Jonchères, la moitié du bois et terroir indivis avec Pierre d'Entil, ce que Jean de Fontanes tenait de lui dans la paroisse de Fontanes, une maison et deux chazeaux à Jonchères, un métan de seigle et quatre deniers obole, de censive, au moulin et terroir de Gapeyres, mandement de Jonchères, qu'il a achetés d'Hugon Fraissinet.

1343. — Hommage par Garino Troncheyre, comme a fait Hugo Troncheyre en 1308.

1343. — Hommage par Pons Troncheyre, damoiseau, comme en 1308.

1343. — Jean Vallat reconnaît tenir en fief deux maisons au château de Jonchères, dans les murs du « vingtain » dudit château, des jardins et un champ au terroir de Ribes.

1343. — Bertrand Bonihois reconnaît tenir en fief la moitié d'un pré au terroir de Sinzelles.

1343. — Hommage par demoiselle Bertrande Garizine, comme en 1308. Elle reconnaît encore ce qu'elle avait au mas du Cellier-de-Luc.

1343. — Noble seigneur Villatte, de Pradelles, coseigneur

de Jonchères, chevalier, reconnait tenir en fief franc ce qu'il avait dans les paroisses de Saint-Etienne-du-Vigan, de Rauret, de Fontanes, de Naussac, au mas inférieur d'Arquejols et appartenances ; ce que tenaient de lui Pons de Bonnas aux Salles, paroisse de Rauret, Dalmas de Fontanes et ses frères dans la paroisse de Fontanes et au mas de Sinzelles, Hugues de Fraissinet au terroir d'Albignac et dans le château et mandement de Fontanes et appartenances, Guillaume de Fontanes dans le terroir d'Albignac ; la huitième partie du terroir de Fraissinet de Beaune et coseigneurie que tiennent de lui, en censive, Pierre Durand et ses frères, ce qu'on tient de lui dans ledit terroir de Fraissinet, par dessus Jonchères, la moitié de la forteresse de Fraissinet de Beaune, que tient de lui Hugues de Beaune, ce qu'il avait dans les mas et terroirs de la Pinède, de la Salle, de la Troncheyre, au château et bourg du mandement de Jonchères, un bois appelé Bord, la juridiction mère, mixte, impère, haute et basse dans le château de Jonchères et dans les paroisses de Fontanes, Naussac, Saint-Etienne-du-Vigan et Saint-Clément-de-Rauret (excepté ce qu'il avait dans le village, terroir et appartenances de Jagonnas). Il reconnait aussi le mas de la Borie, paroisse de Fontanes, ce qu'on tient de lui dans le terroir d'Albignac et généralement dans lesdits châteaux et mandements.

1343. — Sieur Pons de Ranco, chevalier, reconnait tenir en fief le village et forteresse de Serres dans le mandement du château de Jonchères, ce qu'il avait dans ledit lieu et territoire dudit village, aux mas et territoires de Fontanes, de Chaussinilles et d'Albignac, une géline, de censive, au terroir de Joncheyrettes, jouxte le bois de Pierre Villatte, appelé la Pinède, ce qu'il avait au territoire de Fraissinet (excepté ce qu'il tient audit terroir de Pierre Villatte, à cause de permutations faites avec ses prédécesseurs et ceux du sieur Villatte, de Pradelles, excepté aussi quatre livres, seize sols qu'il avait acquis dans ledit terroir). Il promet rendre en paix et en guerre au seigneur évêque ladite forteresse et ledit lieu de Serres.

1362. — Hommage par Gibert de la Chau, tuteur d'Armand de Fraissinet, dit *Dessous Elles (sic)*, comme a fait Armand de Fraissinet en 1309.

1365. — Noble Sauret, de Fraissinet, reconnait tenir en fief franc ce qu'il avait au mas et terroir d'Albignac, le bois qu'il avait acquis, etc.

1383. — Barthélemy et Jacques Durianne, fils de Barthélemy Durianne, bourgeois du Puy, reconnaissent tenir en fief franc six setiers blé, deux tiers de seigle et deux tiers d'avoine, mesure du Puy, de censive et rente ; la pleine et directe seigneurie aux lieux de Fraissinet-de-Larbre et de Jonchères, sur les particuliers et tenanciers susdits, sept hommages perçus sur certains habitans de Fraissinet-de-Larbre et de Jonchères, quatorze sols et onze gélines, de censive et rente, avec pleine et directe seigneurie.

1383. — Noble Saurète, de Fraissinet, reconnait tenir en fief ce qu'elle avait au mas et terroir d'Albignac, le bois acquis par ses prédécesseurs, du sieur Dumas Pierre. Elle tient en fief franc ce qu'elle a au mas d'Albignac, mandement de Jonchères, la moitié d'un bois, sive terroir, par indivis avec Pierre d'Entil, damoiseau, confrontant avec le chemin allant de Jonchères vers « le ga » de la Pinède, le chemin de Jonchères à Pradelles et le terroir de la Pinède; ce que Jean de Fontanes tenait d'elle dans la paroisse de Fontanes, diocèse de Mende, une maison et deux chazeaux à Jonchères, appelés de Mazeyrac, un métan seigle et quatre deniers tournois, de censive et rente annuelle, sur le moulin et terroir de Gapeyres, mandement de Jonchères.

1383. — Gilles Viallette (Villatte?), héritier de Pons Viallette (Villatte?), de Pradelles, coseigneur de Jonchères, reconnait tenir en fief les mas Hugues et de Monteil, ce qu'il avait à Saint-Etienne-du-Vigan, dans la paroisse de Rauret, aux terroirs de Fontanes, de Naussac, au mas inférieur d'Arquejols, au terroir d'Albignac, aux Salles, paroisse de Rauret, dans la paroisse de Fontanes, au mas de Sinzelles, au terroir de Fraissinet, avec la moitié de la forteresse dans les fossés que tient le seigneur Hugue de Beaune, au mas et terroir de Pinet, de Troncheyres, au bois Boul, au château, bourg et mandement de Jonchères, avec la justice mère, mixte, et la juridiction haute et basse au château et mandement de Jonchères, et enfin ce qu'il avait aux lieux de Fontanès, Naussac, Saint-Etienne-du-Vigan, Saint-Clément, Rauret, au mas de la Borie, paroisse de Fontanes, au terroir de Ligeac et appartenances desdits lieux.

1383. — Hommage en fief franc par Pierre de Fraissinet, dit *de Sinzelles*, comme a fait Armand de Fraissinet en 1309.

1384. — Hommage par Pierre de Fraissinet, dit *de Sinzelles*, et sa femme, comme en 1310.

1384. — Sieur Etienne, abbé du Chambon, pour lui et ses successeurs, reconnaît tenir en fief un chazal et pré à Jonchères, tout ce que lui, ledit monastère et noble Bertrand, de Pradelles, seigneur du Cros, quand vivait, avaient aux lieux de Fraissinet, Jonchères, Joncheyrettes, Montau, Serres, au terroir d'Albignac et appartenances. Il tient encore en fief, des censives et rentes dans le mandement du château de Jonchères, qu'il a eues par suite de compositions entre ledit sieur abbé et noble sieur Imbert, seigneur de Burzet, héritier et bien-tenant de noble Jean et Caton Hébrard frères.

1384. — Noble Louis de Farelle, procureur, et au nom de noble Miracle de Ranc, dite *de Serres*, sa femme, pourvu de procuration, comme il a fait voir dans une « carte » signée par par maître Jean Hébrard, notaire, y transcrite, reconnaît tenir en fief le village et forteresse de Serres, etc., ce qu'elle avait aux mas et terroirs de Fontanes, de Chaussinilles, d'Albignac, une géline, de censive, au terroir de Joncheyrettes, et ce qu'elle avait au terroir de Fraissinet (excepté ce qu'elle tient de Pierre Villatte, par permutation faite avec ses prédécesseurs, et quatre livres, 16 sols, ou environ, qu'elle avait acquis audit terroir, dudit noble Pons de Ranc). Elle confesse tenir ledit château, *sive* forteresse de Serres, pour rendre, ce qu'elle avait dans le mas de Fraissinet et appartenances, situé au mandement de Jonchères, une maison à Jonchères, y confrontée; un jardin audit château de Jonchères, où était un chazal, autres jardins audit château de Jonchères, y confinés.

Il y a une liasse contenant divers mémoires, consultations et observations du seigneur évêque du Puy, desquels il paraît résulter que ledit évêque n'entend préjudicier en rien aux droits de son évêché pour le fief du Mazel, en Gévaudan.

JOUX [1] ET TENCE

1296. — Noble Imbert Bonhomme fit hommage en fief franc à messire Jean de Cuménis, évêque, de la Valette-Unier, situé dans le terroir de Tence, jouxte le Cluzel, et de ses appartenances.

1296. — Sieur François d'Ales, chevalier, fait hommage audit évêque de ce qu'il a à Tence, excepté de ce qu'il a en commun avec le prieur de Tence et au Villard.

1299. — Noble Dumas, d'Usson, fait hommage audit seigneur évêque, des mas Darnapsal, paroisse de Saint-Voy, mandement du château de Vaylharmat, et de la Salce et appartenances, avec la seigneurie, la juridiction haute et basse, et la haute juridiction et fourches que ledit Dumas a dans le mas de Tence, près le château de Vaylharmat.

1308. — Noble Pierre de Satilhet reconnait tenir en fief de messire de Castanet, évêque du Puy, ses maisons de Joux, ce qu'il a audit lieu et environs, jusques au chemin public qui va du Puy à Tence, du côté desdites maisons situées dans la paroisse de Tence. Il reconnait en outre le bois de Mandigoul et ses appartenances dans ladite paroisse, ce qu'il a au mas de Solempnhac (Solignac) et appartenances, au mas de Fraissinet, paroisse de Tence. Ledit Satilhet et Jeanne, femme de Pierre, reconnaissent ce qu'ils ont au village et paroisse de Saint-Christophe, et au village de Talode et appartenances.

1319. — Même hommage par sieur Reymond de Satilhet, chanoine du Puy, et Pierre Satilhet, damoiseau, à messire Durand, évêque du Puy. Ils reconnaissent de plus la censive annuelle qu'ils perçoivent au mas de Fraissinet, d'un sétier de seigle, d'un sétier d'avoine et de 4 sols, 4 deniers.

---

[1] Joux, commune de Tence.

1327. — Sieurs Reymond de Satilhet et Guillaume de Satilhet, fils de Pierre, damoiseau, rendent hommage à messire Bernard, évêque du Puy, comme précédemment. Quant aux jouissances perçues par ledit Reymond audit mas de Fraissinet et sur la maison de Reymond, il doit donner chaque année audit seigneur évêque une censive d'un sétier de seigle, d'un sétier d'avoine mesure, de Tence, et de 4 sols, 4 deniers. Ledit Guillaume reconnaît encore tenir en fief dudit évêque ce qu'il a au village et paroisse de Saint-Christophe, au village de Talode et appartenances.

1327. — Pons Moutona (sic), damoiseau, reconnaît tenir en fief ce qu'il avait dans le village et terroir de Joux et au village et terroir de la Bruyère, mandement du château de Beaujeu.

1327. — Reymond de Satilhet, chanoine, et Guillaume de Satilhet, fils de Pierre, rendent hommage comme ci-dessus.

1343. — Même hommage par noble Guillaume de Satilhet, chevalier, à messire Jean de Chanderat, évêque, comme en 1327.

1343. — Pons de Monteyrane, damoiseau, reconnaît tenir en fief dudit seigneur évêque, ce qu'il avait aux villages et terroirs de Joux et de la Bruyère.

1343. — Guillaume de Satilhet rend hommage, comme en 1327.

1343. — Sieur Reymond de Satilhet, chanoine du Puy, rend hommage, en qualité d'usufruitier, comme en 1327.

1351. — Noble Eustache, femme de Guillaume Satilhet, reconnaît tenir en fief franc ce qu'elle avait sur une terre, par suite de la donation à elle faite de 20 livres tournois de rente sur ladite terre.

1362. — Damas Olivier, héritier en partie d'Isabeau de Satilhet, fait un hommage semblable à celui de 1327.

1362. — Armand Vianer reconnaît tenir en fief ce qu'il avait aux villages et terroirs de Joux et de la Bruyère.

1362. — Même hommage par religieux Hugon de Monteyrane, sacristain, et Falcon de Monteyrane, chanoine.

1570. — Sieur Hugues Ranquet, marchand du Puy, reconnaît tenir en fief franc les rentes par lui acquises du seigneur de Mercuret, levables sur les habitans de Chanaleilles, mandement de Tence.

En 1701, ces rentes étaient tenues par noble Just Leblanc, seigneur de Chantemule.

JULHAC

1639. — Investiture portant hommage en fief franc des rentes, censives, quarts et droit de justice haute, moyenne et basse, dans le terroir de Julhac, acquis par noble Vital Surrel, habitant du Bouchet-Saint-Nicolas, du chapitre de Notre-Dame-du-Puy, au prix de 3,000 livres.

LANDOS

1291. — Hommage par Jean de Ribains, d'une maison à Landos.

1300. — Hommage par Hugues de la Faye, d'une appenderie à Villeneuve-de-Landos.

1310. — Hommage par noble Hugonet de la Faye, d'une appenderie dans la paroisse de Landos.

1319. — Hommage par Hugues de la Faye, du fief qu'il a dans la paroisse de Landos.

1343. — Hommage par le même, d'une appenderie à Villeneuve-de-Landos.

1362. — Hugon de la Faye reconnaît tenir en fief franc un mas dans la paroisse de Landos appelé Lidonaze et les Girards, le mas de Langlade, que tiennent de lui Allary, Noël et autres, etc.

1383. — Hommage par noble Eustache, chevalier, de rentes à Landos.

1383. — Hommage par Bertrand de la Faye, de biens dans la commune de Landos.

1585. — Hommage par Mathieu Farnier, de rentes à Landos.

1585. — Sieur Mathieu Farnier, marchand, bourgeois du Puy, reconnaît tenir en fief franc les cens, rentes, quarts, domaines, droits de directe, la justice haute, moyenne et basse, au lieu de Landos, appelé au cadastre Bertrand de la Faye, acquis de noble Bertrand de la Forêt, sieur de Bouillon, en Auvergne.

1664, 7 janvier. — Investiture portant hommage d'une rente noble, appelée la Chapelle, levable aux « thaux » de Landos, acquise par le sieur Michel Frévol, sieur de Chanalettes, de noble Marc Vidal de Collin, sieur de Roys, au prix de 1,377 livres.

LAPTE

1273. — Noble Silvion de Lapte, fils et héritier d'Itiier de Lapte, rend hommage à messire Guillaume, évêque du Puy, du fort du château de Lapte, de ses appartenances et de tout ce qu'il a audit château et mandement, excepté du Villaret et Aulannis.

1277. — Hommage prêté au seigneur évêque par le prieur de Grazac, du fief franc relevant dudit évêque, de cinq métans seigle, mesure de Lapte, de deux sols tournois qu'il a coutume de prendre annuellement sur la terre de Lachaud, située paroisse de Lapte, joignant le terroir de Marcillac, de Verne et de Lauzer.

1285. — Noble Silvion de Lapte, seigneur en partie de Lapte, fait hommage à messire Frédole, évêque du Puy, de sa part et portion dans le château, bourg et mandement de Lapte, des mas de Clauses, Mazoers (*Mazard*) du péage de Pont-la-Sainte, d'une parerie dans le château de Saussac et de ce qu'il pourra acquérir dans lesdits lieux.

1296. — Noble Pierre de Bellegarde, seigneur en partie de Lapte, pour raison d'Alize, sa femme, fait hommage à messire Jean de Cuménis, évêque du Puy, de partie du château de Lapte, des mas de Brossettes, de Montjuvin, du péage de Lapte et de Pont-la-Sainte, des mas du Betz, de Clauses, du Bouchet, des Mazoers, Chazeaux, Aulannis (pour la part qu'a ladite Alize à Saussac) et du bois vieux de Chaulet.

1296. — Bernard de Saussac, clerc, fait hommage audit évêque du Puy des villages de Verne, Montjuvin, la Bruyère, le Betz, Frontenac, sis dans les mandements de Lapte et Vertamise.

1296. — Noble Hugo de Pouzols fait hommage de tout ce qu'il avait dans le château et mandement de Lapte, du mas de Rion à Sainte-Sigolène et des « étages » des hommes appelés Jean Bonnel, à la Villette.

1297. — Noble Guillaume de Mirabel fait hommage audit seigneur évêque du mas de Brossettes, paroisse de Lapte.

1308. — Guillaume d'Amavls a fait hommage à messire Bernard de Castanet, évêque du Puy, de tout ce qu'il avait dans le château et mandement de Lapte et dans tout le diocèse du Puy, excepté du pré de Creycelas, situé au terroir de Labesse.

1308. — Noble Guillaume de Vachères reconnaît tenir en fief dudit seigneur évêque tout ce qu'il a au château et mandement de Lapte et le mas de Trévas, que tient de lui Jean Bonnel, au mandement du château de Monistrol.

1309. — Hommage prêté audit évêque du Puy, par Hugon de Saussac, de ce qu'il a au mandement de Lapte.

1309. — Pierre Relhe, habitant de Montfaucon, et Philippe, sa femme, de lui autorisée, reconnaissent tenir en fief la moitié du mas du Bouchet, paroisse et mandement de Lapte, confronté avec les terres des hommes de Pierre de Mastre, seigneur de Lapte, au nom de sa femme.

1309. — Noble Hugon de Saussac rend hommage de ce qu'il avait dans le mandement du château de Lapte.

1309. — Bertrand de Saussac, clerc du Puy, reconnait tenir en fief dudit évêque, les villages de Verne, Montjuvin, la Bruyère, le Betz, Frontenac et autres villages situés dans le mandement du château de Lapte et de Vertamise.

1309. — Noble Hugon de Suc reconnaît tenir en fief une maison à Lapte, avec un jardin et autres appartenances, le mas que tient de lui Pierre Perrin, dans le mandement de Lapte, avec les maisons, prés, terres et autres appartenances, six métans seigle, six métans avoine, six deniers de censive qu'il perçoit annuellement dans ledit mas, dudit Perrin, et tout ce qu'il avait dans le mandement du château de Lapte.

1309. — Noble Pierre, seigneur du château de Mastre et de Lapte, et Alize, sa femme, de lui autorisée, rendent hommage à messire Bernard de Castanet, évêque du Puy, comme en 1296. Ils reconnaissent en outre tenir en fief, partie de la leyde et du four qu'ils ont à Lapte, et généralement tout ce qu'ils ont dans le château et mandement de Lapte, les hommes, rentes, censives, tailles, usages, servitudes, terres, prés, bois, pacages, juridiction et autres quelconques.

1310. — Noble Jean de la Tourette et Vitale, sa femme, ont reconnu tenir en fief dudit seigneur évêque, 10 métans seigle, 11 métans avoine, 4 sols, 6 deniers de censive annuelle aux terroirs de Verne et de Lachaud, sur les hommes du seigneur de Saussac dans lesdits lieux, situés paroisse de Lapte. Le tout relève dudit seigneur de Saussac, comme ces hommes l'assurent.

1312. — Noble Chabert de Contagnet reconnait tenir en fief franc dudit seigneur évêque, des maisons dans la ville, sive château de Lapte, et ce qu'il avait dans ledit château et mandement.

1318. — Hommage fait à messire Durand, évêque du Puy, par Hugon de Saussac, de tout ce qu'il a au mandement de Lapte.

1318. — Noble Hugo de Chambonnet reconnait tenir en fief dudit seigneur évêque, tout ce qu'avait Hugo de Chambonnet, son père, dans le mandement du château de Lapte, aux mas de la Coste et de Chazeaux, mandement du château de Mezères et dans ledit mandement.

1318. — Guillaume de Vachères, du mandement de Lapte, reconnait tenir en fief dudit seigneur évêque, tout ce qu'il avait dans le château et mandement de Lapte, un mas, terre et appartenances que tiennent de lui Libère, Jean Bonnel (ce mas est dans le mandement du château de Monistrol), tout ce que tiennent de lui dans le mas de Trévas, au mandement dudit Monistrol, Jean Marcet, Motet, Libère et Durand.

1318. — Bertrand de Saussac, damoiseau, rend hommage comme Bernard de Saussac en 1296.

1319. — Hommage par Jausserande, femme d'Hugon de Suc, damoiseau, comme a fait son mari en 1309.

1319. — Noble Pierre de la Mastre, damoiseau, et sa femme, rendent hommage audit évêque comme en 1309.

1320. — Philippe, femme de Pierre, rend hommage audit évêque comme en 1309.

1327. — Guillaume Vacher, de Lapte, reconnait tenir en fief de messire Bernard, évêque du Puy, tout ce qu'il avait dans le château et mandement de Lapte, le mas de Trévas, ce que tient de lui dans ledit mandement Hilaire de la Villette, etc.

1328. — Noble Allize, veuve de Pierre de la Mastre et de Lapte, rend hommage audit évêque comme en 1309.

1328. — Jausserande, femme de...., reconnaît tenir en fief de messire Bernard, évêque du Puy, la censive qu'elle perçoit à Lapte et dans le mandement.

1343. — François de Vachères, damoiseau, reconnaît tenir en fief de messire Jean de Chandorat, évêque du Puy, tout ce qu'il avait dans le château et mandement de Lapte.

1343. — Noble Jean Bochart, chevalier, reconnaît tenir en fief 7 setiers et une émine de seigle, mesure de Lapte, 2 setiers avoine, 30 sols tournois et 2 gélines, de censive et rente annuelle au mas de Verne, mandement du château de Lapte.

1343. — Hommage par Jean de Suc, damoiseau, des fiefs énoncés en l'hommage rendu en 1309 par Hugon de Suc.

1343. — Pierre, fils du seigneur de Saint-Didier, damoiseau, reconnaît tenir les fiefs spécifiés dans l'hommage rendu en 1309 par noble Pierre, seigneur du château de Mastre et de Lapte.

1343. — Hugo de Chambonnet, damoiseau, reconnaît tenir en fief ce qu'il avait à Montjuvin et le reste, comme à l'hommage de 1310.

1344. — Félix Relhe rend hommage, comme Pierre Relhe en 1309.

1362. — Vierne de Peyres reconnaît tenir en fief de messire Bertrand de la Tour, évêque du Puy, tout ce qu'il avait dans le château et mandement de Lapte, aux mas de la Coste et de Chazeaux, mandement du château de Mézères.

1362. — Noble Pierre de Saint-Didier rend hommage comme en 1343.

1362. — Reymond de Vachères rend hommage comme Guillaume de Vachères en 1308. Il reconnaît en outre tenir en fief une maison à Monistrol et certaines censives dans la ville et mandement de Monistrol.

1362. — Noble Etoile de Saussac, veuve de sieur Giraud Chandorat, reconnait tenir en fief tout ce qu'elle avait dans le mandement et juridiction du château de Lapte.

1383. — Armand de Mezères a reconnu tenir en fief franc de messire Bertrand de Chanac, économe de l'évêché du Puy, le quart de « bressage » qu'il perçoit par indivis dans le tènement, *sive* terroir de Cuissas, situé jouxte le lieu de la Bruyère, mandement du château de Lapte, les rentes qu'il percevait sur Durand Galety de Borne et Jean Régis, dit *Chanet*, dudit lieu, etc.

1383. — Pierre de la Roue, clerc de Notre-Dame-du-Puy, reconnait tenir en fief les censives et rentes qu'il perçoit au mas de Montjuvin.

1383. — Hommage par noble dame Etoile de Saussac, comme en 1362.

1383. — Même hommage par noble Guicharde de Vachères.

1383. — Noble Etoile de Grazac, du consentement de noble Jean Sicard, son mari, reconnait tenir en fief la rente qu'elle perçoit au château et mandement de Lapte.

1389. — Noble Guicharde de Vachères reconnait tenir en fief tout ce qu'elle perçoit au mandement de Lapte et de Monistrol.

LAUSSONNE

1391. — Reymond de Fix, clerc du Puy, reconnait tenir en fief de messire Jean de Cuménis, évêque du Puy, tout ce qu'il a aux Crochets, paroisse de Laussonne, prés, pacages, bois, champs, jardins, maisons, herbes, terres cultes et incultes.

LAVAL-AMBLAVÈS [1] ET OURS

1343. — Jacques et Jean Roussel, frères, reconnaissent tenir en fief franc un moulin dans Laval-Amblavès, avec ses rivages, levées, eaux et appartenances. Ce moulin est limité par l'eau de Suissesse et le pré de la Croze.

1343. — Jean et Jacques Roussel reconnaissent tenir en fief franc 6 setiers, 11 cartons blé, 10 sols tournois, de censive annuelle sur les mas de Pouzols et de Nay, et tout ce qu'ils avaient acquis de sieur Astorg, seigneur de Sereys.

1343. — Jacques Roussel reconnait tenir en fief franc le lieu et forteresse de Urso *(Ours)*, les maisons, tours, édifices, forteresses, grange, jardin, champs, prés, vignes, terres, possessions, censives, rentes, « obvantions, » la basse juridiction, la moitié de la haute juridiction mère, mixte, impère dudit lieu, avec son mandement et appartenances (excepté un pré au terroir de Cheyret *(Cheyrac?)*

1343. — Hommage en fief franc par le même, de ce qu'il a aux appartenances et mas de Cancoules, paroisse de Saint-Front.

1348. — Noble Elix de Brul, damoiseau, reconnait tenir en fief le lieu, *sive* mas de Vazeilles, avec ses droits, rentes, fruits, émoluments et appartenances.

1362. — Hommage par Jean Roussel, bourgeois du Puy, semblable à ceux de 1343. Il reconnait en outre 3 cartons seigle, mesure de Mercœur, sur Bonnet Sarrolh, 3 cartons d'avoine de censive sur Pierre Talagro, de ladite mesure, avec pleine juridiction utile et droits de lods en vente.

---

(1) Le vallon de l'Amblavès, ou plaine de ce nom, est traversé par la Loire et entouré d'un cercle de montagnes. Il est formé en partie par les communes de Saint-Vincent, la Voute, Beaulieu, etc. Son nom dérive du village d'Amblavès, commune de la Voute-sur-Loire.

1383. — Même hommage.

1389. — Même hommage par noble Jean Roussel, qui reconnait en outre en fief franc trois parties de 33 cartons seigle, 12 ras avoine, 15 sols et 5 deniers tournois, de censive et rente qu'il perçoit annuellement par indivis avec noble Jean Roussel (sic) dans le mandement de Chapteuil, aux lieux de Monedeyres, Marcillac et Autoyrac.

1389. — Même hommage.

LIGNON [1]

1285. — Noble Robert de Lignon rend hommage à messire Frédole, évêque du Puy, du château de Lignon, des villages de Pouzols, de Saint-Julien, des terres de Chabannerie et appartenances desdits lieux.

1296. — Même hommage par noble Giraud de Roussillon, et Béatrix, dame de Lignon, sa femme, à messire Jean de Cuménis, évêque du Puy, des fiefs ci dessus, et ce pour rendre en paix et en guerre.

1296. — Noble Eymard de Blassac fait hommage, de sa part dans le village de Blassac, mandement du Lignon, des terres qui furent de Rovoyraux, des chabanneries de la Villette et du Pinet, au territoire de Trévas, de tout ce qu'il a aux mas de Roseilhas (Rousson?) et Del Chalm (Lachamp?) et des chabanneries qui sont dans la paroisse de Saint-Maurice-de-Lignon.

1296. — Noble Pierre de la Roche fait hommage audit seigneur évêque de sa maison de la Roche, de son tènement

[1] Lignon, commune de Saint-Maurice-de-Lignon.

(excepté la moitié du Pecher supérieur), de ce qu'il a dans les mas Meynis et Malgny, de la chabannerie de Monregnier, de ce qu'il a dans le village de la Rouveyre (*Revères?*) et appartenances desdits lieux.

1309. — Noble Giraud de Roussillon, chevalier, reconnait tenir en fief de messire Bernard de Castanet, évêque du Puy, le château de Lignon (pour rendre), le village de Pouzols, le fief que Guigo de Pouzols tenait de lui dans le mandement de Lignon, la roche et l'édifice de Layard, les mas de Chabannerie, de Saint-Julien et leurs appartenances.

1319. — Même hommage par noble Girard de Roussillon, chevalier, à messire Durand, évêque du Puy.

1328. — Même hommage par noble Robert de Roussillon à messire Bernard, évêque du Puy. Il reconnait en outre, en fief, la maison de Cublaise-de-Lignon.

1343. — Hommage par sieur Robert de Roussillon, chevalier, comme ci-dessus, à l'exception de la maison de Cublaise-de-Lignon.

1344. — Même hommage par noble sieur de Roussillon, seigneur de Lignon, chevalier, à messire Jean de Chandorat, évêque du Puy, semblable à celui de 1328.

1362. — Même hommage par noble sieur Robert de Roussillon, à messire Bertrand de la Tour, évêque du Puy.

1364. — Maitre Jacques Chamalros, clerc, notaire, et Pétronille de Cornassac reconnaissent tenir en fief franc un pré et une pièce de terre au terroir de Livignac, un pré, terre et édifice dans ledit lieu de Chamalros, situé....., une pièce de terre appelée Del Roudel.

1365. — Abert de Montagut, mari de Marguerite Dumas, reconnait tenir en fief la maison de la Roche, 20 cartes seigle, 8 cartons froment, 5 sols, 20 cartons avoine, 20 sols tournois, tant pour censive que taille, 4 gélines qu'il percevait dans le terroir de Marcillac, paroisse de Saint-Paulien, et autre censive y spécifiée.

1383. — Noble Jean Mallet, seigneur de la Tour-Maubourg, reconnait tenir en fief ce que Jausserand Mallet, abbé de Saint-Pierre-la-Tour, avait dans les paroisses de Grazac, Saint-Maurice-de-Lignon, et généralement dans le diocèse du Puy, à l'exception de la rente que lui paie sur les mas de Mele et Del Pucel (*le Poux?*), la dame Élix de Chalancon, et de celle que perçoit Alize d'Usson dans le château et mandement vieux d'Auree et appartenances.

1383. — Hommage par noble sieur Giraud de Roussillon, seigneur de Lignon, semblable à celui de 1362.

1383. — Hommage par noble Guillaume de Solignac, mari et usufruitier des biens dotaux de noble Jurette de Blassac, semblable à celui rendu en 1296 par Eymard de Blassac.

1383. — Noble sieur Gérenton de Solignac, seigneur de Romigières (*Remigères?*), reconnait tenir en fief franc ce qu'il avait à la Jonchère et appartenances, et ce qu'il a au-delà de l'eau de Lignon, avec la juridiction haute et basse dudit lieu.

1565. — Investiture portant hommage, par noble Hector de Touren, juge mage, du Puy, de deux tiers de la place et seigneurie de Lignon, avec justice haute, moyenne et basse, directes, cens, rentes, fonds, domaines, etc., acquis de M. Jean de Miolans, sieur de Chevrières.

1581. — Maitre Jean le More vieux, de Tence, a reçu investiture de certaines propriétés au lieu de la Faye, paroisse de Saint-Maurice-de-Lignon.

1587. — Demoiselle Jeanne de Fay, dite *de Jarlande*, veuve de noble Hector de Touren, sieur de Lignon, a reconnu tenir en fief franc le tiers de la place de Lignon, par elle acquis de M. Valentin Mandon, chanoine, fordoyen de la cathédrale, au prix de 1,383 écus, les autres deux tiers de la place étant ci-devant acquis par noble Hector de Touren.

1672. — Investiture de la terre de Lignon, acquise par M. Jacques de Fay, comte de la Tour-Maubourg, baron de Chabrespine, de M. Joseph de Beaumont de Rochemure, seigneur du Besset, au prix de 75,000 livres et 100 louis d'or d'étrennes.

LIMANDRES [1]

1337. — Noble Armand Aspazy de Polignac reconnait tenir en fief de messire Bernard, évêque du Puy, tout ce qu'il a dans le mas de Limandres.

1337. — Bertrand de Pompignac reconnait tenir en fief dix livres tournois qu'il perçoit dans la moitié du mas de Limandres.

1344. — Bertrand de Pompignac, damoiseau, reconnait tenir en fief dix livres tournois de rente qu'il perçoit au mas de Limandres.

1365 et 1383. — Mêmes hommages par noble Palanudes de Pompignac.

1384. — Noble Jean Dumas de Chatilhet et Marguerite, sa femme, reconnaissent tenir en fief les rentes et censives qu'ils perçoivent au mas de Limandres, paroisse de Vazeilles, diocèse du Puy, lesquelles rentes ont été léguées à sa dite femme, à ce qu'il dit.

1583. — Sieur Claude Cordoan, marchand du Puy, procureur de maitre Guillaume Chabron, notaire royal de Saint-Paulien, reconnait tenir en fief 18 cartons froment, 3 setiers, 13 cartons seigle, 8 cartons orge, 54 ras avoine, 3 livres, 12 sols, des cens et rentes qu'il prend au lieu et terroir de Limandres.

1629. — Abénavis et nouvelle accense faits par le seigneur évêque à maitre Hugues de Fillère, seigneur du Charrouil, de la terre de Limandres, se réservant le fief.

(1) Limandres, commune de Vazeilles-Limandres.

LOUDES

1343. — Noble Hugon, seigneur de Loudes, damoiseau, reconnaît tenir en fief franc 6 setiers, 2 cartons avoine, 2 setiers 3 cartons et demi seigle, 11 cartons froment, 11 cartons orge, mesure du Puy, 37 sols 5 deniers, 16 gélines, de censive et rente, qu'il perçoit au château et appartenances de Loudes, comme il est dénombré.

1383. — Marguerite Laurense, femme de Jacques Muret, reconnaît tenir en fief 8 cartons un quart en un « boicei » de seigle, 7 cartons et demi, 3 ras avoine, mesure du Puy, 3 sols 8 deniers obole et une géline qu'elle perçoit au mas de Fraissinet-le-Buisson, 10 cartes un quart de seigle, 9 cartons un tiers d'avoine, demi carton d'orge, de ladite mesure, et 6 sols obole, percevables à Civeyrac, 2 setiers 10 cartons et demi seigle, 12 cartons et demi avoine, de ladite mesure, 3 sols 6 deniers obole et un tiers d'une géline, percevables au mas de Pralhac. Lesdits mas sont situés dans la paroisse de Loudes.
Suit la ratification de ce qui précède, par Jacques Muret.

1389. — Hommage en fief franc, semblable à celui de 1343, fait par demoiselle Elix de Saint-Didier, qui reconnaît en outre ce qu'elle a à Coubladour, à Civeyrac, et un moulin appelé de Muze, avec les prés, appartenances ou aisances dudit moulin.

LUC [1] ET PRADELLES

1222. — La dame de Luc fait hommage à messire Etienne, évêque du Puy, des châteaux de Luc et Pradelles, avec leurs aisances et forteresses.

1223. — Etienne Guérin fait hommage audit évêque de ce qu'il a au village de Lespéron, qu'il ne pourra vendre ni aliéner sans la licence dudit évêque.

1230. — Noble Bertrand Beraud, de Pradelles, fait hommage à messire Etienne, évêque du Puy, de la 6ᵉ partie d'un chazal qu'il a acquis au château de Pradelles, de la 6ᵉ partie d'un autre chazal dans le même château, de la 6ᵉ partie Del Chassab (sic) de Tressac, d'une partie qu'il a dans le marché de Pradelles, de tout ce qu'il a dans le château, bourg et appartenances de Pradelles, de sa part de la seigneurie antique de la tour de Pradelles (commune avec le seigneur Villatte), de sa part de la tour neuve de la maison Del Falco et maison Villatte, de la salle qui est auprès de la tour vieille, de la cour et « curtil » de Pons Fabre, de la cour Dels Embugères, proche le château, des mas de Chanalètes et Chamours, de ce qu'il avait dans la rivière de Pradelles, au territoire de Lespéron jusques à la Fagette et terroir de Lacham, jusques au fleuve d'Allier. Le château et bourg ci-dessus sont situés dans les terroirs de Lacham et de Blacila.

1256. — Noble Bertrand Beraud, de Pradelles, fait hommage à messire Armand de Polignac, évêque du Puy, de ce qu'il a à Pradelles, ainsi qu'il est spécifié dans ledit hommage, et dans un autre hommage sans date rendu audit évêque par Randon, chevalier, du château de Luc, Pradelles et appartenances (le tout en parchemin).

(1) Luc, chef-lieu de commune du canton de Langogne (Lozère).

1282. — Noble Guillaume Randon, seigneur de Luc, a prêté hommage à messire Guy, évêque du Puy, de tout ce que dame Vierne, seigneuresse de Luc, avait au château et mandement de Luc, des bois de Bercal et de Gorgonfront, qui confrontent avec le ruisseau de Riou-Minaire, du ténement de Chalems, et du mas et ténement de Chabders, situés dans le mandement du château de Luc.

1285. — Noble Hébrard de Pradelles rend hommage à messire Frédole, évêque du Puy, de sa maison, forteresse et terres du Cros, diocèse de Viviers, et de tout ce qu'il a au territoire de Champareilles et appartenances (excepté une sétérée).

1285. — Noble Villatte, chevalier, reconnait audit évêque le château ou parerie qu'il a au château de Pradelles.

1285. — Pierre Falhermine reconnait tenir en fief dudit évêque les moulins de Passerant, proche de Pradelles, avec le pré, appartenances et parerie desdits moulins.

1308. — Dame Hélis de Pradelles, femme d'Hébrard, du diocèse de Viviers, reconnaît tenir en fief de messire Bernard de Castanet, évêque du Puy, et du Chapitre (siége vacant), la maison, forteresse et terroir du Cros, ses juridictions, appartenances, la juridiction mère, mixte, impère, et ce pour rendre ladite forteresse en paix et en guerre, à la seule réquisition dudit évêque. Elle reconnaît encore le terroir de Champayros, avec la justice et appartenances dudit terroir.

1308. — Noble Hébrard, coseigneur de Pradelles, reconnaît tenir en fief dudit évêque le lieu du Cros, diocèse de Viviers, qui autrefois faisait deux mas, le territoire de Champayros, qui avait autrefois quatre mas, avec leurs juridictions et appartenances.

1309. — Noble Pierre Falcon, seigneur en partie de Pradelles, reconnaît tenir en fief dudit évêque trois moulins appelés de Passerant, un pré situé entre deux moulins, avec les parements, levées, eaux, cours desdites eaux et appartenances, un pâtural contre lesdits moulins, un jardin et la maison du meunier, le tout confrontant avec les terroirs de Longo-Sagna, du Mazigon et d'Auteyrac.

1309. — Noble Beraud Eustache, de Crouzet, diocèse de Viviers, paroisse de Meyras, reconnaît tenir en fief dudit évêque, 20 cartes seigle, mesure de Pradelles, de censive, 35 sols tournois et 2 gélines qu'il perçoit annuellement dans le mas de Longe-Sagne, paroisse de Saint-Clément-de-Pradelles, tout ce que tenaient de lui dans ledit mas Etienne et Pierre Girand, frères, de Longe-Sagne.

1309. — Noble Pierre Villatte reconnaît tenir en fief de messire Bernard de Castanet, évêque du Puy, le Mazigon, sous la ville de Pradelles, le mas de Monteil, tant « herme » que fertile, paroisse de Saint-Clément, proche Pradelles, et leurs appartenances, tout ce qu'il avait dans les paroisses de Saint-Etienne-du-Vigan, de Rauret, de Fontanes, de Naussac, dans le mas inférieur d'Arquejols et dans son territoire, confrontant avec le terroir d'Albignac, le mas supérieur des Armans, d'Arquejols, le terroir de Jagonas; tout ce que percevaient pour lui Pons de Vernas aux Salles, paroisse de Rauret, Dalmas de Fontanes, et ses frères, dans la paroisse de Fontanes et au mas de Sinzelies, Hugue de Fraissinet, fils à Thomas, au terroir d'Albignac et au château et mandement de Jonchères, tout ce qu'avait Guillaume de Fontanes, clerc, au terroir d'Albignac. Ledit Villatte tient encore dudit évêque ce qu'il avait au terroir d'Albignac, la huitième partie du terroir de Fraissinet de Beaune, que tiennent de lui en censive annuelle Pierre Durand, et ses frères, ce qu'il a au terroir de Fraissinet, la moitié de la forteresse de Fraissinet et de Beaune, dans les fossés que tient Hugo de Beaune dudit Villatte, ce qu'il avait aux mas et terroirs de la Pinède, des Salles, de la Troncheyre et au château, bourg et mandement de Jonchères, la juridiction mère, mixte, impère, la haute et basse justice dans le château et mandement de Jonchères et les paroisses de Fontanes, Naussac, Saint-Etienne-du-Vigan, Saint-Clément, Rauret, le mas de la Borie, paroisse de Fontanes, et ce que tient de lui Bertrande Garizine, au terroir d'Albignac.

1309. — Pierre Villate et Bermonde, sa femme, reconnaissent tenir en fief la quatrième partie du mas supérieur et inférieur du Bouchet, près Saint-Etienne-du-Vigan, la censive en blé et deniers que percevait Godefroy, sieur d'Agrain, père de ladite Bermonde, due par Jean, de Saint-Etienne-du-Vigan, et les censives que perçoit ledit d'Agrain à Mazigon et au Monteil, situés dans la paroisse de Saint-Clément, sous Pradelles.

1310. — Noble puissant sieur de Randon, chevalier, seigneur du château de Luc et Pradelles, fils de noble et puissant seigneur Armand, vicomte de Polignac, reconnait tenir en fief franc les châteaux de Luc et Pradelles, leurs forteresses et mandements, la juridiction mère, mixte, impère, haute et basse, les territoires, districts et servitudes desdits châteaux qui relèvent de lui, etc.

1312. — Hommage par Pierre et Jean Goy, frères, à messire Bernard de Castanet, évêque du Puy, de certaines rentes au terroir de Saint-Etienne-du-Vigan.

1318. — Noble Hébrard, seigneur en partie de Pradelles, reconnait tenir en fief de messire Durand, évêque du Puy, le lieu du Cros, où étaient deux mas, le terroir de Chapeyrolles, où étaient quatre mas, tout ce qu'il a à Serres, à Joncheyrettes, la quatrième partie de la tour de Jonchères avec la seigneurie et juridiction de ladite tour, et ce pour rendre, le mas et appartenances de Montliaguet.

1318. — Hommage semblable à celui de 1309, par Pierre Falcon, seigneur en partie de Pradelles.

1320 — Beraud Eustache, paroisse de Meyras, rend hommage comme en 1309 et reconnait en outre ce que tient de lui dans le mas de Longe-Sagne, Jean Pascal, sive de Leyra.

1321. — Vénérable et religieuse dame abbesse du monastère de Mercoire, ordre de Citeaux, diocèse de Mende, reconnait tenir en fief dudit évêque, 2 setiers, 3 cartes, un métan de seigle, 6 cartes et un métan d'avoine, mesure du château de Luc, 23 sols tournois et 5 gélines que ladite abbesse et son monastère avaient de rente annuelle dans le mas inférieur de l'Herm, au mandement de Luc, 2 setiers seigle, 2 cartes avoine, de ladite mesure, 5 sols, 8 deniers et une géline de rente sur le mas de Chaussines, dans ledit mandement, et autres rentes.

1324. — Hommage par noble et puissant seigneur Guillaume de Randon, chevalier, seigneur du château de Luc et Pradelles, semblable à celui de 1310.

1327. — Noble Guigo, sieur de Roche, suivant l'échange fait avec Guillaume de Randon, seigneur de Luc, reconnaît tenir en fief de messire Bernard, évêque du Puy, le château, forteresse et mandement de Pradelles, la justice mère, mixte, impère, haute et basse, les terroirs, districts, fiefs, rerefiefs, servitudes, etc.; dudit château, et tout ce qu'il pourra acquérir dans la suite dans le mandement et château de Pradelles.

1327. — Hommage par noble Hébrard, seigneur en partie de Pradelles, semblable à celui de 1308.

1328. — Noble Beraude, veuve de Peyronnet Villate, reconnaît tenir en fief de messire Bernard, évêque du Puy, le Mazigon, et le reste comme ci-dessus.

1328. — Beraud de Pradelles reconnaît tenir en fief deux pièces de terre, un champ au terroir d'Auriac et autres.

1335. — Le seigneur Randon, de Luc, rend hommage à l'évêque du Puy, du château et mandement de Luc. Cet hommage est inséré dans une transaction, etc.

1343. — Pierre Falcon, damoiseau, seigneur en partie de Pradelles, reconnaît tenir en fief franc de messire Jean de Chandorat, évêque du Puy, six moulins appelés de Passerant, et le reste comme en 1309.

1343. — Noble seigneur Villate, de Pradelles, coseigneur de Jonchères, chevalier, reconnaît tenir en fief franc les mas de Mazigon et Monteil, et ce qu'il avait dans la paroisse de Saint-Étienne-du-Vigan.

1350. — Noble Pierre de Baladune, damoiseau, tuteur et curateur de noble Jourdanette, dame du Béage, reconnaît tenir en fief dudit évêque, le lieu du Cros, paroisse de Saint-Étienne-de-Lugdarès, diocèse de Viviers.

1362. — L'abbesse de Mercoire reconnaît tenir en fief franc de l'évêque, des rentes et censives au mandement de Luc.

1362. — Sieur Villatte, coseigneur de Pradelles, reconnaît tenir en fief de messire Bertrand de la Tour, évêque du Puy, les fiefs spécifiés dans l'hommage de 1309, rendu par Pierre Villatte.

1383. — Acte portant commission expresse au capitaine de Cayres, de la part de l'évêque, d'aller réduire sous sa main le château du Cros, près de Pradelles, après la mort du seigneur dudit château, ce qu'il a fait, jusqu'à ce qu'il paraisse un héritier dudit seigneur.

1383. — Noble Imbert, seigneur de Urzet *(Burzett)*, chevalier, rend hommage comme a fait noble Hébrard, en 1308.

1383. — Hommage par noble Guigonnet, seigneur de Roche, et dame Eléonore, tutrice, semblable à celui de 1327, rendu par noble Guigo, sieur de Roche. Ils reconnaissent en outre tenir en fief de l'évêque du Puy, le village et mas de Lesperon.

1383. — Puissant seigneur Armand, vicomte de Polignac, reconnaît tenir en fief le château et appartenances de Luc, ainsi qu'il est expliqué plus longuement au chapitre de Polignac.

1383. — Hommage par noble Elisabeth Falcon, semblable à ceux de 1309 et 1318, rendus par Pierre Falcon.

1384. — Jausserand Rouchon, de Pradelles, reconnaît tenir en fief franc des censives et rentes annuelles sur le mas du Cellier, près de Luc, et des terres et possessions qu'il avait acquises de noble Jean de Chardonalis, dit *de Bonaire*, au mandement de Luc.

1395. — Même hommage.

1580. — Claude de Beaune, seigneur de Pradelles, reconnaît tenir en fief franc et noble, de messire Antoine de Senecterre, évêque du Puy, la place, seigneurie et appartenances de Pradelles, dans le bailliage du Velay, acquises par lui de puissante dame la comtesse d'Urfé.

MALIVERNAS [1]

1285. — Hugon de Roche rend hommage à messire Frédole, évêque du Puy, du village et forteresse *sive* château de Malivernas, du mas de Charreyras *(Charrées?)* et appartenances, que tient Bertrand Tronchet, avec la juridiction desdits lieux.

1296. — Noble sieur Guigon de Roche, chevalier, fait hommage à messire Jean de Cuménis, évêque du Puy, du château *sive* forteresse et bourg de Malivernas.

1301. — Même hommage audit évêque par noble Guigon, sieur de Roche, fils d'autre Guigon.

1309. — Même hommage par noble Guigon, seigneur de Roche, chevalier, à messire Bernard de Castanet, évêque du Puy.

1319. — Même hommage par le même à messire Durand, évêque du Puy, et en outre de ce qu'il possédait dans le château et mandement de Retournac, et ce pour rendre.

1327. — Hommage par le même, à messire Bernard V, évêque du Puy.

1362. — Guigon, seigneur de Roche, vicomte de Lautrec, reconnaît tenir en fief de messire Bertrand de la Tour, évêque du Puy, le château et forteresse d'Artias, le château, forteresse et bourg de Malivernas, ce qu'il avait au château et mandement de Retournac, dans le village et ténement de Niaigles (diocèse de Viviers), le château et village de Vachères, les villages ou

---

[1] Malivernas, commune de Saint-Pierre-du-Champ.

mas d'Alleyrac, Cogossangue, Auteyrac, Chazeaux, Coste-Chaude, Ponteils, Chambertes, Charbadœil, Malhac, Malhaguet, et des Oytaux, et ce qu'il avait dans les paroisses de Présailles, Saint-Pierre-Salettes, Saint-Martin-de-Fugères et au Villard, avec la juridiction mère, mixte, impère, la haute et basse justice. Il tient encore en fief franc le château, forteresse et mandement de Pradelles, avec la juridiction mère, mixte, impère, haute et basse, fiefs et rerefiefs, dans lesdits châteaux et mandements, le domaine du Moulin, une tour où était autrefois le moulin, etc.

1383. — Même hommage par noble Guigonnet, seigneur de Roche, et dame Eléonore, sa tutrice.

MAZEL (LE)

DIOCÈSE DE MENDE.

1264. — Guillaume Balme fait hommage à messire Guillaume de la Roue, évêque du Puy, de la moitié du ténement et village du Mazel et d'une partie de la Pointeyre.

1343. — Même hommage par Pierre Balme d'Ussel, damoiseau.

1362. — Même hommage par noble Agnès de Balme, fille de Guillaume, veuve de Vincent Clenchen. Elle reconnaît de plus ce qu'elle avait au terroir de Balme, diocèse de Mende.

1383. — Noble Jean de Mazengue et sa femme, reconnaissent tenir en fief franc la moitié du village et ténement du Mazel, et ce qu'ils avaient à la Pointeyre. Le tout fut jadis de Bertrand de Balme, du diocèse de Mende.

1646, 30 avril. — Investiture portant hommage des rentes, censives, juridictions, revenus, biens-fonds, lods, domaine, pensions, etc., de la terre, seigneurie et mandement du Mazel, paroisse de Fontanes et Naussac, en Gévaudan, acquis par sieur Louis Troupel, bourgeois du lieu d'Ardour, paroisse de Saint-Etienne-de-Lugdarès, diocèse de Viviers, de noble Annet de la Motte, seigneur d'Uzers, au prix de 72,000 livres.

MAZEYRAC [1]

MANDEMENT DE MERCŒUR.

Hommages par Pierre Chastel (1291), noble Dumas Comarc (1293), Jean Sicard (1304), noble Roiron, Pons Raoul, Reymond Bernard et Guillaume Asson (1308), noble Marguerite de Sedes (1309), noble Reymond Bernard (1318), Pons Raoul, du Puy (1320), noble X..... (1328), Pons Raoul, noble Guigon Roiron, de Boissier, Jean Bernard, de Vernusses et Guigonne, fille de Reymond Bernard, de Vernusses (1343), Jacques Boyer, bourgeois du Puy (1344 et 1362).

1308. — Hommage par noble Guigo de Cortil, de ce que Pons Raoul, son cousin, avait à Mazeyrac.

1383. — Hommage par Guillaume Boyer, bourgeois du Puy.

(1) Mazeyrac, commune de Beaulieu.

MERCOEUR [1]

1274. — Noble Guillaume Charres *(Charraix?)*, écuyer, fait hommage à messire Guillaume de la Roue, évêque du Puy, de la maison neuve qu'il a fait édifier au-dessus de la *prade* de Riou, proche le château de Mercœur, des prés et terres adjacents à ladite maison, à l'exception d'une sétérée de pré joignant la terre de la vicomté du côté de l'estrade de Rosières, de ce qu'il tient du vicomte de Polignac au terroir d'Espinasse, d'une sétérée de pré à la prairie de Riou, etc.

1285. — Hommage par noble Pons Adémard à messire Frédole, évêque du Puy; d'un pré au mandement du château de Mercœur.

1285. — Même hommage par noble Pons Adémard.

1285. — Pierre et Pons de Seneuil, frères, ont rendu hommage de ce qu'ils ont dans le château et mandement de Mercœur.

1291. — Pierre Chastel fait hommage audit évêque, des prés, terres, bois et autres choses à Riou. Alix, veuve de Pierre Bernard, reconnait tenir en fief dudit évêque, des terres, prés et appartenances à Mazeyrac, sous Mercœur.

1291. — Noble Pierre Guinamand, chevalier, sieur Guigo de Prades, chevalier, Reymond de Rullier *(Roulier?)*, clerc, et Guillaume, son neveu, Guillaume de Charries *(Charraix?)* Pierre Montagne, noble Guillaume Asson et Jean Arnaud, de Riou, tous conjointement, reconnaissent tenir en fief de messire Guy de Neufville, évêque du Puy :

---

(1) Mercœur, commune de Malvesiès.

1° Ledit Guinamand, tout ce qu'il a au village de Blavosy, deux prés en la prairie de Riou, l'un appelé Royraud et l'autre la Chazorna, deux jardins au terroir du village de Riou, tout ce qu'il a au bois de Boschillo (Boussillon), et terres contigues, le tout relevant de Jean Gozabant; deux cartonnées de terre que tient Guillaume de Riou, proche dudit bois, les hommes, maisons, possessions et ce qu'il avait au village de Faugères, au château de Mercœur, les terres, maisons, bois, fiefs qu'on tient de lui au village et moulin de Jabruzac, tout ce qu'il a au terroir de Mars, au village de Serroil (excepté le lieu de Saigne-Rousse, qu'il tient du Chapitre), la moitié d'un pré à Ebde, jouxte le four, de la directe de Guillaume Guinamand;

2° Le sieur Guigo de Prades tient en fief des terres, maisons, possessions, vignes, hommes, prés et autres choses au terroir de Mars, au mas et terroir d'Espinasse, des censives et quarts dans la paroisse de Chaspinhac, des maisons, jardins, prés, etc., à Vernusses, au village de Sonac, au château de Mercœur; des maisons, jardins, hommes et autres choses dans ledit château (excepté la maison de Trailh, avec son jardin attenant), un champ au terroir de Boissier et tout ce qu'il avait dans le mandement de Mercœur (excepté ce qu'il a au Roure, à Bosc, et un pré à Riou);

3° Reymond de Roylher (sic), clerc, et Guillaume, son neveu, tiennent en fief le mas de Ruilher (Roulier?) avec les hommes, le château de Galberton, à Mezères, et autres choses au château et appartenances de Mezères, avec les hommes, terres, prés, juridictions, etc., le village, terroir et hommes de Chazelles, les terroirs, bois, prés de Bays, les hommes, terres et prés à Chaspinhac; 7 deniers poliens de censive, sur un pré sous la maison de la Chalm, les fiefs tenus par noble Gilles Delorme au château et tènement de Mezères, et par Béatrix de Rochetaillade dans le bois de Jauzas, la censive annuelle de 2 cartons d'avoine sur le bois de Moral, dit *de Chaux*, et terres adjacentes;

4° Noble Guillaume Charriers (sic) tient en fief les maisons et forteresse de la Bastide, avec la grange, pêcher, prés, la moitié de la maison appelée Bourg Armalier, ce que tient de lui à Mercœur, Jean Forès, un pré à la condamine de Riou, un chazal et jardin au château de Bonnas et ce qu'il a dans ledit château ;

5° Noble Pierre Montagne tient en fief les hommes, terres, maisons, possessions, et tout ce qu'il possède dans les châteaux, mandements et terroirs de Mezères et d'Yssingeaux (excepté son champ de Las Valeyras, au mandement de Mezères) ;

6° Noble Guillaume Asson tient en fief sa part du bois de Rocosenc, au mandement de Mezères, des terres, censives, possessions, etc., à Blanlhac ;

7° Arnaud de Riou tient en fief ce qu'il avait à Riou et ce qu'avait Agnès de Riou, sa mère.

1291. — Pierre Asterg, clerc, et Pierre Besseyre, reconnaissent tenir en fief un jardin à Mercœur, un autre à Retournaguet, jouxte celui de Jean Forgo, ce qu'ils avaient au village et mandement de Retournac, en commun entre l'évêque et le sieur de la Roche, tout ce qu'ils avaient en commun, de l'estrade de Jussac jusqu'à la Loire, les hommes, prés et appartenances aux Ollières, audit mandement.

Pierre Besseyre tient en son nom une maison et jardin à Mezères, un pré au mandement de Mezères, jouxte le mas de l'Herm, un champ audit mandement, jouxte la terre de Pigeyre et le mas de Bran, et ce qu'il avait eu en dot à Malataverne.

1291. — Noble Hugues de Mercuret reconnaît tenir en fief des terres, maisons, possessions, juridictions, etc., dans les châteaux, mandements et territoires de Mezères, Mercœur, Beaujeu, des censives au monastère de Tence et au mas de la Dragoneyre *(Dargonnier)*, mandement de Beaujeu.

1291. — Beraud Reynard, de Mercœur, reconnaît tenir en fief des maisons, jardins et ce qu'il a à Sonac (excepté les champs de Brigas, de Granget, le champ Bicco, dans la côte de Malaval), deux champs au terroir de Mazas, paroisse de Chaspinhac, ce qu'il a au terroir de Las Colonges, à Jabruzac, 3 sols, 6 deniers, de censive, sur le champ de Chestagnié, et une carte seigle sur le champ de Chabralhet.

1296. — Noble Dumas Cemare fait hommage en fief à messire Jean de Cuménis, évêque du Puy, de ce qu'il avait au village et ténement de Mazeyrac, mandement de Mercœur.

1296. — Noble Guigonet de Chambonnet, autorisé par Pons, son père, fait hommage des bois, champs, jardin et maison du Roure, de ce qu'avait à Mercœur Guigo de Riou, père de sa femme, de terres, champs et vignes au terroir de Boisset, dit *Guigo de Riou*, de prés à Saigne-Longe, du pré du Tronc et de Taillesac, des champs de la Condamine et d'Escobeyres, de deux pièces de terre au terroir de Taillesac et de la moitié d'une oche sur le Breuil, le tout au mandement de Mercœur.

1296. — Sieur Pierre Imbert, de Saint-Quentin, chevalier, fait hommage d'un setier blé, moitié froment et moitié avoine, et de 2 sols tournois au terroir de Las Colonges, mandement de Mercœur.

1296. — Pierre Astorg, clerc, fait hommage d'un jardin à Mercœur et à Retournaguet, et de ce qu'il a en hommes, terres, prés, etc., à Alleyrac, mandement d'Yssingeaux.

1296. — Sieur Pierre Guinamand, chevalier, fait hommage de ce qu'il avait à la côte de Serroil, au village et territoire de Blavosy, aux mas et ténement de Riou, de deux prés et deux jardins à la *prade* de Riou, d'un jardin contre sa maison, du bois du Boussillon et terres cultes aux environs dudit bois, des terres qu'on tient de lui aux moulins du mas de Serroil (excepté de l'appenderie que tient de lui Barthélemy Chevalier), de ce qu'il avait au mas de Faugères et d'un pré derrière le four d'Ebde.

1296. — Noble Guillaume Roueyraud (*Roiron?*), fait hommage de ce qu'il avait dans le château et mandement de Mercœur (excepté de l'oche de Roche-Jalaa).

1296. — Dame Blandine, veuve de Guillaume Charezy (*Charraix?*), chevalier, fait hommage de la maison, du Pecher ou bourg Armalier, des prés contre ladite maison, de sa maison de Forés, située dans ledit château (sic), des oches au-dessus de ladite maison et des oches de Vache, contre la vigne de la Chapelle.

1296. — Noble Hugues Roueyraud, de Boissier, fait hommage de ce qu'il a au village de Faugères et dans le château et appartenances de Mercœur.

1296. — Pons de la Blache fait hommage de sa maison de la Blache, du pré de la Prade, de ce qu'il a au village de Faugères, à Malataverne, au terroir de Jabruzac, à Chaspinhac, à la côte Guinamandèche, à Mercœur, aux « adenils » et à la cour et chazal des Tempères.

1296. — Noble Bertrand Bernard fait hommage de ce qu'il a au village de Sonac (excepté de trois champs qu'on tient de lui), du pré de Las Levades, d'un champ de ce nom que tient de lui Laurent, de ce qu'il a au mas de Jabruzac, d'un pré à la Faisse, de deux champs à la Fanc, du champ de Sauget, que tient de lui Guigonnelle, d'un champ au Chastagnié et à la Rochette.

1296. — Hommage par noble Guillaume Asson, de ce qu'il avait au village et appartenances de Blanlhac et dans le mandement du château de Mezères.

1296. — Hommage par noble Guigon Castang, de ce qu'il avait aux mandements de Mercœur et Beaujeu.

1296. — Hommage par noble Pierre de Chamblas, de ce qu'il avait au village et appartenances de Blavosy.

1296. — Hommage par noble Pons de Chamblas, de ce qu'il a au village et appartenances de Riou.

1296. — Dame Aigline, veuve de Guillaume Guinamand, comme tutrice de Poncet, son fils, fait hommage du château et mandement de Mercœur.

1296. — Martin Jailep fait hommage de ce qu'avaient François et Reymonde de Méravilhe, sa femme, dans le village et appartenances de Riou.

1296. — Hommage par Juliane, femme de Barthélemy Chevalier, de deux sèterées de pré à la prairie de Riou.

1296. — Dumas Moly fait hommage du pré de la Corbe, jouxte le pré de Dumas Comare.

1297. — Hommage, en fief franc, par Pierre Maurice, de ce qu'il avait à Faugères.

1297. — Noble Pons Hermies fait hommage du champ de Boissier, d'un pré dans la prairie de Riou, d'un autre près du château de Mercœur, de deux pièces de terre sous Clissac, contre le ruisseau des Escobeyres, d'un champ au terroir de Mars, d'un autre à l'estrade de Vernusses et de Chaspinhac, le tout au mandement de Mercœur.

1304. — Jean Sicard, clerc du Puy, fait hommage de ce qu'il avait dans le château et mandement de Mercœur, dans les villages de Sonac, de Mazeyrac, dans le château de Mezères, aux villages de Veyrines, de Malataverne, d'Arzilhac, au village ou mas de Monteil, proche le Vaunac, et dans le moulin des Pages, le tout au mandement de Mezères.

1305. — Giraud Chandorat, bourgeois du Puy, et Mathieu, son frère, reconnaissent tenir en fief de messire Jean de Cuménis, évêque du Puy, ce qu'ils ont au mas, tènement et territoire des Tranchets.

1308. — Hommage rendu par noble Pons Alferand à messire Bernard de Castanet, évêque du Puy, du mas de la Blache, de ce qu'il a dans les terroirs de Chaspinhac, Faugères, et au château de Mercœur, dans le terroir de Jabruzac (à l'exception de ce qu'il a sur le chemin de Mars, à la Brosse et au terroir de Montredon), et dans le mandement et appartenances du château de Mercœur.

1308. — Pons Raoul, clerc du Puy, reconnait tenir en fief ce qu'il avait à Mazeyrac, mandement de Mercœur, et ce qu'il percevait sur les habitants du Roure, même mandement.

1308. — Noble Pierre-Maurice de Solelhac reconnait tenir en fief ce qu'il a au mas de Montredon, au village de Faugères (à l'exception de ce qui relève de Guillaume Maurice, son frère), et ce qu'il a au mandement de Mercœur.

1308. — Hommage de Pierre Chamblas, comme en 1296.

1308. — Hommage de noble Pons de Chamblas, comme en 1296.

1308. — Noble Hugon Royraud, dit *de Boissier*, reconnait tenir en fief la grange de Boissier, ce qu'il avait dans les mas de Clissac, de Neyronde, dans le tènement de Mazeyrac, dans les villages de Sonac, Vernusses, dans le château de Mercœur, à Chaspinhac, à Chassaure, à Saint-Quentin, à Riou, à Bosc, à Ebde, le pré que tient de lui Cayrel Deloche, le bois de la Roveyre, et tout ce qu'il avait dans le mandement et château de Mercœur.

Ledit Royraud et Catherine, sa femme, présente, tiennent comme dessus, ce qu'ils ont au village ou mas de Faugères.

1308. — Noble Guillaume de Reforgon reconnait tenir en fief ce qu'il avait dans le mandement et château de Mercœur.

1308. — Hommage par Pierre Guinamand, chevalier, et Pierre, son fils, du mas de Serroil, de ce qu'ils avaient au village et terroir de Blavosy, au terroir de Riou, de deux prés et de deux jardins dans la prade de Riou, d'un jardin jouxte la maison dudit Pierre, du bois de Boussillon et terres adjacentes audit bois, qui furent de Jean Gozabaud, des terres que tient Pierre Guinamand Limoly, du mas de Serroil (excepté de l'appenderie que tient Barthélemy Chevalier), d'un pré derrière le four d'Ebde, de maisons et jardins à Mercœur, de vignes dans le terroir de Mars, au mandement de Mercœur.

Ledit Pierre Guinamand, chevalier, du consentement de son père, tient en fief la moitié d'un champ au terroir du Roure, confrontant avec les champs de Pons Guinamand et de Guigone, femme de Pons Charreys, sœur dudit Pierre; il tient encore le champ du Fraisse, confrontant avec les bois et terres qui furent de Jean Gozabaud.

1308. — Hommage par noble Guillaume de Seneuil, de ce qu'il a au village de Belz, de ce que tient de lui Charbonnier et de ce qu'il possède à Serroil, Jalhe et Espinasse, le tout au mandement de Mercœur.

1308. — Hommage par noble Pons Guigon, d'un champ au terroir d'Escobeyres, mandement de Mercœur.

1308. — Hommage par noble Guigon de Vernusses, de ce qu'il avait au mandement de Mercœur (excepté de ce qu'il possédait au terroir de Mars).

1308. — Hommage par Guigone, femme de Pons Charreys, du champ de la Blache, de la moitié d'un champ indivis situé au Roure, d'un autre que tient d'elle Benoît de Boissier, et d'un autre au terroir de Mars.

1308. — Adémard de Saint-Quentin, clerc du Puy, reconnaît tenir en fief ce qu'il a au mas de Las Colonges, à Vernusses et à Riou.

1308. — Hommage par Jean Brunel, de Riou, d'une maison à Riou et d'un pré à la Planche, mandement de Mercœur.

1308. — Hommage par noble Pons Guinamand, de Riou, des mas du Roure, de Vernusses, d'un fief en commun avec Pierre Guinamand, chevalier, son père, dans le mas de Jabruzac, de ce qu'il avait dans le château de Mercœur, de maisons et jardins dans ledit château, du mas de Montredon, de ce qu'il avait au terroir de Boissier (excepté une vigne et un champ sous la vigne). Il reconnaît en outre une « versane » de Garrigue s'étendant jusqu'au Clusel, le garayt de Las Peyrouses, les maisons et champs Champignasses, le pré, les maisons, champs et bois au terroir de Taillesac, appelé Jeangras, supérieur, jusqu'à la commune (sic) qui   t de la Volpilière, le pré du Tronc, que tiennent de lui Pouchon et Pierre Arnaud, le pré du Viol, que tient de lui Jean Marchadier, le jardin sous le village de Riou, que tient de lui Jean Robin Brunolz, le pré du Martouret, que tient de lui Pierre Jallet de Riou, le tout au mandement de Mercœur.

1308. — Reymond Bernard reconnaît tenir en fief un pré jouxte l'estrade ou chemin public, une part de censive et seigneurie dans la maison de Jacques Blache, une part dans le champ de Mazeyrac, le tout au mandement de Mercœur.

1308. — Guillaume et Jean Jallet, frères, reconnaissent tenir en fief des maisons au château de Mercœur, contre le portail dudit château, le pré du Breuil et le champ du Martouret.

1308. — Hommage par noble Pons Bernard, de la moitié d'une sétérée de pré dans l'estrade du château de Mercœur.

1308. — Hommage par Hugon Bernard, du champ de la Combe, du pré de ce nom, d'une part indivise du pré Comuniac et de sa seigneurie, de la quatrième partie d'une sétérée du pré de la Biache, de sa part indivise des maisons de Malrevers, le tout au mandement de Mercœur.

1308. — Hommage par Guillaume Asson, chevalier, des mas et terre de la Roveyre, avec la juridiction du mas de Mazeyrac et d'un moulin sur la rivière de Ceyeezac. Ledit évêque se retient la moitié de la justice mère, mixte, impère et haute desdits lieux situés dans le mandement de Mercœur. Il reconnaît en outre une vigne au terroir de Mars, ce qu'il avait au bois de Rocosene et à Blanlhac.

1308. — Pierre Chapteuil, du Puy, confesse tenir en fief 5 sols tournois de censive et une géline qu'il perçoit annuellement dans le mandement de Mercœur, au lieu appelé sous le Roure, sur un pré que tient de lui Maurice Delort, 21 deniers, 2 cartons seigle, mesure de la Voute, sur ledit lieu du Roure, un carton seigle sur un pré, dans ledit mandement, 3 deniers tournois sur un autre pré, et ce qu'il tenait dans le château et mandement de Mercœur.

1308. — Martin Vallette et Guillaume, son fils, reconnaissent tenir en fief un pré de 3 sétérées, situé en la prairie de Riou, une maison au village de Riou, le bois de Boussillon et un champ contigu, un champ au Sac Grallier, un autre appelé La Garde, le champ appelé Taillesac jadis au terroir de ce nom, le champ de la Condamine et un autre au terroir de Boissier, le tout au mandement de Mercœur.

1308. — Hommage par Robert Brunel, d'une maison à Riou et de 2 prés contenant une sétérée, au mandement de Mercœur.

1308. — Jean Arnaud de Riou reconnaît tenir en fief le pré de Prat Noël, le champ de Rochain, 2 champs aux Rulières, le tout au mandement de Mercœur.

1308. — Hommage par Pierre Arnaud, de Riou, de 2 prés situés au Pradal, mandement de Mercœur.

1309. — Hommage par Marguerite d'Usson, femme de Guiniet, de 5 cartons seigle, de 4 d'avoine, de 3 sois, 6 deniers, et d'une géline qu'elle perçoit dans le mas de Neyronde, mandement de Mercœur.

1309. — Barthélemy Achard, du Puy, reconnait tenir en fief, une *sagne* appelée Lort de Lespine, un champ et une autre sagne jouxte le mas de Blavosy, confrontant avec le pré de Martin et Bertrand Achard frères, et le chemin public de Blavosy à la Mouleyre.

1309. — Hommage par noble Bertrand d'Ebde, comme en 1327. (1).

1309. — Guillaume de Lalchuya reconnait tenir en fief des terres relevant de Bertrand Bernard, au terroir de Meyrac et de Neyronde, et une terre relevant de Pons Bernard, au mandement de Mercœur.

1309. — Dame Marguerite de Sodes, moinesse du monastère de Vorey, reconnait tenir en fief des rentes à Mazeyrac, au Roure et ce qu'elle avait dans le mandement de Mercœur.

1309. — Noble Gérenton Arta, reconnait tenir en fief deux jardins contre le château de Mercœur et le portail dudit château au lieu du Tourcet, l'un sur le chemin qui va audit château, et l'autre sous le village.

1309. — Etienne Pradel, clerc du Puy, reconnait tenir en fief un pré au terroir de Las Corbes, mandement de Mercœur, jouxte le lieu de Mazeyrac, la terre du prieuré de Beaujeu et celle du monastère de Belle-Combe.

1309. — Noble Pons Herminion de la Bastide reconnait tenir en fief 10 cartons froment de censive au terroir de Boissier ; ce que lui donne actuellement Zacarie de Serroil, et une géline ; 8 cartons froment au terroir de Mars, que donnent

(1) Voir les hommages d'Ebde, page 102.

de censive Jean de Sonac et Jacques Coffy ; 6 deniers et une géline ; 4 cartons seigle et un d'avoine, mesure du Puy, qu'il perçoit à Mercœur sur les nommés Longuets et Jallet, de Mercœur ; un carton froment et 6 sols, 6 deniers sur les Senolhs pour partie de ce qu'ils tiennent de lui en la rivière de Riou et une pièce de terre au terroir des Cobières, contre le chemin de Mercœur ; 3 deniers tournois sur Guillaume Agulhe pour le jardin qu'il tient de lui, jouxte l'église ; 10 sols tournois en la prairie de Riou, (lequel pré relève de Polignac), et ce qu'il a dans le château et mandement de Mercœur.

1309. — Hommage par Guigo de Chambounet et Agnès, sa femme, des bois, champs, terres cultes et incultes, maisons et jardins du Roure, provenant de Guigo de Riou, père de ladite Agnès, à Mercœur, des champs, terres et vignes qu'ils avaient dans la terre de Boissier, du pré de Taillesac, des champs de la Condamine et d'Escobeyres, de 2 pièces de terre au terroir de Taillesac, de la moitié d'une oche au dessus du Breuil, le tout dans le mandement de Mercœur, et de ce qu'ils avaient dans ledit château et mandement, à l'exception d'une maison que tient Hugo de Bosc.

1309. — Hommage par noble Pons de Saint-Germain, de ce qu'il avait au château et mandement de Mercœur, au mas de la Toureille, mandement de Mezères, et au mas de la Prade, mandement de Chapteuil.

1309. — Noble Truche, femme de Pons de Saint-Quentin, reconnaît tenir en fief 6 sols de censive et 2 cartes d'avoine sur un jardin et une maison au mandement de Mercœur, 6 deniers sur un pré que tient d'elle Hugues de Boissier, audit mandement et le bois de Guinamand.

1309. — Sieur Pierre de Servissas, trésorier de Pojolard (sic), chanoine du Puy, et autres ont reconnu tenir en fief un pré appelé le Breuil de Neyronde, mandement de Mercœur, et 8 cartons seigle, de censive, au terroir de Combriol.

1309. — Noble Bertrand Bernard, de Mercœur, reconnaît tenir en fief des censives annuelles dans le mas du château de Mercœur, sur les fonds y désignés.

1309. — Hommage par le précepteur de Saint-Jean-de-Jérusalem, de la maison et forteresse de Pébelit, des mas des Pandraux, Boussillon etc.

1310. — Hommage par Bertrand d'Ebde, du bois des Egalz, situé dans et hors du mandement de Mercœur : de la paverie de Servissas, avec la haute seigneurie, et de tout ce qu'il a dans ledit mandement.

1310. — Hommage par noble Guillaume de Fourchade, de ce qu'il avait au village de Riou et dans le mandement de Mercœur.

1310. — Hommage par Pons de Charreys et Guigone, sa femme, semblable à celui de 1308. Ils reconnaissent en outre une maison, sous le pré de Riou, ce qu'ils avaient au terroir d'Espinasse et dans le mandement de Mercœur.

1310. — Gérente de Chausson, de Saint-Quentin, diocèse du Puy, reconnait tenir en fief 2 jardins au Crouzet.

1310. — Hommage par Romieu Achard, de Blavosy, d'une ocho sous les maisons de Blavosy, du mas de Blavosy, une rue au milieu, confrontant avec le Breuil de Blavosy, de l'ocho de Charbonnel, du champ de la Chalm, de la moitié de celui de Bramefan et d'un autre au terroir de la Poullaria.

1310 — Hommage par Pierre Jeannis, du mandement de Mercœur, du champ de Las Salces, d'un pré, d'un jardin avec ses aisances et d'une maison confrontant avec une terre de l'église du Puy au terroir de Clissac, la terre de Bernarde Bonnet et celle de Jean de Clissac.

1310 — Hommage, en fief franc, par Barthélemy Chevalier, d'un pré situé en la rivière de Riou et confiné par celui de Marguerite Annande et la terre de Martin Jallet.

1310 — Hommage par maître Jean Fraissinet et Pons d'Alzon, maîtres de l'hôpital Notre-Dame-du-Puy, de ce que percevait ledit hôpital sur Jean Royraud, au terroir de Lespinasse, mandement de Mercœur; du champ de Bolchador

(*Bouche-d'Or*) audit mandement que Jallet tient en emphytéose dudit hôpital. Ils tiennent en reréfief les terres qui furent des Artaudz, de Mercœur, et les terres appelées les moulins de Jabruzac.

1312 — Jeanne Paule, du mandement de Mercœur, reconnaît tenir en fief le pré de la Farcheyret, le champ de Montbel et celui de la Vio-de-Prat-Sauzet.

1314 — Hommage par Guigo de Mercuret, d'une rente au mandement de Mercœur.

1314 — Reconnaissance et hommage rendus par les habitants de Blavosy, Chaspinhac, Riou, Sonac, Mercœur et Boissier. Tous ensemble se rendent hommes liges, justiciables, exploitables, comptables et taillables à volonté de l'évêque et de ses successeurs.

1318 — Hommage par sieur Adémard de Saint-Quentin, chanoine du Puy, à messire Durand, évêque du Puy, de ce qu'il avait au mas de Las Colonges, à Vernusses et à Riou.

1318. — Sieur Garin de Cereys et Etienne Saunier, chanoines du Puy et maîtres de l'hôpital de Notre-Dame, reconnaissent au nom dudit hôpital, tenir en fief ce qu'avait ledit hôpital au terroir de Lespinasse et le champ de Bouche-d'Or. Ledit hôpital tient en reréfief les terroirs qui furent des Artaudz, une carte seigle, 4 sols tournois au mas de Varennes, mandement de Mezères, et une carte froment sur Jean Chalva.

1318 — Guillaume Chabert, du Puy, reconnaît tenir en fief 6 cartons seigle, un d'avoine, mesure du château de Mercœur, qu'il perçoit annuellement sur Vital Vachon, 5 sols et une géline de censive sur Michel Jallet, de Riou.

1318. — Hommage par noble Pons Chaireys, damoiseau, semblable à celui de 1308, rendu par Guigone, femme de Pons Chaireys. Il reconnaît en outre une maison sous le pré de Riou, ce qu'il avait dans le mandement de Mercœur et le diocèse du Puy.

1318. — Hommage par noble Guillaume de Sonénil, comme en 1308.

1318. — Hommage par noble Pierre Maurice de Solelhac, comme en 1308.

1318. — Hommage par noble Castang de Bosc, de la grange de Bosc, mandement de Mercœur, de ce qu'il avait dans ledit mandement (à l'exception d'un champ au terroir de Clusel, qu'il dit relever de noble Bertrand d'Ebde), d'un setier seigle, 20 combles d'avoine, et 8 sols 9 deniers sur Guillaume et Vital de la Bruyère, au mas de la Bruyère et autres.

1318. — Hommage par noble Pons Alferand, comme en 1308. Il reconnait en outre ce qu'il avait dans le mandement de Mercœur, et pour sa femme, 2 setiers, 5 cartons froment, 6 d'avoine, 14 sols et une géline sur le terroir et mas de Sorreil.

1318. — Hommage par Pierre de Chamblas, comme en 1296.

1318. — Hommage par noble Reymond Bernard, demoiseau, comme en 1308.

1318. — Hommage par Guillaume et Jean Jallet, comme en 1308. Ils reconnaissent en outre ce que Bernard Bonne-Mémoire avait de Pons de Glavenas, au terroir de la Boutaresse, jouxte les terres de Pons de la Blache et dudit évêque.

1318. — Hommage par Pons Bernard, comme en 1308.

1318. — Hommage par Pierre de Combes, fils, de 5 cartons seigle, 4 d'avoine, 3 sols 6 deniers et d'une géline sur le mas de Neyronde.

1318. — Hommage par Barthélemy Chevalier, comme en 1310.

1318. — Hommage par Guillaume Jallet, fils de Martin, d'un pré dans la prairie de Riou, d'une maison au village de Riou, du bois de Boussillon et d'un champ contigu, des champs de Suc Grallier, de la Garde, de Taillesac, de la Condamine et d'un autre au terroir de Boissier.

1318. — Hommage par Jean Brunel, de Riou, d'une maison

au village de Riou, d'un pré au lieu de la Planch. Il confesse devoir et faire service toutes les fois que l'évêque le commandera.

1318. — Hommage par Robin Brunel, d'une maison au village de Riou, de deux prés et de deux champs au mandement de Mercœur.

1319. — Miracle, femme de noble Hugon de Mercuret, reconnait tenir en fief tout ce qu'elle avait au mas de Chanaleilles (*Chanelets?*), ce qu'elle percevait sur Guillaume et Jean Poutet, frères, savoir : 12 cartons froment, 10 ras d'avoine, 20 sols 4 deniers tournois et une géline, de censive, le tout au mandement de Mercœur.

1319. — Astorg de Ceyssaguet et Germaine, sa femme, de lui autorisée, reconnaissent tenir en fief le mas de Montabole, au dessus du Roure, 2 prés en la prairie de Riou, sous la Blache, ce qu'ils avaient à Montredon, au château de Mercœur, au mas de Vernusses et de Lespinasse, à Clissac et à Blaulhac, mandement de Mezères. Ils reconnaissent 12 cartons seigle de censive sur le mas du Roure.

1319. — Hommage par demoiselle Guigone, de Vernusses, d'un pré au terroir de Riou, d'une rente de 3 sols tournois sur Guillaume Serroil, de 10 sols perçus au terroir de Clissac, d'un champ audit terroir, d'un champ et pré au terroir de Mars, d'un demi ras d'avoine à Malrevers et de 3 deniers sur un pré audit terroir.

1319. — Hommage par Hugon de Prades, damoiseau, du mas du Roure, de ce qu'il avait au château et mandement de Mercœur et de ce que ses prédécesseurs tenaient du vicomte de Polignac.

1319. — Désirée, femme d'Hugon Bernard, reconnait tenir, en fief franc, le champ de la Combe, une part indivise du pré de la Costo, ce qu'elle avait au château et mandement de Mercœur (excepté la part dans la maison de Malrevers qu'elle avait achetée de Reymond Bernard et la quatrième partie d'une « corbérée » du pré de la Blache qu'elle avait achetée d'Hugon de Prades).

1319. — Hommage par Guillaume de Reforgon, chevalier, comme en 1308.

1319. — Hommage par Pons Herminion et Marguerite, sa femme, semblable à celui de 1309.

1319. — Hommage, en fief franc, par Pons Guinamand de Riou, damoiseau, comme en 1308.

1319. — Guillaume de Fourchade, damoiseau, reconnaît tenir en fief une maison et possession que tenaient de lui au mas de Riou, Pierre et Guillaume Guinamand, frères; les possessions que tenait de lui dans ledit mas Pons Guinamand, à l'exception de celles que ledit Pons tenait de l'évêque seul; celles que tenait de lui au mas de Riou Astorg de Ceyssagnet. Ledit Guillaume de Fourchade fait hommage lige des possessions ci-dessus et reconnaît les tenir en franc fief, ainsi que tout ce qu'il possède au village de Riou.

1319. — Hommage par noble Truche, femme de Pons de Saint-Quentin, comme en 1309.

1320. — Hommage par sieur Pierre de Maloer, clerc du Puy, de 4 cartons seigle et 2 d'avoine sur Barthélemy Jallet, de Mercœur; de 4 cartons froment et d'une géline sur Hugon de Saussac; de 4 cartons froment et 6 deniers tournois sur Coulerc, de Mercœur; d'un carton froment sur Guillaume Serroil, de Mercœur; de 10 cartons et d'une géline sur Jacques et Jean Accarias de Serroil frères, et Pierre Charbonnier d'Entremont; de 4 sols 6 deniers sur Pierre Rigaud d'Ebdo et autres.

1320. — Hommage par Jean de Contagnet et Pierre Brun, du Puy, de 24 sols 10 deniers, 9 cartons froment, 25 de seigle, 35 ras et demi avoine, mesure de Mercœur, 9 gélines de rente et censive qu'ils perçoivent dans le mas et terroir de Faugères et de Sanienc (Sonac?) au mandement de Mercœur, achetés par eux de Pierre Maurice; de 10 sols tournois et 2 cartons d'avoine, mesure du Puy, avec la seigneurie et investiture qu'ils achetèrent de sieur Odon Cardinal, abbé de la Tour. Ils perçoivent les 10 sols ci-dessus sur Pierre, de Varennes, sur une vigne au vignoble de Chastelville.

1320. — Hommage par Pons Raoul, clerc du Puy, comme en 1308.

1321. — Hommage par noble Hugon de Boissier, damoiseau, de trois pièces de terre et d'un bois au mandement de Mercœur.

1327. — Hugo Dumas, damoiseau, reconnaît tenir en fief franc de messire Bernard, évêque du Puy, sa maison de la Roche, 20 cartons seigle, 8 de froment, 20 d'avoine, 20 sols tournois, tant pour censive que pour taille, et 4 gélines qu'il percevait au village de Marcillac, paroisse de Saint-Georges-de-Saint-Paulien; 2 cartons seigle, 2 d'avoine qu'il perçoit au terroir de Jannassac; un pré appelé le Breuil de Neyronde, des prés à Pimparoux, dans Laval-Amblavès; 8 cartons seigle, de censive, dans le terroir de Combriol.

1327. — Hommage par Adémard de Saint-Quentin, comme en 1308.

1327. — Hommage par Pierre Brun et Jean de Contagnet, fils et héritiers de Jean de Contagnet, comme en 1320.

1327. — Guillaume Sabatier reconnaît tenir en fief 6 cartons seigle, un d'avoine, 5 sols tournois et une géline qu'il perçoit annuellement sur Vital Vache; un carton d'avoine sur le nommé Boissier; 6 de seigle, 5 sols et une géline; 5 sols podiens sur Michel Jallet, de Riou.

1327. — Catherine, veuve d'Hugon de Boissier, damoiseau, fait hommage de la maison et hospice de Boissier, des jardins, pacages, bois, terres cultes et incultes, cens, rentes, etc., et des autres fiefs comme à l'hommage de 1308.

1327. — Hommage par Pons Charreys, damoiseau, comme en 1308 et 1318.

1327. — Hommage par Pons Alférand, damoiseau, comme en 1308 et 1318.

1327. — Hommage par Pierre Guinamand, damoiseau, de maisons, jardins, champs et prés aux extrémités de la terre de Mercœur, de ce qu'il avait aux mas de Serroil, de Boissier, de Clissac et proche la Font des Nays, d'un bois et champ contigus, d'un champ contigu avec le terroir de Riou, d'un jardin à Riou, de ce qu'il avait au terroir de Mars, du fief appelé les moulins de Jabruzac, du champ de Boissier et d'un pré au village d'Ebde, jouxte celui de sieur Bernard d'Ebde, chevalier.

1327. — Hommage par Guillaume et Hugues Jallet, comme en 1308 et 1318.

1328. — Hommage par noble..... d'un pré sous Mazeyrac confrontant avec le pré de Guillaume Boyer; du pré du Moulin, d'un champ au suc de Mazeyrac, de la terre appelée La Fournet, du bois de la Roveyre, d'un champ au mas de Mazeyrac, d'un autre pré dans lesdites limites, d'une vigne au terroir de Mars, de 3 cartons froment et d'un de seigle qu'il perçoit sur Guillaume Paviany, d'un carton froment sur Vital du Puy, de 2 de froment sur Pierre Raveyrines et autres.

1328. — Hommage par noble Guillaume de Seneuil, comme en 1308.

1328. — Hommage par Guigo Castang, damoiseau, fils de Guigo Castang, de Bosc, comme en 1318.

1328. — Hommage par N..... damoiseau, de ce qu'il avait au village de Blavosy et dans le mandement du château de Mercœur.

1328. — Hommage par Astorg de (Ceyssaguet), comme en 1319.

1328. — Hommage par Robin Jallet, dit *Brunel*, d'un pré au village de Riou et d'un autre contenant une sétérée.

1328. — Hommage par Jean Jallet, dit *Brunel*, d'une maison au village de Riou et d'un pré.

1328. — Hommage par Hugon de Prades, damoiseau, comme en 1319.

1328. — Hommage par Catherine, femme de Pons Guinamand, damoiseau, de censives au mas et terroir de Blavosy, et au mandement de Mercœur.

1328. — Hommage par Simon Torgue, clerc du Puy, prieur et syndic de l'université du Puy, de censives à Espinasse.

1328. — Hommage par sieur Pierre de Maloer, chanoine de Saint-Vosy, de censives à Mercœur.

1328. — Hommage par Pons Raoul, comme en 1308.

1328. — Hommage par N..... de Chassaure, de deux jardins au mandement de Mercœur.

1328. — Hommage par noble Hugon Audibert, chevalier, d'une censive au mandement de Mercœur, sur les tenanciers y spécifiés.

1329. — Hommage par Jacques Chabert, du Puy, semblable à celui rendu par Guillaume Chabert en 1318.

1331. — Hommage par Guillaume Saunier, clerc de l'église du Puy, de 4 setiers 5 cartons seigle, 8 cartons blé mixture, 12 cartons et un ras d'avoine, mesure de Mercœur, de 12 cartons seigle, mesure de Bonnas, d'une geline, de 42 sols 6 deniers de censive annuelle au mandement de Mercœur, etc.

1337. — Hommage par Reymond Delolme, de divers fonds au mandement de Mercœur.

1339. — Hommage par Montagner, de Donaze, damoiseau, du lieu de la Grange, avec les prés, champs, bois, jardins, terres cultes et incultes.

1340. — Hommage par Pons Montagner, de Donaze, de ce que Pons donnait à Guillaume Erémas de la Grange, clerc de l'église du Puy, et de la moitié de la Grange située au mandement de Mercœur.

1340. — Hommage par Philippe, veuve de Pierre Bonenfant, de ce qui fut reconnu en 1316, de 25 cartons seigle et 9 sols tournois de censive qu'elle perçoit dans le mandement de Mercœur, au terroir de Montredon.

1349. — Même hommage.

1343. — Hommage, en fief franc, par Jean, fils de Pierre Brun, du Puy, à messire Jean de Chandorat, évêque du Puy, comme en 1320.

1343. — Hommage, en fief franc, par Guillaume Boyer, du Puy, d'un champ, de deux prés, d'un bois et maison contigus appelés Almarès, au terroir de Mazeyrac, et de ce qu'il possédait au mandement de Mercœur, avec la juridiction, mère, mixte, impère.

1343. — Hommage par noble Catherine, veuve de Pons Guinamand, comme en 1328.

1343. — Hommage par Jacques Chabert, du Puy, d'une censive au mandement de Mercœur.

1343. — Hommage, en fief franc, par André de Bonnas, dit *Laytenc*, de censives au mandement de Mercœur, de 26 cartons seigle, 7 d'avoine, etc.

1343. — Hommage par Reymond Alferand, semblable à celui de Pons Alferand, de 1308.

1343. — Hommage par Guillaume Saunier, clerc du Puy, comme en 1331.

1343. — Hommage par Pons Raoul, clerc, comme en 1308.

1343. — Hommage par Jean Brunel, de Riou, comme en 1308. Il doit en outre faire une corvée.

1343. — Hommage, en fief franc, par Guillaume, fils de Pons Guinamand, semblable à celui rendu par son père en 1308.

1343. — Hommage par Hugon de Coyssaguet, clerc, semblable à celui de 1319, rendu par Astorg de Coyssaguet et Germaine, sa femme.

1343. — Hommage par Pons de Donazo, damoiseau, de sa part des maisons de la Grange, situées sous la prairie de Riou, des aisances et rentes y attachées.

1343. — Hommage par Hugon de Vaugelas, de ce qu'il avait au château et mandement de Mercœur.

1343. — Noble Guigon Royraud, de Boissier, rend hommage, comme a fait Hugon Royraud, de Boissier, en 1308.

1343. — Hommage par Guillaume Charreys, clerc, semblable à ceux rendus en 1308, 1310 et 1318 par Pons Charreys et Guigone, sa femme.

1343. — Hommage par Pons Guinamand, de Riou, semblable à celui de 1327 de Pierre Guinamand. Il reconnait de plus un pré à la Pinède de Riou et ce qu'il avait au terroir d'Aunas.

1343. — Hommage, en fief franc, par Guillaume Jallet, de maisons jouxte le portail du château de Mercœur, et du champ du Martouret.

1343. — Hommage par Hugues Jallet, de maisons jouxte le portail du château de Mercœur, du pré du Breuil et d'un champ à la Boataresse, au mandement de Mercœur.

1343. — Hommage par Jean Vianer, damoiseau, semblable à celui rendu en 1318 par noble Castang de Bose.

1343. — Hommage par Désirée, veuve de Hugon Bernard, de Vernusses, d'une maison à Vernusses, de deux jardins, pré et champ au terroir de la Combe, de ce qu'elle avait audit terroir et mandement du château de Mercœur, ainsi que Guigone de Vernusses, à l'exception de ce qu'elle possédait au terroir de Mars.

1343. — Hommage, en fief franc, par les hoirs de Robin Brunel, de Riou, comme en 1308 et 1343.

1343. — Hommage, en fief franc, par Jean Bernard, de Vernusses, de la moitié d'un pré jouxte l'estrade, au terroir de Brouillet, d'une part de censive sur la maison de Jacques Blache, de ce qu'il avait aux champs de Mazeyrac et de la Combe, dans le mandement de Mercœur, aux mas de Malravers, d'Espinasse et aux jardins de Mercœur, et de sa part du champ de la Manescheyre.

1343. — Hommage par Guigone, fille de Roymond Bernard, de Vernusses, de la moitié d'un pré au terroir de

Brouillet, jouxte l'estrade, de sa part des champs de Mazeyrac, de la Combe, de la Manescheyre et de ce qu'elle percevait aux jardins de Mercœur.

1343. — Hommage par Jacquemet de Larmuzière, damoiseau, de censives et rentes sur des tenanciers, au mandement de Mercœur.

1343. — Hommage par l'abbesse du monastère de Mercoire, ordre de Citeaux, de rentes et autres droits dans le château de Luc, suivant d'anciens hommages et une « carte » qu'elle a fait apparoir.

1343. — Hommage par Claire, veuve de Jean Dorgane, de la moitié de la censive et rente par indivis avec Pierre de Maloer, prenable au mandement de Mercœur, sur les particuliers y nommés.

1343. — Hommage par Jacques et Jean Roussel, d'une censive annuelle au terroir de Mercœur, sur les y nommés.

1344. — Hommage, en fief franc, par noble Marguerite de Villaret, veuve de noble Pons de Saint-Germain, d'un bois qui fut de noble Pierre d'Entil, situé au mandement de Mercœur.

1344. — Hommage, en fief franc, par Jacques Boyer, du Puy, semblable à celui rendu par Guillaume Boyer, en 1343.

1345. — Hommage par Alize, veuve de Hugon Tranchart, damoiseau, de 50 sols tournois de rente sur le mas de Serroil.

1347. — Hommage par Pierre Bergonhoux, du Puy, de 40 cartons blé et demi, de 11 cartons, un tiers de froment, 22 de seigle, 7 et demi d'avoine, 12 sols 6 deniers de censive, 7 sols 6 deniers pour taille, qu'il perçoit de censive annuelle au mandement de Mercœur.

1347. — Hommage par noble Germain de Serrechad, chevalier, de ce qu'il avait au village de Riou.

1347. — Hommage par Elix Delmauce, damoiseau, d'une carte froment, d'une de seigle, d'une émine avoine et de 15 sols de rente annuelle sur le mas de Villaret, mandement de Mercœur.

1348. — Hommage par Bertrand Beline, d'Espaly, de ce qu'il avait au mas de Faugères, acquis d'Alix, sieur de Lardeyrol, de ce qu'il avait à Riou et d'un carton de seigle, de rente, au mandement de Mercœur.

1350. — Hommage par Eustache Audibert, damoiseau, de ce qu'il avait au château et mandement de Mercœur.

1351. — Hommage par Pierre Gazelles, du Puy, de 2 setiers, 13 cartons et demi froment, d'un setier, 9 cartons seigle, 26 cartons avoine, 49 sols 6 deniers, 5 gélines et un tiers de censive annuelle au mas des Pautus, de Loche, de Céris et de Courent, dans le mandement de Monistrol.

1354. — Hommage par Pierre de Gazelles, de rentes à Mercœur.

1355. — Hommage par noble Catherine de Chanac, de censives et rentes perçues sur les mas de Faugères, la Chaud, la Coste, la Roveyre, avec les hommes et tenanciers y spécifiés.

1358. — Hommage par Pierre de Gazelles, de certaines rentes achetées à Mercœur.

1362. — Hommage par Elise Rafard, de ce qu'elle a à Faugères, acquis par feu Rafard, son père, du seigneur de Lardeyrol ; de ce qu'elle a à Riou, acquis de Pierre Mercuret et d'une carte seigle qu'elle prend au château de Mercœur.

1362. — Hommage par Pierre et Jean de Gazelles, bourgeois du Puy, de rentes acquises aux mandements de Mercœur et de Mezères.

1362. — Hommage par Elise Rafard, à Messire Bertrand de la Tour, comme ci-dessus.

1362. — Hommage par Armand Vianer, semblable à celui de 1343 rendu par Jean Vianer.

1362. — Hommage par Pierre de Gazelles, des rentes et censives qu'il a acquises et perçoit à Mazeyrac, Vernusses, Saint-Germain, Mezères, Pautus, Issarlès, Veyrines, Vaunac, Ebde, Boissier, Loche, Mercœur, et dans le mandement de Mercœur.

1362. — Hommage par Claire de Lorgue, femme de Pegery, du Puy, de censives et rentes au mandement de Mercœur.

1362. — Hommage, en fief franc, par Jean de Riou et Guigon Bernard, de 15 setiers avoine de censive, acquis de noble Jean Guinamand, au mandement de Mercœur, au lieu de Riou; de 16 cartons seigle; 4 cartons et demi, un ras et demi avoine, mesure du Puy; de 10 sols tournois, 15 deniers obole podiens, d'une demi-géline sur le mas de Bouchas, proche Lardeyrol et d'autres rentes au mandement de Lardeyrol.

1362. — Hommage par noble Gilles d'Ebde, comme en 1347 (1).

1362. — Hommage par Pierre Barthory et les héritiers de Jacques Chabert, de 7 cartes seigle, d'une carte avoine, de 5 sols et d'une géline qu'ils perçoivent dans le mandement de Mercœur; de 6 cartes seigle, 5 sols et d'une géline à Riou, et de censives au mandement de Chapteuil.

1362. — Hommage par noble Agnès Franconne, veuve de Reymond Alferand, comme en 1343. Elle reconnait, en outre, ce qu'elle a au village et terroir d'Orzilhac, à l'exception d'un pré qu'on tient d'elle dans la paroisse de Coubon.

1362. — Hommage par Eustache de Dumignac, de ce qu'il a dans le château et juridiction de Mercœur.

1362. — Hommage, en fief franc, par Jacques Boyer, bourgeois du Puy, semblable à celui de 1343 rendu par Guillaume Boyer.

1363. — Hommage par Mathieu Gérentes, du Puy, d'une rente de 5 cartes froment au mandement de Mercœur.

1363. — Hommage, en fief franc, par sieur Bel, chanoine du Puy, de la grange de Charraix, des maisons, prés, terres, censives, rentes et autres appartenances de ladite grange située sous le château de Mercœur.

---

(1) Voir page 192.

1363. — Hommage par Pierre de Gazelles, de 26 cartons seigle, 14 sols tournois de censive et rente qu'il a acquis de Gilles d'Ebde et de son fils, sur le pré du Breuil d'Ebde, etc., de 7 cartons et demi seigle, d'une carte froment, mesure de Mercœur, de censive annuelle sur les particuliers y nommés.

1364. — Hommage par le même, de 7 cartons et demi seigle, d'un carton froment, mesure de Mercœur, de censive annuelle perçue à Mercœur sur les particuliers y nommés.

1364. — Hommage par noble Catherine de Boissier, tutrice universelle de Guigon de Boissier, de sa maison de Boissier, avec ses droits, ténements, jardin, pré, chazal, bois, pacages, terres cultes et incultes, etc.; du bois et pré de la Roveyre, de rentes et censives sur les mas de Jabruzac, Pavias, Sonac, Clissac, Riou, Boissier, Faugères et autres dans le mandement de Mercœur; sur le mas du Mazel-Giraud, mandement de Beaujeu, et sur le mas et terroir de Solignac dans le même mandement.

1383. — Hommage, en fief franc, par Jean Gozabaud et sa femme, de 25 cartons seigle, de 9 sols pour censives et rentes, avec lods et ventes, au terroir de Montredon, mandement de Mercœur.

1383. — Grégoire Bernard et Guillaume de Rives, fils, héritiers de Jean de Rives, reconnaissent tenir en fief de messire Bertrand de Chanac, patriarche de Jérusalem, administrateur de l'évêché du Puy, 15 sols tournois de censive acquis de noble Jean Guinamand au mandement de Mercœur, à Riou et Pas Bertrand; 16 cartons seigle, 4 cartons et demi, un ras et demi avoine, mesure du Puy, 10 sols 15 deniers obole et demi géline sur le mas du Bouchas, proche Lardeyrol; 13 cartons et demi seigle, 8 cartons et un ras d'avoine, mesure de Lardeyrol, 14 sols 6 deniers obole et 2 gélines et demie, sur certains habitants du mandement de Lardeyrol, et 5 sols tournois, etc., au mandement de Mezères.

1383. — Hommage, en fief franc, par Guillaume Boyer, du Puy, comme en 1343.

1383. — Hommage, en fief franc, par Elise Laytene, femme

de Vital Bergonhoux, de 10 setiers, une carte blé, 2 tiers seigle, un tiers d'avoine, 5 sols tournois, 4 livres pour taille et 2 gélines qu'elle perçoit au château de Sereys; de 2 setiers, 5 cartons seigle, une émine d'avoine, 6 cartons d'orge, 7 sols 6 deniers, 4 livres et 3 gélines pour taille, charrois et manœuvres; de 7 cartons seigle et autres censives qu'elle perçoit au mandement de Mercœur.

1383. — Hommage, en fief franc, par Vital Bergonhoux, de 40 cartons et demi blé, 11 de froment, 22 de seigle, 7 et demi d'avoine, 12 sols 6 deniers, de censive qu'il perçoit au mandement de Mercœur.

1383. — Hommage par Pierre de Gazelles, bourgeois du Puy, de 8 cartons seigle, 8 de froment, 6 sols 4 deniers, 4 cartons seigle et 4 de froment qu'il a acquis de Dugonasso de Mazeyrac; de 4 cartons seigle et 2 sols 7 deniers acquis de Jean Faure, de Vernusses; de 2 cartons et 2 tiers avoine qu'il perçoit sur la prairie de Saint-Germain et des rentes dans les mandements de Mercœur, Bonnas et Mezères.

1383. — Hommage, en fief franc, par noble Marguerite Saunier, veuve de noble Pierre Thiolent, comme a fait Guillaume Saunier, en 1331.

1383. — Hommage par noble Guinot, seigneur de Seneuil, semblable à celui de 1308, rendu par Guillaume de Seneuil.

1383. — Hommage fait par noble Bertrand d'Ebde, comme en 1344 (1).

1383. — Hommage par noble Parpaillon de Mercuret, de ce qu'il percevait à Rodesse et dans le mandement de Mercœur.

1383. — Hommage, en fief franc, par Jean de Bonnas et Jean, son fils, bourgeois du Puy, de rentes et censives aux mas de Jahuzac, Pavias, Sanac, Clissac, Riou, Boissier, Faugères et autres.

---

(1) Voir page 162.

1383. — Hugues de la Coste, au nom de Jeanne, sa femme, reconnait tenir en fief franc : 12 cartons froment, 7 de seigle, 5 d'avoine, 3 gélines, 22 sols de censive et rentes sur la grange et ténement de la Borie de Charraix; 25 sols de censive acquis de Reymonde, belle-sœur de sa mère ; 2 cartons froment et 9 deniers de censive sur Guillaume Bayle, acquis de Martin Jallep de Riou, Pierre Aureilhy d'Ebde et Martin, son fils, dans le mandement de Mercœur; 15 sols de censive, et cé que Guillaume Bayle acquit de noble Gilles d'Ebde et de Bertrand, son fils, audit mandement.

1383. — Hommage par Pierre Barthélemy, bourgeois du Puy, de 6 cartons seigle, d'un d'avoine, de 5 sols tournois, d'une géline et d'autres rentes qu'il perçoit dans le mandement de Mercœur.

1383. — Hugon Chabrié, du Puy, reconnait tenir en fief 40 sols de censive et rente à Mercœur, et, en fief franc, 9 sols de censive et rente nouvellement acquis de Pierre de Courbes, sur un pré de Jacques de Aleno du Puy, appelé le Tronc, situé en la paroisse de Riou.

1383. — Hommage par Claire de Lorgue, comme en 1362. Elle reconnait, en outre, 4 cartons seigle, d'avoine, etc., 4 de froment, 6 deniers tournois et autres au mandement de Mercœur.

1383. — Hommage par Agnès Franconne, veuve de Pierre Gachet, du Puy, semblable à celui de Pons Alferand, de 1308, et à l'hommage de 1362.

1383. — Hommage par Valérie, femme de Mathieu Gérenton, de 5 cartons froment, de rente au mandement de Mercœur, et d'un carton seigle acquis par sieur Mathieu Gérenton, de Pierre de Combes.

1383. — Hommage, en fief franc, par noble Albaron Sagno, héritier universel de Robert Lagier d'Adiac, de 25 cartons froment, 2 de seigle et 10 sols qu'il perçoit à Jabruzac.

1383. — Hommage par Bernard Marcombe, chanoine du Puy, de 10 sols 6 deniers de censive sur le pré d'Elidy, qu'il perçoit d'Elise Rossarde, de 5 sols 9 deniers et de 5 sols 3 deniers qu'il perçoit de Jean Séauve, sur un pré au mandement de Mercœur.

1383. — Hommage par Bertrand Plagnol, de sa grange de Bosc, de 5 ras d'avoine et 2 sols sur Vital Boissier, de 2 cartons froment sur Pierre Chalmel, de Sentolieux, et d'un carton seigle sur Vital Conredz.

1384. — Hommage par Eustache de Dumignac, comme en 1362.

1384. — Hommage, en fief franc, par Armand de Las Favas, damoiseau, de ce qu'il avait au mas de Chaspinhac.

1384. — Hommage par noble Pierre de Ceyssaguet, du bois de Montabole sur le Roure, de 2 prés de Riou à la Prade, sous la Blache, et de ce qu'il avait à Montredon et dans le château de Mercœur.

1384. — Hommage par Pons Guinamand, de Riou, de maisons, jardins, champs et prés dans les confins du château de Mercœur, de ce qu'il avait aux mas de Serroil, Roupeyron, Clissac et près de la Font des Nays, d'un bois, champs, jardin et mas au terroir de Riou, d'un pré dans la prairie de Riou, de ce qu'il avait au terroir de Mars, des moulins de Jabruzac, du champ de Boissier, d'un pré à Elde, jouxte celui du seigneur Bertrand d'Elde; de 5 sols de censive annuelle sur le champ de maitre Jacques de Planèzes, au terroir de Malataverne, et de 22 deniers sur un pré.

1389. — Hommage par Hugon Chabrié, de 4 livres de censive et rente acquises de noble Etienne de Bedens, coseigneur de Saint-Quentin, levables à Espaly, Mercœur et Riou.

1389. — Hommage par noble Parpaillon, de Mercuret, fils de Pons, de 4 setiers blé, tant seigle qu'avoine, de 11 sols et 11 gélines qu'il perçoit au château et mandement de Mezères, de 4 pièces de terre et pré, appelés de la Font, Garenne et Pinède, jouxte la maison et pré et d'autres censives à Beaujeu, au mas de Fraissinet, à Mercœur, Yssingeaux, Bonnas, Mezères et Retournac.

1389. — Noble Guillaumette du Monastier, tutrice de Jean-Pierre et Gaillard de Gazelles, reconnaît tenir en fief des censives et rentes aux mandements de Mercœur, Bonnas et autres.

1389. — Hommage par Jean Gozabaud, fils, de 25 cartes seigle et 9 sols de censive et rente au terroir de Mons.

1389. — Hommage par noble Jean Rocel, du Puy, de 3 cartons seigle et de 3 d'avoine de censive et rente, avec droit de lods.

1389. — Hommage par noble Marguerite Saunier, veuve de noble Pierre de Thiolent, de 4 setiers, 5 cartes seigle, 8 cartons mixture, 12 cartons, un ras d'avoine, mesure de Mercœur.

1389. — Jean de Bonnas, bourgeois du Puy, reconnaît la maison de Boissier, avec tous les fonds, etc.

1389. — Vital Bergonhoux, bourgeois du Puy, reconnaît, en fief franc, 40 cartons et demi de seigle, de censive, au mandement de Mercœur.

1389. — Grégoire Bernard et Guillaume de Riou reconnaissent tenir en fief franc, des rentes acquises par leurs prédécesseurs, levables aux mandements de Mercœur, Mezères, Lardeyrol et à la Ribeyre.

1567. — Les chanoines de l'église Saint-Georges-du-Puy reconnaissent tenir en fief franc, des rentes à Riou et à la Blache.

1572. — Hommage par M⁰ Jean Marquès, procureur du roi, de censives et rentes acquises des demoiselles Blayniers, levables au mandement de Mercœur, à Espinasse, Sonac, Charbonnier, Chavalmar, Lous Païnès et Jabruzac.

1572. — Hommage par le même, des censives et rentes par lui acquises du seigneur de Brignon, levables à la Blache, Faugères, la Brousse, au Sailhouc (*Salaine?*) et autres lieux, sur les habitants et dans le mandement de Mercœur.

1575. — Hommage, en fief franc, par les chanoines de Saint-Vosy, de cens et rentes au mandement de Mercœur.

1608. — Investiture portant hommage franc et noble, par M° Jean Fournier, notaire au Puy, des rentes et directe sur le bois taillis de chêne, appelé de Ravel, au terroir de Chanelets, acquises de Jean Reynard, sieur de Montagnac.

1612. — Investiture portant hommage des censives, rentes et seigneuries dans les mandements de Mercœur et Mezères, acquises par M° Jean Goy, notaire au Puy, de Christophe d'Alzon, sieur de la Coste.

1622. — Investiture de la métairie de Galavel, mandement de Mercœur, acquise par Jacques Gellet, habitant de Galavel, paroisse de Chaspinhac, de Françoise Ferrande, veuve de Guillaume Périer, au prix de 900 livres.

1632. — Achat de rentes à Mercœur, par noble Jean du Pont, sieur d'Elde, de dame Jeanne-Marie de Polignac, veuve de messire François d'Auzon, seigneur et baron de Montrevel, etc., au prix de 270 livres.

1634. — Investiture de rentes au mandement de Mercœur, acquises par noble Jean du Pont, seigneur d'Ebde, de dame Jeanne-Marie de Polignac, veuve.

1638. — Investiture portant hommage de cens et rentes au mandement de Mercœur, acquis par noble Hugues Pradier, de noble Antoine Chastel.

1638 — Investiture de plus value de rentes à Mercœur, acquises par noble César de Saignard, sieur de Montmayre.

1773 — Faculté de prendre de l'eau au ruisseau de Coubeyre, donnée par l'évêque du Puy à Jean Granghon, de Vernusses, sous la rente annuelle de 10 sols, payables à chaque fête de Saint-Michel.

MEZÈRES

1279. — Noble Reymond Forachas, en son nom et comme tuteur d'Arnaud et Pierre Feratias, (sic) ses neveux, a prêté hommage à messire Guillaume de la Roue, évêque du Puy, de ce qu'ils ont au château, mandement et appartenances de Mezères, depuis le ruisseau du Pinet qui est au-dessus du village de Rosières, jusqu'au dit château, et dudit château, jusqu'à Annas; du fief que tient dudit Reymond, neveu, Guillaume Pantacoste, au mandement de Mezères; des fiefs que tiennent audit mandement lesdits oncle et neveu; de 3 émines de blé de 4 sols tournois et d'une géline de censive, que prennent lesdits oncle et neveu au village de Chaspinhac; du fief que tient audit village desdits oncle et neveu, Pons de Chamblas, chevalier.

1285. — Hommage par noble André Adémard (de Vaux) à messire Frédole, évêque du Puy, de ce qu'il a à Mezères et dans le mandement, et spécialement de la maison et appartenances de Vaux.

1285. — Hommage par noble Hugues Raoul audit évêque, de ce qu'il a au village et appartenances d'Arnoux, mandement de Mezères.

1291 — Philippe, veuve de noble Audouin Tinot, rend hommage à messire Guy de Neufville, évêque du Puy, de la maison et forteresse de la Toureille, avec la juridiction, hommes, usages, terres, prés, bois, etc.

1291. — Hommage par noble Eymard (Adémard?) de Vaux, de sa grange de Vaux, avec les habitants, terres, prés, usages, taillis, etc., et de ce qu'il a au lieu et mandement de Mezères sur les habitants, terres, bois, etc.

1291. — Noble Pons de la Blache, dit *Alferand*, reconnaît tenir en fief le terroir de la Blache (excepté un champ situé contre la terre de Pierre Guinamand, chevalier), ce qu'il avait à Malataverne, à Faugères, à la côte de Nicolio, au terroir de Jabruzac et dans la prairie de Riou, à l'exception d'un pré de Guillaume de Fourche.

1296. — Noble Pierre Montagne, de la Voute, fait hommage à messire Jean de Cunénis, évêque du Puy, de ce qu'il a à Mezères et dans son mandement, à l'exception du champ de la Baleyre.

1296. — Hommage par noble Astorg de Ceyssaguet, de ce qu'il a à Blanlhac.

1296. — Monache Sicard fait hommage de ce qu'il avait dans le château de Mezères, dans les mas du Bouchet, de la Besse, d'Arzilhac, du moulin et appartenances de Sablon, que tient le sieur Pages, du mas de Monteil, du champ que tient de lui Andrieu, par dessus le toit de Merians, du pré de la Font-de-Veyrines, du mas de Mazeyrac et de ses habitants, de ce qu'il avait dans le château et mandement de Mercœur, au village de Bosc, de la chabannerie Narberte, au mandement de Monistrol.

1296. — Hommage par Bertrand Roques, du mas et appartenances de la Coste, et de ce qu'il a dans le château et mandement de Mezères.

1296. — Noble Gilles de l'Herm a fait hommage de ce qu'il avait dans le mas de l'Herm (à l'exception de certaines choses), dans les mas du Besset et Veyrines, dans le château de Mezères, du bois de Jaloure, du mas de Blanlhac, et des jardins de Jarmeyrac (*Jamarat ?*).

1296. — Hommage par Pierre Besseyre, d'une maison et jardin dans le château de Mezères, d'un champ et pré aux mas Pieyrat (*Pieyres*) et du Mazel, et de ce qu'il avait, pour sa femme, à Malataverne.

1296. — Hommage par noble Géraud Nicly, de ce qu'il avait dans le château de Mezères, des mas de l'Herm, Josiat, Montméa, Chassalanias (*Chassaniolles ?*), de la maison de la

Chau que tient de lui Fayard, de ce qu'il a dans le mas neuf d'Arzilhac et à Malataverne ; de la maison de Pierre Besseyre et autres ; de ce qu'il a aux mas de Planèzes, Blanlhac, Aunas, du Fau, de Potz (*Poux?*), de ce que tient Mathieu de Veyrines, à l'Hermet, de la moitié du mas de Chaussones, mandement du château d'Arzon, et de ce qu'il a au mas de Germeyrac.

1296. — Peitavin de Roques, clerc, a fait hommage de la moitié du mas d'Arfeuilles, de la moitié de ce que possédait Reymond Roques, son père, dans le mas de Blanlhac, et de ce qu'il avait au mas d'Aunas.

1296. — Reymond Forrajas et Pierre Forrajas, son neveu, font hommage de ce qu'ils avaient au château et mandement de Mezères, à Chaspinhac, et du pré au-dessous de la maison de Chanale, contre l'eau de Rodesse.

1296. — Hommage par noble Hugon de Mercuret, de ce qu'il a dans le château de Mezères, dans celui de Mercœur et son mandement, dans les mas de Chanaleilles et Chazeaux, dans les *claustres* de Tence et Beaujeu et au mas de Pouzols.

1296. — Hommage par nobles Pons et Hugues Hermies, de ce qu'ils ont dans les mas de Blanlhac et Aunas.

1296. — Hommage par noble Jean de la Toureille, de ce qu'il avait à la Toureille, dans le château et mandement de Mezères, au village de Retournaguet et à Retournac.

1296. — Hommage par noble Adémard de Vaux, comme en 1285.

1297. — Hommage par noble Pierre Niely, semblable à celui de 1296, rendu par Géraud Niely.

1299. — Hommage par noble Falcon Chanderat, de ce qu'il a à Retournaguet, à Mezères et dans son mandement.

1308. — Hommage par noble Bertrand Roques, à messire Bernard de Castanet, évêque du Puy, comme en 1296. Il reconnait en outre le mas de Chazarets (*Chazellet?*).

1308. — Hommage par nobles Reymond et Pierre Ferrajas, comme en 1296.

1308. — Hommage par noble Hugon Hermies, des mas d'Aunas, Las Clauzes (*Le Clos ?*) et Varennes situés au mandement du château de Mezères.

1308. — Hommage par noble Pierre Nicly, dit *Sicard*, comme en 1297. Il reconnait en outre la grange de Chomeil, le bois et terroir de Plauset, et ce qu'il avait aux terroirs d'Aunas et de Varennes.

1308. — Hommage par noble Adémard de Vaux, comme en 1296. Il reconnait en outre un jardin au terroir de Vaunac, que tient de lui Armand de Vaunac, à l'exception de ce qu'il a de dot d'Isabelle, sa femme, dans le château de Mezères.

1308. — Hommage par Jean Sicard, clerc du Puy, semblable à celui de 1296 rendu par Monache Sicard. Il reconnait en outre ce qu'il a à Malataverne.

1308. — Hommage par noble Pons Hermies, comme en 1296. Il reconnait encore ce qu'il a à Auliac, mandement de Mezères, et dans ledit château et mandement, un pré confrontant avec la terre de la Bourgeade et le chemin de Blanlhac à Mezères, le terroir de Martret et de Pierre Mauret, dans ledit mandement.

1308. — Hommage par noble Astorg de Coyssaguet, du bois de Montabole sur le Roure, de deux prés de Rioa dans la prairie sous la Blache, de ce qu'il avait à Montredon, dans le château de Mercœur et le village de Clissac, dans les mas de Vernusses, l'Espinasse, et à Blanlhac.

1309. — Hommage par noble Falcon Chauderat, comme en 1299.

1309. — Hommage par Pierre Besseyre, d'une maison et jardin sous la Gardette, au château de Mezères, que tient de lui en emphytéose Laurent de Mezères; de 12 deniers de censive qu'il perçoit sur Michel Duchamp, pour un pré; de quatre champs au terroir de Malataverne, du pré du Vivier, d'un carton d'avoine sur André de la Tourzille, et d'un champ au mandement de Mezères.

1309. — Noble Hugon de Mercœur reconnait tenir en fief: 4 setiers tant seigle qu'avoine, 20 sols et 11 gélines qu'il perçoit dans le château et mandement de Mezères, 4 pièces de terre, le pré de la Font, une garène et pinède contre ledit pré, 6 cartons seigle, 4 de froment, 2 d'avoine et ce qu'il a dans le mas de Veyrines; 6 cartons seigle, 2 de froment, 4 d'avoine et 3 sols tournois de censive dans le mas de Champert; 10 métans seigle de censive au mas de Fraissinet, 5 sur les Carreyrès, 5 sur Pierre des Merles, un métan avoine et une géline de censive au château de Beaujeu, sur Guigon Roiron; 6 métans seigle de censive en rerefief à Beaujeu, et 2 sols 6 deniers à Yssingeaux.

1309. — Hommage par noble Hugues Raoul, de la Vallette, de 10 setiers seigle, 4 d'avoine et 4 cartons froment, mesure de Retournac; de 50 sols tournois et 10 gélines de censive qu'il perçoit au village d'Arnaux, et d'un carton avoine de censive au village d'Arsac, mandement d'Arzon.

1309. — Noble Hugo de Fay, reconnait tenir en fief 2 cartons seigle de censive du sieur de Prades, sur le champ de Las Levaures; 4 de Mathias Borne pour la terre de la Varenne, 1 de froment de Simon de Prades sur la vigne de la Varenne, un demi carton froment sur une autre terre de ce nom, un carton de Jacques Hilaire sur la terre du même nom, un carton et demi froment de censive de Jean Achart sur une autre terre à la Varenne, 9 cartons d'avoine de Pierre Bonnel sur le champ de la Mure et de Ribeyrabaut, enfin 3 cartons d'avoine sur un champ au Teuladour.

1309. — Hommage par sieur Jean Bellon, chanoine de Saint-Vosy, de 26 cartons et demi tant seigle qu'avoine, de 22 sols 2 deniers tournois perçus à Blanlhac, et de ce qu'il avait dans le château et mandement de Mezères.

1309. — Hommage par noble Pierre de Gorce, de sa maison au village ou mas de Gorce, mandement de Mezères, de ce qu'il avait dans le château de Retournac (indivis entre l'évêque du Puy et le seigneur de Rocha), de la rente de la maison de Lingoustre, et de ce qu'il avait dans le mandement dudit château.

1310. — Jean et Pierre Pro, dits *Bonnetz*, frères, de Retournac, reconnaissent tenir en emphytéose, de noble Jean de la Toureille, damoiseau, une terre et un pré contigus s'étendant du lieu de Serres jusqu'à la Loire et situés au terroir de Retournaguet, pour lesquels ils donnent annuellement un carton et demi froment ; une pièce de terre, jouxte ledit pré au lieu de la Freideyre, au cens de 5 sols. Ils déclarent tenir, en fief franc, lesdits prés, terres, rente, etc., dudit évêque.

1310. — Hommage par Guigo Estoue, de Monteyres, mandement d'Allègre, de tailles et rentes à Blanlhac et au Monteil.

1310. — Hommage par Pierre Fabre, de Retournac, de deux appenderies de côtes, sises à la Roveyre, mandement de Mezères, confrontant avec le chemin public de la Borango à Mercuret, le ruisseau de Riougrand, le terroir de Jean Colombier et la terre des Guirauds ; de 7 cartons seigle, de censive annuelle, sur Jacques Paroily, pour une terre qui lui appartient située dans le même mandement.

1310. — Hommage par Dumas Pipaul, d'une maison au château de Mezères, et de ce qu'il possède dans ledit mandement.

1310. — Hommage par M° Jean de Fraissinet et Pons d'Alzon, maîtres de l'hôpital de Notre-Dame-du-Puy, d'un carton seigle et de 4 sols tournois qu'ils perçoivent sur le mas de Varennes, mandement de Mezères.

1311. — Hommage, en fief franc, par noble Gilles de l'Herm, de ce qu'il avait dans le château de Mezères et à l'Herm (excepté le tènement des Cléments, la maison et le garayt de Chamblas) ; du mas d'Arzillac, de ce qu'il avait à Veyrines, à Planèzes, au mas de Monteil, au Caltage (*Chauffage?*), de l'édifice qu'il avait dans le bois de Jalonre, d'un pacage dans le mas de Preyster (?) et de ce qu'il avait à Malataverne.

1311. — Hommage par Bernard de Bariac, de ce qu'il avait au mas d'Aunas, à Montpeyroux, à la Blache, Esclauses (*Le Clos?*), Varennes, la Montamade, au breuil de Blanlhac et dans le mandement de Mezères.

1311. — Hommage par noble Guigo de Mercuret, comme a fait Hugon de Mercuret en 1309.

1311. — Hommage, en fief franc, par Pierre et Jourdain Raynaud, frères, d'une pièce de terre au terroir de la Chalm; par Quentin et Elisabeth Bonnefoi, du Puy, de 3 pièces de terre au même terroir; par ledit Bonnefoi, d'une pièce de terre au même terroir; par Vital Auy et Vital Elisabeth, d'une pièce de terre audit terroir.

1314. — Hommage par noble Gilles de l'Herm, de censives au tènement d'Annas et autres terroirs qu'on dit être au mandement de Mézères.

1318. — Hommage par noble Pons Hermies, à messire Durand, évêque du Puy, comme en 1308.

1318. — Hommage, en fief franc, par Raulet Raoul, fils, semblable à celui de 1309, rendu par Hugues Raoul de la Vallette.

1318. — Hommage par Adémard de Vaux, damoiseau, de la grange de Vaux, et du reste comme en 1308. Il reconnait en 1319 tenir de l'évêque du Puy et du seigneur de Roche, par indivis, 4 cartons froment, 2 de seigle, 3 cartons d'avoine, mesure de Retournac, qu'il perçoit à Retournac sur divers.

1319. — Hommage par Guigon de Mercuret, damoiseau, semblable à celui rendu en 1309 par Hugon de Mercuret. Il reconnait en outre 12 sols, 7 deniers de censive sur Jacques Limayrils à Yssingeaux, ce qu'il avait dans le mas de Chantebeilles, mandement du château de Beaujeu; ce qu'il percevait sur Guilhotus et Joheris Pantecoste, frères, savoir: 12 cartons froment, 10 ras d'avoine, 20 sols 6 deniers et une géline à Redesse, mandement de Mercœur, ce qu'il perçoit dans ledit mandement; 6 deniers tournois sur André de Boissier, dans ledit mandement, ce qu'il perçoit au mas de la Dragonèyre, mandement de Beaujeu, dans les mas de l'Herm et Germeyrac, à la Chalm et au Champ, mandement de Mézères, dans les châteaux d'Yssingeaux, de Bonnas, et généralement tout ce qu'il possède et n'est pas exprimé ci-dessus.

1319. — Hommage par Reymond Forajas, clerc, et Pierre Forajas, son neveu, damoiseau, comme en 1296.

1319. — Hommage par Guillaume Salgo, fils, et Marguerite, sa femme, des terroirs de Peyramorenc, du Martouret et du champ de Montpeyroux.

1319. — Hommage, en fief franc, par sieur Jean Bellon, chanoine de Saint-Vosy et clerc du Puy, comme en 1399.

1319. — Hommage par Pierre Montagne et Florance, sa femme, des hommes, terres, maisons, possessions et vignes qu'ils avaient dans les châteaux et mandements de Mezères et d'Yssingeaux, à l'exception du champ de la Baleyre.

1319. — Hommage par Pierre de Mercuret, du Puy, damoiseau, et Artaude, sa femme, du village, maisons et terroirs de Baux, près Yssingeaux, de ce qu'ils ont au mas de Veyrines, de ce que tient d'eux Gilles de l'Herm à Vaunac, de ce qu'ils tiennent dans le mas de Sarlis et de ce que tient d'eux Beraud de Boissier dans lesdits mas de Veyrines et Sarlis.

1319. — Hommage, en fief franc, par Armand de Gorce, damoiseau, comme a fait Pierre de Gorce en 1309. Il reconnait encore ce qui doit lui advenir après la mort de son père, dans le mas de Gorce, et ce qu'il avait acquis de Pierre Sicard aux mas de Blanlhac, d'Aucas et de Varennes.

1319. — Hommage par noble Hugon de la Tour Saint-Vidal, chevalier, procureur nommé de Jean Sicard, semblable à celui rendu par ce dernier en 1308.

1319. — Hommage, en fief franc, par Lous Alzon, du Puy, des mas de Montméa et Chassalongues (*Chassaniolcs?*), de celui de la Chaud, que tient de lui Fayard, de ce qu'il avait aux mas de Gerimayrac et de l'Herm, et dans le château et mandement de Mezères.

1321. — Hommage par noble Artaude de Beaux, femme de Pierre Beaux, damoiseau, du village, maisons et terroir de Beaux, près Yssingeaux, de ce qu'elle avait au mas de Veyrines, de ce que Gilles de l'Herm tenait d'elle à Vaunac, de ce qu'elle avait au mas de Sarlis, et de ce que Hugo Royrand, dit *de Boissier*, tenait d'Artaud, dans les mas de Veyrines et Sarlis.

1327. — Hommage par Adémard de Vaux, damoiseau, à messire Bernard, évêque du Puy, comme en 1285 et 1308. Il reconnait en outre tenir, par indivis, dudit évêque et du sieur de Roche, deux vignes au terroir de Saint-Romain, acquises d'Armand de Gorce.

1327. — Hommage par Germaine, femme de Jacques Gabriel, de 8 sols, 3 deniers, sur les hommes de Blanlhac, de six cartons seigle sur ledit lieu, et de ce qu'elle avait dans le château et mandement de Mezères.

1327. — Hommage, en fief franc, par Pierre Montagne, de Chamalières, de rentes au mandement de Mezères.

1328. — Hommage par le même, de possessions dans le territoire et mandement de Mezères.

1328. — Hommage par Gilles de l'Herm, damoiseau, de ce qu'il avait au mas d'Aunas, à Montpeyroux, Varennes, la Montonnade, au breuil de Blanlhac, et dans le mandement de Mezères. Il reconnait tenir en fief franc ce qui est spécifié dans son hommage de 1311.

1328. — Hommage par Armand Forcajas, dit *de Rollier*, damoiseau, semblable à celui de Reymond et Pierre Forcajas en 1296.

1328. — Hommage par Artaude de Baux, comme en 1321.

1328. — Hommage, en fief franc, par Raulet Raoul, fils, de certaine censive au mandement de Mezères.

1328. — Hommage, en fief franc, par André d'Alzon, docteur et administrateur de Guillaume, son fils, de vingt-six cartons seigle et avoine, de censive, dans le château et mandement de Mezères.

1328. — Hommage par Giraud Sicard, de Mezères, damoiseau, de ce qu'il a sur les hommes et le mas de Josiat, et à Mezères sur divers particuliers.

1334 — Hommage par Jean Blanc, de ce qu'il possédait au mandement de Mezères.

1334. — Hommage par Giraud Chandorat, seigneur de Mons, de ce qu'il a acquis au mas de Gorce, et de ce qu'il a au mandement du château de Chapteuil.

1340. — Hommage par Guillaume de Chalvet et Marguerite, sa sœur, de 20 sols tournois de rente au terroir de Blanlhac, de 7 deniers et une émine de seigle, mesure de Mezères, au lieu et terroir de Rochier, mandement de Mezères.

1343. — Hommage, en fief franc, par Guillaume d'Alzon, du Puy, à messire Jean de Chandorat, évêque, comme a fait Pons d'Alzon, en 1319.

1343. — Hommage par Germaine, femme de Jacques Gabriel, du Puy, d'une censive sur les hommes de Blanlhac, du Monteil, et de ce qu'elle a dans le château et mandement de Mezères.

1343. — Hommage, en fief franc, par Guillaume Bellon, bourgeois du Puy, comme a fait Jean Bellon en 1309. Il reconnait de plus une censive aux mas de Franchas (*Franceis?*) et de la Quoarde, mandement de Chapteuil, ce qu'il avait dans ledit mandement et une maison au Puy, rue Rochetaillade, au terroir de Norbette.

1343. — Hommage par Reymond Forrajas, dit *de Rullier*, comme en 1295. (Chaspinhac ne figure pas dans cet hommage.)

1343. — Hommage par noble Pierre Sicard, semblable à ceux de 1293, par Monache Sicard, et de 1308, par Jean Sicard.

1343. — Hommage, en fief franc, par Simon Royer, de vingt cartons blé, douze de seigle, trois de froment et cinq d'avoine, mesure du château de Mezères, de censive, qu'il perçoit au mas de l'Herm, mandement de Mezères.

1343. — Hommage, en fief franc, par Pierre Montagne, de Chamalières, de huit setiers de seigle, moins un carton, de quatre setiers de froment, moins un carton, de quatre setiers avoine, mesure de Mezères, de 18 sols tournois et cinq gélines, de censive annuelle dans le mandement de Mezères.

1343. — Hommage par noble sieur Richon de Vaux, chevalier, semblable à ceux d'Adémard de Vaux en 1291 et 1308. Il reconnait en outre tenir de l'évêque du Puy et du seigneur de Roche, par indivis, vingt cartons blé, 15 sols tournois et deux gélines de censive annuelle à Retournac.

1343. — Hommage, en fief franc, par Guillaume de Chabanoles et Joye Sicarde, sa femme, de la maison de Chomeil, d'une côte boisée jouxte le Chomeil, et d'un jardin et pré appelés le Pecher.

1343. — Hommage par Pierre de Mercuret, damoiseau, de quatre setiers blé, tant seigle qu'avoine, de 20 sols tournois et douze gélines qu'il perçoit annuellement dans le château et mandement de Mezères; de quatre pièces de terre, du pré de la Font, d'une garenne et pinède, jouxte ledit pré; de six cartons seigle, de deux de froment et quatre d'avoine sur le mas de Champert; de deux métans seigle, de censive, sur le mas de Fraissinet et de censives à Beaujeu, au mas de Chamaleilles, à Mercœur, Mezères, Yssingeaux, Bonnas et Saintignac.

1343. — Hommage par Guillaume Montagne, de terres, maisons, possessions, habitants, etc., dans les châteaux et mandements de Mezères et d'Yssingeaux.

1343. — Hommage, en fief franc, par Raulet Raoul, damoiseau, comme en 1318.

1343. — Hommage par Bertrand Chanderat, damoiseau, semblable à celui de 1290.

1343. — Hommage par demoiselle Catherine Delmanco, d'une carte froment, d'une de seigle, d'une émine d'avoine et de 15 sols, de censive annuelle, au mas de Villaret, mandement de Mezères.

1343. — Hommage, en fief franc, par Guillaume Chalvet, de Mezères, comme en 1340.

1345. — Hommage par Bertrand Roques, du mas d'Arfeuilles, mandement de Mezères.

1347. — Hommage, en fief franc, par Jean Montagne, de Chamalières, comme ci-dessus.

1349. — Hommage par Bernard de Lorme, damoiseau, de tout ce que possédait au mas d'Aunas, Marguerite de Lorme, sa sœur.

1349. — Hommage par Pons de Lorme, de ce qu'il avait à Aunas.

1359. — Hommage par Guillaume Ferrage, dit *de Rullier*, damoiseau, de ce qu'il a dans le mandement et château de Mezères, et d'un pré sous la maison Chanale, contre l'eau de Rodesse.

1362. — Même hommage.

1362. — Hommage par Guillaume Astorg, tuteur de Guillaume, fils de Jacques d'Orcerolles, à messire Bertrand de la Tour, évêque du Puy, de dix métans seigle, mesure de Mezères, sur divers particuliers.

1362. — Hommage par le même, de vingt-quatre cartons froment, mesure de Mezères, que ledit Jacques d'Orcerolles avait acquis dans le mandement de Mezères, de Guillaume Ferrages, dit *de Rullier*.

1362. — Hommage par Catherine, veuve de Guillaume Bellon, bourgeois du Puy, semblable à ceux de Jean et Guillaume Bellon en 1309 et 1343. Elle reconnait encore cinq cartons seigle et trois ras d'avoine, mesure de Chaptenil; 2 sols, 7 deniers obole tournois sur le mas de Bar, trois cartons seigle, deux ras avoine, 2 sols, trois gélines et autre censive sur les mas de Bacelles et de Bar; autres censives, etc.

1262. — Hommage par Pons d'Alzon, bourgeois du Puy, comme en 1319.

1362. — Hommage, en fief franc, par Pons Raoul, de dix setiers seigle, quatre de froment, quatre d'avoine, mesure de Retournac, de 59 sols tournois et dix gélines, de censive, qu'il perçoit au village d'Arnoux.

1362. — Hommage par Bertrand Hérémond, de ce qu'avait Marguerite Hérémone, sa sœur, au mas d'Aunas.

1362. — Hugon Tronchet, d'Espinasse, reconnaît tenir en fief franc, ce que tenaient de lui Jean Castro Monistrol, près de Tence, et Jean Bonihois, au terroir de la Costarocia (*Coste-Rousse*); un pré que tenait de lui Jean Soulié, de Paul, situé joxte le ruisseau de Bezagne, joignant ledit ruisseau d'une part et de l'autre le chemin de Monistrol à Saint-Paulien; ce qu'il avait à Aunas, aux terroirs de Saint-Pierre et d'Aulète, mandement de Mezères. Il tient en fief, le mas de Veyrines, ce qu'il avait au terroir de Fonroman vers Lous Esversenys, dits *de la Fayolette* au terroir de la Fayolette, en descendant jusqu'à la terre de Sagne Copète, et la juridiction sur lesdits mas et terroirs.

1362. — Hommage par Pierre Montagne, de censives à Blanlhac.

1362. — Hommage par Pierre de Montrevel, de ce que ses prédécesseurs avaient acquis dans le mandement de Mezères, de Guillaume Ferrage, dit *de Rullier*, et de ce qu'il possède dans le mandement de Mercœur.

1362. — Hommage par Guillaume Rotte, d'Arzilhac, d'un chazal, jardin, prés, champs et terres à Arzilhac.

1362. — Hommage par noble Pierre de Mercuret, de quatre setiers blé, tant seigle qu'avoine, de 11 sols et onze gélines qu'il perçoit annuellement au château et mandement de Mezères; de quatre pièces de terre et du pré de la Font; d'une garenne et pinède; de six cartes seigle, deux de froment, quatre d'avoine et 3 sols sur le mas de Champer; de dix métans seigle, de censive, dans le mas de Fraissinet, de trois métans seigle, de censive, sur un jardin à Beaujeu, de 2 sols 6 deniers sur Jacques Linairils à Yssingeaux; de ce qu'il avait aux mas de Chanaleilles et de la Dragoneyra, mandement de Beaujeu;

de ce qu'il perçoit dans les châteaux de Mercœur, Yssingeaux, Bonnas et leurs mandements, et d'une censive au mandement de Mezères, à Retournac, Beaujeu et à la Chalm.

1362. — Hommage par Isabelle de Graniete et André de Conches, de trois setiers, onze cartons froment, de quatre setiers, huit cartons et demi seigle et de six combles d'avoine qu'ils perçoivent de rentes à Aunas.

1363. — Hommage par M° Guillaume Astorg, d'une rente à Mezères.

1364. — Hommage par Jean de Rive et Grégoire Bernard, du Puy, de cinq cartons froment, mesure de Mezè , acquis de Guillaume Rullier.

1364. — Hommage par Guillaume Bel *(Bellon?)* chanoine du Puy, de rentes acquises de Jean Chandorat, sur le mas de Bonneville, mandement de Mezères.

1365. — Hommage par Pierre de Montrevel, bourgeois du Puy, des censives, quarts et rentes acquis de noble Ferrage de Rullier, dans le mandement de Mezères.

1383. — Hommage par André de Conches, de trois setiers et douze cartons froment, de quatre setiers, huit cartons et demi seigle et six combles d'avoine, mesure de Bastide, d'un setier, mesure du Puy, de 7 sols tournois et deux gélines de censive sur le mas d'Aunas.

1383. — Hommage, en fief franc, par Armand de Mezères, au patriarche, économe de l'évêché du Puy, des censives, rentes et directes dans le château et lieu de Mezères et à Blanlhac, et de quatre prés situés sous ledit château de Mezères, avec leurs censives, entrées et appartenances.

1383. — Hommage par noble Parpaillon de Mercuret, de quatre setiers blé, tant seigle qu'avoine, de 11 sols et onze gélines qu'il perçoit annuellement au château et mandement de Mezères; de quatre pièces de terre et du pré de la Font, d'une garenne et pinède, jouxte ledit pré, de six cartons seigle, deux de froment et quatre d'avoine qu'il perçoit chaque année au mas de Champet.

1383. — Hommage par Reymond Montagner, tuteur de Me Mathieu Julien, de seize cartons seigle, mesure du château de Mezères, appelée *carton ferrat*, sur Bernard de Maleys, qu'il a acquis de noble Bertrand Hérémon, de La Bastide, paroisse de Chamalières; d'un setier blé seigle, mesure du château de Mezères, d'une géline qu'il perçoit de Bernard de Maleys sur le garayt Dous Reys aussi acquis de noble Hérémon de La Bastide; de 13 sols acquis par ledit Mathieu Julien, de noble Pierre de la Faye et Catherine Chabanes, sa femme, paroisse de Retournac.

1383. — Hommage par noble Catherine Montagner, de censives et rentes au mas de Camp (*La Champ?*), à Malataverne et Arnoux, et de ce qu'elle avait dans le mandement de Mezères.

1383. — Hommage par Pierre de Montrevel, bourgeois du Puy, de ce qu'il avait aux mandements de Mezères et de Mercœur.

1383. — Hommage, en fief franc, par noble Catherine, fille de Pons Raoul, de sept setiers seigle, quatre de froment et quatre d'avoine, mesure de Retournac, de 15 sols et dix gélines de censive sur le village d'Arnoux, et d'une rente sur celui d'Arsac, mandement d'Arzon.

1383. — Hommage par noble Guillaume d'Espaly, de ce qu'il avait au château et mandement de Mezères et à Retournaguet.

1383. — Hommage par noble Jean de Balnis, d'une rente au château et mandement de Mezères.

1383. — Hommage par noble Elize de Vaux, fille et héritière de noble Donnend (sic) de Vaux, de la grange de Vaux, de ce qu'elle avait au château et mandement de Mezères, d'un jardin au terroir de Vaunac, et de ce que le sieur Roche tient d'elle dans ledit mandement.

1383. — Hommage, en fief franc, par Pierre et Étienne Montagne, de Chamalières, de la troisième partie de huit setiers blé seigle de quatre setiers un carton froment, de quatre setiers avoine, mesure de Mezères, de 18 sols tournois et six gélines de censive annuelle dans le mandement de Mezères.

1383. — Hommage par Guillaume d'Orceroiles, de vingt-quatre cartons froment, mesure de Mezères, acquis de noble Guillaume Ferrages, dit *de Rullier*, au mandement de Mezères, de deux cartons et demi et une « pugnère » froment, de quatre pugnères et demie seigle, mesure de Mezères, et de 5 sols tournois de censive et rente qu'il perçoit au mandement de Mezères.

1383. — Jean Chancelade, clerc, notaire, du mandement d'Arzon, reconnait tenir en fief 5 sols, 8 deniers, douze cartons d'avoine, mesure de Mezères, deux gélines de censive avec droits de lods qu'il perçoit au Chomeil, et qu'il a acquis de Pierre Montagne, du Pinet.

1384. — Guillaume d'Alzon reconnait tenir en fief franc, les mas de Montméa, Chassalongues, la maison de la Chaud que tient de lui Fayard; ce qu'il avait dans les mas de Germeyrac et de l'Herm; dix-neuf cartons et demi seigle, un de froment, six et demi avoine, 20 sols, 6 deniers, quatre gélines et des coublades sur le moulin qui est sur le port. Il perçoit le tout au mas de Blanlhac.

1384. — Hommage par noble Pierre de Ceyssaguet, de ce qu'il avait au mas de Vernusses et aux villages de Clissac, Lespinasse et Blanlhac.

1389. — Hommage, en fief franc, par Armand de Mezères, fils de noble André, comme en 1383. Il reconnait de plus des censives et rentes au mas de la Borie, mandement de Beaujeu, les quarts et « brassages » qu'il perçoit par indivis avec l'evêque au terroir des Aussas, jouxte le lieu de Bruene (*le Brus?*), mandement de Lapte, des rentes audit lieu de Bruene, et d'autres au mandement de Mons.

1389. — Hommage par Guillaume d'Alzon, fils de Pons, comme en 1384.

1389. — Hommage par noble Elize de Vaux, comme en 1383. Elle reconnait encore vingt cartons blé, 15 sols et deux gélines de censive, par indivis avec le seigneur de Roche, qu'elle perçoit au mandement de Retournac.

1389. — Hommage par noble Pierre d'Espaly, à présent Ferragne, de ce qu'il avait à Retournaguet.

1395. — Hommage par Guillaume d'Alzon, bourgeois du Puy, à messire Itier, évêque du Puy, comme en 1384.

1572. — Hommage par messire Pierre de Liques, chanoine du Puy, de cens et rentes aux mandements de Mezères et de Retournac, acquis du sieur de Ferragne, du sieur de Cublaises et de noble Pierre de Mercuret.

1622. — Investiture d'un pré appelé le Grand-Pré, au terroir de Gorce, acquis par noble Raphaël de Beaux, du lieu de Gorce.

1622. — Investiture du pré et terre de la Naute, au mandement de Mezères, acquis par noble Balthazard de Beaux, sieur dudit lieu, de noble Christophe de Gorce.

1624. — Investiture portant promesse d'hommages, de rentes au mandement de Mezères, acquises par noble Claude de Favet, de noble Claude d'Albiac, sieur d'Aubenas, lesdites rentes levables à Retournaguet et à Préaux, paroisse de Retournac.

1624. — Investiture de certaines rentes au mandement de Mezères, levables à Retournaguet et à Préaux, acquises par noble Claude de Favet, au prix de 150 livres.

1625. — Investiture du domaine de Gorce, acquis par noble Raphaël de Beaux, de noble Christophe Gaillard.

1625. — Investiture de la métairie et domaine de Gorce, acquis par noble Raphaël de Beaux, à présent sieur de Gorce.

1626. — Investiture du domaine situé au terroir de Courent, appelé de Roche Crépo, au mandement de Mezères, paroisse de Retournac, acquis par Vital Bran, Jacques Nicolas, Michel Liogier, Jean-Mathieu et autres habitants du lieu de Courent, paroisse de Retournac, de noble Louis de Rochebonne, sieur de la Borange.

1654. — Investiture portant hommage de la maison et domaine de Vaux, avec les rentes et directe, acquis par le sieur Jourda, sieur de Fraisse, de M. Paul d'Apchon, de Sérézac, baron de Vaumières, au prix de 15,300 livres.

1654. — Investiture portant hommage des rentes en directe, levables dans le mandement et baronnie de Mezères, acquises par M. Etienne Treveys, greffier en chef de la sénéchaussée du Puy, de M. Paul d'Apchon, baron de Vaumières.

1665. — Investiture portant hommage des rentes en directe avec droits de leds aux lieux et villages de Vianches, Chalendar, Mezères, Blanlhac, Les Breux, Préaux, Retournaguet, Roueyraud (Roiron?), les Beaux et la Boriade, le tout dans la terre et baronnie de Mezères, acquis par noble Jean de Chabanoles, écuyer, sieur des Breux, du sieur de Ferragne, au prix de 2,200 livres.

1666. — Investiture du château, terre, seigneurie et domaine du Bouchet, dans la baronnie et mandement de Mezères, acquis par sieur Geofroi, du Monteil, bourgeois du Puy, de sieur Pierre Vacher, de la ville de Mende, au prix de 12,000 livres.

1667. — Investiture portant hommage d'une rente noble, appelée d'Arnoux, levable au mandement de Mezères, consistant en 3 livres 6 deniers, trois setiers froment, six cartons et demi-boisseaux seigle, six setiers, quatre cartons, trois boisseaux avoine, deux setiers, mesure de Retournac, gélines cinq et demi, acquise par sieur Jean de Chabanoles, de noble Louis et Eymard de Navettes, sieur de la Dorlière et des Ollières, au prix de 3,000 livres.

1672. — Investiture du domaine noble du Bouchet, paroisse de Retournac, acquis par maître Antoine Montbrac, conseiller au sénéchal du Puy, de maître Jean Faure, au prix de 5,000 livres.

1675. — Investiture d'un pré à Glavenas et de rentes en directe sur le domaine de la Toureillo, acquis par noble Claude Polaillon, de noble François Sagnard, seigneur et baron de Queyrières.

MONISTROL-SUR-LOIRE

1285. — Hommage par noble Imbert de Lagarde, à messire Frédole, évêque du Puy, du four, tounnage du château de Monistrol et de maisons qu'il possédait dans ledit château.

1285. — Hommage par Armand Sicard, chevalier, du village des Villettes, mandement de Monistrol, et de ce qu'il a dans ledit mandement, village et appartenances.

1285. — Hommage par Guillaume Vacher, clerc, de ce qu'il a au château et mandement de Monistrol et au mas du Pinet.

1290. — Hommage par Durand Torte, à messire Guy de Neufville, évêque du Puy, de la maison appelée Mitonne, de Jean Fabre et Durand Chaisedieu, de la maison Dous Pinaux, de celle des Gardaux que tenait Thomas l'clisse dudit Torte, et généralement des cens, vignes, rentes, etc., qu'il possède au château, paroisse et mandement de Monistrol.

1290. — Guigo Royraud tient en fief ce qu'il avait dans la ville, paroisse et mandement de Monistrol, savoir les hommes, censives, tailles, usages, servitudes, terres, prés, vignes, bois et autres possessions.

1290. — Hommage par noble Guillaume d'Aisjap (sic) du mas de Bezanio, de la grange de Reverolles, des habitants desdits mas et granges, et de ce qui lui appartient, avec la juridiction, dans la ville et mandement de Monistrol.

1291. — Hommage par Bernard, de Monistrol, des mas de Belvezer, du Mazel, avec les hommes; des oches de la Noche et autres choses qui ne peuvent point se lire.

1291. — Hommage par noble Béraud de Montégut, d'un setier seigle, de 7 sols tournois ou environ, etc., de ce qu'il avait au Monteil et dans le château et mandement de Monistrol, à l'exception de ce qu'il tient du seigneur de Rochebaron.

1292. — Hommage par noble Hugues Pagan, chevalier, du château d'Hulmet, du village de Reverolles, de ce que tiennent de lui Darand Torte, noble Ponce de Pouzols et Guillaume de Vachères, au château de Monistrol.

1296. — Hommage par noble Guigo Royraud, de ce qu'il avait au Villard, à Monistrol et à Chabannes.

1296. — Hommage par noble Reymond de Paul (*Paulin?*) de ce qu'il avait au village de Paul (*Paulin?*).

1296. — Hommage par noble Jean de Beaux, de ce qu'il avait au village de Beaux et dans le château et mandement de Monistrol.

1296. — Hommage par noble Hugues Tronchet, à messire Jean de Cuménis, évêque du Puy, de ce qu'il avait dans le château et ville de Monistrol et des bois, terres et appartenances qu'il a dans ladite ville.

1296. — Hommage par noble Imbert Royer, de ce qu'il avait dans le château et ville de Monistrol, et du mas de la Borie.

1296. — Hommage par noble Hugues Dumas, de ce qu'il a au mas de Puy Ferrat, mandement de Monistrol.

1296. — Hommage par noble Hugues de Pouzols, de ce qu'il avait à Trévas, mandement de Monistrol, à l'exception d'une chabannerie qu'il tient du seigneur de Lignon et de ce qu'il avait au mandement de Mons.

1296. — Hommage par noble Guillaume la Motte, du mas du Pinet, d'une maison à Monistrol, de ce qu'il a à Saint-Paul et dans le château, paroisse et mandement de Monistrol.

1296. — Hommage par Guillaume Vacher, clerc, comme en 1285, à l'exception du mas du Pinet.

1295. — Hommage par Guillaume Taillefer, clerc, de ce qu'il a au mandement de Mons, dans la paroisse de Monistrol, à Espinasse et à Champaux.

1296. — Hommage par sieur Imbert Lagarde, chevalier,

du four du château de Monistrol, de ce qu'il a dans ledit château et mandement, au village de Saint-Paulien jusqu'au château d'Arzon, à Saint-Geneix, à l'arbre de la Chaud, de 30 sols de rente sur le village de Jabreil, mandement d'Arzon, avec Hugues d'Artias.

1296. — Hommage par noble Guigue de Pouzols, du mas du Bouchet, paroisse de Monistrol.

1296. — Hommage par le même, des mas de Rechiran et du Buisson, paroisse et mandement de Monistrol.

1301. — Hommage par noble Guigo Royraud, de la moitié du village, forteresse, murs et appartenances du Villard, près Monistrol (et ce pour rendre en paix et en guerre); de ce qu'il a au village et paroisse de Sainte-Sigolène, et des prés que Guigon Royraud, son cousin germain, possédait au village de Chabannes.

1305. — Hommage par noble Jean de Vaugelas, fils et héritier de Reynaud, de ce qu'il avait à Monistrol et dans les mandements de Lapte et Monistrol.

1308. — Hommage par noble Imbert Royer, à messire Bernard de Castanet, évêque du Puy, comme en 1296.

1308. — Hommage par noble Guigue de Pouzols, à messire Bernard de Castanet, évêque du Puy, comme en 1296.

1308. — Durand Torte, de Monistrol, reconnaît tenir en fief les mas de Belvezer, de Beaux et du Mazel, au mandement de Monistrol, les maisons que tient de lui Chassesertz, celles de Cortet, celles qu'habite Hugo Torte, clerc, situées à Monistrol; les oches appelées Dianenches, jouxte Monistrol; une carte seigle sur Jean Borrel, de Monistrol; une émine d'avoine et 6 deniers tournois sur Pierre Pastorel, de Monistrol, une obole sur la maison de Pierre Soullié, de Monistrol.

1308. — Hommage par noble Guillaume Taillefer, du mas de la Chalm, des jardin, maison, terres, prés et de ce qu'il a dans le château et mandement de Monistrol, à l'exception de ce qu'il perçoit à Champeax et Espinasse.

1308. — Hommage par noble Hugues Dumas, comme en 1296.

1308. — Hommage par noble Reymond Taillefer, du village de Paul (*Paulin?*) de 8 deniers tournois de cens à Monistrol sur le jardin de Thomas Fayolle, de 8 deniers sur le jardin de Pantecoste, de ce qu'il perçoit dans le château et mandement de Monistrol, et de 6 deniers sur la terre de Bochairolète.

1308. — Hommage par Bertrand Amiste, de Beaux, mandement de Monistrol, de la grange de Beaux, des cens et rentes qu'il perçoit au château, mandement et ville de Monistrol.

1308. — Hommage par noble Guigo Royraud, comme en 1296.

1308. — Hommage par noble Job, de Reverolles, des mas de Reverolles et Bezanio, et de ce qu'il tenait dans le château et mandement de Monistrol.

1308. — Sieur Guigo Mallet, chevalier, reconnait tenir en fief le four, les maisons et ce que sa femme avait à Monistrol, le village de Sementre (*Sérieutre?*) au mandement d'Arzon, ce qu'ils possédaient dans ce mandement et spécialement ce qu'avait sieur Imbert de Lagarde, chevalier, à la Bruyère, mandement d'Arzon, et ce qu'avait en fief sieur Imbert, son père.

1308. — Mathieu Vieux, de Monistrol, clerc, reconnait tenir en fief trois pièces de terre au terroir d'Antonianne, mandement de Monistrol, qui confrontent avec le chemin d'Antonianne à la Rivoire supérieure et la terre de la Rivoire, une grange et terre au château de Monistrol, jouxte le pré de l'évêque, un plantier entre les fossés dudit château et le pré de l'évêque, une pièce de terre au terroir de Puoyginat, deux maisons à Monistrol et des rentes dans ce mandement.

1308. — Pierre Bayle, de Monistrol, reconnait tenir en fief 3 sols 3 oboles tournois et une géline de censive sur Vital Régis; 3 sols 3 oboles tournois, une géline, un métan froment et une carte seigle, de censive, sur Pierre Régis; des quarts au mas de la Vallette, un jardin derrière sa maison et un plantier jouxte le *callat* de Monistrol.

1308. — Messire Bertrand Bayle, prêtre, reconnait tenir en fief une maison à Monistrol située sur la place, 12 deniers de censive sur Michel Salvo pour un jardin joûxte la ville, un carton avoine de censive pour un jardin que tient de lui Jean Chambon; ce qu'il avait à la grange de Martinas, aux Ollières, à Beaux, à Verne, le tout au mandement de Monistrol.

1308. — Benoit et Nicolas Carte, frères, reconnaissent tenir en fief une pièce de terre et jardin à la condamine de Monistrol, 3 deniers, une demi-géline, un carton avoine, de censive annuelle sur le jardin; un terroir à Parpaillon et à l'Hôpital, une rente d'un métan d'avoine, une géline, un autre métan d'avoine, un chazal, trois quarts d'avoine, une demi-géline de rente, un métan, un quart d'avoine, un métan d'avoine, une carte et un carteron avoine de rente, au mandement de Monistrol, une terre au terroir des Fourches, etc.

1308. — Hommage, en fief franc, par Jean Malbec, de Monistrol, d'un jardin à la Planchête, près Monistrol, d'un plantier au pré de l'évêque; de la moitié d'un jardin à Chabannes (indivis avec sa sœur); de la moitié de la quatrième partie de la leyde de Monistrol, de 12 deniers tournois de censive sur le jardin et maison de Jean Frize, à Monistrol.

1308. — Hommage par Mathieu Eviane, de la moitié par indivis de la quatrième partie de la leyde et subvention; de la moitié par indivis d'un jardin à Chabannes, d'un jardin à la Planchête et d'une maison sur la place de Monistrol.

1308. — Hommage par Giraud Moyne, de Monistrol, d'un pré au mandement de Monistrol.

1308. — Hommage par Guillaume Riébout, de Monistrol, de 6 deniers de censive sur la maison de Jacques Suavis, sur la place de Monistrol.

1308. — Hommage par Jean Bayle, de Monistrol, clerc, de rentes annuelles à la Villette, avec les quarts et autres fonds.

1308. — Jean Borrel, de Monistrol, clerc, reconnait tenir en fief six métans seigle et deux d'avoine, de censive annuelle au terroir de Chafol, trois métans avoine sur la terre de la

Chalm, deux métans avoine et une géline sur un jardin contre le pré de l'évêché; 2 sols, 6 deniers tournois, de censive annuelle sur le pré que tient de lui Luce de Vernet; deux setiers seigle et une émine d'avoine qu'il perçoit annuellement au gravier ou jardin de l'évêque du Puy, à Monistrol, au terroir de Chazalet; une géline et 6 deniers sur la maison d'André Guy, de Monistrol.

1308. — Hommage par Jean Bayle, de Monistrol, de la maison de Larbret et d'un jardin attenant, d'une pièce de terre à la Planchète, d'une carte avoine de censive sur Pierre Brun, et d'autres censives dans le mandement de Monistrol et en dehors.

1309. — Hommage par Etienne Brun, de la moitié par indivis d'un pré au mandement de Monistrol, jouxte le ruisseau du Monteil et la terre de Beusjucez (?) et d'un autre pré dans ledit mandement.

1309. — Même hommage par Thomas Brun.

1309. — Hommage par noble Hugo Tronchet, des maisons que tient de lui Luce de Beaux, au château de Monistrol, avec la censive annuelle accoutumée; des maisons et censive annuelle que tient de lui Mathieu de Ladent audit château, de la terre que tient de lui André Bonhomme au terroir de la Costantine, mandement de Monistrol, avec le cens accoutumé; de 40 sols tournois de censive annuelle au terroir d'Auliac, sur Pierre de Montanéa, Girine d'Annas, Hilaire Rey et autres tenanciers dudit lieu situé au mandement de Mezères.

1309. — Hommage par Jean Torte, clerc, de Monistrol, comme a fait Durand Torte en 1308, à l'exception des oches Dianenches.

1309. — Guillaume Vacher, clerc, de Monistrol, confesse tenir en fief une maison à Monistrol, un carton avoine, 6 deniers et une géline de censive annuelle sur les maisons et jardins qui sont derrière, 10 sols 8 deniers et une carte avoine sur une maison et jardin contigus sis au Pinet, 10 sols 8 deniers et une carte avoine de censive sur une maison contre celle de Jean Chambon, une carte seigle et une de pois chiches, de censive, sur le moulin situé à la rivière de Pinet, paroisse de Monistrol, et autres censives y spécifiées.

1309. — Noble Jean de Vaugelas d'Argental, reconnait tenir en fief une maison à Monistrol, le mas de Beaux, mandement de Monistrol, ce qu'il avait dans le château, juridiction et mandement de Monistrol, 5 sols tournois qu'on lui doit à Monistrol. Il reconnait tenir le mas de Betz, mandement de Lapte, la moitié du mas du Bouchet par indivis, situé au même mandement, 2 sols tournois de censive annuelle à Trévas, 2 sols qu'il perçoit dans les prés des hommes de Trévas et ce qu'il avait dans le Velay et diocèse du Puy.

1309. — Hommage par sieur Reymond de Montégut, chevalier, et dame Jausserande, sa femme, de 12 deniers tournois de censive sur la maison de la Bruyère à Monistrol, de 14 deniers sur celle de Vincent Sabatier, d'un jardin que tient de lui Jean Borrel, et du fief que Bayle tient d'eux au terroir des Ollières.

1310. — Reconnaissance de fidélité faite à l'évêque du Puy, par le curé et chanoines de Monistrol qui lui ont promis et juré de lui être fidèles et obéissants.

1310. — Hommage par noble Eustache de Motte, paroisse de Monistrol, semblable à celui de 1296 rendu par Guillaume la Motte. Il reconnait, en outre, ce qu'il a à la Chau-de-la-Croix.

1311. — Noble Jaquemet, seigneur d'Argental, reconnait tenir en fief le château d'Hulmet et le village de Reverolles, le fief que tiennent de lui à Chanale, Durand Torte et Pons de Pouzols : les fiefs que tient de lui Guillaume de Vachères dans le château et mandement de Monistrol, et ceux qu'il possède dans lesdits château et mandement.

1318. — Hommage par Giraud Torte, fils d'autre, de Monistrol, à messire Durand, évêque du Puy, comme a fait Durand Torte, en 1308.

1318. — Hommage par Guillaume Vacher, chanoine de Monistrol, d'une maison et rente à Monistrol.

1318. — Hommage par Jacques de Reverolles, semblable à celui de Job de Reverolles en 1308.

1318. — Hommage par Guigo Royraud, damoiseau, comme en 1296.

1318. — Hommage par Imbert Royer, damoiseau, comm en 1308.

1318. — Hommage par sieur Bertrand Bayle, de Monistrol, prêtre, comme en 1308.

1318. — Hommage par Vierne, femme de défunt Reymond de Paul, dit *Taillefer*, tutrice de ses enfants, du village de Paul, au mandement de Monistrol et de 8 deniers de censive dans la ville de Monistrol.

1318. — Hommage par Giraud Moine, de Monistrol, comme en 1308. Il fait aussi hommage d'une petite censive à Monistrol.

1318. — Hommage par Benoit et Hugon Torte, frères, d'un jardin par indivis que tient d'eux André Giry à la condamine de Monistrol, de 3 deniers, d'une demi-géline et d'une carte avoine de censive, dans ledit jardin, du terroir de Parpaillon situé dans la ville de Monistrol, de celui de l'Hôpital, d'un jardin, de deux métans avoine, d'une géline, etc., qu'il perçoit dans le mandement de Monistrol.

1318. — Hommage par Jean Malbec, de Monistrol, comme en 1308.

1318. — Hommage par Barthélemy Gastet, de Monistrol, d'un jardin à Monistrol.

1318. — Hommage par Imbert Lonyoys, de Monistrol, de ce qu'il avait au mas de la Valette, mandement de Beaujeu, de la maison et jardin que tient de lui Etienne Testory, dans la ville de Monistrol et du pré du moulin situé au mandement de Monistrol.

1318. — Hommage par Hugon de Motte, paroisse de Marlhes, comme a fait Eustache de Motte en 1310.

1318. — Hommage par Mathieu Vieux, de Monistrol, clerc, de trois pièces de terre au terroir d'Antonianne, de deux maisons à Monistrol, de sept métans avoine, de 2 sols, 6 deniers et de trois gélines de censive annuelle dans le château et mandement de Monistrol.

1318. — Hommage par Jean de Vaugelas d'Argental, damoiseau, comme en 1309. Il excepte de l'hommage ce qu'il tient du sieur Jausserand Mallet à Fay, à Las Tailias de Vazeilles et ce qu'il avait au château de la Tour.

1319. — Hommage, en fief franc, par Guillaume Rostaint, de Monistrol, de six métans seigle et deux d'avoine qu'il perçoit annuellement au terroir de Chafol, de trois métans avoine dans la terre de la Chalm, de deux métans avoine et d'une géline sur un jardin jouxte le pré épiscopal et autres audit Monistrol.

1319, 6 octobre. — Hommage par noble et puissant seigneur Jacques d'Argental, seigneur dudit lieu, du diocèse de Vienne, chevalier, comme a fait Jaquemet d'Argental en 1311.

1319, 4 novembre. — Ratification faite par noble dame d'Argental et de Jareys, laquelle ratifie et confirme ledit hommage dans tous ses points, comme il est exprimé ci-après.

1319. — Hommage par Jean Borrel, de Monistrol, d'un métan seigle, de 3 deniers tournois et d'une demi-géline, d'un champ par indivis avec Bertrand de Baux au terroir de la Malouteyre et de quatorze métans de seigle.

1319. — Hommage, en fief franc, par Jean Rivont, de Monistrol, de 7 deniers tournois de censive sur la maison de Jacques Suavis, sise sur la place et devant l'église de Monistrol.

1319. — Hommage par Pierre Bayle, de Monistrol, d'un jardin derrière la maison dudit Pierre, d'une place jouxte la galerie du château de Monistrol, et d'une terre de Parpaillon.

1319. — Jean Muton, de Monistrol, reconnaît tenir en fief 3 sols, 3 oboles tournois, un métan froment sur les héritiers de

Vital Régis, avec une géline, 3 sols, 3 oboles, une géline, un métau froment et trois de seigle sur les héritiers du nommé Petit Roy, un cartal d'avoine et 12 deniers tournois sur les héritiers de Jean Fonte pour les terres qu'il tient de lui en emphytéose, le quart de dîme et « brassages » sur le mas de la Villette et généralement ce qu'il tient dans ledit mas.

1319. — Hommage par Etienne Brun, comme en 1309.

1319. — Hommage par Bernard Dumas, damoiseau, du mas de Puy Ferrat. Il reconnaît, en fief franc, un champ appelé de Ville et une maison neuve que tient de lui Gilles Pons de la Vallette, une vigne que tient de lui Reymond de Machasame et un chazal confrontant avec le château de Servissas.

1319. — Hommage par Pons de Pouzols, damoiseau, semblable à celui de Guigo de Pouzols en 1299.

1319. — Hommage par Tronchet de Lépine, damoiseau, et Agnès, sa femme, comme a fait Hugo Tronchet en 1309.

1319. — Noble Silvion de Brosse, damoiseau, reconnaît tenir en fief un four et des maisons à Monistrol, tout ce qu'il possédait dans cette ville et son mandement, le village de Sumentre *(Seniautre?)*, mandement d'Arzon, tout ce qu'il possédait dans ce mandement et spécialement ce qu'avait sieur Imbert de Lagarde à la Bruyère, mandement d'Arzon et tout ce qu'il possédait dans le diocèse du Puy.

1320. — Hommage, en fief franc, par sieur André Legé, chanoine et procureur du chapitre de Monistrol, de ce que possédait le chapitre dans la ville et diocèse du Puy, etc.

1321. — Ayceline de Lignon, femme d'Armand de Sablon, reconnaît tenir en fief franc quinze métans seigle, mesure de Monistrol, de censive annuelle sur les Moulets de Trévas, de la Chabannerie, du Pinet, sur Jaubert de la Villette et autres. Elle reconnaît encore ce qu'elle possédait dans le mandement de Monistrol.

1327. — Hommage par noble Silvion, seigneur de la Brosse, damoiseau, à messire Bernard, évêque du Puy, comme en 1319.

1327. — Hommage par Guigo Royraud, damoiseau, de ce qu'il avait au village du Villard, à la ville et mandement de Monistrol, au mas de Chabannes, près Monistrol, et au lieu ou mas de.....

1327. — Hommage par sieur Guillaume de Vachères, chanoine de Monistrol, d'une maison à Monistrol, d'un cartal d'avoine, de 6 deniers tournois et d'une géline de censive qu'il perçoit sur certaines maisons, d'une autre censive sur divers particuliers, le tout à Monistrol ou dans son mandement.

1328. — Hommage par Giraud Torte, fils, des mas de Belvezer, de Beaux et du Mazel et de maisons et rentes à Monistrol.

1328. — Hommage par Guillaume Taillefer de Paul *(Paulin?)*, comme a fait Reymond Taillefer en 1308.

1328. — Hommage par Jean de Pouzols, clerc du Puy, tuteur de Pons de Pouzols, et au nom de ce dernier, du mas du Buisson et de ce qu'il avait dans le mas de Rechiran.

1328. — Hommage par Durand..... située au terroir d'Antonianne vers la Rivoire supérieure, d'une part, de maisons à Monistrol, etc.

1328. — Hommage par Jean d'Argental, damoiseau, diocèse de Vienne, comme a fait Jean de Vaugelas d'Argental, en 1309. Il excepte de l'hommage ce qu'il tient du seigneur Jaysserand Mallet.

1328. — Hommage par........ damoiseau, du village de..... d'une chabannerie, terre à la Villette, de la chabannerie de........ de ce qu'il avait au mas de Rossellas *(Rousson?)* et dans la paroisse de Saint-Maurice-de-Lignon.

1328. — Hommage, en fief franc, par Pierre Bayle, de Monistrol, d'une maison à Monistrol et de certaines censives dans ladite ville et son mandement.

1328. — Hommage par Jacques Eviane, fils de Mathieu, comme a fait ce dernier en 1308.

1328. — Hommage par Jean Monteil, de Monistrol, d'une censive au mandement de Monistrol et au mas de la Villette.

1328. — Hommage par Jean Bayle, de Monistrol, de la maison de Larbret, d'un jardin et pièce de terre confrontant avec le Riou de la Planchette, et de censives perçues sur divers particuliers dans le mandement et aux environs de Monistrol.

1328. — Hommage par........ Amable, de Monistrol, d'un jardin à la Planchette et d'une censive à Monistrol.

1328. — Hommage par Pierre Tronchet, damoiseau, comme a fait Hugo Tronchet, en 1309.

1328. — Hommage par Thomas........ du garayt de Prabals, d'une pièce de terre à la Condamine, d'un sol appelé des Tortes, d'un métan avoine et d'autres censives sur divers particuliers.

1328. — Hommage par.......... de Retourtour, du garayt de la Chalm, d'un sol appelé des Tortes et d'une censive au mandement de Monistrol.

1328. — Hommage par Eustache de Motte, semblable à celui rendu par Guillaume la Motte en 1296.

1328. — Hommage par........ de Monistrol, d'un jardin...... et par Hugon Dumas, fils, du mas de Puy Ferrat.

1328. — Hommage par Reymond Amiste de Beaux, damoiseau, du mandement de Monistrol, pareil à celui de 1308 rendu par Bertrand Amiste de Beaux.

1328. — Hommage par Rostain, clerc, procureur de Giraud Rostain, son père, d'une censive à Monistrol.

1328. — Hommage par Guillaume Taillefer, de Saint-Pal, du mas de la Chalm, mandement de Monistrol, et des terroirs de Ménis et de Terrières.

1328. — Hommage par André Fabre, de Monistrol, de censives au mas de Beaux.

1328. — Hommage par Heliète de Saussac, damoiseau, procureur au nom d'Eymard et sa femme, du terroir de la Chalavaire-Del-Py, et de celui de Trévas, qui fut du Bessat.

1328. — Hommage, en fief franc, par Jean de Pouzols, clerc du Puy et chanoine de Monistrol, d'immeubles dans la ville et diocèse du Puy, à l'exception de certaines choses.

1343. — Hommage par Moine Giraud, clerc, à messire Jean de Chandorat, évêque du Puy, d'une censive au château et mandement de Monistrol.

1343. — Hommage par Jausserand de Reverolles, comme a fait Job de Reverolles en 1308.

1343. — Hommage par François de Vachères, damoiseau, d'un mas et terre tenus par Jean Bonnel, au mandement de Monistrol, de ce que tiennent de lui Jean et Marcelin Montet, au mas de Trévas, etc. Il tient en fief franc une maison à Monistrol, une rente et censive dans la paroisse de Monistrol, des maisons au château de Monistrol et la grange de la Borie.

1343. — Hommage par Silvion, seigneur de la Brosse, comme en 1319. Il excepte ce qu'il avait au mandement d'Arzon qu'il a donné à sa fille, laquelle en fera reconnaissance.

1343. — Hommage par Guillaume Torte, bourgeois, comme a fait Durand Torte en 1308.

1343. — Hommage par Peyronnet et Jean de Prahals, de censives sur un pré et terre à Monistrol.

1343. — Hommage par Jean de Montchalm, damoiseau, de maisons à Monistrol, du mas de Beaux, mandement de Monistrol, de ce qu'il possédait dans la juridiction et mandement de Monistrol, de rentes à Monistrol et au mas de Betz, mandement de Lapte et d'une censive au mas de Trévas.

1343. — Hommage, en fief franc, par Hugonet de Motte, damoiseau, comme a fait Eustache de Motte en 1328.

1343. — Hommage par le chapitre de Monistrol, comme ci-devant.

1343. — Hommage par sieur Bonnet Maly, prêtre, chanoine de l'église de Monistrol, vicaire perpétuel, de dix-huit métans et demi seigle, de dix-sept d'avoine, de 18 deniers tournois et de cinq gélines de censive et rente annuelle sur les particuliers y dénombrés.

1343. — Hommage, en fief franc, par Pierre Bayle, de Martinas, d'une maison sur la place de Monistrol et d'une censive sur divers particuliers.

1343. — Hommage, en fief franc, par sieur Jean du Pinet, prêtre, d'une pièce de terre appelée Parpaillon.

1343. — Hommage, en fief franc, par Jean Gastet, de Monistrol, d'un jardin près Monistrol.

1343. — Jean Morel, de Saint-Pal, vendit une pièce de terre au terroir de Tirepeyre, de la directe de l'évêque du Puy, sous la censive annuelle d'un métan seigle, mesure de Monistrol.

1343. — Hommage, en fief franc, par Jean Amalucot, de Monistrol, d'un jardin et plantier à Monistrol, d'un jardin à Chabannes, près Monistrol et de censives à Monistrol.

1343. — Vente par Vital Hébraud, de Monistrol, d'une maison à Monistrol.

1343. — Hommage par Jean Albuin, damoiseau, d'une émine seigle de rente annuelle au mandement de Monistrol, etc.

1343. — Hommage par noble Pierre Mitte, chevalier, du mas de la Chalm, de maisons, jardins, terres, prés, etc., au mandement de Monistrol, acquis par lui de Guillaume Taillefer, de Saint-Pal (sauf ce qu'il avait aux mas de Champeux et d'Espinasses) et de ce qu'il tient par indivis dudit évêque et du sieur de Roche au château et mandement de Retournac.

1343. — Hommage par Maurice Chalm, de Monistrol, de rentes à Monistrol sur divers particuliers.

1343. — Hommage par Jean Chapelète, du garayt de Parpaillon, d'une pièce de terre appelée l'Hôpital, d'une autre à la

Condamine, d'un sol appelé des Tortes, d'une censive sur certains particuliers, d'un garayt au lieu de Fourches, etc.

1343. — Hommage par Pierre Morel Dumas, du mas de Puy Ferrat.

1343. — Hommage, en fief franc, par Pierre Torte, de Monistrol, pareil à celui de Jean Muton, de Monistrol, en 1319.

1343. — Hommage par Guillaume Fabre, de Monistrol, de trois métans seigle, mesure de Monistrol, d'une rente et d'une pièce de terre à Beaux.

1343. — Vente par Jacques Bonnet, de Monistrol, d'un pré au terroir de Chazalet, de la directe de l'évêque, sous la censive de 2 sols.

1344. — Hommage par Guilhot Roueyraut, damoiseau, de ce qu'il avait au village du Villard, au mas de Chabannes, dans la ville et château de Monistrol, et des mas de Villeret, Espinasses et Fontancyres.

1344. — Hommage, en fief franc, par Pierre Tronchet d'Espinasses, de ce qu'on tient de lui au château de Monistrol et au terroir de la Cestantine, à Aunas et au terroir de Saint-Projely d'Auliac, mandement de Mezères, aux terroirs de la Fayolète et de Fourbourant vers Lous Evercens dits *de la Fayolète*, au terroir de ladite Fayolète descendant jusqu'au tènement de Sagnacte ; il reconnait en outre un pré jouxte le ruisseau de Bezanio, le mas de Veyrines et la juridiction dudit mas et terroirs susdits.

1344. — Hommage, en fief franc, par Hugon Tronchet d'Espinasses, chanoine de Monistrol, de censives au château de Monistrol, d'un pré jouxte le ruisseau de Bezanio, de ce qu'il possède à Aunas et au terroir de Saint-Projely.

1345. — Hommage par Goü (sic) Torte, de censives, rentes, etc., à Monistrol.

1347. — Hommage par Hugon de Reverolles, comme a fait Job de Reverolles en 1308.

1347. — Hommage par Germain Torte, des mas de Belvezer, de Beaux et du Mazel, de maisons à Monistrol, des oches Dianenches, d'une carte seigle à Monistrol, d'une censive, etc., à Monistrol, et du mas de Betz, paroisse de la Chapelle.

1351. — Hommage par Pierre Bonihois et Bayle de Grazac, d'une maison et jardin à Monistrol, avec certaine censive.

1351. — Hommage par noble Guigo Pagan, damoiseau, du château d'Huluict, du village de Reverolles, du fief de la Chanale que tenaient de lui Guigon Torte et le sieur Pons de Pouzols, du fief que tiennent de lui Guillaume de Vachères et ses héritiers dans le château et mandement de Monistrol, et de ce qu'il possède lui-même dans ledit château et mandement.

1362. — Hommage par Bernarde Hébrarde, veuve de sieur Géralt Corte, à messire Bertrand de la Tour, évêque du Puy, des mas de Belvezer, de Beaux et du Mazel, de maisons à Monistrol, des oches Dianenches, d'une carte seigle, d'un métan avoine, de six deniers, de six métans seigle, d'une carte avoine, mesure de Monistrol, de trois métans avoine et de six deniers tournois de censive annuelle à Monistrol, sur les habitants y dénommés.

1362. — Hommage par noble sieur Pierre Mitte, chevalier, comme en 1343. Il reconnait en outre le mas du Buisson et ce qu'il avait au mas de Rechiran.

1362. — Hommage par noble Adémard Royraud, comme a fait Guigo Royraud, en 1296. Il reconnait ce qu'il a aux mas de Villaret, d'Espinasses et de Fontaneyres.

1362. — Hommage par le chapitre de Monistrol, des biens meubles et immeubles qu'il possède dans la ville et château de Monistrol, d'un pré qui fut de Pierre Torte, clerc du Puy, etc.

1362. — Hommage par noble Hugen de Reverolles, comme en 1317.

1362. — Hommage par noble Adémard de Lagarde, du village dit de Paul et d'une censive à Monistrol.

1362. — Hommage par noble Reymond de Vachères, de deux métans seigle, mesure de Monistrol, d'une géline, de 3 deniers obole de censive au terroir de la Costantine, d'une pièce de terre, d'un pré et jardin à Monistrol.

1363, 20 novembre. — Hommage, en fief franc, par noble dame Béatrix d'Usson, héritière de Silvion Mallet de la Brosse, d'un four, de maisons et de tout ce qu'elle avait à Monistrol et dans ce mandement.

1363, 20 novembre. — Même hommage par noble Pierre Sivemière, mari de noble Béatrix de la Brosse.

1363. — Hommage par Hugon Albert de l'Herm, du mas de Puy Ferrat.

1363. — Hommage par Jean Bayle, de Martinas, d'une maison sur la place de Monistrol et de censives sur ladite ville et paroisse.

1367. — Hommage par noble Hugon de Borne, chevalier, mari de ladite dame Cécile, des mas de Belvezer, de Beaux et du Mazel, de maisons à Monistrol et des oches Dianenches.

1367. — Même hommage par noble Armand de Borne, damoiseau.

1368. — Hommage par noble Beraud de Retourtour, seigneur d'Argental, du château d'Hulmet, du fief de Beauchâteau, de ce que tiennent à la Chanale, Durand Torte et le sieur Pons de Pouzols ou leurs héritiers, du fief que tient de lui Guillaume Vachères, au château et mandement de Monistrol, etc., à l'exception des rentes et justice haute et basse qu'il avait au mas de Reverolles, donné par lui à Pons Mercurot, qu'il tient du fief de l'évêque.

1383. — Hommage, en fief franc, par noble Pierre de Sivemière, chevalier, comme en 1363.

1383. — Hommage par noble Jaquemet, seigneur d'Argental, comme en 1311.

1383. — Noble Aubert Doylieu, d'Annonay en Vivarais,

reconnaît tenir en fief, les mas de Belvezer, de Beaux et du Mazel, des maisons à Monistrol, les oches Dianenches, une carte seigle, de rente, sur Jean Borrel du Monteil, une émine avoine et 6 deniers sur Pierre Pastorel, de Monistrol, une obole sur une maison à Monistrol, six métans seigle et un cartal avoine de censives et autres à Monistrol.

1383. — Hommage, en fief franc, par Barthélemy Jagonnas, d'un tiers par indivis de deux gélines, d'un métan avoine, de quatre setiers seigle, mesure de Monistrol, de 16 deniers perçus à Monistrol et au mas de Chabannes, appelé Lous Avideus, et d'autres rentes dans le mandement de Monistrol.

1383. — Hommage par noble Hugon Royraud, fils d'Adémard Royraud, comme a fait ce dernier en 1362.

1383. — Hommage, en fief franc, par Michel Henry, d'une maison située sur la place de Monistrol, de la grange de Martinas et de diverses rentes à Monistrol.

1383. — Hommage par noble Guichardé de Vachères, d'un mas dans le mandement de Monistrol, de ce qu'on tient d'elle au mas de Trévas, d'une maison à Monistrol et d'une rente.

1383. — Hommage par noble Marguerite, veuve d'Adémard de la Garde, comme a fait son mari en 1362.

1383. — Noble Etoile de Grazac, du consentement de noble Jean Sicard, son mari, reconnaît tenir en fief deux métans seigle, mesure de Monistrol, une géline, 3 deniers obole sur un champ au terroir de la Tostane, près Monistrol, une pièce de terre et un pré à Monistrol, une maison et jardin contigus qu'on tient d'elle en emphytéose sous la censive de 6 sols, et un autre jardin.

1383. — Hommage, en fief franc, par le chapitre de Monistrol, comme en 1362.

1383. — Hommage par noble sieur Louis, seigneur de Joyeuse et de Saint-Didier, chevalier, de ce qu'il avait dans la clôture ou ortes de Monistrol.

1384. — Hommage, en fief franc, par sieur Pierre Mitte, chevalier, et ses frères, suivant leur procuration, de maisons, jardins, terres, etc., au mandement de Monistrol, acquis de Guillaume Taillefer de Saint-Paul, à l'exception des mas de Champeux et d'Espinasses. Il reconnait ce qui avait été acquis par ses prédécesseurs, dans la ville de Monistrol, de noble Flocard de Montaut, chevalier, et tenir en outre, au nom que dessus, les mas du Buisson et de Rechiran, et ce qu'il avait dans la ville de Monistrol.

1619. — Investiture de la terre et seigneurie de Paulin, paroisse de Monistrol, donnée à messire Hector de Fay, seigneur et baron de la Tour-Maubourg, avec le four banal et rentes, au prix de 25,300 livres.

1622. — Investiture du domaine de Reverolles, acquis par sieur Claude Vialleton, de noble Claude de Boucherolle.

1624. — Hommage par sieur Claude Vialleton, à messire Just de Serres, évêque, de la maison, domaine et métairie de Reverolles, paroisse de Monistrol.

1626. — Investiture portant hommage du garayt de Granouillet, paroisse de Monistrol, par Isaac Basset, notaire royal à Monistrol.

1632. — Investiture portant hommage de la place et seigneurie de Reverolles de Meyres, paroisse de Sainte-Sigolène, acquises par noble Jacques Royraud, sieur du Villard.

1741. — Ventilation du domaine de Vachères, vendu par M. de Chevrières à Pierre Chambonnet, au prix de 11,000 livres.

1771. — Permission de faire construire des moulins sur la Loire, donnée par l'évêque du Puy à M⁹ Jean Moret, sous la rente annuelle d'une carte seigle, mesure de Monistrol, payable à chaque fête de Toussaint.

1771, 27 septembre. — Transactions, délibération de la communauté de Monistrol pour la fontaine de la maison et du jardin cédés à l'évêque.

1772. — Permission de construire un moulin, en faveur de Marcelin l'Héritier, sous la redevance d'un métan seigle, mesure de Monistrol, payable à chaque fête de Toussaint.

MONS [1]

1258. — Hommage par noble Pons de Mons à messire Guy, évêque du Puy, de la moitié du château inférieur de Mons.

1272. — Hommage par Philippe de Dunières, clerc, à messire Guillaume, évêque du Puy, de la grange de la Roche, mandement de Mons, avec son moulin, pêcher et appartenances.

1285. — Hommage par Celaine, femme de Pons de Bonnefoy, de Saint-Pal-de-Mons, à messire Frédole, évêque du Puy, du village de Bosc, mandement du château de Mons, et de ce qu'elle a dans ledit mandement.

1285. — Hommage par noble Reymond de Beaudiner, du village de la Chancelade et de ce qu'il tient dans le château de Saint-Pal-de-Mons, à Carons, Salveau, proche dudit mandement, à Mandigoul et à Pouzols, mandement de Beaujeu.

1285. — Hommage par noble Pierre d'Allier, de la maison de la Roche, de ce qu'il a au village de Crozes, à Puy-Régnier, mandement de Mons, de ce qu'il a au village de la Rivoire, aux mas de Malhac et de Coloniachoc (sic), à l'exception de la moitié du pêcher supérieur de la Roche qu'il tient du seigneur de Saint-Didier et l'autre moitié de l'évêché.

[1] Mons, commune de Saint-Pal-de-Mons.

1298. — Hommage par noble Pons de Mazeaux, à messire Jean de Cuménis, évêque du Puy, de ce qu'il a aux villages de Mazeaux et de Ménis, et dans le mandement de Mons et Saint-Pal-de-Mons.

1308. — Hommage par Guillaume de Mezeyrac, chevalier, à messire Bernard de Castanet, évêque du Puy, d'un pré dans le village et terroir de Mazeaux, mandement de Mons.

1308. — Hommage par noble Heliète de Saussac, du village de la Rivoire, paroisse de Saint-Pal, mandement de Mons (à l'exception du mas de Lagart); des maisons, prés, terres cultes et incultes au terroir du village de Mazard (à l'exception de l'affaire des Fayards), le tout au mandement du château de Mons; d'une pièce de terre à Livinhac, paroisse d'Yssingeaux, de la terre de la Roche, mandement de Saussac, des maisons, terres, prés au village de la Chazalée (lesdits villages sont dans le mandement du château de Saussac), de la maison qui est à sieur Francon d'Elles, chevalier, dans le château de Saussac, au-dessus du Triadour, d'un pré jouxte l'eau de Tarabeau, qui fut de Pierre Baudoin; de l'affaire de Jean Cavrels de Neyrial; de ce que ledit Jean tient de lui à Neyrial; de la moitié de la terre et terroir de Mialaures, paroisse d'Yssingeaux, du mas de Champ Blanc, de l'affaire qui relève de Pons de Contagnet dans ladite paroisse.

1308. — Hommage par noble Pierre de la Roche, de la grange de la Roche (à l'exception de la moitié du pecher supérieur), des mas de Ménis et Malgny; de la chabannerie de Mont-Regnier, des villages de la Rivoire et de Terrières, mandement du château de Mons.

1308. — Hommage par noble Guillaume Taillefer, de ce qu'il tient aux terroirs de Ménis, de Terrières, de Mont-Serveys, au moulin du Prat dans le tènement de Terrières, à Stamianes, mandement du château de Mons, et de 6 deniers sur le mas de Prunières, même mandement.

1309. — Hommage par noble François de Préaux et Béatrix sa femme, de lui autorisée, fille de Pons de Gasque, du mas ou village de Ville-de-Mons, mandement du château de Mons, et de ce qu'ils avaient dans ledit château et mandement.

1309. — Hommage par noble Pons de Mazeaux, paroisse de Raucoules, mandement de Mons, de la grange de Mazeaux, du mas de Ménis et de ce qu'il a dans le château et mandement de Mons.

1309. — Hommage par Guillaume Agny de Torren, du diocèse de Vienne, de 4 sols tournois de censive, d'un cartal avoine, d'un de seigle qu'il perçoit annuellement aux mas de Jourdy, de Bonnefont et des Pinatelles, qui sont dans la juridiction et mandement du château de Mons; des quarts de fruits sur six pièces de terre sises au mandement de Mons.

1309. — Hommage par noble Castang de Bosc, semblable à celui de 1318 qui figure aux hommages de Mercœur. Le champ du Clusel est excepté du présent hommage.

1309. — Pierre et Simon de Roure, frères et administrateurs des fruits de leur neveu Martel, reconnaissent tenir en fief dudit évêque, le ténement des Mats, confrontant avec les terres de Saint-Didier, de noble Pierre de Roche et du Roure; deux chabanneries terre au terroir de Malpertuis confrontant avec l'estrade publique de Monistrol à Annonay, le pré de Verne de Font Hugues qui est de Jacques Reymond de Rivoire, les terres du cloître de Dunières, du seigneur de Saint-Didier et de noble Pierre de Roche. Ces chabanneries sont situées au mandement du château de Mons, paroisse de Saint-Pal. Ils tiennent encore en fief une émine seigle, un cartal avoine, 18 deniers de censive que donne annuellement Pierre Chabreyt pour les terres qui sont au terroir de Fonjoanenc, confrontant avec les terres de l'abbesse de la Séauve et de la maison de Saint-Didier; trois métaus seigle de censive et un d'avoine que donne annuellement Thomas de Chanteloube, pareille censive que donnent lesdits Thomas, Jacques et Antoine pour leurs chabanneries communes entre eux et ledit évêque, qui confrontent avec la terre de sieur Pierre du Monastier, chevalier, et la terre de Manse; une carte seigle de censive payée par Pierre, Thomas Chanteloube et autres, 9 deniers tournois que les susnommés donnent en commun, 7 deniers tournois de censive payés par Germain de Ternières pour un pré sous Jourdy; 9 deniers et un métan seigle payés par Jean Jourdia et autres ; un setier seigle, trois métans et demi avoine, 2 sols et une géline, une année et non l'autre perçus sur Giraud d'Espinasses et autres au terroir d'Espinasses qui est commun et indivis entre eux ; le quart des terres au terroir de Jourdy et autres.

1318. — Hommage par noble Pierre Roche, semblable à celui de 1308.

1318. — Hommage à messire Durand, évêque du Puy, par Béatrix, femme de François de Préaux, comme a fait ce dernier en 1309.

1318. — Hommage par Guillaume Agny, dit *de Torren*, semblable à celui qu'il a rendu en 1309.

1318. — Hommage par Héliète de Saussac, semblable à celui de 1308.

1318. — Hommage par Guillaume Taillefer de Paul, damoiseau, du mas de la Chalm, mandement de Monistrol, de maisons, jardins, terres, prés, etc., dans ledit mandement (à l'exception de ce qu'il perçoit à Champaux et à Espinasses), et du reste comme à l'hommage rendu en 1308 par Guillaume Taillefer.

1318. — Hommage, en fief franc, par sieur Jean Roure, prêtre, fils de Pierre Roure, comme a fait ce dernier en 1309.

1318. — Hommage par Hugon de la Roche, fils émancipé de Pierre, semblable à celui de Pierre Roche ci-dessus.

1319. — Hommage par Guillaume de Monastier, du mas de Chanteloube et de ce qu'il tient dans le château et mandement de Mons.

1319. — Hommage par Pons de Mazeaux, paroisse de Raucoules, damoiseau, comme en 1309.

1328. — Hommage par .... de deux métans seigle, deux d'avoine et d'autres censives qu'il perçoit à Saint-Pal-de-Mons.

1328. — Hommage par Pierre Mitte de Mons, à messire

Bernard, évêque du Puy, de 12 deniers tournois sur la maison de la Bruyère, de 4 deniers sur celle de Vincent Sabatier, d'un jardin que tient de lui Jean Borrel et du fief que tient de lui Bayle, de Mercœur, dit *de Las Auzeleyres*.

1328. — Hommage par Pierre de la Roche, damoiseau, mandement de Mons, comme en 1318.

1328. — Hommage par Pons de Mazeaux, paroisse de Raucoules, semblable à celui de 1319.

1328. — Hommage par sieur Jean Rouro, prêtre, et Pierre, son frère, héritiers de Pierre Rouro, de fonds et censives à Mons et au mandement de Monistrol.

1328. — Hommage par Héliète de Saussac, damoiseau, comme en 1318.

1343. — Hommage par Adémard de Lagarde, damoiseau, à messire Jean de Chandorat, évêque du Puy, du village de Saint-Pal, de 8 deniers tournois de censive sur la ville et château de Monistrol.

1343. — Hommage par Hugon de Roche, damoiseau, comme en 1318.

1343. — Hommage par Pons de Mazeaux, comme en 1328. Il reconnait des censives dans le mandement du château de Mons.

1343. — Hommage par Héliète de Saussac, damoiseau, comme en 1328.

1343. — Hommage, en fief franc, par Pierre Rouro, de la troisième partie et ténement du mas appelé Delmas, au mandement de Mons.

1343. — Martin Rouro reconnait tenir, en fief franc, la troisième partie du mas Delmas, la chabannerie de Malpertuis, un pré dans les limites de cette chabannerie, un autre au terroir de Malpertuis, dans lesdites limites, appelé Las Couts de Laval, le pré de la Chanale, le champ de Sagne-Ronde, audit terroir, le champ de la Coste, celui du Cher de Malpertuis.

celui de la Frachise, un autre audit terroir, celui du Verne, le tout dans les limites de la chabannerie précitée, une censive qu'il perçoit, etc.

1343. — Hommage, en fief franc, par Jean Roure, de la troisième partie du tènement du mas Delmas, de deux chabanneries à Malpertuis et aux garayts de la Frachise, de trois pièces de Las Couts de Malpertuis, du pré de ce nom, de la pièce de terre de Las Couts de Verne, du pré de la Chanale et de la Chalm, des pièces de terre de Petra, du pré et patural de la Goutechabreyre, et des rentes qu'il perçoit sur divers particuliers y dénommés.

1343. — Hommage par Amédée de Préaux, damoiseau, semblable à celui de 1309 rendu par François de Préaux.

1343. — Hommage, en fief franc, par Jacques Fayolle, de Monistrol, de cinq métans seigle, deux d'avoine, mesure du château de Mons, de 4 sols 4 deniers tournois sur les mas de Jourdy, des Pinatelles et de Bonnefont, sur les terres reconnues audit évêque, situées près de Saint-Pal, mandement du château de Mons.

1343. — Hommage, en fief franc, par Bonnefoy Roure, d'une censive au mandement de Monistrol.

1345. — Hommage par Armand de Gorce, damoiseau, de maison, grange, jardins, prés, pacages, bois, etc. Ces héritages lui ont été donnés par noble Armand de Gorce, écuyer, près de Saint-Pal-de-Mons.

1347. — Hommage par Adémar d'Allier, damoiseau, semblable à celui d'Héliète d'Allier.

1362. — Hommage, en fief franc, par Barthélemy, des Pinatelles, mandement de Mons, à messire Bertrand de la Tour, évêque du Puy, de censives et fonds à Mons.

1362. — Noble Armand de Las Fayes, damoiseau, tuteur de Jean de Mazeaux, rend hommage comme Pons de Mazeaux en 1309.

1362. — Hommage par noble Armand de Gorce, des mas

de la Roche, de Gorce, de Blaulhac et de Rochassac près Versilhac, avec la juridiction haute, basse, mère, mixte et impère sur lesdits mas.

1381. — Hommage par Jean d'Allier de Saint-Didier, de rentes à Saint-Pal-de-Mons.

1383. — Durand Cayreiron, de Monistrol, reconnaît tenir en fief cinq métans seigle, deux d'avoine, et 4 sols 2 deniers qu'il perçoit dans le mandement de Saint-Pal-de-Mons, au lieu et terroir de Bonnefont et des Pinatelles.

1383. — Hommage par Jean de Montsallès, mandement de Mons, pareil à celui de 1362 rendu par Armand de Las Fayes.

1384. — Sieur Pierre Mitte, chevalier, et ses frères, suivant leur procuration, reconnaissent tenir en fief franc les possessions et rentes que possédait Pierre Mitte dans les mas de Besse et d'Arsac, paroisse de Saint-Pierre-Duchamp (comme le seigneur Guigon de Roche en jouissait), et le mas de la Chalm, mandement de Mons.

1576. — Investiture portant reconnaissance de la métairie de Planes *(Plegne?)*, mandement de Saint-Pal-de-Mons, acquise par noble Gaspard de Bronac, de Jean Valenson, au prix de 400 livres.

1622. — Quittance du droit de lods du fief franc du domaine de Reverolles, donnée par messire Jacques de Serres, évêque, à sieur Claude Vialeton, pour l'acquisition faite de noble Claude de Réverolles.

MONTFAUCON

1296. — Hommage par noble Armand de Retourtour à messire Jean de Cuménis, évêque du Puy, de trois jardins dans la ville de Montfaucon, du mas de Noszières, situé entre la roche de Blova et le château de Savy, et de trois petites pièces ou chazeaux, dont l'une est entre la maison de Fabre et celle d'Almance, et les autres ont été des Roilhas.

1343. — Hommage par noble Jean Pagan à messire Jean de Chandorat, de maisons à Montfaucon.

1638. — Fondation et établissement à Montfaucon, au faubourg de Croustel, d'un monastère de filles de l'ordre de Saint-Bernard.

1639. — Investiture portant hommage, donnée par messire Just de Serres, évêque du Puy, à noble Jean, sieur de Bronac, des terres de Vazeilles et de la coseigneurie de Montfaucon.

MONTLAUR [1]

1274. — Hommage par noble et puissant seigneur Héracle de Montlaur, frère de Pons, à messire Guillaume de la Roue, évêque du Puy, des châteaux de Montlaur, la Fare, Arlempdes, Saint-Haon, Rochefort, du château et ville d'Aubenas, de la maison et tour du pont d'Aubenas, du château de Saint-Laurent (à l'exception d'une partie au pied d'icelui que ledit Héracle dit relever de l'église de Viviers), du château d'Ussel-en-Vals, de la tour ou forteresse que tenait le seigneur Pons de Vals, de partie de Vals et de la parerie des châteaux de Meyras, Chazeaux, Montbel, Saint-Privat, Châteauneuf-le-Monastier, Rochegude, des châteaux et forteresses de Barges, Vielprat, sis dans les diocèses du Puy et Viviers, et de l'estrade publique à partir de l'oratoire de Tarreyres par où l'on va à la Sauvetat jusqu'au lieu de la Souche.

(1) Montlaur, commune de Gourgouron (Ardèche).

1277, 9 mai. — Hommage rendu par Pons, seigneur de Montlaur, fils d'Héracle, audit évêque, comme ci-dessus ; il rend encore hommage de ce qu'il a au village de la Sauvetat, au terroir de Lechède et dans l'estrade publique à partir de l'oratoire de Tarreyres jusqu'au lieu de la Souche près le Toc, au delà de Lac, de ce qu'il a aux villages et territoires de Crouzet, des Arcis, de Freyfaut (?), de Chabanilhe, de Chalmes (?), de Taulin, de Las Combes et de Hernhasola (?) (lesdits villages sis dans les paroisses du Béage et d'Issarlès), et il a promis faire foi à chaque mutation de vassal et d'évêque, jurer fidélité et faire hommage en bonne forme.

1297. — Hommage fait par le même à messire Jean de Cuménis, évêque du Puy, comme ci-dessus et en outre des châteaux des Issartaux et du Pin d'Issarlaise.

1309. — Hommage rendu par Guigon, seigneur de Montlaur, à messire Bernard de Castanet, évêque du Puy, comme en 1277 et de ce qu'il a aux villages d'Orcone et du Villard.

1309, en parchemin. — Vidimus par le bailli du Velay de l'hommage précédent vidimé le 6 avril 1332.

1328, en parchemin. — Hommage fait par Pons, seigneur de Montlaur, à messire Bernard, évêque du Puy, comme ci-dessus.

1351. — Même hommage rendu par Guigo de Montlaur, à messire Jean de Chandorat, évêque.

1362. — Même hommage fait par le seigneur de Montlaur à messire Bertrand de la Tour, évêque du Puy.

1364. — Même hommage par noble Gay de Montlaur, chevalier.

1384. — Hommage fait par noble et puissant seigneur Guigue de Montlaur, à messire Bertrand de Chanac, patriarche de Jérusalem et administrateur de l'évêché du Puy, semblable à celui de 1274.

1384, en parchemin. — Hommage par puissant Guide de Montlaur audit évêque, comme ci-dessus.

1481. — Hommage par le seigneur de Montlaur à messire Jean de Bourbon, évêque du Puy, des places de Montlaur, la Fare, Barges, Montvert, Aubenas, Saint-Laurens, Ussel, Vals, Meyras, Chazeaux, Saint-Haon, Rochefort, Châteauneuf, la Sauvetat et autres.

NOTA. M. de Bourbon, évêque du Puy, n'a pas voulu recevoir dudit seigneur de Montlaur, l'hommage du château et terre de Meyras, n'étant point à lui en propriété ni en usufruit, et a déclaré que le château et terre de Meyras étaient un fief immédiat de l'évêché du Puy.

1489. — Hommage par noble et puissant seigneur Louis de Montlaur, chevalier, à messire Geoffroi de Pompadour, évêque du Puy, semblable à celui de Pons de Montlaur, en 1277.

1513, en papier. — Même hommage.

NOTA. — Quelque temps après, la terre de Meyras fut délaissée et remise par M. le duc de Bourbon à messieurs de Lévis qui en ont toujours joui.

1536. — Investiture de la place de Rochegude, donnée à noble Jacques Guitard, promettant faire hommage à l'évêché.

1583, 9 février. — Sieur Hugues Ranquet, bourgeois du Puy, reconnait tenir en fief la place et seigneurie des Arcis. Cet hommage porte investiture.

1583, 9 février. — Investiture de la place, terre et seigneurie des Arcis, acquises par sieur Hugues Ranquet, de noble Pierre de Flachac, sieur du lieu, avec justice haute, moyenne et basse, dans la paroisse d'Issarlès, au prix de 1,500 écus d'or soleil et 100 écus pour l'étrenne.

1618, 13 novembre. — Investiture donnée par messire Jacques de Serres, évêque du Puy, à noble Jean de Fages, de l'acquisition qu'il avait faite de la terre, seigneurie et mandement de Chazeaux, au prix de 30,000 livres, et hommage de ladite terre audit évêque par ledit Jean de Fages.

1646, 11 avril. — Investiture portant hommage rendu à messire Henri de Maupas du Tour, évêque et seigneur du Puy, comte de Velay, etc., par sieur Jean Vincent, sieur de Fabrias, de la ville d'Aubenas, de l'acquisition par lui faite de noble Claude de Fages, seigneur de Chazeaux, de soixante-cinq setiers cinq pots et feuillette de vin, cinq cartons deux pugnières seigle, deux cartons un boisseau et demi rase châtaignes blanches, trois boisseaux et demi rase châtaignes fraîches, treize setiers deux boisseaux un quart avoine, dix-huit sols argent, quatre gélines un quart, un chapon, quatorze onces de cire, deux boisseaux froment, le tout mesure de Chazeaux, de cinq journées d'hommes, de cens et rente, avec justice haute, moyenne et basse, etc., le tout ayant appartenu audit sieur de Chazeaux et qu'il avait coutume d'exiger annuellement aux lieux des Plans, La Croix, Sauveu, dans les mas le Gay et Garine, dans la paroisse d'Ailhon, qui demeureront à l'avenir séparés et divisés d'avec le reste du mandement et juridiction de Chazeaux, d'après les limites y énoncées.

1646. — Investiture donnée par ledit évêque audit Jean Vincent, pour l'acquisition qu'il a faite de noble Claude de Fages, seigneur de Chazeaux, de la haute justice que ledit seigneur de Chazeaux avait sur les habitants des lieux de Versas, le Maigry, la Soleyrine, le Tratel, le Teulat, Crouzous, Mondon, Chauves, le Paysau, Booron et Vidinhac en la paroisse d'Ailhon, des cens, rentes, lods et autres droits seigneuriaux qui lui étaient dus à Alhion, Chalancon, Les Plans, Lestrade et Fons, paroisse d'Alhion, pour la somme de 3,840. Il a donné quittance audit sieur de Fabrias du droit de lods qui pouvait revenir audit évêque, qui a été payé présentement.

MONTRÉAL [1]

1605. — Investiture portant hommage d'une partie de la rente et de la seigneurie de Montréal.

[1] Montréal, commune de Saint-Romain-le-Désert, canton de Saint-Agrève (Ardèche).

MONTREGARD

1267. — Hommage par noble Adémard, seigneur de Beaudiner, à messire Guillaume de la Roue, évêque du Puy, du château et mandement de Montregard, ledit château rendable audit évêque et à ses successeurs, à leur volonté.

1275. — Hommage par noble Eymard de Poitiers audit évêque, semblable à celui rendu en 1319 par Guillaume de Poitiers (1). Il reconnait en outre le fief de Varennes, que tiennent de lui Silvion de Lapte et Pons Imbert, la parerie du château de Bonnas, que tiennent le seigneur Drode de Saint-Romain, abbé de Saint-Félix, et Jarento, son frère, et des propriétés qu'il a en fief et rerefief dans les mandements de Bonnas et Beaujeu.

1311. — Hommage par noble Guillaume de Poitiers, chevalier, seigneur de Fay, à messire Bernard de Castanet, évêque du Puy, du château, mandement et appartenances de Montregard, de ce qu'il avait au mandement de Bonnas et de ce que possédait son père au village de la Chapelle, près Monistrol.

1319 — Copie en papier de l'hommage rendu par dame Luce, veuve de Guillaume de Poitiers, des châteaux de Beaudiner et Montregard.

1327. — Hommage par noble dame Luce, femme de noble et puissant seigneur Guillaume de Poitiers et fille de noble Guillaume de Beaudiner, à messire Bernard, évêque du Puy, semblable à celui de 1275. Elle reconnait en outre, en sa qualité d'usufruitière durant sa vie, tenir en fief dudit évêque les châteaux et mandements de Montréal et Chanéac.

1340. — Hommage par noble et puissant seigneur Bermond de la Voûte, chevalier, tant en son nom qu'au nom de son fils, du château, mandement et appartenances de Montregard.

---

(1) Voir les *Hommages de Beaudiner.*

1362. — Même hommage par noble Louis, seigneur de la Voute, et en outre du château de Chanéac.

1630. — Investiture de la quatrième partie de la seigneurie de Montregard, acquise par noble Jean de la Franchière, sieur de Saint-Julien, de noble Charles de Chabannes, au prix de 7,500 livres.

1631. — Investiture de la quatrième partie de Montregard, acquise par noble Louis de Boissy, de noble Jean de la Franchière, sieur de Girodon de Saint-Julien.

1720. — Investiture portant hommage, en fief franc et noble, du domaine de Girodon, paroisse de Saint-Jean-de-Pailhès, avec la maison forte et justice, comme membre détaché de la seigneurie de Montregard, vendu par noble Jean de la Franchière, sieur de Saint-Julien, à Saint-Ange de Fugy, écuyer, seigneur de la Planche.

MONTUSCLAT

1296. — Hommage par sieur Pons de Goudet, chevalier, à messire Jean de Cuménis, évêque du Puy, des châteaux de Montusclat, Montvert, paroisse de Champclause, et de la forteresse du Villard, à l'exception du péage de cette forteresse.

1309. — Noble Pierre Pons de Goudet, fils, reconnait tenir en fief de messire Bernard de Castanet, évêque du Puy, les châteaux de Montusclat, de Montvert, leurs mandements, juridictions, bois, terres, pacages, eaux, cours d'eau, dépendances, usages, rentes, hommes, etc., la maison et forteresse du Villard avec sa juridiction et appartenances, savoir Montchamp, Lachavo, et le Mont. Ledit Pons de Goudet tient encore en fief dudit évêque le château de Beaufort, les vignes, four, moulin, juridiction, etc., et doit rendre ce château en paix et en guerre.

1318. — Même hommage par noble Gilbert, seigneur de Goudet, damoiseau, à messire Durand, évêque du Puy.

1343. — Guillaume de Pouzols reconnait tenir en fief le mas des Saignes, une part dans les lieux de la Flanèche, de Courbe, du Bouchet et de la Soucheyre, des rentes à Fauries et au terroir de Riou, une terre aux appartenances de Bonnas et ce qu'il avait dans ledit château et mandement.

1343. — Hommage par noble Pons, seigneur de Goudet, chevalier, semblable à celui de 1309. Il reconnait en outre tenir en fief le mas de La Salce, ses appartenances, pâturaux-bois et autres droits au mandement de Chapteuil.

1344. — Hommage par noble dame Marguerite de Châteauneuf, veuve de noble Gilbert, seigneur de Goudet, semblable à celui rendu par son mari en 1318 et à celui de 1343 rendu par son fils. (Le château de Beaufort ne figure pas dans cet hommage.)

1358. — Hommage par noble Pons, seigneur de Goudet, comme en 1343.

1362. — Hommage par noble Lambert de Goudet, semblable à celui de 1343 rendu par Pons de Goudet.

1383. — Même hommage par noble sieur Lambert, seigneur de Goudet, chevalier, à messire Bertrand de Chanac, etc.

MONTVERT [1]

1220. — Hommage par Pons de Chapteuil, du château de Montvert.

(1) Montvert, commune de Champclause.

1288. — Transaction datée de 1285, entre messire Frédole, évêque du Puy et Pons de Goudet, sieur d'Eynac, par laquelle il est, entre autres choses, convenu et accordé que la propriété des châteaux du Villard, Montvert et Montusclat demeurera audit Pons de Goudet, sous la réserve du fief desdites places u faveur de l'évêché du Puy.

1296. — Hommage par Pons de Goudet, du château de Montvert.

1300. — Hommage par Pons d'Eynac, de ce qu'il avait au mandement de Montvert.

1309. — Hommage par Pons de Goudet, de la place et seigneurie de Montvert.

1318. — Même hommage par Gilbert de Goudet.

1343. — Même hommage par Pons de Goudet.

1362-1383. — Hommages semblables par Lambert de Goudet.

MORTESAIGNE [1]

1625. — Investiture portant hommage de la seigneurie de Mortesaigne, acquise par noble Pierre Saignard, de noble Claude Polaillon et sa femme, paroisse de Bessamorel.

---

(1) Mortesigne, commune de Saint-Julien-du-Pinet.

MOULIN-NEUF[1] ET FLORIMONT[2]

1606. — Investiture portant hommage et reconnaissance de la place, terre, seigneurie et mandement de Moulin-Neuf et Florimont, acquis par Pierre Cezeron, sieur du Mont, en Velay, du vicomte de Polignac.

1717. — Investiture portant hommage de ladite terre et seigneurie acquises par demoiselle Marie Richard, veuve de M° Jacques Bérard, bourgeois du Puy, de noble Guillaume de Pouzols, sieur de Beaufort, au prix de 12,000 livres.

NIÈGLES[3]

1296. — Hommage par noble seigneur Guigue de Roche à messire Jean de Cuménis, évêque du Puy, de ce qu'il avait dans le lieu, mandement et appartenances de Nièglès, diocèse de Viviers.

1301. — Même hommage par noble Guigue, seigneur de Roche, fils d'autre.

1309. — Même hommage par le même à messire Bernard de Castanet, évêque du Puy.

1319. — Même hommage par noble seigneur Guigue de Roche, chevalier, à messire Durand, évêque du Puy.

---

(1) Moulin-Neuf, commune de Saint-Germain-Laprade.
(2) Florimont, commune de Lantriac.
(3) Nièglès, chef-lieu de commune du canton de Thueyts (Ardèche).

1327. — Même hommage par le même à messire Bernard, évêque du Puy.

1383. — Même hommage par noble Guigonnet, seigneur de Roche et dame Eléonore, tutrice.

ORZILHAC [1]

1283. — Hommage par noble Armand de Bouzols, à messire Guy, évêque du Puy, du terroir, appartenances et village d'Orzilhac, à l'exception d'un pré. Dans cet hommage il y a des conventions touchant la justice.

1285. — Hommage par le même à messire Frédole, évêque du Puy, d'une maison et de tout ce qu'il possède à Orzilhac.

1296. — Même hommage par Simonde d'Orzilhac, veuve d'Armand de Bouzols, à messire Jean de Cuménis, évêque du Puy.

1308. — Hommage par noble Armand de Bouzols à messire Bernard de Castanet, évêque du Puy, de ce qu'il possède à Orzilhac, à l'exception d'un pré que Gallet tient de lui dans la paroisse de Coubon.

1308. — Même hommage par demoiselle Simonde d'Orzilhac, comme usufruitière.

1320. — Hommage par Armand de Bouzols, damoiseau, à messire Durand, évêque du Puy, comme en 1308.

1325. — Même hommage par Pons Alferand, damoiseau, à messire Bernard, évêque du Puy.

[1] Orzilhac, commune de Coubon.

1327. — Même hommage par Guigonne, femme de....

1335. — Même hommage par Pons Alferand, damoiseau.

1343. — Même hommage par Pons Alferand de la Blache, à messire Jean de Chandorat, évêque du Puy.

1343-1354. — Mêmes hommages par Reymond Alferand, damoiseau.

OURS

1295. — Hommage par noble Pons Monedier, à messire Guy de Neufville, évêque du Puy, de sa maison d'Ours, des hommes, maisons, prés, terres, vignes, censives, rentes et de ce qu'il a aux appartenances et village d'Ours, avec la juridiction haute, basse, mère, mixte, impère, etc.

1296. — Même hommage par noble Pons Monedier à messire Jean de Cuménis, évêque du Puy.

1299. — Ode-Benoit de Badefort, fils de Brocen de Badefort, de la ville du Puy, fait hommage audit évêque de ce qu'il avait au village et appartenances d'Ours, paroisse de Saint-Agrève du Puy. Il doit payer annuellement audit évêque, pour la garde, à la fête de tous les saints 4 « ferrats » d'avoine et 18 deniers du Puy.

1304. — Même hommage en fief franc audit évêque, par Odo Boudet, clerc, et ses frères.

1308. — Même hommage par noble Pons Monedier à messire Bernard de Castanet, évêque du Puy. Il reconnait en outre ce qu'il a dans le pré du Breuil de Blavosy, situé sous le village de Blavosy.

1308-1319. — Hommages semblables à celui de 1299, par Odo et Pierre-Benoit dit *Brouzy de Badefort*, fils d'autre Brouzy Benoit, de la ville du Puy.

1343. — Hommage par Guigon Boudy, de la ville du Puy semblable à celui de 1299.

1343. — Giraud Chandorat, seigneur de Mons, proche le Puy, reconnait tenir en fief franc de l'évêque du Puy, ce qu'il avait au terroir d'Ours, au mas de Moles, situé contre le village d'Ours, avec la justice pleine, mère, mixte, impère, le terroir des Tranchets, avec ses droits et appartenances, ce qu'il avait au mandement de Chapteuil, aux mas de Bournac, Bigorre, Malaval, La Prade, Saint-Martial, Bellerut, du Fraysse, avec la juridiction réelle et personnelle, par la tradition jusques à la somme de 49 sols ; le mas de Gorce au mandement de Mezères (excepté le Garayt de Bruasoze, le pré de Neyre et le champ de Malers), ce qu'il avait au mandement de Charbonnier, aux mas Giraudenc et de Mars, ce qu'il avait au Puy, aux « *Tables* » appelées de Laneau, 31 sols qu'il perçoit sur 16 *tables* pour vendre du sel, à la place jouxte le cimetière de Saint-Pierre-du-Plo, du Puy ; trois maisons au Puy, rues Rochetaillade, de la Traverse et de Montpeyroux.

1362. — Hommage pe Vital Dupin, bourgeois du Puy, de quatorze setiers blé et s   livres de censive annuelle qu'il perçoit à Ours sur des maisons, édifices, champs, jardins, prés et autres. Il reconnait devoir donner annuellement pour la garde à l'évêque du Puy, à chaque fête de Toussaint, 4 ferrats d'avoine.

1362. — Hommage par noble dame Etoile de Saussac, femme de sieur Guigue Chandorat, chevalier, de ce qu'avait Jean Chandorat au terroir et appartenances d'Ours, de ce qu'elle percevait au mas de Moles, avec pleine justice, mère, mixte, impère, et du terroir des Tranchets avec ses droits, appartenances, droit de pêche et de chasse.

1363. — Géral Dupin, tuteur de Marguerite-Vital Dupin, rend hommage comme a fait Vital Dupin en 1362.

1375. — Hommage par noble Jean Chandorat, à messire

Bertrand de la Tour, évêque du Puy, comme a fait dame Etoile de Saussac, en 1362.

1383. — Hommage par Giraud Dupin, à messire Bertrand de Chanac, semblable à celui de Vital Dupin, en 1362.

1383. — Hommage par noble Jean de Mons, de ce qu'il a au terroir d'Ours, du mas de Moles avec la justice pleine, mère, mixte, impère ; du terroir des Tranchets, de ce qu'il a au mandement de Chapteuil, dans les mas de Bournac, Bigorre, Malaval, la Prade, Saint-Martial, Belleriu, du Fraysse, avec la juridiction réelle, personnelle, par tradition jusqu'à la somme de 49 sols ; de la troisième partie des *tables* de Laneau ; de 31 sols qu'il perçoit sur 16 *tables* qu'on pose chaque samedi et à chaque marché sur la place jouxte le cimetière de Saint-Pierre-le-Monastier, d'une maison située rues de la Traverse et de Montpeyroux ; de 20 sols tournois de rente acquise de Giraud Chandorat ; de six livres de censive de rente qu'il perçoit à Blanlhac, près Mezères, acquise de Hugues de Ceyssaguet et de tout ce qu'il perçoit dans le mandement de Mercœur.

1579. — Maître Jean Bertrand, juge-mage du Puy, reconnaît tenir en fief franc le château, forteresse, maisons, granges, prés, terres, bois et la seigneurie avec toute justice du village d'Ours.

1600. — Investiture de la place d'Ours, donnée à M. Bertrand, juge-mage, par messire Jacques de Serres, évêque.

1634. — Investiture portant hommage de la terre et seigneurie de Mons, près le Puy, à messire Just de Serres, évêque, par M. de Volhac.

1654. — Investiture portant hommage de la terre, seigneurie d'Ours et rentes de la Chaussade, acquises par les RR. PP. Jésuites du collége du Puy, du seigneur de Fernoel et de demoiselle Bertrand, son épouse, au prix de 36,000.

POLIGNAC

1154. — Hommage par Pons, vicomte de Polignac, à Pierre II, évêque du Puy, des châteaux de Saint-Quentin et Ceyssac.

1213. — Hommage par Pons, vicomte de Polignac, à l'évêque du Puy, en présence de Messieurs de la cathédrale tenant leur chapitre, du château et dépendances de Polignac et des terres qu'il possède et possèdera dans la suite dans l'évêché du Puy. Il déclare qu'au cas où ses enfants décèderaient sans postérité, il donne la terre de Polignac et tout son bien aux évêques du Puy.

1229. — Hommage par Pons, vicomte de Polignac, à messire Etienne IV, évêque du Puy, du château de Polignac, de ceux qu'il a dans l'évêché du Puy, et de leurs mandements et appartenances. Cet hommage prêté au Fort, devant la porte de la grande église, est scellé du sceau dudit vicomte.

1307. — Noble et puissant Armand, vicomte de Polignac, fait hommage à messire Jean de Cuménis, évêque du Puy (ainsi que l'ont fait ses prédécesseurs en 1273), des châteaux de Polignac, Ceyssac, Recours, Saint-Quentin, d'une tour au château de Mercœur, des châteaux, tours, mandements, etc., qu'il possède au Puy et dans le diocèse, des rentes qu'il perçoit, à l'exception du château de la Voûte, des péages du Collet et Motteville, de Saint-Paulien et autres qui relèvent du roi dans ladite ville de Saint-Paulien, savoir les maisons et chazaux de Falcon Roux, d'Astorg Peloux, etc.

1310. — Noble Pons de Polignac, doyen de Brioude et chanoine du Puy, déclare tenir en fief de messire Bernard de Castanet, évêque du Puy, le château de Recours avec son mandement et appartenances; le village et appartenances de Rosières, du ressort dudit château, le fief de Seneuil, ce qu'il avait aux lieux et mas de Marnhiac, Jabruzac, Rochelimagne, Communac, dans le château, mandement et paroisse de Polignac, à l'exception de ce qu'il perçoit dans le péage de Polignac, au Collet. Il doit rendre le château de Recours quand il en sera requis.

1311. — Hommage par noble seigneur Armand, vicomte de Polignac, audit évêque, semblable à celui de 1307. Il excepte en outre de l'hommage les maisons ou chazaux de Bertrand Jacob, de Guigon Jausserand, etc., qui relèvent du roi. Le vicomte et noble dame Béatrix, sa femme, vicomtesse de Polignac, autorisée par lui, déclarent tenir en fief dudit évêque, les châteaux de Bouzols et Servissas. Ils s'engagent à rendre ces châteaux aux évêques, en paix et en guerre, sous les pactes et conditions accoutumés. Le vicomte tient encore une émine seigle et 2 sols podiens acquis par le seigneur de Bouzols, d'Arnaud de Fraissinet, à Coubon et reconnaît tenir en fief de l'évêque du Puy, le fief, village, forteresse et appartenances de Volhac, en deçà de la Loire, dans le mandement de Bouzols.

1311. — Copie en forme dudit hommage et de ceux de 1276, 1320 et 1344, en papier. Autre copie d'hommage dudit vicomte de Polignac, de la terre de Servissas et autres. Autres deux copies des hommages de 1311.

1319. — Hommage par noble et puissant seigneur Armand, vicomte de Polignac, chevalier, à messire Durand, évêque du Puy, comme en 1311.

1320. — Vidimus de l'hommage rendu à l'évêque du Puy par le vicomte de Polignac.

1343. — Hommage à messire Jean de Chandorat, évêque du Puy, par noble Jean de Saint-Quentin, chevalier, semblable à celui rendu par son père à messire Bernard de Castanet. Cet hommage renouvelle une reconnaissance faite par Gilles de l'Herm.

1383. — Hommage par puissant seigneur Armand, vicomte de Polignac, comme en 1319. Il reconnaît tenir en fief le château de Saneuil, les châteaux et mandements de Goudet et Solignac (à l'exception de ce qu'il tient du seigneur de Montlaur), le mandement et château d'Aurec (excepté ce qui est au-delà de la Loire), les mas des Sauvages et de Rochain, ce qu'il a au château de Cayres, outre la forteresse de Rosiers située au mandement d'Aurec, le village de Bargettes, paroisse de Landes, la maison de Saint-Pierre-de-Brignon, les mas Bertrandenc, Poustenc, Jaubertenc, Aurelhenc, sur la Font, le demi-mas Reymond Jausserand, les villages de Fouletenc (*Foltier?*), Rochain, Pont-Salomon, Varennes, Viviers et Terrières, ce qu'il avait aux Romes et ce que tiennent de lui noble Imbert Boyer, Ponce de Villeneuve et autres, au-delà de la Sumène, du côté du château de Cornillon ; ce qu'il avait à Sumène, aux mas de Pierre, de la Bodesse, de la Magne, Montusclat, Presles, des Oillières, (à l'exception du fief du seigneur de Saint-Didier que tient ledit vicomte du comte de Forez, à ce qu'il dit) ; ce qu'il avait aux mas de Chalvetz, Maisonny et Delhas ; des rentes acquises du seigneur de Rochebaron aux mas de Praalles et du Besset, et la juridiction desdits mas.

Il reconnait tenir en rerefief la forteresse des Sauvages, la grange de Chaumont, les lieux de Riou-Petit, du Verdier, ce que sieur Guillaume Alby et Gérenton, ses neveux, tenaient de lui au mandement d'Annet, dans les mas de Couylral et Sauzet, ce que Guillaume de Villeneuve, Eymond et ses neveux tiennent de lui dans le mandement d'Annet, aux mas de Vignal-de-la-Gullière ; ce qu'avaient Pons de Bay, Jacques de la Banie dans ledit mas, etc.

Il reconnait tenir en fief, comme seigneur et baron de Randon et Luc, le château de Luc avec ses murs, forteresses, terroirs, mandement, la juridiction mère, mixte, impère, haute et basse, les servitudes accoutumées, etc.; ce qu'ont acquis ses prédécesseurs, savoir : un fief, des tours et forteresses que tiennent noble seigneur Guillaume de Solignac et Pons, seigneur du Béage, dans le château et mandement de Luc, le mas du Cros, ce qu'ils avaient dans le mas ou terroir de Delhas et d'Obstenens, le mas des Auxtruytz ; ce qu'ils tenaient dans les paroisses de Saint-Pierre-de-Luc et Saint-Etienne-de-Lugdarès, qu'ils disent être du mandement et juridiction de Luc : le fief que tient de lui Pierre de Solignac, seigneur d'Albains de Bonne-Mémoire, savoir : des terres et forteresses au château de Luc, les mas ou terroirs de Bleue, de la Villetelle, d'Ayguedor et de Serias; le fief que tient dudit vicomte, seigneur de Luc, l'abbé du monastère du Chambon, dans le diocèse de Viviers, savoir : le village de Pahul, les mas de Bouzet, de Cartal, le village, mas et terroir de Saint-Etienne de Lugdarès, les mas de Valdetz, d'Hebratz, de Brovetz et de Las Galteyres, le terroir Dolidon, qui furent du seigneur Jourdain de Garde; ce qu'il tenait de Beaune, ce qu'il tenait aux mas du Cos, de la Bastide, de Conrazers, et ce qu'il tenait de Mathieu de la Felgeires et de Molia, ce qu'il avait au mas des Allard, de Chaiseneuve, de Sallicos; le fief que tenait de lui Guillaume de Plane, ce qu'il avait au mas de Chambelongue et au terroir de Felgeires, mandement de Luc; le fief que tient de lui Hugues de Garde aux mas de Veyrines et de Felgeires, mandement de Luc; le mas de Felgeires et ce qu'avait Garin de la Garde dans ledit mas ; le fief de Pratelate que tient de lui l'hôpital de Saint-Jean de Jérusalem, ce que possédait cet hôpital à Verune, aux mas de Coyta, de la Chaussas, de Pradel, paroisse de Chasserades, diocèse de Mende, mandement de Luc; le fief que tient de lui le prieur de Liagrine, savoir : les mas de Boynina, Chaiseneuve, Villecelle, Doulozar, Johannene, Barrabaret, Guizenent, de Saint-Flour, le mas supérieur de Las Beas, ce qu'il tenait dans le château et mandement de Luc; le fief que tenait de lui Pierre Falcon, seigneur en partie de Pradelles, dans le mas et terroir de l'appenderie de Sai... ...ar; les mas de Chaussines et de Brohal que tient de lui ...ymond Channel; le mas de Villecelle que tient Guillaume d'Arlempdes; ce qu'avait sieur Reymond de Luc au mas de Sagalz et dans celui que tenait le monastère de Mercoire au pont de Baysonne; ce que tenait Thomas de Masfilhastre au château et ma... ...ent de Luc; ce que tenait Richard de Labaresse a... ...Bonissonne, de Las Béas, de Chabrol, et au châtea... ...e; ce que possédait l'abbesse de Mercoire au pont de Baysonne et au château et mandement de Luc; ce qu'avait Reymond de la Balme aux mas de Las Béas de Pratelate, dans la *faisse* de Cabrel et au château et mandement de Luc; ce qu'il tenait à Sainte-Marie-de-Riva, au mas de Gaillies et au château et mandement de Luc; ce qu'avait Sapint aux mas de Maguelauno et des Fagoux et au château et mandement de Luc; ce que percevaient Pons de Parc audit château et mandement, Albert de Jaugrat aux mas de Cotore, de Condratz, des Hébrauds, de Saint-Flour et dans le château et mandement de Luc; ce que tenait Hugues Comarc dans ledit château et mandement; ce qu'avait le vicomte, seigneur de Luc, au terroir de Vertaut.

Ledit vicomte, seigneur de Luc, reconnaît tenir en fief les lieux de Calman, Luc, Malsfilhastre, Gargonis, Raemenord, la Terrusse, Locoulz, Balbala, Puech, Fages, Joccorieu, Cogul, des censives et rentes, les droits de leude et autres sur le marché du château de Luc, le lieu de Pulverazy, le terroir de Berthot, ce qu'il avait au château et mandement de Luc, la juridiction mère, mixte, impère, haute et basse, les fiefs, rerefiefs, usages, censives, terres, prés, pâturages, bois, chasses, servitudes, les hommes, etc. Il s'engage à rendre le château de Luc quand il en sera requis.

Ledit vicomte, seigneur du château de Solignac, reconnaît tenir en fief les pareries du château de Servissas, dont l'une fut de Guillaume de Glavenas et l'autre de Guigon de Lardeyrol, les hommes, maisons, chazaux, fours, vignes, prés, champs, censives, rentes, juridictions, etc., de ces pareries, un demimuids de vin, 2 sols tournois, une géline et trois cartons d'avoine de censive sur une vigne de Pons de Lantriac qui fut de Hugon Delorme, une part dans la haute tour de Servissas qu'il dit tenir dudit évêché et du seigneur de Bouzols par indivis, ce qu'il avait audit château et terroir de Rionois, depuis la Gagne jusqu'au mas du Fieu, le village et moulin du Chambon et la haute et basse juridiction desdits lieux.

PRATCLAUX [1]

1204. — Hommage par Guillaume Gilbert, de rentes à Pratclaux.

1296. — Hommage par noble Guillaume Arnaud, à messire Jean de Cuménis, évêque du Puy, de ce qu'il a au terroir de Pratclaux, paroisse de Landos, à l'exception du mas des Cuers, et de deux parties de la dîme dudit terroir.

1296. — Hommage par noble Bertrand d'Entil, audit évêque, de ce qu'il a au terroir de Pratclaux.

1308. — Hommage par noble Bertrand d'Entil et Roberte, sa femme, autorisée par lui, à messire Bernard de Castanet, évêque du Puy, de ce qu'ils avaient dans le mas de Pratclaux, à l'exception de ce que tiennent dans ledit mas Bertrand Boyer et Pierre Coky.

1308. — Hommage par Guillaume Gilbert, comme ci-dessus.

1318. — Hommage par Guillaume Arnaud, damoiseau, à messire Durand, évêque du Puy, semblable à celui rendu par Bertrand d'Entil en 1308. Il reconnait en outre tenir en fief ce qu'il a dans le château et mandement de Cayres.

1318. — Hommage par Guillaume Arnaud, de rentes au mas de Pratclaux.

1319. — Armande, fille de Falcon, de Goudet, et femme d'Hugon Pelous de la Veycerole, reconnait tenir en fief un carton seigle, une carte podienne d'avoine et 3 sols 9 deniers qu'elle perçoit dans le terroir de Pratclaux sur Guillaume d'Entil, pour des terres qu'il tient d'elle au mandement de Charbonnier.

(1) Pratclaux, commune de Landos.

1327. — Hommage par Pierre et Guillaume Arnaud, de rentes au village de Pratclaux.

1328. — Hommage par Gilbert de Soulages, fils de Guillaume, damoiseau, à messire Bernard, évêque du Puy, de ce qu'il avait à Pratclaux, dans le château de Charbonnier, et de la moitié du mas Bermondenc, qui est dans la paroisse de Saint-Jacques-de-Chastagnier, diocèse de Mende.

1343. — Hommage par Guillaume d'Entil, de rentes à Pratclaux.

1344. — Même hommage par Pierre Arnaud, d'Auteyrac.

1349. — Hommage par Marguerite, fille de noble Pierre Arnaud, à messire Jean de Chandorat, évêque du Puy, de ce qu'elle avait à Pratclaux.

1362. — Hommage par Eustache, chevalier, de rentes à Pratclaux.

1383. — Même hommage par noble Tandon d'Entil.

PUY (LE)

1289. — Hommage par le prieur de Saint-Pierre-le-Monastier à l'évêque du Puy, du moulin de Barlière. A présent le moulin Brunel, situé proche les Jacobins du Puy.

1293. — Hommage par Pierre Barthélemy, fils, à messire Jean de Cuménis, évêque du Puy, du terroir qui fut de Briand de Rotourtour (lequel terroir est dans la ville du Puy), avec la seigneurie dudit terroir. Ledit évêque perçoit pour cens 10 oboles d'or à la fête de tous les saints, à Espaly.

1298. — Sieur d'Anduze, prieur du prieuré de Saint-Pierre-le-Monastier, fait hommage audit évêque, du moulin de Verlegny (sic), proche l'église des Jacobins du Puy.

1299. — Jean Barthélemy, fils, fait hommage audit évêque du terroir que Pierre Bartholy possède au Puy, au cens annuel de dix oboles d'or payables annuellement audit évêque. Ce terroir est situé au Puy en la Chanabatia (*Chaîneboaterie*), en Panassac et aux Farges.

1300. — François Jourdain de Ceyssac, de l'ordre des frères Prêcheurs, reconnaît tenir en fief dudit évêque la terre et enclos du couvent de Saint-Laurent.

1304. — Hommage par Guillaume Paulien, audit évêque, d'une maison sous la tour de la Chaize.

1308. — Même hommage par Guillaume Paulien, clerc.

1308. — Benoit de Cotuol (*Couteaux*), du Puy, reconnaît tenir en fief franc de messire Bernard de Castanet, évêque du Puy, un terroir près du Puy, entre la rivière de Dolezon, la fontaine du Théron et la maison des frères Carmes du Puy, avec lods, ventes, investitures, etc., il reconnaît en outre un curtil, dans la ville du Puy, avec sa juridiction et appartenances.

1308. — Jean Barthélemy, du Puy, reconnaît tenir en fief le terroir de Raphael confrontant avec la maison et seigneurie d'Etienne Saunié, chanoine du Puy, rue entre deux, et la seigneurie de Bertrand d'Autherive, chevalier. Ce terroir s'étend de la maison des Conches à la Chaîne, et de la Chaîne aux rues Panassac, Chamarlenc et Villeneuve. Il reconnaît encore les terroirs de la Grange et des Farges.

1308. — Giraud et Pons Chandorat, frères, reconnaissent tenir en fief la seigneurie et ce qu'ils perçoivent aux *Tables*, vulgairement appelées de Laneau, en la rue des Tables, au Puy.

1308. — Sieur Jausserand Malet, abbé de Saint-Pierre-la-Tour, dans l'église du Puy, reconnaît tenir en fief des maisons au Puy, dans le cloître, avec leur juridiction et appartenances.

1309. — Maître Guillaume Salgues, aîné, notaire au Puy, reconnait tenir en fief des maisons et cours par derrière, avec la seigneurie, situées au Puy rue Montpeyroux.

1309. — Hommage par Jacques de la Roche, du Puy, d'une maison et jardin contigus situés au Puy, rue de la Monnaie.

1309. — Hommage par Jean et Simon Bergonge (Bergonhoux), frères, du Puy, de maisons indivises, situées au Puy, rues Raphaël et Saunerie.

1309. — Hommage par Jacques Albenos, de la ville du Puy, d'un chazal au Puy, au terroir de Laberte.

1309. — Hommage par Pierre Vassal, du Puy, de maisons au Puy, au terroir de Laberte, contre les maisons de Pierre Bel et de Salomon Belon.

1309. — Hommage par Pons de Fraissinet, du Puy, de 2 deniers tournois et de 5 sols podiens avec la seigneurie, droits de lods et ventes sur la moitié indivise de maisons situées rue de la Traverse.

1309. — Bertrand de Coubladour, du Puy, reconnait tenir en fief une maison ou curtil au Puy, rue de Louche, appelée Guillaume Julien, près du four de Guillaume Julien, rue entre deux, et les maisons de Barthélemy de la Recluse.

1309. — Guillaume du Monastier, fils de Pons, reconnait tenir en fief un terroir avec sa juridiction et appartenances, confrontant le chemin public du Puy à Brives, la vigne de Pierre Quintin, la rivière de Dolezon, et le pont Albert. Il reconnait encore une maison au Puy, rue de la Traverse, que tient de lui en emphytéose Pierre Pradié, et une autre dans la même rue.

1309. — Hommage par Pons Dupin, de maisons au Puy, rue de la Traverse, et tenues en emphytéose par Pierre Grégoire, du Puy.

1309. — Hommage par Mathieu Barthélemy, du Puy, de censives sur des maisons au Puy, rue des Tables, tenues par Dalmas Lanton.

1309. — Pierre Bel, du Puy, reconnaît tenir en fief 31 sols tournois qu'il perçoit sur seize tables en la place de l'église de Saint-Pierre-le-Monastier au Puy, et des maisons au Puy, rue de Rochetaillade.

1310. — Martin Augier, de Montbrison, reconnaît tenir en fief franc la seigneurie, directe, droits de lods et cinq livres poliennes de censive sur une maison au Puy, rue des Tables, confrontant avec celle de Guigo Laura, celle qui fut de Guillaume Lauton et la rue des Graces ou des Tables.

1312. — Agnès de Fraissinet, veuve de Pons de Fraissinet, et Jacques de Fraissinet son neveu, du Puy, reconnaissent tenir en fief franc des rentes sur des maisons rue de la Traverse.

1313. — Hommage par Etienne Vermeil, de maisons sises rue Panassac.

1318. — Benoît de Cotuol, de la ville du Puy, reconnaît tenir en fief franc de messire Durand, évêque du Puy, les fiefs stipulés en l'hommage de 1308.

1318. — Hommage par sieur Jausserand Malet, abbé de Saint-Pierre-la-Tour, comme en 1308.

1318 — Maître Guillaume Paulien, clerc, du Puy, reconnaît tenir en fief sa part des maisons situées au Puy sous la tour de la Chaize.

1318. — Hommage par Pierre Vassal, du Puy, comme en 1309.

1318. — Pierre Barthélemy, du Puy, reconnaît tenir en fief ce qu'il a aux villages de Lanthenas, la Chazote, Loudes, dans les paroisses de Borne, Loudes et au terroir de Las Jointes, à l'exception de ce qu'il tient audit terroir du vicomte de Polignac. Lesdits lieux et paroisses sont dans le diocèse du Puy.

1318. — Jacques Fraissinet, du Puy, reconnaît tenir en fief franc 12 deniers tournois de censive avec la seigneurie, lods et ventes qu'il perçoit sur une maison rue de la Traverse. Il reconnaît encore la moitié de la seigneurie d'autres maisons.

1318. — Jacques de Larche, du Puy, reconnaît tenir en fief franc une maison, jardin et appartenances.

1318. — Hommage par Mathieu Barthélemy, comme en 1309.

1318. — Hommage par Bertrand et Reymoud de Coubladour, du Puy, semblable à celui de 1309.

1318. — Hommage par Jacques Albenos, du Puy, comme en 1309.

1318. — Hommage par Guillaume Monastier, fils de Pons, du Puy, comme en 1309.

1318. — Hommage par Guillaume Lhanty, du Puy, de la moitié par indivis d'une rente de dix-sept cartons d'avoine qu'il perçoit au nom de l'hôpital de Saint-Laurent, du Puy, près du pont d'Estroulhas, sur certaines maisons qui furent de Montinia.

1318. — Hommage par Pierre et Jean Lhanty, patrons pour partie dudit hôpital de Saint-Laurent, d'un carton d'avoine et de six deniers de censive annuelle sur Juliane, de 2 sols 7 deniers sur Vital Amal, etc.

1319. — Hommage par Etienne Vermeil, comme en 1313.

1319. — Hommage par Jean Dupin, pareil à celui de 1309 rendu par Pons Dupin.

1319. — Hommage par Guillaume Falgo, fils, et Marguerite, sa femme, de maisons et cours au Puy, rue de Montpeyroux.

1320. — Pons de Ceno, clerc chorier de l'église Notre-Dame-du-Puy, université de Saint-Mayol, procureur et syndic de l'université des clercs de ladite église, reconnaît au nom de ladite université tenir en fief franc 3 muids de vin pur, 5 sols 6 deniers podiens de censive annuelle et la pleine seigneurie sur diverses terres; sur la vigne de Bertrand Maroste, située dans le mas de Félix, près de la vigne de Bertrand d'Espinasses et autre de Pierre Albanan, 28 setiers vin pur et 2 sols 6 deniers podiens, et sur la vigne de Saint-Agrève, 26 setiers de vin pur et 3 sols podiens.

1326. — Hommage par Pierre et Mathieu Gozabeau, frères, à l'évêque du Puy, de maisons au Puy, au terroir de Mitune.

1327. — Hommage par Mathieu Barthélemy, des investitures, lods et censives sur des maisons au Puy, rue des Tables, que tient de lui Guillaume de Lardeyrol. Il reconnaît en outre une censive annuelle de 44 sols au lieu du Pécher dit le Verdier, sur le pré du Breuil, etc.

1327. — Hommage en fief franc par Benoit de Cotuol, comme en 1308.

1327. — Hommage par Jacques de Fraissinet, du Puy, comme en 1318.

1327. — Hommage par Jacques de Larche, du Puy, de maisons, jardins et appartenances, rue de la Monnaie.

1327. — Hommage par Mathieu Gozabaud, comme en 1326.

1327. — Hommage par Pierre Bel, du Puy, comme en 1309.

1327. — Hommage par Bertrand de Coubladour, du Puy, et au nom de son frère Reymond, comme en 1309.

1327. — Hommage par Pierre Vassal, comme en 1309.

1327. — Hommage par Etienne Vermeil, du Puy, comme en 1313.

1328. — Hommage par Jacques Albenos, du Puy, comme en 1309.

1328. — Hommage par Jean Dupin, fils de Pons, du Puy, comme en 1319.

1328. — Hommage par Guillaume Salgues et Marguerite, sa femme, comme en 1309. Ils reconnaissent en outre le terroir de Peyramaurenc, etc.

1328. — .... dit *de Bergonhoux*, frères, du Puy, confessent tenir en fief franc des maisons, par indivis, rue de la Saunerie.

1328. — Hommage par Guillaume Paulien, clerc, du Puy, comme en 1318.

1328. — Hommage par Guillaume du Monastier, comme en 1309 et 1318.

1328. — Hommage par sieur Bernard Hugonet, prieur de Saint-Pierre-le-Monastier, d'un curtil, maison et vigne à Ronzade, près le Puy, que tient de lui Andrevet Barthélemy feutrier, au nom de sa femme.

1334. — Hommage par Giraud Chaudorat, seigneur de Mons, de 31 sols tournois sur seize tables en la place de l'église de Saint-Pierre-le-Monastier, confrontant ladite place, l'église et la rue Courrerie ; de maisons au Puy, rue Rochetaillade, sous la censive de ....

1336. — Hommage par Pierre Cotuol, du Puy, à messire Bernard, évêque, semblable à celui de Benoit de Cotuol, de 1308.

1337. — Hommage par Pierre Bergonhoux, drapier, du Puy, de maisons et dépendances rues Raphaël et Saunerie.

1338. — Hommage par Jeanne, veuve de sieur Vermeil, du Puy, semblable à celui rendu par Etienne Vermeil, en 1319.

1343. — Hommage par Pierre de Cotuol, à messire Jean de Chandorat, évêque du Puy, comme ci-dessus.

1343. — Hommage par Reymond et Bertrand de Coubladour, comme en 1318.

1343. — Hommage par Pierre Bergonhoux, comme en 1337.

1343. — Hommage par Mathieu et Pierre de Gozabaud, frères, du Puy, comme en 1326.

1343. — Hommage par Jacques Fraissinet, de 12 deniers tournois de censive sur une maison à la rue Media (sic) et de 5 sols podiens de censive sur d'autres maisons que tient de lui Grégoire Mercœur.

1343. — Hommage par Jean Vassal, de la Saunerie, comme a fait Pierre Vassal en 1309.

1343. — Sieur Jean Goy, chanoine du Puy, reconnaît tenir en fief franc une part de maison sous la tour de la Chaize au Puy, un carton seigle de censive annuelle sur Pierre Pezart, mesure du Puy, 18 deniers tournois de censive sur Barthélemy d'Auteyrac, trois demi-cartons seigle de ladite mesure, et 3 sols tournois sur Pierre Pestre au mandement de Chapteuil.

1343. — Hommage par Guillaume Salgue, fils, de maisons et cours au Puy, rue Montpeyroux, et d'une censive à Coubladour, sur certains ténements.

1343. — Hommage par sieur Pierre Vermeil, de la quatrième partie de maisons rue Panassac.

1343. — Hommage par Mathieu Barthélemy, chanoine du Puy, comme en 1327.

1343. — Hommage par Jeanne, veuve d'Etienne Vermeil, comme en 1313.

1343. — Hommage par Chauzide, femme de Guillaume de Lardeyrol, d'une maison au Puy au terroir de Laberte.

1343. — Hommage par Blanche Vassal, femme de Philippe Rousset, du Puy, d'une maison et jardin contigus au Puy, rue de la Monnaie.

1343. — Hommage par Pierre de Conches, de la vigne de Sayndum (?), au terroir de Chausson.

1344. — Hommage par Pierre de Maloer, du Puy, de la moitié des rentes et censives indivises avec Claire, veuve de Jean Maloer, du Puy.

1344. — Hommage en fief franc par maître Jean Pourchas, clerc et syndic de l'université des clercs, au nom de ladite université, comme en 1320.

1344. — Hommage par l'université des clercs du Puy, de 18 livres tournois de rente perpétuelle en blé, argent et gélines sur le mas de Vendes, diocèse du Puy.

1344. — Hommage en fief franc par Jean Dupin, de maisons au Puy qu'on tient de lui en emphytéose, au cens annuel de 40 sols tournois et 20 sols tournois pour dette de sa maison, rue de la Traverse.

1344. — Hommage en fief franc par Jean Augier, de 100 sols podiens de censive, avec lods et directe sur une maison au Puy, rue des Tables.

1344. — Hommage en fief franc par Pierre de Fraissinet, du Puy, d'une rente qu'il perçoit au Puy, rue de la Traverse.

1347. — Hommage en fief franc par Jean Théobald, du Puy, de maisons situées rue Panassac.

1347. — Hommage en fief franc par sieur Guillaume Bel, chanoine, d'une maison au Puy, rue Raphaël.

1347. — Hommage par Reymond du Monastier, comme ci-devant.

1347. — Hommage en fief franc par Guillaume Chazeaux, du Puy, de maisons situées rues de la Traverse et de la Rochète.

1348. — Hommage par Jean et Pierre de Coubladour, comme ci-devant.

1348. — Hommage en fief franc par Pierre Bergonheux, comme en 1337.

1350. — Hommage par Valérie, femme de Jacques de Lodève, du Puy, d'une maison et jardin rue de la Monnaie.

1354. — Hommage par Guillaume du Monastier, du Puy, comme en 1309.

1355. — Hommage par Odo Salgues, du Puy, de maisons et cours rue de Montpeyroux au Puy.

1358. — Hommage par Pierre Cotuol, semblable à celui de 1308 rendu par Benoit de Cotuol.

1362. — Hommage par Jean Dupin, comme en 1319.

1362. — Hommage par Guillaume de Chazeaux, d'une maison au Puy, rue de la Rochète, et de rentes au village de Vassiales (?), mandement de Chapteuil.

1362. — Hommage par Annette de Fraissinet, d'une maison rue de la Traverse.

1362. — Hommage par Jean de Gozaband, du Puy, semblable à celui de 1326.

1362. — Hommage en fief franc par Vital et Pierre Bergonhoux, de maisons au Puy, rues Raphaël et Saunerie, de 40 cartons et demi de blé, 11 de froment, 22 de seigle, 7 et demi d'avoine, 12 sols 6 deniers pour taille, de censive annuelle dans le mandement de Mercœur.

1362. — Hommage par Reymond de Coubladour, semblable à celui de 1309 rendu par Bertrand de Coubladour.

1362. — Hommage en fief franc par Mathieu Barthélemy, bourgeois du Puy, comme en 1327. Il tient encore en fief une censive annuelle sur le lieu du Pécher ou Verdier de Mitune, situé près de la prairie du Breuil au Puy et le colombier qu'il a dans ledit lieu, un moulin à farine sur le Dolezon près dudit lieu du Pécher, le moulin Batifoulier sur lequel il prend 100 sols tournois de censive et rente, le pré de Laze près de celui du Breuil, à l'exception du moulin Batifoulier, etc.

1362. — Hommage par Jean de Cotuol, semblable à celui de 1308, rendu par Benoît de Cotuol.

1362. — Même hommage par Pierre et Jean Cotuol frères.

1362. — Hommage en fief franc par Valérie, veuve de Jacques de Lodève, comme en 1350.

1362. — Hommage par Jean Véro, fils de Pierre Dachis, (sic), de la vigne de la Chanale, au terroir de Chausson.

1362. — Hommage par Jean Véro, tuteur de Guillaume, fils de Reymond du Monastier, semblable à celui de 1309, rendu par Guillaume du Monastier.

1362. — Hommage par André Leytenc, d'une vigne à Ronzade, près le Puy, qui fut d'André de Bonnas, dit *Leytenc*.

1362. — Hommage par Isabelle, veuve de maître Jean Théobald, comme en 1347.

1362. — Hommage par Jean Dupin, comme en 1344.

1362. — Hommage par Vital Dupin, bourgeois du Puy, d'une maison sise au Puy, rue de la Rochête.

1363. — Même hommage par Gérald Dupin, tuteur de Marguerite-Vital Dupin.

1363. — Hommage en fief franc par sieur Guillaume Itel, chanoine du Puy, d'une maison au Puy, rue Rochetaillade.

1366. — Hommage en fief franc par noble Hugon de la Roue, de maisons qu'il avait acquises au Puy, rue Montpeyroux.

1376. — Hommage par Pierre de Cotuol, comme en 1362.

1380. — Hommage par noble Pierre de la Roue, clerc, comme en 1366.

1383. — Hommage par Pierre Cotuol, comme ci-dessus.

1383. — Armand Avond, bourgeois du Puy, reconnaît tenir en fief de messire Bertrand de Chanac, patriarche de Jérusalem, 10 sols tournois sur le champ de Catherine de Varennes au terroir du Puy, au lieu de Chastelvolo, 2 cartons d'avoine sur une vigne et champ contigus situés sur la Font de Saint-Vosy, audit terroir.

1383. — Hommage en fief franc par Jean de Mere et Valérie Brette, sa femme, d'une maison et jardin au Puy, rue de la Monnaie.

1383. — Hommage par Jean Gozabaud, comme en 1362.

1383. — Hommage par Jacques Boyer et Marguerite, sa femme, des maisons qu'ils ont acquises au Puy, rues Raphaël et Saunerie.

1383. — Hommage par Jean Véro, bourgeois du Puy, comme en 1362.

1383. — Hommage par Reymond de Coubladour, bourgeois du Puy, semblable à celui de 1318, rendu par Jean et Pierre de Coubladour.

1383. — Hommage en fief franc par Barthélemy de Lobeyrac, du Puy, de 12 deniers de censive avec droit de seigneurie sur des maisons rue de la Traverse.

1383. — Hommage en fief franc par Mathieu Barthélemy, des investitures, lods, censives, etc., sur des maisons au Puy, rue des Tables. Il reconnaît en outre tenir en fief la censive annuelle du lieu du Pécher ou du Verdier de Mitune, près de la prairie du Breuil, au Puy, et le colombier qu'il a près dudit lieu, confrontant avec le pré du Breuil, le jardin et vigne de M° Guillaume Salgue, notaire, et la maison dite du Temple, maintenant l'hospitalière, rue entre deux. Partie dudit pré a été acquise par ses prédécesseurs et il la tient en emphytéose de l'évêché, sous la censive annuelle de 7 sols 6 deniers tournois, à ce qu'il dit. Il reconnaît tenir en fief un moulin à farine sur le Dolezon, près du Pécher, le moulin Batifoulier sur lequel ledit Mathieu et ses prédécesseurs prennent 100 sols tournois de censive annuelle, le pré de Laze, près de celui du Breuil. Le tout fut de Pierre Barthélemy dit *Metune*.

1383. — Hommage par Guilhote du Monastier, veuve de Jean Gazeles, comme a fait Guillaume du Monastier en 1309.

1383. — Hommage par Jean de Montpeyroux, marchand, du Puy, de maisons situées au Puy, rue de la Traverse, qu'il tient en emphytéose, sous la censive de 35 sols tournois.

1383. — Hommage en fief franc par Giraud de Chambefort, bourgeois du Puy, de maisons situées rue Panassac.

1383. — Hommage par Pierre de Cotuol, du Puy, comme a fait Benoit de Cotuol en 1308.

1383. — Hommage par Pierre de Montrovel, d'une maison située à la Chaise du Puy, rue de la Rochette.

1383. — Hommage en fief franc par Jacques Julion, de maisons au Puy, au terroir de Laberte.

1383. — Hommage en fief franc par Hugues de la Coste, au nom de Jeanne, sa femme, de maisons rue Rochetaillade.

1383. — Hommage par sieur Jean Laurent, licencié, de maisons rue de Ricupoyroux (?).

1383. — Sieur Jean Cardinal, prêtre et vicaire de l'église de Saint-Agrève du Puy, pour sieur Guillaume Torte et les vicaires à venir, reconnaît tenir 100 sols tournois, une émine seigle de rente que ladite vicairie perçoit sur un pré, rivage, pâtural et une pièce de terre situés au terroir de la Cologne. Il a acquis cette rente du sieur Antoine Malet, prêtre et vicaire de ladite vicairie, suivant une permutation faite avec Jean de Chandorat, évêque, pour 100 sols qu'il percevait au mas de Bonneville.

1389. — Hommage par Mathieu de Montpeyroux, fils et héritier de Jean, comme a fait ce dernier en 1383.

1389. — Hommage par Mathieu Barthélemy, fils d'autre, bourgeois du Puy, comme en 1327, 1383, etc.

1389. — Hommage en fief franc par Jacques Boyer, fils, marchand, de maisons indivises avec Marguerite, sa mère, et situées rue Raphaël et Saunerie.

1389. — Hommage par noble Guillaumète du Monastier, fille et héritière de Reymond du Monastier, semblable à celui de Guilhote du Monastier en 1383, et en outre d'une maison située au Puy, rue de la Traverse que tient d'elle en emphytéose Me Jean de Petra, clerc et notaire.

1389. — Hommage en fief franc par Giraud Chambefort, comme en 1383.

1389. — Hommage par Jean Cardinal, prêtre, comme vicaire de la vicairie de Saint-Agrève du Puy, d'une rente de 5 livres et d'une émine seigle qu'il perçoit sur des fonds à la Cologne, près le Puy.

1389. — Hommage par Pierre Cotuol, comme en 1383.

1389. — Hommage en fief franc par Jean Gozabaud, fils de Mathieu, comme en 1383.

1389. — Hommage par Jean Véro, bourgeois du Puy, comme en 1383.

1389. — Hommage en fief franc par Jacques Julien, bourgeois du Puy, comme en 1383.

1389. — Hommage par Reymond de Coubladour, comme en 1383.

1389. — Hommage par Armand Avond, du Puy, comme en 1383.

1389. — Hommage en fief franc par Jean de Mercœur, bourgeois du Puy, comme en 1383.

1566. — Sieur Guillaume Coilhabaud, marchand, du Puy, reconnaît tenir en fief franc et noble une maison au Puy, rue de Villeneuve, autrement du Consulat.

1567. — M° Armand et Christophe Ferrand, père et fils, reconnaissent tenir en fief franc et noble une maison et jardin au Puy, rue Rochetaillade.

1567. — Hommage par sieur François Mège, bourgeois du Puy, d'une maison au Puy, rue de Louche.

1568. — Antoine Baudasse, couturier, du Puy, reconnaît tenir en fief franc et noble une maison au Puy, rue Panassac.

1571. — Hommage en fief franc par sieur Jean Faure, dit *Marescot*, d'une maison avec basse-cour et jardin au Puy, rue Rochetaillade.

1572. — Hommage en fief franc et noble par le même : 1° de la moitié de la rente et directe levable, avec droits de lods et ventes sur les tenanciers d'une terre près du Puy, appelée le Garayt-Saint-Jean, près de la commanderie, entourée de chemins publics; 2° de la moitié de la rente et directe levable au Puy, rues de Louches, la Grange et autres.

1582. — Hommage par Martin Salyve, d'un champ, jadis vigne, au terroir de Chausson ou Las Faisses, appelé Chanale, autrefois reconnu par Jean Véro.

1582. — Hommage en fief franc par Jacques Rouyon, marchand, du Puy, d'un champ acquis de Jacques Dalhes à Aiguilho, appelé Las Fontètes ou la Chanale.

1582. — Investiture portant hommage des cens, rentes et revenus du champ et garayt situés devant l'église de Saint-

Jean-de-Jérusalem, du Puy, ladite rente acquise de noble Jean de Poinsac, sieur dudit lieu.

1603. — Investiture d'un terroir au faubourg Saint-Barthélemy, contre la rivière de Dolezon.

1625. — Investiture d'une maison noble, rue Saunerie.

1626. — Hommage par Antoinette Mage, veuve, d'un ténement de maisons et jardin au Puy, rue de Louche.

1672. — Acquisition d'une maison et jardin où sont les écuries et greniers à foin de l'évêché, faite par Mgr de Béthune, évêque du Puy, de M. Pandrau de Prunet. A ce contrat est attaché le jugement rendu par M. l'intendant, sur l'ordre des créanciers dudit seigneur de Béthune.

1746, 15 juillet. — Transaction contenant échange du champ attenant au petit Breuil, passé entre l'évêque du Puy, et MM. les consuls de cette ville, pour servir à l'agrandissement du cours ou promenade.

1771. — Bail à nouveau cens pour la faculté de prendre l'eau, en faveur de dame Jeanne-Françoise Restaix, veuve de M. Boulhol, procureur au sénéchal, au cens de 5 sols payables à chaque fête de Saint-Michel.

1771. — Relation du sieur Castanet de Fabrèges, au sujet de la vérification du fief de quelques fonds aux terroirs du mas de Fénis et de Rocharnaud, entre l'évêque et Messieurs du séminaire.

QUEYRIÈRES

1229. — Hommage par dame Philippe, comtesse de Valentinois, à messire Etienne, évêque du Puy, du château et appartenances de Queyrières. — Vidimus de cet hommage fait par les juges.

1251. — Même hommage par Adémard de Poitiers, à messire Bernard de Ventadour, évêque du Puy.

1276. — Même hommage par Adémard de Poitiers, comte de Valentinois, à messire Guillaume de la Roue, évêque du Puy.

1291. — Même hommage par noble Guillaume de Poitiers, à messire Guy de Neufville, évêque du Puy.

1311. — Même hommage par noble Guillaume de Poitiers, chevalier, seigneur de Fay, à messire Bernard de Castanet évêque du Puy. — Vidimus de cet hommage.

1315. — Même hommage par dame Luce, femme de puissant Guillaume, comte de Poitiers.

1340. — Même hommage par Giraud Bastet, seigneur de Crussol et héritier de Guillaumète de Poitiers, à messire Bernard, évêque du Puy.

1343. — Même hommage par le même, à messire Jean de Chandorat, évêque du Puy.

1349. — Même hommage par noble Guillaume Bastet, doyen de Valence, audit évêque.

1362. — Hommage par sieur Guillaume Beysseire, prêtre, vicaire de l'église de Saint-Agrève du Puy, d'une censive perçue aux appartenances de Bonneville, mandement de Queyrières.

1364. — Hommage par Guillaume Bastet, seigneur de Crussol, à messire Bertrand de la Tour, évêque du Puy, du château et appartenances de Queyrières.

RAURET

1297. — Hommage par Pons Sarrazin, damoiseau, de ce qu'il a au village de Rauret-Bas.

1308. — Hommage par noble Pons Sarrazin, à messire Bernard, évêque du Puy, du village et appartenances de Rauret-Bas.

1319. — Même hommage par Pons Sarrazin, damoiseau, du diocèse de Mende, à messire Durand, évêque du Puy.

1328. — Même hommage par le même, à messire Bernard, évêque du Puy.

1344. — Même hommage par Pierre Duriano, du Puy, à messire Jean de Chandorat, évêque du Puy.

1349. — Copie en forme de l'hommage rendu par noble Pierre d'Entil, seigneur de Saint-Haon, à l'évêque du Puy, des mas du Poux, Servières et autres, paroisse de Rauret. (Acte en papier.)

1362. — Hommage, en fief franc, par Jean, fils de Pierre Duriano, du village et appartenances de Rauret-Bas, et de ce que son père a acquis dans ledit village, de Pons Sarrazin.

1363. — Même hommage par Pierre Girard, tuteur de Jean Duriano, à messire Bertrand, évêque du Puy.

1383. — Hommage par Jean Duriano, bourgeois du Puy, semblable au précédent.

1383. — Hommage, en fief franc, par Barthélemy et Jacques Duriano, fils de Barthélemy Duriano, bourgeois du Puy, semblable à l'hommage qui figure au chapitre de Jonchères (1).

(1) Voir page 235.

1383. — Noble Pierre d'Entil, seigneur de Saint-Haon, a reconnu tenir en fief immédiat et franc, le village et appartenances du Poux, les mas de ce nom et de Servières, divers fonds situés à Rauret-Bas et tenus en emphytéose, un fief au mas des Girards, etc.

1384. — Hommage par noble sieur Pierre de Vergezac, chevalier, et sa femme, de ce qu'ils possèdent au mas et terroir de Fraissinet-de-Larbre, qu'ils ont eu de noble Pons de Ranc, dit *de Serres*, et de Pons de Ranc, son fils, décédés, à l'exception de ce qu'ils tiennent dans ce terroir, de Pierre Vilatte, damoiseau.

1386. — Reconnaissance à l'évêque du Puy par le sieur Barthélemy Duriane et ses frères, des rentes qu'ils perçoivent aux villages de Rauret-Haut et Bas, et à Fraissinet-de-Larbre, ladite reconnaissance acceptée par M. le doyen, grand-vicaire de l'évêque.

1389. — Hommage, en fief franc, par Jean Duriane, comme en 1362.

1395. — Hommage, en fief franc, par Jean Duriane, bourgeois du Puy, à messire Ithier, évêque du Puy, du village de Rauret-Bas.

1624. — Investiture, portant hommage des rentes du Poux-Haut et Bas, acquises par noble Gaspard de Belvezer, sieur de Chabannes de Trémolet, de noble Claude de Saint-Haon, au prix de 1700 livres.

RETOURNAC ET RETOURNAGUET

1201 — Hommage par noble Reymond, Adémard, Hugues-Raoul et Jausserand Hermès, chevaliers, à messire Guillaume de la Roue, évêque du Puy, de ce qu'ils ont à Retournac.

1285. — Même hommage par noble Guigon de Roche, à messire Frédole, évêque du Puy.

1285. — Hommage par noble Julien de Mezères, de la grange de la Toureille, des villages de Verdun (?), de la Freideyre, et des fiefs que tiennent en commun l'évêque du Puy et le seigneur de Roche à Retournac, Mercuret et Retournaguet.

1285. — Hommage par noble Hugues Raoul, de ce qu'il a à Retournaguet (à l'exception d'une sétérée relevant du sieur de Roche), du château de Retournac indivis entre l'évêque du Puy et le sieur de Roche, et de ce qu'il a à Arsac, mandement d'Arzon.

1291. — Hommage par noble Pierre de Gorce, à messire Guy de Neufville, évêque du Puy, de ce qu'il possède à Gorce, où il habite, des terres, prés, possessions, censives, usages, servitudes, etc. (à l'exception du terroir de Bruasses et du champ et pré de Malliers), et de la moitié du fief qu'il tient au nom de sa femme à Retournac.

1296. — Hommage par sieur Guillaume Raoul, chanoine du Puy, à messire Jean de Cuménis, évêque du Puy, de ce qu'il a à Retournaguet, paroisse de Retournac.

1296. — Hommage par noble Guigon, sieur de Roche, de ce qu'il a au château et bourg de Retournac, et du village de Retournaguet, mandement d'Artias.

1296. — Hommage par noble Pierre de la Borange, de la maison de la Borange, paroisse de Retournac.

1296. — Hommage par noble Pierre de Gorce, du mas et de la grange de Gorce (à l'exception du garayt de Bruasses et de Malliers, et du pré sous le garayt qu'il dit relever du prieuré de Chamalières), et de la moitié de ce qu'il a par indivis à Retournac.

1296. — Hommage par noble Hugues Raoul, de la Villate, de ce qu'il a au village d'Arnoux et dans le mandement de Mezères, au village d'Arsac, mandement d'Arzon, au village de Retournaguet, et de la moitié de ce qu'il perçoit, avec d'autres, à Retournac.

1296. — Hommage par noble Pierre Astorg, clerc, tant en son nom qu'en celui de Catherine, sa femme, du château de Roche, en commun, et des rentes que sa femme et lui possèdent dans le village et mandement de Retournac et dans le château de Jussac jusqu'à la Loire.

1301. — Hommage par noble Guigo, sieur de Roche, fils d'autre, de ce qu'il a au château et mandement de Retournac.

1308. — Hommage par noble Jean de la Toureille, à messire Bernard de Castanet, évêque du Puy, du mas et appartenances de la Toureille et de ce qu'il a à Retournac, Retournaguet et dans l'évêché du Puy.

1308. — Hommage par noble Pierre de la Borange, comme en 1296. Il reconnait en outre un denier tournois de censive annuelle sur le jardin d'Agnès Sabatier, à Bas.

1308. — Hommage par noble Jacques Savy, de Retournac, de 50 sols tournois de censive qu'il perçoit à Retournaguet, de ce qu'il a par indivis dans le château et mandement de Retournac, à l'exception d'un chazal, près de l'église de Retournac qu'il dit tenir en entier de l'évêque du Puy.

1309 — Hommage par Pierre Astorg, de Retournaguet, clerc du Puy, et sa femme, audit évêque et au seigneur de Roche, par indivis, de maisons à Retournac, de ce qu'ils ont du chemin de Jussac à Bauzac jusqu'à la Loire (le tout à Retournac et dans son mandement); ils reconnaissent tenir dudit évêque, seul, un jardin à Retournaguet, la tierce partie d'une maison ou grange audit lieu et dans ledit jardin, un jardin à Merceur près de la terre du sieur Pierre Guinamand et la tierce partie d'une terre au terroir des Ollières.

1309. — Hommage par Giraud Fabre, de Retournac, de trois parties de terre aux mas de Roveyre et de Chambonnet.

1309. — Hommage par Jean Julien, de Retournac, d'une pièce de terre à la Roveyre.

1309. — Hommage par Imbert du Chaslus, dit de Chise, à messire Bernard de Castanet, évêque du Puy et au seigneur de Roche, par indivis, de ce qu'il a aux villages de Saintignac et de Jussac, mandement de Retournac.

1309. — Hommage par Philippe du Prat, de Retournac, d'un métan froment, de 3 deniers podiens de censive annuelle et d'une géline qu'elle perçoit sur une maison et jardin contigus à Retournac et au village de Sonac. Elle reconnait tenir en fief franc un pré et jardin contre les prés de Retournac et ce qu'elle a au port de Retournac.

1309. — Hommage par noble Pierre de Chabanoles, de 6 cartons seigle, de 4 de froment et 6 d'avoine, de censive sur les habitants de Retournac, et de ce qu'il a dans le château et mandement de Retournac, indivis avec le seigneur de Roche.

1309. — Philippe du Prat reconnait tenir en fief franc dudit évêque et du seigneur de Roche, par indivis, un métan froment, 3 deniers de censive et une géline qu'elle perçoit annuellement sur des maisons et le port de Retournac, un pré et jardin près dudit port, ce qu'elle a dans ce port où ledit seigneur et sa famille peuvent et doivent passer sans autre prestation, un pré et jardin contre le port de Retournac.

1309. — Pellat du Prat, de Retournaguet, reconnait tenir en fief de l'évêque et du seigneur de Roche, par indivis, un pré à Retournaguet, un jardin et ce qu'il a au port de Naule et Nave de Retournac.

1309. — Hommage par Pierre Bonnel, de Retournac, de huit cartons seigle qu'il perçoit à la Goutèle et à la rivière du Treuil, de trois cartons froment qu'il perçoit annuellement dans les jardins de Pierre et Jean de Riou, de Pierre et Jean Lyotard, et de ce qu'il tient en fief franc dans le lieu et mandement de Retournac.

1309. — Hommage par Jean Colombier, de Retournac, de six cartons seigle qu'il perçoit annuellement sur des terres que tiennent de lui Guillaume, Barthélemy Foretz et Mathieu Gros au terroir de la Croix-de-Vissac. Il tient par indivis 6 deniers tournois de censive sur la maison de Mathieu Burnamy et une géline sur celle de Bertrand Covel, à Retournac. Il tient aussi par indivis desdits seigneurs une vigne près de Retournac, au terroir de Chamblas et ce qu'il a dans le mandement de Retournac.

1309. — Hommage par Pons Martin, de Jussac, audit évêque et au seigneur de Roche, par indivis, d'un champ à la Varenne, de deux pièces de terre à la Draye, d'une autre à la côte de Balufre, de terres et prés à Combe-Galaube, et de trois cartons froment de censive sur ledit terroir. Le tout est dans la paroisse de Retournac.

1309. — Hommage par Durand Gironde, de Saintignac, de deux pièces de terres aux lieux de Font-de-la-Rama et de Laulagner-de-la-Combe, paroisse de Retournac ; de six cartons seigle de censive qu'il perçoit sur quatre terres, d'un métan froment, etc.

1309. — Pons Bernard, de la paroisse de Retournac, reconnait tenir en fief de l'évêque et du seigneur de Roche, par indivis, des censives à Saintignac et aux environs.

1309. — Jean Losers, de Saintignac, autorisé par Agnès, sa femme, reconnait tenir en fief de l'évêque et du seigneur de Roche, par indivis, une pièce de terre dans la paroisse de Retournac, une autre au lieu du Viol, sous le chemin de Saintignac, une autre dans la même paroisse à la Saigne-de-Darbous, une autre à la côte de la Goutèle, deux cartons seigle qu'il perçoit annuellement sur une pièce de terre près de Retournac, un métan froment de censive sur la terre de la côte du Treuil, et deux parties d'un métan froment sur une autre terre. Il reconnait encore la moitié d'une pièce de terre, un denier de censive, deux métans d'avoine et deux pugnères de froment sur certains fonds.

1309. — Giraudon, de Retournac, reconnait tenir en fief de l'évêque et du seigneur de Roche, par indivis, une pièce de terre à Fontalive, une autre pièce de terre, deux cartons seigle et 10 deniers sur le pré, grange et jardin confrontant avec la maison de Gironde, deux métans froment de censive et un denier tournois, le tout à Retournac.

1309. — Guillaumète Vinalle, de Chambonnet, paroisse de

Retournac, administratrice de Pierre, son fils, Guillaume Forez, Jean Pro, Jean Martin et Jeanne Gayte, tous de la paroisse de Retournac, reconnaissent tenir en fief, savoir : ladite Guillaumète une pièce au terroir de Rive, une autre au Riou, qu'elle tient de l'évêque et du seigneur de Roche, par indivis, un jardin à Sonac, une vigne à la Varenne, paroisse de Retournac, un pré dans la prairie supérieure de Jussac. Ladite Jeanne Gayte tient dans les mêmes conditions une terre au mandement de Retournac.

1309. — Guillaume Vaunac, portier de l'église N.-D. du Puy, reconnait tenir en fief de l'évêque et du seigneur de Roche, par indivis, un métau seigle sur une pièce de terre au terroir des Plantades près Retournac, un métan seigle audit terroir, un autre sur une terre au même terroir, 12 deniers sur le pré Hugon, deux cartonnières de seigle et une géline sur une terre au terroir des Saignes, une terre au terroir de la Combe et une autre au terroir de Vissac, un cartonment sur deux pièces de terre au terroir de Saintignac, deux cartons seigle sur deux terres au terroir de Jussac, quatre pugnères et demi seigle audit terroir, la moitié d'une carte froment et une géline sur une autre terre, et enfin tout ce qu'il a au mandement de Retournac.

1309. — Hommage par Mathieu Buriane, de Retournac, à l'évêque et au seigneur de Roche, par indivis, d'une pièce de terre au lieu de Tenier, paroisse de Retournac, et d'une vigne à la Raspeyre, même paroisse.

1309. — Hommage par Jean Fabre, de Retournac, audit évêque, d'une pièce de terre à la Roveyre, paroisse de Retournac.

1309. — Pons Charbonnel et Jourdane, sa femme, reconnaissent tenir en fief de l'évêque et du seigneur de Roche, par indivis, un métan froment sur une maison et jardin à Retournac et six parties du « pontanage, » ou port de Retournac.

1309. — Hommage par noble Guigo, seigneur de Roche, audit évêque, de ce qu'il a au château et mandement de Retournac. Il doit rendre le tout quand il en sera requis.

1309. — Noble Pierre Lagier, de Roche, diocèse du Puy, reconnaît tenir en fief dudit évêque des maisons à Retournac, confrontant avec l'église et le four. Il tient de l'évêque et du sieur de Roche, par indivis, deux setiers froment, seigle et avoine et 6 deniers de censive annuelle dans le mandement de Retournac, à Saintignac et à Vissac.

1309. — Guillaume et Barthélemy Giraud, Pierre Lagier et Pétronille, sa femme, reconnaissent tenir en fief de l'évêque et du sieur de Roche, par indivis, la moitié d'un métan seigle qu'ils perçoivent de Girine Arnaude sur un jardin à Retournac, le quart d'un carton de froment qu'ils perçoivent de Blanche Dumas sur un jardin audit lieu, le quart d'un carton de froment et d'une géline sur un pré à Retournac, un métan seigle sur deux pièces de terre aux Alzegalz, au terroir de Vissac, un métau de seigle sur un champ audit terroir.

1310. — Noble Hugon de Vissac, chevalier, du diocèse de Clermont, reconnaît tenir en fief dudit évêque, (et ce pour rendre en paix et en guerre), sa part, parerie et juridiction du château de Vissac, à l'exception de la forteresse ou lieu de la Bastide, mandement de Vissac, qu'il dit relever du vicomte de Polignac.

1311. — Hommage par Pierre Borzes, de Retournac, damoiseau, à l'évêque et au seigneur de Roche, par indivis, de trois métans seigle qu'il perçoit sur les tenanciers du mas de Saintignac.

1311. — Hommage par noble Philippe de Bauzac, à l'évêque et au seigneur de Roche, par indivis, de rentes aux environs de Retournac et à Vissac.

1311. — Hommage auxdits évêque et seigneur, par sieur Pons de la Salce, recteur de l'église de Retournac et Hugon, son neveu, du bois de la Roveyre, de deux gélines de censive annuelle que tient Bertrand Chevalier, d'un carton froment et d'un de seigle sur le terroir de la Roveyre-de-Fontanes, et d'une rente du côté de Retournac.

1318. — Hommage par Guillaume Vannac, portier de l'église N. D. du Puy, à messire Durand, évêque du Puy, comme en 1309.

1318. — Hommage par Imbert Chaslus, dit *de Cusse*, paroisse de Retournac, comme en 1309.

1318. — Hommage par Durand Gironde, de Saintignac, audit évêque, comme en 1309.

1318. — Hommage en fief franc par Guillaume Martin, audit évêque et au seigneur de Roche, par indivis, d'une pièce de terre à la Chabanne et d'une autre dans la paroisse de Retournac.

1318. — Hommage auxdits seigneur et évêque, par Hugo Bernard, fils, de Retournac, d'un carton seigle de censive annuelle sur une terre à Saintignac, et d'un autre carton seigle sur une terre au terroir du Roure.

1318. — Hommage par Jean Gros, de Retournac, à l'évêque du Puy, d'un carton seigle qu'il perçoit par moitié sur un pré avec les héritiers de Ferrand, de Retournac.

1318. — Hommage audit évêque par Marguerite Olivier, veuve de Hugon de la Chaud, paroisse de Retournac, d'une émine seigle, de trois métans froment, de trois cartons d'avoine, trois gélines, six deniers et quatre deniers obole qu'elle perçoit à Retournac sur divers particuliers.

1318 — Pierre Lauier, Barthélemy Giraud et Vital Jérome, reconnaissent tenir en fief de l'évêque du Puy et du seigneur de Roche, par indivis, la moitié d'un métan de seigle et diverses rentes à Retournac.

1319. — Hommage en fief franc auxdits seigneur et évêque, par Jean Gayte et Jean Julien, de Retournac, d'une terre au mandement de Retournac et d'une autre à la Roveyre.

1319. — Hommage par Pierre de la Borange, paroisse de Retournac, damoiseau, à l'évêque du Puy, comme en 1308.

1319. — Hommage par Guillaume Fabre, de Retournac, à l'évêque du Puy, de trois champs au terroir de la Roveyre.

1319. — Marguerite Vinallo reconnait tenir en fief franc de l'évêque du Puy, une pièce de terre à Riongrand, près de la terre de Pierre de Lalvery, une autre au Riou, près de la terre de Mathieu Giraud. Guillaume Foretz reconnaît tenir de l'évêque et du seigneur de Roche, par indivis, un jardin à Saintignac, une vigne à la Varenne. Jean Fabre et Mathieu Buriane rendent hommage comme en 1309.

1319. — Hommage par Pierre Borzes, de Retournac, damoiseau, comme en 1311. Il reconnaît tenir en fief de l'évêque et du seigneur de Roche, par indivis, le mas de Macelles (?) et les hommes de ce mas qui est dans le mandement de Retournac.

1319. — Hommage par Vitale, femme de Jean de la Toureille, et Artaud de Bronac, damoiseau, à l'évêque du Puy, du mas de la Toureille, et de ce qu'a ladite Vitale à Retournac, à Retournaguet et dans le diocèse du Puy; de dix métans seigle, mesure de Lapte, de quatorze métans avoine, même mesure, de quatre sols six deniers de censive sur le nommé Rey. Ladite Vitale assure que cette rente repose sur un champ et pré situés au mandement de Lapte. Artaud de Bronac reconnaît, comme dessus, ce que tiennent Jacques et Girard de Bronac dans le mas de Bronac, ce qu'il a au mas de Montgiraud et dans le mandement de Bonnas.

1319. — Hommage par Jean Tronchet, damoiseau, à l'évêque du Puy, du mas de Vourse, mandement d'Yssingeaux. Il tient dudit évêque et du seigneur de Roche, par indivis, le mas de Salmoiras, mandement de Retournac.

1321. — Hommage auxdits évêque et seigneur, par Hugo Fergon et Jeanne, sa femme, d'un métan froment, de 3 deniers podiens de censive et d'une géline sur un jardin à Retournac. Ils tiennent, en fief franc, un pré et jardin contre le port de Retournac et ce qu'ils ont dans le port de Retournac où le sieur de Roche et sa famille peuvent passer, quand bon leur semble, sans prestation.

1321. — Hommage en fief franc, auxdits évêque et seigneur, par Jean Losers, de Saintignac et sa femme, comme en 1309.

1321. — Hommage en fief franc fait auxdits évêque et seigneur, par Jean Martin, de Jussac, Jean Martin, dit de

Porte, et Guillaume son frère, d'un pré dans la prairie de Jussac, confrontant avec la terre de Pierre Dumas et celle des mineurs.

1321. — Hommage comme dessus, par Peirichon Bonnel, de Retournac, de 7 cartons seigle de censive, mesure de Retournac, et de rentes à Retournac.

1321. — Hommage en fief franc auxdits évêque et seigneur, par Guigo de Mercuret, damoiseau, d'un carton froment, mesure de Retournac, qu'il perçoit annuellement sur Jean Legrand, de Retournac, de trois cartons seigle sur les terres du mas de Saintignac, d'un carton de froment sur un jardin au terroir de Gachabrel, et de ce qu'il a à Saintignac.

1328. — Hommage par N......., damoiseau, à messire Bernard, évêque du Puy, du mas de Vourse, de ce qu'il a au mas de Neyrial (ces mas sont au mandement d'Yssingeaux), et du fief de Salmoiras qui relève de l'évêque du Puy et du seigneur de Roche, par indivis.

1328. — Hommage par Hugo de Saussac, damoiseau, à l'évêque du Puy et au seigneur de Roche, par indivis, de censives à Retournac et aux environs.

1328. — Même hommage à l'évêque du Puy par Guillot, de Jussac, neveu de Philippa de Banzac, damoiseau.

1328. — Hommage par N......., chanoine, Pierre Jacob, docteur official du Puy, et Elie de Neuille, chanoine, à l'évêque du Puy et au seigneur de Roche, par indivis, de censives à Retournac.

1328. — Hommage par Falcon Chandorasse, damoiseau, audit évêque, de ce qu'il a dans le château et mandement de Retournac et à Retournaguet.

1328. — Hommage par Bertrand Bonnel, de Retournac, à l'évêque du Puy et au sieur de Roche, de censives à Retournac.

1343. — Hommage par Pierre de la Borange, à messire Jean de Chandorat, évêque du Puy, de la grange de la Borange, d'un denier pite tournois qu'il perçoit de censive annuelle-

sur un jardin à Bas. Il reconnaît tenir dudit évêque et du sieur de Roche, par indivis, une censive au mas de Saintignac, à Jussac et à Retournac.

1343. — Hommage par Jean Astorg, dit *Louis*, de la moitié d'une grange et d'un jardin à Retournaguet.

1343. — Hommage par Jean Bernard à l'évêque du Puy et au sieur de Roche, par indivis, d'une rente au mandement de Retournac.

1343. — Hommage par Marguerite Vignole, tutrice de Jean et Mathieu Vignole, d'une côte nommée Riougrand, et de la terre appelée Côte-du-Riou au terroir de la Rôveyre.

1343. — Hommage par Etienne Girodon, d'une rente à Retournac qu'il tient en fief de l'évêque du Puy et du sieur de Roche, par indivis.

1343. — Hommage auxdits évêque et seigneur, par Jean et Hugues de Praals, de 3 sols 6 deniers qu'ils perçoivent sur Jean, de Retournaguet, et de 21 deniers de censive sur Barthélemy et Guillaume Chabots.

1343. — Hommage par Pons Charbonnel et autres, de censives et rentes sur les habitants de Retournac, de la moitié du port de Retournac, etc.

1343. — Hommage par Pierre Milaure, d'un champ au mandement de Retournac.

1343. — Hommage par Guigone Giraudon, de Retournac, de deux cartons seigle, d'un métan froment, mesure de Retournac, de 10 deniers tournois de rente à Retournac et Saintignac, et d'une pièce de terre au terroir de Germagnac.

1343. — Hommage en fief franc par Blanchète la Nègre, à l'évêque du Puy et au sieur de Roche, par indivis, d'une rente à Retournac.

1343. — Hommage par Guigon de la Tourelile, semblable à celui de Jean de la Toureille rendu en 1308.

1343. — Hommage en fief franc par Barthélemy, fils de Jean

Pré, et Vital, fils de Jacques Bonnet, audit évêque et au sieur de Roche, par indivis, d'un métan froment, d'un demi-métan seigle, de deux métans avoine, mesure de Retournac, et d'une demi-géline de censive sur divers particuliers de Retournac.

1343. — Hommage par Guillaume Augier, d'Artias, damoiseau, de censives sur divers particuliers au mandement de Retournac.

1343. — Pierre Olivier, d'Artites, damoiseau, reconnaît tenir en fief franc de l'évêque et du seigneur de Roche, par indivis, des rentes à Retournac.

1343. — Hommage auxdits évêque et seigneur, par Jean Largié, damoiseau, d'un setier tant froment que seigle et avoine, de 6 deniers de censive qu'il perçoit annuellement dans le mandement de Retournac, à Saintignac et à Jussac.

1343. — Hommage en fief franc par Vincent Chaudayre, de Retournac, de la dixième partie du port de Retournac et de deux pièces de terre près de la Loire et du port.

1343. — Hommage en fief franc par Imbert de Cussé, damoiseau, de quatre setiers seigle, de cinq cartons froment, de trois cartons avoine, mesure de Retournac, de 7 sols quatre gélines et demie, et de 19 deniers pour le pain qu'il perçoit annuellement aux mas de Saintignac et Jussac.

1343. — Hommage par Pierre Sapientis, de Retournac, damoiseau, d'une censive à Retournac et Retournaguet.

1343. — Hommage par Mᵉ Jacques de Plauèzes, d'une rente annuelle à Retournaguet.

1343. — Hommage en fief franc par noble Pierre de Gorce, chevalier, de ce qu'il a au mas de Gorce. Il reconnaît tenir de l'évêque du Puy et du sieur de Roche, par indivis, ce qu'il a au château et mandement de Retournac.

1344. — Hommage en fief franc par Jean de Montrevel, de censives à Jussac, sous l'estrade, du coté de Retournac.

1344. — Hommage par Françoise Bonnel, de Moulin, près Retournac, d'une rente à Retournac.

1347. — Hommage en fief franc par Pierre Baudouin, audit évêque et au sieur de Roche, par indivis, de ce qu'il a au port de Retournac.

1359. — Sieur Jean du Fau reconnaît tenir en fief la terre et les rentes de Jussac, par indivis avec le sieur de Roche.

1362 — Hommage par Jean Astorg, dit *Louis*, de Retournaguet, à messire Bertrand de la Tour, évêque du Puy, de la moitié d'une grange à Retournaguet et de censives annuelles sur divers tenanciers.

1362. — Hommage en fief franc par sieur Pons de Cussone, prêtre du Puy, audit évêque, de 4 setiers seigle, 5 cartons froment, 3 d'avoine, mesure de Retournac, 7 sols, 4 gélines et demie qu'il perçoit chaque année dans les mas de Saintignac et Jussac.

1362. — Hommage par noble Isabelle de la Toureille, semblable à celui de 1343, rendu par Guigon de la Toureille.

1362. — Dame Isabelle, femme de Pierre de Mercuret reconnaît tenir en fief dudit évêque et du sieur de Roche, par indivis, une censive à Retournac.

1362. — Même hommage par Pons Augier, d'Artias.

1362. — Hommage par Jean de la Frétisse, d'une censive au mas de Jussac et à Retournac.

1363. — Hommage par noble Pierre de la Borange, de la grange de la Borange et d'une censive à Retournac.

1364. — Pierre de Roche et Catherine, sa femme, reconnaissent tenir en fief dudit évêque et du sieur de Roche, par indivis, 4 setiers seigle, 5 cartons froment, 3 cartons d'avoine, mesure de Retournac, 7 sols tournois, 4 gélines et demie et 19 deniers sur les mas de Saintignac et Jussac.

1365. — Hommage en fief franc par Pierre de Gorce, chevalier, de ce qu'il a au mas de Gorce. Il tient dudit évêque et du sieur de Roche, par indivis, ce qu'il a au terroir et à la maison de Lingoustro et au château de Retournac.

1366. — Hommage par François Bonnel, du moulin près Retournac, de 18 deniers tournois de censive sur un pré au terroir de la Teule, de 5 sols tournois sur un autre pré, et d'autres censives sur divers particuliers, dans le mandement de Retournac.

1383. — Hommage par noble Parpaillou de Mercuret, d'une rente à la Blache, mandement de Mercœur, sur divers particuliers, à Retournac, à Saintignac, à Mezères, à l'Ouche, à Retournaguet, au Fraissinet, à Malataverne, etc.

1383. — Hommage par M⁰ Jean Allier de Saint-Didier, d'une rente annuelle à Retournac, acquise par permutation de noble Mathieu Salenon de Combrès.

1383. — Hommage en fief franc par noble Pierre de Gorce, comme en 1365.

1383. — Hommage par noble Pierre de Roche, comme en 1364.

1383. — Hommage en fief franc par Jacques Mercier, Pons, son associé, et Pierre, de Retournac, du bateau et port de Retournac, avec les terres et propriétés y dénombrées.

1383. — Hommage par noble Pierre de la Faye, du mas de la Toureille, acquis d'Elisabeth de la Toureille, et de ce qu'il a à Retournac; du fief franc, indivis entre l'évêque et le sieur de Roche, de rentes et censives à Jussac et de ce qu'il a au village et terroir d'Amavis.

1383. — Hommage par noble Guigonnet, seigneur de Roche, et dame Eléonore, tutrice, de ce qu'ils ont au château et mandement de Retournac. Ils doivent rendre le tout à première réquisition.

1383. — Hommage par Jean et Louis Astorg, de Retournaguet, de la moitié d'une grange à Retournaguet, d'une rente et d'un champ ou vigne audit terroir.

1383. — Guigon de Cortil, de Retournac, reconnaît tenir en fief de l'évêque et du sieur de Roche, par indivis, deux setiers tant froment que seigle et avoine, de censive et rente au mandement de Retournac.

1383. — Noble Elix de Vaux, fille et héritière de noble Donneud de Vaux, reconnait tenir en fief de l'évêque et du seigneur de Roche, 20 cartons de blé et 15 sols de censive et rente annuelle à Retournac.

1383. — Hommage par M° Jean Allier, notaire royal, de 14 deniers de censive et de 6 deniers qu'il perçoit annuellement sur Jean Marly, de Jussac, sur une pièce appelée Cote-Peyrouse, sous l'estrade, du côté de Retournac.

1383. — Guillaume Agier, d'Artias, reconnait tenir en fief de l'évêché et du seigneur de Roche, par indivis, une rente à Retournac.

1384. — Pierre Mitte, chevalier, et ses frères, suivant leur procuration, reconnaissent tenir en fief de l'évêché et du seigneur de Roche, par indivis, ce qu'ils ont dans le château et mandement de Retournac.

1389. — Hommage par Guigon de Cortil, paroisse de Retournac, de deux setiers, tant froment que seigle et avoine, et de 6 deniers de censives et rentes annuelles à Saintignac et Jussac.

1389. — Hommage en fief franc par noble Elix de Vaux, comme en 1383.

1389. — Hommage en fief franc par noble Pierre de Roche, comme en 1364.

1555. — Investiture de la place de Jussac, donnée à M° Maurice Rieux et demoiselle Clément Salemone, sa femme, ladite place située dans les mandements de Retournac et Mezères.

1626. — Investiture portant hommage de la place de Jussac, par noble Marcellin Charbonnel, sieur du Betz, acquise de noble Christophe de la Rivoire, sieur de Chadenac, au prix de 9,200 livres.

1639. — Investiture...........

1668. — Echange du village de Vermoyal, dépendant de Roche-en-Reynier, avec certains villages dépendants de Retournac, fait entre le marquis de Nérestang et sa femme, et noble Jérôme Fraix, sieur d'Espaillon.

1772. — Louis-Marie-Augustin Liogier, sieur de Pieyres, reconnaît tenir en fief franc de l'évêque du Puy, l'entier domaine de la Borange et les moulins à construire.

RIOU (LE) [1]

MANDEMENT DE MERCŒUR

Hommages rendus en 1274, 1291, 1296, 1297, 1308, 1309, 1310, 1314, 1318, 1319, 1327, 1328, 1329.

1343. — Hommage par Jean Brunel, de Riou, comme en 1308 (2). Il doit en outre faire une corvée.

1343. — Hommage par Pons de Donaze, damoiseau, comme en 1343 (3).

1343. — Hommage par Pons Guinamand, de Riou, semblable à celui de 1327 (4).

1343. — Hommage, en fief franc, par les hoirs de Robin Brunel, de Riou, comme en 1343 (5).

1343. — Hommage par Jacques Jallet et sa femme, semblable à celui de 1308 rendu par Guillaume Jallet (6).

1347. — Hommage par noble Germain de Serrechad, chevalier, comme en 1347 (7).

Hommages rendus en 1348, 1362 et 1383.

(1) Le Riou, commune de Malrevers.
(2) Voir les hommages de Mercœur, p. 263.
(3)   Id.   p. 260.
(4)   Id.   p. 277.
(5)   Id.   p. 281.
(6)   Id.   p. 274.
(7)   Id.   p. 291.

SAINT-DIDIER ET DUNIÈRES.

1269. — Hommage, en fief franc, à messire Guillaume de la Roue, évêque, par sieur Briand de Retourtour, chanoine du Puy, des mas Bancel et Seytûras, de ce qu'il possède à la chabannerie du Bouchet, de la moitié de onze mas dans la paroisse de Riotord, des mas de Bruas et de Maisonnettes, avec les habitans, des mas de Citre et de Pierregourde, des appenderies de Malzores, paroisse de Marlhes, et de Malescours, de la 3ᵉ partie du mas de Bayle, de ce qu'il a à Malescours, au Puy Yvern *(Peybernine)*, au village de Planchard, au mas de Crouzet, de l'appenderie de dame Romaine à Chambeau, de ce qu'il a au bourg de Dunières, des maisons Bernard et Julien, des habitans des Vachoux, de Citre, des Fours, des Coarzets, du Chier, de Coirolles, de Faux, d'André Faure, de ce qu'a dame Romaine au bourg de Dunières, des chazaux, prés, jardins, oches et champs à l'entrée des confins du château de Dunières, d'une part de la parerie de Pierregourde dans les confins du château de Dunières, du pré de Pierremorte, de ce que possède dame Delorme dans la combe du Creux, des chazaux et maisons de Guillaume et Bernard Relhac et ses frères, situés à Montfaucon. Ledit Briand reconnait la parerie de Pierregourde, qui est dans le château de Dunières et promet rendre le tout à l'évêque, toutes les fois qu'il plaira à ce dernier, ou au chapitre, le siége vacant.

1285. — Hommage par noble Jausserand, seigneur de Saint-Didier, à messire Frédole, évêque du Puy, du château et bourg de Saint-Didier, avec la justice mère, mixte, impère, haute, basse, etc., (il doit rendre le tout aux évêques du Puy à simple réquisition) ; de la maison de la Séauve, avec la seigneurie, de ce qu'il a à la Garde de la Séauve, au Puy, en propriétés et en seigneurie, du village ou mas d'Orcines, de ce qu'il a à la Faye-Borel, en propriété et en seigneurie, au village de Saint-Victor, à Saint-Romain-la-Chalm, au village de

Prunières, au Mas, paroisse de Saint-Pal-de-Mons, à la Côte, à Chambeau, au mas de Pierregourde, au bourg et château de Dunières, avec la justice mère, mixte, impère, haute, basse, etc., (il doit rendre le tout à simple réquisition), du village de Planchard, du mas de Chatagnier, de ce qu'il a dans le château et entre les portes de Monistrol, et d'un pré à Antonianne.

1296. — Hommage par Odon de Retourtour, chanoine de Valence, à messire Jean de Cuménis, évêque du Puy, comme en 1269, à l'exception des chazaux et maisons de Montfaucon, dont Armand de Retourtour rend hommage.

1297. — Hommage par noble Jausserand de Saint-Didier audit évêque, du château, bourg et mandement de Saint-Didier, et des fiefs dont Armand de Retourtour a fait hommage à l'évêché.

1297. — Hommage par Alexandre de Saint-Didier, chanoine de Valence, du château supérieur, bourg et prieuré de Dunières, de la maison de Bonne-Garde, et de ce qu'il a au village de Planchard.

1303. — Hommage par Alexandre, seigneur de Saint-Didier, comme en 1285, et du mas de Pierregourde.

1304. — Hommage par Odon de Retourtour, fils émancipé d'Armand de Retourtour, comme en 1296.

1309, 18 juillet. — Hommage par Odon de Retourtour, fils d'autre, à messire Bernard de Castanet, évêque, comme en 1269.

1309, 9 novembre. — Hommage par messire Alexandre de Saint-Didier, chanoine de Valence, comme en 1297. Il reconnait, en outre, tenir de l'évêque du Puy, le mas de Chatagnier, les villages de Chambeau et du Mas, celui de Pierregourde et le château de Dunières, qu'il promet rendre à réquisition.

1309. — Même hommage par Alexandre, seigneur de Saint-Didier, à messire Bernard de Castanet, évêque.

1319, 1er septembre. — Hommage par le même à messire Durand, évêque du Puy, comme en 1285 et 1309.

1319. — Même hommage par Odon de Retourtour, audit évêque. Il reconnait, en outre, tenir en fief le mas de Pierregourde, ce qu'il a au mas de Planchard, à l'exception de ce qui lui est venu de la succession de son père, savoir le château et bourg de Dunières, qu'il dit relever du roi.

1327. — Hommage par noble Alexandre, seigneur de Saint-Didier, à messire Bernard, évêque du Puy, comme en 1285 et 1309.

1328. — Hommage audit évêque par noble Rambaude, veuve de Guy de Retourtour, tutrice de ses enfants, comme en 1319.

1336. — Hommage audit évêque par noble Jausserand, seigneur de Saint-Didier, du château et mandement de Saint-Didier.

1339. — Hommage par noble Briand de Beauchateau, comme ci-dessus.

1343. — Même hommage par Jausserand de Saint-Didier, à messire Jean de Chandorat, évêque du Puy.

1343. — Hommage par sieur Roger de Saint-Didier, comme usufruitier, de ce qu'il a dans le château de Dunières.

1343. — Même hommage par Briand de Retourtour.

1343. — Même hommage par Jean Pagan, comme usufruitier.

1362, 22 juin. — Même hommage par Jausserand de Saint-Didier.

1383. — Hommage par noble sieur Louis, seigneur de Joyeuse et de Saint-Didier, chevalier, comme en 1285.

1384. — Hommage par sieur Guy, seigneur de Saint-Proget, et dame Marguerite, sa femme, comme en 1269.

1395. — Hommage par puissant seigneur Louis de Joyeuse, seigneur de Saint-Didier, et noble dame Tiburge de Saint-Didier, son épouse, à messire Ithier, évêque du Puy, comme en 1285. Il reconnait encore tenir en fief une part du château de

Lapte et la juridiction, les mas de Brossettes et de Montjuvin, les péages de Lapte, de Pont-la-Sainte, les mas de Betz, de Clanses, du Bouchet, de Chazaux, de Mazard, de Lalèche, pour partie..... de Chaulet, une part du four et de la leyde à Lapte.

1600. — Investiture portant hommage de la place de Saint-Didier, par noble Philibert de Nérestang.

1606. — Investiture donnée par messire Jacques de Serres, évêque du Puy, à messire Gilles Robert de Libeyrac, acquéreur de la place et seigneurie de Dunières et Joyeuse, au prix de 11000 livres. — Hommage desdites places relevant en fief franc de l'évêché.

1720 — Investiture portant hommage de partie de la terre supérieure et inférieure de Dunières, acquise par Me Jean Hector de Fay, chevalier, marquis de la Tour-Maubourg, de M. Henry-Joseph de la Garde, comte de Chambonnas, au prix de 54,000 livres.

SAINT-GERMAIN-LAPRADE

1285. — Hommage par noble Pierre de Saint-Germain, à messire Frédole, évêque du Puy, de la forteresse et lieu de Saint-Germain, avec la justice mère, mixte, impère dudit lieu, et de ce qu'il a dans la paroisse de Saint-Germain et au mas de la Toureille, mandement de Mezères.

1291. — Hommage de la Coste, près de Saint-Germain, (fort difficile à lire).

1296. — Hommage par Glavenasse, veuve de sieur Pierre de Saint-Germain, en qualité de tutrice, à messire Jean de

Cuménis, évêque du Puy, comme en 1285. Elle reconnaît tenir en fief ce qu'elle a au mas de la Prade, mandement de Chapteuil, et le fief et terre que tient Pierre Gibert, à Pébelit.

1296. — Hommage audit évêque par noble Hugo de Lorme, des champs de la Chanale, de Buldoyra, du pré de Serres, de 3 champs au terroir de Senoux, du pré du Breuil, du champ de Vaux, sous la *vio*, du vignoble Pont-Daurat, des côtes jusqu'à la Gagne, du champ de la Vernède, du pré du Cros et champs contigus, du vignoble qui fut de Jean Régis et d'Armand de Chambon, du vignoble de Lamellier, du pré des Arnauds et autres.

1305. — Hommage par le commandeur de l'hôpital de Saint-Jean-de-Jérusalem, de Pébelit, des Pandraux, de Boussillon et de ce qu'il a à Saint-Germain-Laprade. — Cet hommage est inséré dans une transaction passée ledit jour et an.

1309. — Hommage par noble Pons de Saint-Germain, à messire Bernard de Castanet, évêque du Puy, du château de Saint-Germain, avec la justice haute et basse, et de ce qu'il a dans ledit château et mandement.

1311. — Hommage par Glavenasse, femme de Pierre de Saint-Germain, de dix livres tournois de rente annuelle que lui donne son mari.

1328. — Hommage, en fief franc, par Guigo de Saint-Germain, damoiseau, à messire Bernard, évêque du Puy, du château de Saint-Germain, de ce qu'il a dans les châteaux et mandements de Saint-Germain et Mercœur, aux mas de la Toureille et de Laprade.

1341. — Même hommage audit évêque par noble Armand de Saint-Germain, dit *de Villaret*. Il reconnaît encore tenir en fief ce qu'a acquis le sieur Guigo Condamy dans le château et mandement de Saint-Germain.

1344. — Hommage par Pierre Armand et noble Aigline de Saint-Germain, sa femme, à messire Jean de Chandorat, évêque du Puy, comme en 1328. Ils reconnaissent, en outre, le mas de la Penide, au mandement de Chapteuil.

1362. — Même hommage, en fief franc, par le vicomte de Turenne, à messire Bertrand de la Tour, évêque.

1370-1383. — Hommages en fief franc, à l'evêque du Puy, par religieux frère Robert de Chateauneuf, précepteur de la préceptorerie de la maison de l'hôpital de Saint-Jean-de-Jérusalem, du village, forteresse et haute justice de la Sauvetat, etc. Il tient en outre, en fief, le lieu et domaine de Pébelit, la gravière et le bien que ledit couvent possède à Saint-Barthélemy du Puy, et ce que ses prédécesseurs ont reconnu de tout temps aux évêques du Puy.

1383. — Hommage par Pierre de Montrevel, de ce que possédait Vital du Pin, de la maison, terroir et forteresse de la Coste, à l'exception de ce qu'il tient du sieur Pierre de Servissas dans ledit terroir, et qui confronte avec l'hôpital N.-D. du Puy. Il doit rendre le tout en paix et en guerre.

1583. — Hommage par Mᵉ Pierre Saignard, du lieu de Saignard, coseigneur de Mortesaigne, de 45 sols, de 2 setiers froment, mesure d'Yssingeaux, de 16 ras avoine, de 2 chapons, 2 gélines de rente et autres droits seigneuriaux appartenans à la métairie de la Toureille, paroisse de Saint-Julien-du-Pinet, acquise de noble Jean d'Astier et de Françoise de la Toureille, sa femme.

1579. — Hommage par Mᵉ Gabriel Mourgue, bailli de Soleilhac, de la seigneurie et place de Saint-Germain-Laprade, et de ce qu'il a acquis de noble Jean de Poinsac.

1631. — Arrêt de requête du palais du parlement de Toulouse, par lequel le fief de Saint-Germain-Laprade est adjugé à l'évêché du Puy.

SAINT-JEURES ET LA BROSSE [1]

1285. — Hommage par noble Pons Imbert à messire Frédole, évêque du Puy, du fort, village et appartenances de la Brosse, (à l'exception du village de Varennes), et de ce qu'il a au mandement de Beaujeu.

1296. — Hommage par noble Pons Imbert de la Brosse, à messire Jean de Cuménis, évêque du Puy, de la forteresse, village et appartenances de la Brosse, du village de Rauzet (?) de ce qu'il a dans les villages d'Uliac, de Betz et de Flaviac, paroisse de Saint-Jeures, du village de Chazaux, de ce qu'il a au village de la Valette-Unier, paroisse de Tence, et à Versilhac, paroisse de Saint-Jeures. Il s'engage à rendre le tout à première réquisition. Il rend aussi hommage pour ce qu'il possède à Séniautre, mandement d'Arzon.

1305. — Hommage par le même, du château et forteresse de la Brosse, du village de Monteillet (Montclis?) et de ce qu'il a à Chambonnet et à Versilhac. Cet hommage figure dans une transaction où sont réglés les droits de justice.

1327. — Hommage par noble Silvion, seigneur de la Brosse, damoiseau, à messire Bernard, évêque du Puy, semblable à ceux de 1296 et de 1305. Il reconnaît encore tenir en fief ce que tiennent de lui Pierre des Merles et Montore, Pons de Chambonnet, chevalier et Guillaume de Pélissac, et ce qu'il a dans le diocèse du Puy. Il doit rendre la forteresse de la Brosse, en paix ou en guerre.

1343. — Même hommage par le même. Il en excepte ce qu'il tient du seigneur de Beaudiner, et ce que donna le sieur

---

[1] La Brosse, commune de Tence.

de Roche à son père. Il ne reconnait point ce qui est dans le mandement d'Arzon, parce que cela a été donné en dot à sa fille.

1363. — Même hommage, en fief franc, par noble dame Béatrix d'Usson, héritière de Silvion Malet de la Brosse, à messire Bertrand de la Tour, évêque du Puy, à l'exception seulement de ce qu'elle tient du seigneur de Beaudiner.

1363. — Même hommage, en fief franc, par noble Pierre, mari de noble Béatrix de la Brosse.

1383. — Même hommage, en fief franc, par noble Pierre de Civemière, chevalier. Il reconnait tenir encore en fief ce que tenaient de lui les héritiers de noble Parpaillon de Garde, noble Armand Bragny, et ce que ce dernier tenait de Pons Chambonnet, ce que tient de lui noble Hugon de Pélissac, avec la juridiction mère, mixte, impère, haute et basse, ce qu'il possède dans le diocèse du Puy, à l'exception de ce qu'il tient du seigneur de Beaudiner.

SAINT-JULIEN-D'ANCE

1583. — Hommage par messire Antoine de Crémaux, des rentes, revenus, de la justice haute, moyenne et basse, etc., que possédait antérieurement le vicomte de Polignac sur les villages de Saint-Julien-d'Ance, Farges, la Blancharde, les Terrasses et la maison du Betz.

1638. — Hommage et investiture du lieu de Saint-Julien-d'Ance, par noble Hugues Pradier, acquis de Me Antoine de Crémaux.

SAINT-PAULIEN

1285. — Hommage par Pierre et Pons de Seneuil, frères, à messire Frédole, évêque du Puy, de ce qu'ils ont dans la ville et appartenances de Saint-Paulien ; de 12 deniers tournois avec la seigneurie sur le mas de Combrot, que tient Hugo Connac, et de ce qu'ils tiennent en fief dans le château et mandement de Mercœur.

1285. — Hommage par noble Pierre de Glavenas audit évêque, de ce qu'il a, en fief et rerefief, à Saint-Paulien, Blanzac, Azanières et Solilhac.

1295. — Pierre de Glavenas, chevalier, Hugo Gaillard, clerc du Puy, Jausserand, Moulhade et noble Guillaume de Seneuil, reconnaissent tenir en fief de messire Guy, évêque du Puy, ce qu'ils ont dans la ville, château et mandement de Saint-Paulien, diocèse du Puy, dans la ville et appartenances de Saint-Geneys, même diocèse, dans la haute justice et juridiction dudit évêque, à l'exception de ce que Hugo tient en fief dudit Pierre de Glavenas et du chapitre Saint-Georges-de-Saint-Paulien. Le reste que possède ledit Hugo dans ledit château et ville, relève dudit évêque.

1296. — Hommage par noble Hugo Dumas à messire Jean de Cuménis, évêque du Puy, de la Roche du Mas, de 12 cartons d'avoine à Vialette, de l'appenderie du Moulin, de ce qu'il a à Blanzac et dans la paroisse de Saint-Paulien.

1296. — Hommage par noble Eymard de Chazelles, de ce qu'il possède pour sa femme, à Saint-Paulien.

1296. — Hommage par sieur Pons Olivier, chevalier, d'une maison que Barthélemy le Chabrot tient de lui à Saint-Paulien.

1295. — Hommage par noble Giraud François d'Allègre, de maisons que tient de lui Paulet, à Saint-Paulien, de jardins et place audit lieu, de ce qu'il possède à Uveyres, à Coyac et dans la ville et paroisse de Saint-Paulien.

1296. — Hommage par sieur Pons de Seneuil, clerc du Puy, du mas de Maizesola, du champ de la Chalm-du-Sac, à Saint-Paulien, de ce qu'il a dans cette ville et à Marcilhac.

1297. — Hommage par noble Pons Jausserand, d'une maison et jardin contigus à Saint-Paulien.

1297. — Hommage par noble Pons François d'Allègre, de ce qu'il a dans la ville et appartenances de Saint-Paulien, au mas d'Uveyres, à Azanières et à la Vialette.

1309. — Hommage par noble Hugo Dumas, à messire Bernard de Castanet, évêque du Puy, de sa maison de la Roche, de 20 cartons seigle, 8 de froment, 20 d'avoine, de 20 sols tournois, tant pour cens que pour taille, de 4 gélines qu'il perçoit dans le terroir de Marcillac, paroisse de Saint-Paulien, de 2 cartons seigle, 2 d'avoine et 12 sols tournois de censive au terroir de Jeanausac.

1319. — Même hommage, en fief franc, par Hugo Dumas, damoiseau, à messire Durand, évêque du Puy.

1327. — Même hommage, par le même, à messire Bernard, évêque du Puy.

1343. — Même hommage par sieur Hugo Dumas, chevalier, à messire Jean de Chandorat, évêque du Puy. Il reconnait, en outre, tenir en fief ce qu'il a au mas de Coubladour.

1346. — Le chapitre de Saint-Georges-de-Saint-Paulien tient en fief et fait hommage à l'évêque du Puy et au sieur d'Allègre, de ce qui est spécifié dans une charte, et des dîmes de blé au terroir de Vaures, diocèse du Puy.

1355. — Hommage par l'université des clercs de Saint-Paulien, de censives à Saint-Paulien et aux environs.

1384. — Hommage par noble Borange Dumas, comme en 1309.

SALVENS

PAROISSE DE CONCOULES, DIOCÈSE DE VIVIERS.

1297. — Hommage par noble Guillaume Bernard à messire Jean de Cuménis, évêque du Puy, du mas des Salvens, paroisse de Concoules, diocèse de Viviers.

1309. — Même hommage par sieur Guigon Bernard, chevalier, à messire Bernard de Castanet, évêque du Puy.

1318. — Même hommage par sieur Guillaume Bernard, chevalier.

SAUSSAC [1]

1274. — Hommage à l'évêque du Puy par Pierre de Chabannes et noble Falcon Roynaud, du consentement de leurs femmes, de ce qu'ils ont et de ce qu'avait leur père au château de Saussac et aux villages de Chazaux et de Besset.

1285. — Hommage par Pierre Baudouin de Glavenas à messire Frédole, évêque du Puy, de 3 parts du mas haut de Villaret, d'une vigne et terre à Coubon, de ce qu'il a dans le corps du château de Saussac, dans le bourg de ce nom, au village de Crouzet, dans le terroir et bois de la Guimpe, mandement de Saussac, et aux villages des Ollières et de Livinhac.

[1] Saussac, commune d'Yssingeaux.

1285. — Hommage audit évêque par noble Colin de la Tour, de ce qu'il a au château et mandement de Saussac, à l'exception des écluses (sic).

1285. — Hommage par noble Pierre Olivier de la Tour, de ce qu'il a dans le château et mandement de Saussac, à l'exception de ce qu'il possède au terroir de Chabrac et de Montpinoux.

1285. — Hommage par Jausserand de Saussac, du château et mandement de Saussac, du château inférieur de Vertamise et de son mandement, du bourg, bois et dépendances de l'Estrade, du bois de Barré, du Masboyer, des villages de Mons, Vaumayal (?), du Pinet, la Valette, Martial, de la seigneurie d'Alinhac, des domaines de Vertamise et de la Faye, de ce qu'il a au mandement de Lapte (à l'exception du fief que tient de lui Hugon Tochard, au mandement de Vertamise), du mas de Pouget et de la 3° partie de la seigneurie de Grazac.

1290. — Hommage par noble Pierre de Chabannes à messire Guy de Neufville, évêque du Puy, de ce qu'il a au château de Saussac, au village de Chapteuil, à Chazaux et au Besset.

1296. — Hommage par noble Jausserand, seigneur de Saussac, chevalier, à messire Jean de Cuménis, évêque du Puy, du château et mandement de Saussac, du mandement et château inférieur de Vertamise qu'il doit rendre en paix et en guerre, du village de Seveyrac, de la Grange, du Piny, des villages de Lescure, de la Valau et Vauneyre, du terroir de Barry, des mas de Vertamise, de la Rouveure et de la Valette, de la moitié de la seigneurie de Grazac, du village de Martial et Masboyer, de ce qu'il a dans le mandement de Lapte et dans le château et mandement de Chapteuil.

1297. — Hommage par noble Pons Charbonnel, de ce qu'il a au mandement de Saussac.

1299. — Noble Jausserand de Saussac, chevalier, requis par le procureur de l'évêque du Puy, déclare tenir en fief de l'évêque ce qu'il a à Frontenac.

1303. — Hommage par Guillaume de Meizoyrac à messire Bernard de Castanet, évêque du Puy, de la terre de la Roche, mandement de Saussac, de maisons, terres et prés au village de la Chazalée, mandement de Saussac, d'une maison qu'il a en franc fief dans le château de Saussac, au-dessus du Triadour, d'un pré près de Tarabol qui fut de Pierre Baudouin, du domaine de Jean Cayrel, du Neyrial, de ce que tient de lui ledit Jean au Neyrial, de la moitié d'une terre au terroir de Mialaures, paroisse d'Yssingeaux.

1308. — Hommage par noble Olivier de la Tour, de ce qu'il a aux villages du Cher et de la Chazalée, mandement de Saussac, de ce qu'il a dans ledit château et depuis ledit château jusqu'à la Chazalée et au Cher.

1308. — Hommage par demoiselle Marguerite de la Roche, semblable à celui rendu par Pierre de la Roche, en 1319 (1).

1308. — Hommage par noble Jean Serrolh et Marguerite Charbonnelle, sa femme, de ce qu'ils ont dans le mandement de Saussac, à l'exception du champ de la Guimpe.

1309. — Hommage audit évêque par noble Hugon de Saussac, comme en 1296.

1309. — Enquête dans laquelle figurent trois hommages de Saussac et Vertamise, en date de 1309, 1325 et 1333.

1310. — Hommage par demoiselle Guérine de Saune, de ce qu'elle a au village de la Chazalée et dans le diocèse du Puy.

1311. — Hommage, en fief franc, par Simon de Saint-Flour et sa femme, des censives et usages dans le terroir et village des Ollières, et de ce qu'ils ont dans le mandement de Saussac.

1318. — Hommage par noble Hugon de Saussac à messire Durand, évêque du Puy, comme en 1309.

1318. — Hommage par Marguerite, femme de Jean Sorrolh, damoiseau, comme en 1308.

(1) Voir les hommages de Chabon, page 189.

1318. — Hommage, en fief franc, par Hébrard de la Tour, clerc, et Guigon, son frère, damoiseau, comme a fait Olivier de la Tour, en 1308.

1318. — Hommage audit évêque par Pons de Chambonnet, damoiseau, de ce qu'il tient dans le château de Saussac, jusqu'à l'eau de Ram, de ce qu'il a à Araules et aux mas de Bronac et de Montgiraud, mandement de Bonnas.

1325. — Hommage par Jausserand de Saussac, damoiseau, fils émancipé, comme en 1296.

1327. — Hommage à messire Bernard, par Hébrard de la Tour et Guillaume, son frère, damoiseaux, comme a fait Olivier de la Tour, en 1308.

1328. — Hommage par Jausserand de Saussac, damoiseau, comme en 1325.

1328. — Hommage par Armand de..... et Pons de Chambonnet, damoiseau, comme en 1318.

1328. — Hommage par Marguerite Charbonnelle de Saussac, femme de Jean Serrolh, comme en 1308.

1331. — Noble Jausserand, sieur de Saussac, a reconnu tenir en fief franc du vicomte de Polignac, le château supérieur de Vertamise et autres choses, lequel château a été acquis par l'évêque du Puy, en 1339.

1335. — Réquisition par l'évêque à noble Jausserand de Saussac de rendre le château de Vertamise et sa part du château de Saussac, ce qu'il a fait par tradition du chaperon ès mains du procureur de l'évêque.

1339. — Hommage par noble Jausserand de Saussac à messire Bernard, évêque du Puy, du château inférieur de Vertamise avec son mandement, sa juridiction et ses dépendances, à l'exception du château supérieur qu'il dit tenir du vicomte de Polignac. Il déclare avoir remis audit évêque le fief qu'il possède à Neyzac, mandement de Chapteuil.

1343. — Hommage par Pierre de la Faye, damoiseau, à

messire Jean de Chandorat, évêque du Puy, de ce que sa femme et lui possèdent au terroir et village des Ollières, avec les censives, usages, et de ce qu'il a dans le mandement de Saussac et au mas d'Amavis, mandement d'Yssingeaux.

1343. — Hommage, en fief franc, par Guigon de la Tour, damoiseau, et Hébrard de la Tour, son frère, chanoine du Puy, comme a fait Olivier de la Tour, en 1308.

1343. — Hommage par Armand de Chambonnet, damoiseau, comme a fait Pons de Chambonnet, en 1318.

1343. — Hommage par noble Jausserand, seigneur de Saussac, chevalier, comme en 1296. Il reconnaît, en outre, tenir en fief le château supérieur de Vertamise, qu'il promet de rendre en paix et en guerre, les villages de Villeneuve et d'Apilhac, ce qu'il tient aux mas d'Arduy, de Ville-de-Mons, de Frontenac-Haut, de la Collange et le péage de Barry.

1343. — Hommage, en fief franc, par noble Marguerite, veuve de Guillaume, sieur de Costo, damoiseau, de censives, rentes et hommages dans les mandements de Saussac et d'Yssingeaux, comme ses prédécesseurs en avaient joui et prêté hommage aux évêques du Puy. Le procureur de ladite Marguerite a reconnu tenir en fief ce qu'elle a au village de la Chazalée et dans le diocèse.

1344. — Hommage, en fief franc, par M° Mathieu Rofart, clerc, notaire, d'une rente de 3 setiers, mesure du Puy, qu'il perçoit moitié sur le mas de Chazalet-Haut et moitié sur celui de Chazalet-Bas, mandement de Saussac, et d'un carton de seigle, mesure du Puy, qu'il perçoit annuellement au mandement de Mercoeur, avec la seigneurie.

1362. — Hommage, en fief franc, par noble Jean de la Tour, à messire Bertrand de la Tour, évêque du Puy, comme a fait Olivier de la Tour, en 1308.

1362. — Hommage par Pierre de la Faye, comme en 1343.

1363. — Hommage par Hugues de Saussac, tuteur de Jausserand, comme en 1343. Il reconnaît encore ce qu'il a à

Apilhac, (à l'exception de ce qui relève du seigneur de Saint-Didier) et une maison à Yssingeaux acquise de la Faye.

1383. — Hommage, en fief franc, par noble Jean de la Tour, dit *Ollivet*, damoiseau, à messire Bertrand de Chanac, comme en 1362.

1383. — Hommage par sieur Jean Laurens, licencié, d'une rente acquise de Pierre de la Faye, au mandement de Saussac.

1383. — Hommage par Guillaume de Saussac, comme a fait Guillaume de Meizeyrac, en 1308. Il reconnait de plus une terre à Livinhac paroisse d'Yssingeaux, de maisons acquises du seigneur Francon, chevalier, au château de Saussac sur le Triadour, le mas de Champ-Blanc, un domaine dans la paroisse d'Yssingeaux, acquis de Pons de Contagnet, le pré de la Versanne, situé aux Ollières, des rentes acquises du seigneur de Saussac, 3 quarts de métan et demi d'avoine, autre demi-métan d'avoine, une demi-géline, 3 sols et autres rentes sur les Ollières.

1383. — Hommage par noble Jausserand de Saussac, chevalier, comme en 1296, 1343 et 1363.

1384. — Noble sieur Trolhac de Fay, chevalier et Catherine, sa femme, reconnaissent tenir en fief franc 15 livres tournois de censive et rente acquises de noble sieur Jausserand de Saussac, chevalier, et qu'ils perçoivent annuellement dans le mas de Frontenac, au château de Vertamise, sur les terres et habitans.

SEREYS [1]

1249. — Hommage par noble Bernard, seigneur de Sereys, à messire Bernard, évêque du Puy, du château et mandement de Sereys : noble Eymard de Saint-Quentin se rend répondant.

1285. — Même hommage par Bulhom, seigneur de Sereys, à messire Frédole, évêque du Puy.

1296. — Même hommage par noble Bulhom, seigneur du château de Sereys, à messire Jean de Cuménis, évêque du Puy : il promet rendre le tout en paix et en guerre.

1309. — Même hommage par sieur Bulhom, seigneur de Sereys, chevalier, à messire Bernard de Castanet, évêque du Puy.

1318. — Sieur Guérin de Sereys, chanoine du Puy, reconnait tenir en fief de messire Durand, évêque du Puy, les rentes constituant son patrimoine, la moitié du terroir de Jalavoux et le village de Ninirole. Il reconnait encore ce que tenait défunt Bertrand de Sereys, son frère, savoir : les villages de Chantusier et de Vazeilles, avec la juridiction mère, mixte, impère desdits lieux, ce qu'il avait à Coubladour, ce que tenait avant son décès, Etienne de Bulhom son oncle, à Chaspuzac, au mas dit *de Beauslous* (*Vendos?*) et autres lieux.

1319. — Hommage en fief franc par noble Astorg, seigneur de Sereys, damoiseau, audit évêque, des villages de Chantusier et Vazeilles, avec la juridiction mère, mixte, impère, de ce qu'il a à Coubladour, des villages de Montagnac et des Ternes, de ce qu'il a à Chaspuzac et de la moitié du terroir de Jalavoux.

[1] Sereys, commune de Saint-Jean-de-Nay.

1320. — Hommage en fief franc par André Laytenc, drapier du Puy, de 10 setiers, d'une carte blé, de deux tiers seigle et un d'avoine, qu'il perçoit annuellement comme censive sur Pons Malaure de Vergezac, de 30 sols tournois de censive, de 2 gélines et 4 livres tournois, pour taille, de 2 setiers, 5 cartons seigle, une émine avoine, 5 cartons d'orge de censive et 7 sols 6 deniers sur Guillaume, Pons et Pierre Esmerac de Vergonges, etc.

1327. — Hommage en fief franc par noble Astorg de Sereys, damoiseau, à messire Bernard, évêque du Puy, comme en 1319.

1327. — Hommage par noble Astorg de Sereys, chevalier, semblable à celui de 1296.

1328. — Hommage par sieur Guérin de Sereys, chanoine du Puy, comme en 1318.

1328. — Hommage par Bernard Hugonet et André Laurens, de censives dans les mandements de Sereys et Mercœur.

1328. — Même hommage par André Laytenc, du Puy.

1343. — Hommage par André de Bonnas, dit *Laytenc*, à messire Jean de Chandorat, évêque du Puy, comme en 1320.

1344. — Hommage par noble Astorg de Sereys, chevalier, comme en 1327.

1348. — Même hommage par noble Alize de Sereys, dame de Sereys, fille de noble Astorg.

1348. — Hommage par noble Rochetin de la Tour, fils de noble et puissant seigneur de la Tour-de-Saint-Vidal, chevalier et procureur de noble Béatrix de Sereys, du château et mandement de Sereys et de ce que sieur Astorg, son père a reconnu ci-devant tenir en fief de l'évêché du Puy : il rend hommage les mains jointes et en donnant le baiser de paix, suivant l'usage.

1350. — Même hommage par Jean Adam de Sereys, damoiseau.

1359. — Hommage par noble Alize, veuve d'Astorg, seigneur de Sereys, de ce qu'elle a à Nay, Beyssac et au Thiolent.

1362. — Hommage en fief franc par sieur Vital Bianc, Pierre de Chambarlhac, clercs du Puy et autres clercs, de censives au mas de Servis (Sereys?) près de la vigne de Bertrand Lespinasse et autres, de 18 livres tournois de rente perpétuelle et annuelle sur le mas de Veudes, à Espaly, etc.

1383. — Hommage par noble sieur Guérin d'Apchier, seigneur de Sereys, semblable à celui de 1296.

SERRES [1]

1285. — Hommage par noble Hébrard de Pradelles, à messire Frédole, évêque du Puy, de ce qu'il a à Serres et à Jagonnas.

1296. — Même hommage à messire Jean de Cuménis, évêque du Puy.

1296. — Hommage par noble Guigo Gilles, chevalier, au nom de Pons de Ranc, à messire Jean de Cuménis, évêque du Puy, de la maison et forteresse de Serres, qu'il doit rendre, en paix et en guerre, de ce qu'il a dans le terroir de Serres, à l'exception de la vigerie et « commande »; de la quatrième partie du terroir d'Albignac; de la huitième partie du terroir de Fraissinet, des maisons des Chazalets et Besses au terroir de Jonchères et de trois jardins.

1308. — Hommage par noble Pons de Ranc, à messire Bernard de Castanet, évêque du Puy, du village et forteresse de Serres, au mandement de Jonchères, de ce qu'il a au terroir

[1] Serres, commune de Rouret.

d'Albignac, de la huitième partie du terroir de Fraissinet, au mandement dudit château, de ce qu'il tient audit terroir du père de Pons Hugo, de ce qu'il a au village de Fontanes et au mas de Chaussinilles, diocèse de Mende ; il déclare en outre qu'il rendra aux évêques du Puy la forteresse de Serres, en paix et en guerre.

1308. — Hommage par noble Hébrard, coseigneur de Pradelles, de ce qu'il a à Serres et à Joncheyrettes, de la quatrième partie de la tour de Jonchères, avec la seigneurie et juridiction (il doit rendre le tout en paix et en guerre), et du mas de Montiliaguet.

1318. — Hommage par sieur Hébrard, coseigneur de Pradelles, du lieu du Cros, etc., de ce qu'il a à Serres, à Joncheyrettes, etc.

1320. — Hommage par Pons de Ranc, damoiseau, à messire Durand, évêque du Puy, du lieu, forteresse et appartenances de Serres.

1327. — Hommage par noble Hébrard, coseigneur de Pradelles, à messire Bernard évêque du Puy, de ce qu'il a à Serres.

1327. — Hommage par Pons de Ranc, damoiseau, du village et forteresse de Serres, de ce qu'il a dans les mas de Fontanes et Chaussinilles, de la rente d'une géline au terroir de Joncheyrettes près du bois de Pierre Villatte, appelé la Pinède, de ce qu'il a au terroir de Fraissinet, à l'exception de ce qu'il tient dans ce terroir de Pierre Villatte, damoiseau, par suite de permutations faites entre ledit Pons de Ranc, et le sieur Villatte de Pradelles. Il promet rendre aux évêques du Puy, la forteresse de Serres, en paix et en guerre.

1343. — Hommage par Pons de Ranc, chevalier, à messire Jean de Chandorat, évêque du Puy, comme en 1320.

1343. — Hommage par sieur Bertrand Hébrard, fils du précédent, comme en 1318.

1361. — Hommage par noble Pons de Ranc, comme en

1327. Il reconnait encore ce qu'il a au mas et terroir d'Albignac, au mas de Fraissinet, une maison sous la cour de Jonchères et des jardins à Jonchères. Il excepte de l'hommage 4 livres 16 sols tournois, une maison à Fraissinet acquise de Hugon de Fraissinet, etc.

1384. — Noble Louis de Farelle, procureur et au nom de noble Miracle de Ranc, dite *de Serres*, sa femme, en vertu d'une procuration dressée par M° Jean Hébrard, notaire, reconnait tenir en fief le terroir, village et forteresse de Serres, qu'il doit rendre en paix et en guerre.

1395. — M. Pierre, abbé du monastère du Chambon, reconnait tenir entre autres choses de l'évêque du Puy, une rente à Fraissinet, Jonchères, Joncheyrettes et Serres, au lieu et place dudit Hébrard, par suite de compositions faites avec Imbert, seigneur de Burzet, héritier et bien-tenant de noble Jean et Antoine Hébrard, fils de feu noble Bertrand Hébrard.

SERVISSAS [1]

1285. — Hommage par noble Hugues de l'Olme à messire Frédole, évêque du Puy, de ce qu'il a au terroir de Servissas, d'un champ dit *Canal* et *pré long*, d'une partie du champ de la Boldoire, du champ de Serre, d'un champ à Livernet, d'un autre au terroir de Senoux, de trois jardins au village de Servissas, de deux autres au Puy-Grosset, du pâtural de Chambonnaux, de la vigne que tient Reymond de Mescheyramene, et d'autres fonds.

1285. — Hommage par noble Béraud, seigneur de Bouzols,

---

[1] Servissas, commune de Saint Germain-le-Prade.

audit évêque, du château de Servissas, d'une émine seigle et de 2 sols que son père avait achetés à Coubon.

1285. — Hommage par noble Hugues de la Tour, audit évêque, d'une part de la tour de Servissas, de maisons au-dessous de la dite tour, et de ce qu'il a depuis le pont de la place du château supérieur jusqu'au château.

1285. — Hommage par Etienne Farine, de deux maisons au bourg de Servissas que tiennent Mathieu Ticuloyre et Pierre Abeille, d'un jardin, d'une vigne sous le château de Servissas et de deux autres vignes au même lieu tenues par Jacques Richelme et Pierre Pourpier.

1285. — Hommage par noble Guillaume de Romières, de fonds à Servissas.

1296. — Hommage par sieur Hugues de la Tour, chevalier, à messire Jean de Cuménis, évêque du Puy, d'une part de la tour de Servissas (indivise avec le seigneur de Bouzols) avec la juridiction mère, mixte, impère : il doit rendre le tout en paix et en guerre et reconnait tenir en fief ce qu'il a depuis le pont de la place du château supérieur jusqu'au château et le four dudit château.

1296. — Hommage par demoiselle Armandète de Servissas d'une maison dans le château de Servissas, avec la juridiction mère, mixte, impère : elle doit rendre le tout en paix et en guerre, et reconnait encore une maison à Espaly, commune à l'évêque et au chapitre du Puy.

1296. — Hommage par Pierre de Bonneville à l'évêque et au seigneur de Bouzols, d'une part de la tour de Servissas. Il reconnait tenir en fief de l'évêque un chazal contre ladite tour, les mas de Mouris et de la Roche, situés au mandement de Chapteuil, et ce qu'il tient en rerefief dudit évêque.

1296. — Hommage par Adémard de Poitiers, comte de Valentinois, du château de Servissas, qu'il doit rendre en paix et en guerre.

1296. — Même hommage par Jausserand de Saint-Romain.

1296. — Hommage par sieur Jean Cardinal, de ses pareries de Servissas avec les terres et les habitants, d'un four dans le château de Servissas, d'un moulin, maisons et dépendances, et de ce qu'il a dans le village du Chambon jusqu'au pont de la Vignète.

1300. — Hommage par sieur Jean Cardinal, fordoyen du Puy, de ce que son neveu et lui possèdent dans la parerie et tour de Servissas et dans le château et bourg de ce nom.

1300. — Hommage par noble Armand, vicomte de Polignac, et Catherine, sa femme, du château et bourg de Servissas qu'ils doivent rendre en paix et en guerre.

1308. — Hommage par noble Eustache de l'Olme à messire Bernard de Castanet, évêque du Puy, comme a fait Hugues de l'Olme en 1285. Il reconnaît encore tenir en fief le vignoble de Pont-Durand et le terroir qui est au-dessous, le champ de la Vernède, le terroir de Prat-du-Cros, trois champs près dudit pré, la vigne de Jean-Régis, celle d'Arnaud de Chambone, le vignoble de Lamellier, le pré des Arnaud, tenu par Pierre Michel et ses frères, celui des Abeille, un champ au-dessus, le pré de Pierre Crespin, le champ de Mario, le vignoble des Clément, les vignes tenues par Armand de Pinet et Eustache, une côte que tient Thomas Geraud, un champ tenu par Jacques Richelmes, un autre au-delà de la Grioteyre tenu par Guillaume Richelme, le pré des Brus, le champ sous la *via* de Vaux, le terroir de Saint-Germain et le pré tenu par Thomas Laurent et autres.

1308 — Hommage audit évêque, par noble Armand de Servissas d'une maison dans le château de Servissas, avec la juridiction mère, mixte, impère, avec stipulation que quand ledit Armand tiendra la tour de Servissas il sera obligé de la rendre soit audit évêque, soit au seigneur de Bouzols, sur la réquisition de l'un ou de l'autre. Il reconnaît encore en fief un « hespice » à Espaly, près du château, commun à l'évêque et au chapitre, et tenir dudit évêque et du chapitre ce qu'il a dans le bourg d'Espaly. Il reconnaît tenir pour Lucca, sa femme, en commun et par indivis, une part de la tour et de la juridiction de Servissas, qu'il doit rendre alternativement,

ce que Lucca avait eu en dot au pont qui est dans la place, et la moitié du four du château de Servissas.

1309. — Hommage par noble Pierre Farengue audit évêque, d'une vigne au terroir de Servissas, de trois jardins confrontant cette vigne, d'un autre jardin attenant à cette vigne, de deux autres près du pont de Valette, des maisons de Banaches et des Teuleyres situées dans le château de Servissas, contre la maison de Pons Valette.

1310. — Hommage audit évêque par sieur Odo Cardinal, abbé de Séguret du Puy, usufruitier, Jean Cardinal et sa femme, de deux pareries dans le château de Servissas, dont l'une fut de Guillaume de Glavenas et l'autre de Guigon de Lardeyrol, des maisons, chazaux, four, vignes, prés, champs, censives, rentes, seigneuries, juridictions, etc. desdites pareries dans le château, bourg et dépendances de Servissas, à l'exception des rentes, possessions, terres et hommes que ledit Odo tient de Guigon de Beaupoirier, Pierre Farengue et Simon Bastide de Saint-Paulien, damoiseaux, et de ce qui relève du seigneur de Bouzols. Ils reconnaissent encore tenir dudit évêque une « saumée » de vin, 2 sols tournois, une géline et 3 cartons d'avoine de censive qu'ils perçoivent avec la seigneurie dans le vignoble du prieur de Lantriac, qui fut de Hugon de l'Olme; une part de la haute tour du château de Servissas qu'ils disent tenir dudit évêque et du seigneur de Bouzols, par indivis, ce qu'ils ont audit château, au terroir des Trons s'étendant jusqu'à la Gagne et au mas du Fieu, le village et moulin du Chambon, et la haute et basse juridiction desdits lieux. Ledit Odo reconnait tenir la maison appelée Moulin sur la Gagne (à l'exception de ce qui relève anciennement du seigneur de Bouzols), et 10 sols tournois de censive sur le vignoble de Pierre de Varennes; il reconnait tenir dudit évêque, en fief nouveau, un terroir sous Chastelvolle ainsi que des champs et vignes, des terres au pont de la Vignète jusqu'au mas du Fieu, des terroirs et vignes que tiennent de lui Dumas Chandorat du Puy et Guigon Dapin; et qui confrontent avec les terroirs de Ronzade et de Rialhac; des vignes que tiennent de lui au même terroir Pierre Brun et Jean Tortoze; des censives baillées à Eustache de l'Olme; 3 champs, vignes et maisons dans le château et mandement de Servissas que tiennent de lui Eustache, Pierre et André Grispan et Pons du Chambon; des dimes à Lachamp-de-Gagne, Rochassac, Nousteulet, Servenet (?) Monnac et à Lachamp-d'Espinasse, en la paroisse de Saint-Germain.

Ensuite est transcrit un hommage des mêmes pareries et moulins rendu en 1287 à messire Frédole, évêque du Puy, par Jean Cardinal, chevalier, du Puy.

1318. — Hommage par Hugo de Gleyras, dit *de Bonneville*, à messire Durand, évêque du Puy, comme a fait Pierre de Bonneville, en 1296.

1318. — Hommage par Eustache de l'Olme, damoiseau, comme en 1308. Il reconnaît de plus un champ sous le chemin des Balays au terroir de Saint-Germain, deux champs tenus par Mathieu Bonnet, un champ et curtil tenus par Jean Amiel, un champ tenu par les héritiers de Robert Bayle, un autre à la Droze tenu par Itier, une vigne à Pébolit tenue par Armand Dupuis et une autre au terroir de Servissas tenue par Guillaume Crespy.

1318. — Hommage en fief franc par Odo Cardinal, abbé de Séguret du Puy, comme en 1310.

1319. — Noble Jean Cardinal, chevalier, procureur et au nom de sa femme reconnaît tenir en fief de messire Durand, évêque du Puy, deux pareries dans le château de Servissas, dont l'une fut de Guillaume de Glavenas, chevalier, et l'autre de Guigon de Lardeyrol, damoiseau, sur les maisons, hommes, chazaux, four, vignes, prés, champs, censives, rentes, seigneurie et juridiction dans le château et bourg de Servissas. Il reconnaît tenir en fief une saumée de vin, 2 sols tournois, une géline et 3 cartons d'avoine de censive qu'il perçoit avec la seigneurie dans la vigne du prieur de Lantriac qui fut de Hugon de l'Olme, damoiseau; une partie de la haute tour du château de Servissas qu'il dit tenir de l'évêque et du seigneur de Bouzols par indivis; ce qu'il possède dans ledit château et terroir des Trones, pour la prise d'eau de la Gagne jusqu'au mas du Fieu, le moulin et village du Chambon et la haute et basse juridiction desdits lieux.

1321. — Hommage par Bertrand d'Ebde, chevalier, audit évêque, de la parerie de Servissas avec la haute seigneurie, et de ce qu'il a dans le mandement dudit château : il doit rendre le tout en paix et en guerre.

1328. — Hommage en fief franc par Jean Cardinal, chevalier, et sa femme à messire Bernard comme en 1319.

1328. — Hommage par Eustache de l'Olme, damoiseau, audit évêque, d'un pré et champ au terroir du Cros, d'un pré audit terroir appelé des Arnaud, du champ de Lamellier au terroir du Cros, du champ de Dieudonnat, du pré de Hugon du Roure, d'un pré et champ contigus appelés des Abeille, du champ d'Espenel, de la vigne des Clément, de la vigne de l'Olme, au terroir de Servissas, d'une vigne à Servissas que tient de lui Armand Dupin, du champ des Chanceyres, d'un pré au terroir de Pueysnel sur le pont de la Grioteyre, de trois champs ou jardins au terroir de Servissas, de deux jardins au terroir de Puy-Grosset, etc.

1337. — Même hommage par Bernard de l'Olme, damoiseau, fils d'Eustache.

1344. — Hommage par Reymond de Lermet, à messire Jean de Chandorat évêque du Puy, de possessions qu'il tient en emphytéose aux terroirs du Cros, de la Grioteyre, etc.

1354. — Hommage par Hugon de la tour, d'une part de la tour et justice de Servissas, de maisons sous ladite tour et de ce qu'il a depuis le pont de la place du château jusqu'au dit château.

1354. — Noble Lhouthand de Solignac, chevalier, reconnaît tenir en fief des pareries au château de Servissas qui furent de Guillaume de Glavenas, un édifice, chazal et dépendances de la tour, la moitié du four de Servissas, le fief de Falcon du Moulin et d'Eustache de l'Olme, 15 setiers et 15 cartes seigle, froment et avoine qu'il perçoit dans le château, bourg de Servissas et au Chambon, 25 sols 9 deniers et 9 gélines qu'il perçoit dans ledit lieu, avec la juridiction mère, mixte et impère, 20 sols tournois acquis au château de Servissas et qu'il perçoit sur certains habitants, et ce qu'il a au pont qui est à la place du château de Servissas vers ledit château.

1383. — Hommage par noble François de Tournon, seigneur de la Chaise et de Volhac, d'un chazal sous la tour de Servissas. Il reconnait tenir du seigneur de Bouzols, par indivis, ce qu'il a à la tour de Servissas.

1383. — Noble Hugon de Servissas reconnait tenir en fief une maison dans le château de Servissas, *rendable* avec la juridiction mère, mixte, impère. Il reconnait tenir en fief franc, par indivis, une part de la tour de Servissas, avec la juridiction mère, mixte, impère, s'engage à rendre le tout en paix et en guerre et rend hommage de ce qu'il a depuis le pont de la place du château supérieur jusqu'audit château et de la moitié du four dudit château.

1575. — Sieur Hugues Ranquet, bourgeois du Puy, seigneur de Chanaleilles, reconnait tenir en fief des cens et rentes levables aux villages de Bournac et d'Orzilhac, acquis de noble François Beraud, seigneur de Servissas.

1583. — Hommage en fief franc, par M. Jacques Ponchon, lieutenant principal de la sénéchaussée du Puy, du pré et champ de la Grioteyre, au terroir de Servissas, acquis de noble Guy Beraud, seigneur dudit lieu.

1599. — Investiture des cens, rentes et devoirs seigneuriaux aux villages de la Chabanne et moulin Gire, au mandement de Servissas, acquis par Me Gaspard de Poinsac.

1627. — Jugement de requête pour le fief de Servissas et arrêt confirmatif.

SOLIGNAC-SUR-LOIRE

1300. — Noble Beraud de Solignac, damoiseau, reconnait tenir en fief de messire Bernard de Castanet, évêque du Puy, le château et mandement de Goudet, le château et mandement de Solignac (à l'exception de ce qu'il tient du seigneur de Montlaur), le château et mandement d'Aurec (à l'exception de ce qui est au delà de la Loire) : il doit rendre le tout en paix et en guerre, à simple réquisition, et déclare en outre tenir en fief ce qu'il a au château de Cayres, la forteresse de Roziers au mandement d'Aurec, le village de Bargettes, paroisse de Landos, la maison de Saint-Pierre-du-Brignon, les mas Bertraudenc, Hostenc, Naraolza (?), Aurelhenc, Jaubertenc, le mas sur la Font, le demi-mas Reymond Jausserand avec leurs juridictions, les lieux des Sauvages et de Rochain. Il déclare être homme lige de l'évêque et de l'église du Puy.

1309. — Même hommage par noble Beraud de Solignac, damoiseau.

1309. — Hommage par noble Gilbert, seigneur de Solignac, audit évêque, du château et mandement de Goudet, du château et mandement de Solignac (à l'exception de ce qu'il tient du seigneur de Montlaur), du château et mandement d'Aurec (à l'exception de ce qui est au delà de la Loire) : il doit rendre le tout en paix et en guerre, et déclare tenir en fief les mas des Sauvages et de Rochain.

1319. — Hommage par noble et puissant Beraud, seigneur de Solignac, chevalier, comme en 1309. Il reconnait en outre le village des Salles et être homme lige de l'évêque du Puy.

1327. — Même hommage par noble Beraud, seigneur de Solignac, chevalier, à messire Bernard, évêque du Puy.

1344. — Hommage par sieur Lhoutaud, seigneur de Solignac, chevalier, à messire Jean de Chandorat, évêque du Puy, des fiefs spécifiés à l'hommage précédent, à l'exception du château et mandement de Goudet. Il reconnait de plus la grange de la Crotte et un pré clos de murs autour de la dite grange.

1344. — Hommage par sieur Lhoutaud, seigneur de Solignac, de 10 livres tournois de rente qu'il perçoit dans le mandement de Bouzols.

1383. — Hommage par puissant seigneur Armand, vicomte

de Polignac, en qualité de baron du château de Solignac, des châteaux et mandements de Goudet et Solignac, ainsi qu'il est dit au chapitre des hommages de Polignac.(1).

TALODE [2]

1309. — Hommage par noble Pons Bernard de Ceyssac, à messire Bernard de Castanet, évêque du Puy, de quatorze setiers blé, mesure du Puy et de soixante sols tournois de censive, sur le village de Talode, paroisse de Saint-Christophe. Cette censive annuelle est payée par André, Pierre Lachau, Pierre Jaumard, André Conil, Pierre Taulhac et Galienne, femme de Grégoire Talode pour des terres et possessions tenues par eux auxdits lieux. Pons Bernard rend encore hommage de ce qu'il a à Talode et à Saint-Christophe, à l'exception du mas de Liac et de la maison que tient de lui Pons Bernard (sic).

1310. — Même hommage audit évêque par noble Hébrard Bernard de Ceyssac; il excepte de l'hommage le mas de Liac et la maison que tient de lui Hébrard à Saint-Christophe.

1319. — Même hommage, en fief franc, par Hébrard Bernard de Ceyssac, à messire Durand, évêque du Puy. Il excepte de l'hommage le mas de Liac et la maison que tient de lui Pons Boudet à Saint-Christophe.

1328. — Hommage, en fief franc, par Hébrard Bernard de Ceyssac, damoiseau, à messire Bernard évêque du Puy, de la rente stipulée aux hommages de 1318 (sic) et 1319.

1343. — Hommage par Dumas Olivier, damoiseau, à messire

---

(1) Voir page 349.
(2) Talode, commune de Saint Christophe sur-Dolaizon.

Jean de Chandorat, évêque du Puy, d'une censive annuelle de cinq setiers blé, trois de seigle et deux d'avoine, mesure du Puy, qu'il perçoit à Talode, et de ce qu'il a dans ledit lieu.

1343. — Hommage, en fief franc, par Pierre Bernard, damoiseau, de 14 setiers blé, mesure du Puy, et de soixante sols de censive sur le village de Talode.

1362. — Hommage par Jean Blanc et sa femme à messire Bertrand de la Tour, évêque du Puy, semblable à celui rendu en 1343 par Dumas Olivier.

1383. — Même hommage par Jean Alby et Aymare sa femme à messire Bertrand de Chanac.

1383. — Hommage, en fief franc, par noble Jean Bernard de Ceyssac, semblable à celui de 1343 rendu par Pierre Bernard.

1383. — Hommage, en fief franc, par Jean de Bonnas et Jean, son fils, bourgeois du Puy, de dix setiers, six cartons et six parts de carton de seigle, de cinq setiers quinze cartons d'avoine, de deux cartons de pois, de soixante-seize sols six deniers et de huit gélines, qu'ils perçoivent à Saint-Christophe et à Talode, et qu'ils ont acquis de noble Guillaume de Satilhet ; de la maison et jardin de Bossio, du pré et chazal de Bèze, des bois, paturaux, terres cultes, incultes, etc., du bois et pré de la Rivoire.

1389. — Hommage par noble Jean Bernard de Ceyssac, comme en 1383.

1389. — Hommage par M° Pierre de Rufon, notaire royal du Puy, semblable à celui de 1343 rendu par Dumas Olivier.

1395. — Hommage, en fief franc, par noble Jean Bernard de Ceyssac, comme en 1389.

TOUR-MAUBOURG (LA)

PAROISSE DE SAINTE-SIGOLÈNE

1285. — Hommage à messire Frédole, évêque du Puy, par noble Jausserand Malet, du château et mandement de la Tour et de ce qu'il a dans le diocèse du Puy à l'exception de la dot de sa femme. Il doit rendre le tout en paix et en guerre.

1296. — Hommage à messire Jean de Cuménis, évêque du Puy, par Jausserand Malet, du château, mandement de la Tour et de la forteresse de Maubourg. Il doit rendre le tout en paix et en guerre.

1309. — Même hommage à messire Bernard de Castanet, évêque du Puy, par noble Jausserand Malet de la Tour, chevalier.

1318. — Même hommage à messire Durand, évêque du Puy, par noble Jausserand Malet, chevalier, sieur de la Tour.

1325. — Hommage audit évêque par Imbert Malet, chanoine du Puy, de la forteresse, appartenances et rentes de Maubourg qu'il doit rendre en paix et en guerre.

1325. — Hommage par Bertrand Malet, damoiseau, fils de feu Jausserand Malet, semblable à celui de 1296; il rend aussi hommage pour les maisons que possédait dans le cloître du Puy Jausserand Malet, abbé de Saint-Pierre-la-Tour, pour le château et mandement de Chabrespine et ce que tenait ledit abbé dans les paroisses de Grazac et de Saint-Maurice-de-Lignon, à l'exception du mas de Mélo et de Pontell qu'il tenait d'Élie de Chalancon et d'une rente que percevait Alize d'Usson, sa femme, dans le château de Velharmat.

1327. — Même hommage par le même à messire Bernard, évêque du Puy.

1383. — Hommage par noble Jean Malet, seigneur de la Tour-Maubourg, pareil à celui de 1296.

1389. — Même hommage par noble seigneur Jean de la Tour-Maubourg.

TREICHES [1]

1644. — Investiture portant hommage, en fief franc, du lieu et mandement de Treiches et Merdaillac, acquis par noble Jean de Colomb, coseigneur de Montregard, des Chartreux de Bonnefoi, au prix de quatre mille livres.

VACHÈRES [2]

1301. — Hommage par noble Guigon, sieur de Roche, (fils d'autre, à messire Jean de Cuménis, évêque du Puy, des villages de Vachères, Alleyrac, Cogossangue, Autoyrac, Chazeaux, Coste-Chaude, Ponteils, Chambertes, Charbonnier, Malhac, Malhaguet, les Oytaux et de ce qu'il a dans les paroisses de Présailles, Saint-Pierre-Salettes et Saint-Martin-de-Fugères,

1309. — Même hommage par noble Guigon, sieur de Roche, à messire Bernard de Castanet, évêque du Puy. Il reconnait en outre posséder la juridiction mère, mixte, impère, la haute et basse justice sur les lieux sus-désignés.

---

(1) Treiches, commune de Raucoules.
(2) Vachères, commune de Présailles.

1319. — Même hommage par noble seigneur Guigon de Roche, à messire Durand, évêque du Puy.

1327. — Même hommage par noble Guigon, sieur de Roche, à messire Bernard, évêque du Puy.

1383. — Même hommage par noble Guigonnet, sieur de Roche et dame Eléonore, tutrice.

1395. — Même hommage par Philippe de Lévis, seigneur de Roche.

1720. — Investiture portant hommage de la terre et baronnie de Vachères, acquises par noble Jean et Honoré de Maillet, père et fils, écuyers, de M. Réné Ismidon, comte de Sassenages, au prix de 50,000 livres.

VERSILHAC [1]

1306. — Copie d'hommage et accord de la terre de Versilhac. Cet hommage fut rendu dans l'église du Puy à messire Jean de Cuménis, évêque, par Guigon de Bouzols, abbé de Saint-Vosy.

1309. — Vénérable Guigon de Bouzols, abbé de Saint-Vosy, pour lui et ses successeurs reconnait tenir en fief de messire Bernard de Castanet, évêque du Puy, le village et appartenances de Versilhac (à l'exception de ce qui relève du chapitre du Puy), les villages de Charbonnière, la Valette, Pélinac, Rochassac et Villard, le Pecher, bois et moulin ; ce que tiennent de lui Jausserand, seigneur de Saussac, et Pons de Chambonnet, chevaliers, Pons de Contagnet, les héritiers de Guillaume de Suc, Hugonet de Suc, Artaud Elie, Pons Vianner,

[1] Versilhac, commune d'Yssingeaux.

Hugues du pont de Valette, Gérenton de Bronac, Pierre des Merles, dit *de Satilhet*, avec la juridiction mère, mixte, impère, etc., desdits lieux. Il déclare en outre que les lieux ci-dessus relèvent de l'évêque du Puy et promet dans le cas où des forteresses s'y élèveraient, de les rendre en paix et en guerre, à simple réquisition.

1318. — Même hommage par Pons de Glavenas, seigneur de Lardeyrol, à messire Durand, évêque du Puy.

1328. — Même hommage par Guigon de Glavenas, clerc de l'église du Puy, à messire Bernard, évêque du Puy.

1343. — Même hommage, en fief franc, par sieur Guigon de Glavenas, sénéchal du Puy, à messire Jean de Chandorat évêque. Il reconnait encore tenir en fief franc neuf setiers seigle, deux de froment, trois d'avoine et douze livres tournois qu'il perçoit annuellement sur le mas de Bonneville, mandement de Glavenas.

1343. — Jean de Contagnet, du Puy, reconnait tenir en fief franc dudit évêque, 60 sols tournois, cinq setiers de seigle, mesure de Versilhac, pour une censive annuelle au terroir de Versilhac, un setier douze cartons froment, quatre setiers huit cartons et demi seigle et six combles d'avoine, mesure de la Bastide (la même que celle du Puy), 7 sols tournois et deux gélines de censive sur le mas d'Aunas, mandement de Mezères.

1367. — Pierre et Jean de Gazelles, frères, ont acquis du seigneur Astorg de Lardeyrol, les rentes qu'il perçoit dans la terre de Saint-Germain, au lieu de Versilhac. Cet acte porte investiture et hommage desdites rentes à l'évêque du Puy.

VILLARD-DE-MONISTROL (LE) [1]

1290. — Hommage par Guillaume Royraud, chevalier, à messire Guy de Neufville, évêque du Puy, de la moitié du lieu et appartenances du Villard qu'il tient par indivis, et de ce qu'il a dans le bois de Chêne, paroisse de Sainte-Sigolène.

1290. — Même hommage par noble Guigon Royraud. Il reconnaît encore ce qu'il a à Chabannes, le mas de Roudet (?), paroisse de Saint-Julien-Molhesabate, le pré de Jean Boynac, les maisons de Jean Bornelle, de Thomas Charde, de Guillaume Cortey, ce qu'il a dans la ville et paroisse de Monistrol, savoir, les hommes, censives, tailles, servitudes, terres, prés, bois, etc.

1296. — Hommage à l'évêque du Puy par Guigon Royraud, de ce qu'il a au Villard, à Monistrol et à Chabannes.

1296. — Hommage à l'évêque du Puy par Guigon Royraud, fils de Guillaume, de ce qu'il a au Villard.

1318. — Hommage à l'évêque du Puy par Guigon Royraud, de ce qu'il a au village du Villard, à la ville et château de Monistrol et au mas de Chabannes, près Monistrol.

1327. — Même hommage par Guigon Royraud, damoiseau : il reconnaît en outre tenir en fief le mas du Villard et les lieux d'Espinasse et Fontaneyres.

1343. — Même hommage par Guilhot Royraud.

1362. — Même hommage par noble Aymard Royraud.

1383. — Même hommage par noble Guigon Royraud.

1383. — Hommage par noble Hugon Royraud, fils d'Adémard Royraud, de ce qu'il a au lieu et appartenances du Villard.

---

(1) Le Villard-de-Monistrol, commune de Sainte-Sigolène.

VILLARD-DE-SAINT-VIDAL (LE) [1]

1285. — Hommage par Pons de Goudet......

1288. — Transaction avec Pons de Goudet. Il est stipulé que les châteaux du Villard, de Montvert et Montusclat, appartiendront en propre audit Pons de Goudet, et en fief à l'évêché.

1296. — Hommage par Pons de Goudet, de la forteresse du Villard et des châteaux de Montvert et Montusclat.

1309. — Hommage par noble Pons de Goudet, de la maison, forteresse et dépendances du Villard qui sont Montchamp, la Chave et le Mont.

1318. — Même hommage par noble Gilbert de Goudet.

1327. — Hommage par..... de Goudet.....

1343-1358 — Hommage par noble Pons, sieur de Goudet, comme en 1309.

1362. — Même hommage par noble Lambert de Goudet.

1362. — Même hommage par dame Marguerite de Châteauneuf, dame de Goudet. Elle reconnait encore le mas ou grange de Lasalce.

1383. — Même hommage par Lambert, baron et seigneur de Goudet. Il reconnait en outre le château de Beaufort, avec les vignes, four, moulin, etc., qu'il doit rendre en paix et en guerre.

---

[1] Le Villard-de-Saint-Vidal, commune de Saint-Germain-Laprade.

VISSAC

1269. — Rémission faite du château de Vissac à messire Guillaume de la Roue, évêque du Puy, par Alphonse, fils du roi de France, comte de Poitiers et de Toulouse.

1270. — Deux vidimus faits par le sénéchal du Puy, de la rémission du château de Vissac.

1309. — Hommage par Jean Martin de Vissac, à messire Bernard de Castanet, évêque du Puy et au sieur de Roche, par indivis, d'une terre à la Chabanne et d'une autre dans la paroisse de Vissac.

1309. — Noble Pons de Vissac, chevalier, seigneur du château de Vissac, reconnaît tenir en fief dudit évêque, le château de Vissac et ses appartenances qui s'étendent jusqu'à Fix et la juridiction et seigneurie qu'il possède dans ledit village. Le château de Vissac est limité par la terre d'Allègre, l'oratoire de Chanteuges, Saint-Arcons, Chastenuel, etc. ; Pons rend hommage de ce qui précède à l'exception du fief de Saint-Eble qu'il dit appartenir au seigneur de Mercœur, et doit rendre le château de Vissac aux évêques du Puy, à simple réquisition.

1310. — Hommage par noble Hugon de Vissac, chevalier, semblable à celui qui figure aux hommages de Retournac (1).

1319. — Hommage par noble Pons de Vissac, chevalier, seigneur du château de Vissac, à messire Durand, évêque du Puy, comme en 1309.

1344. — Même hommage à messire Jean de Chandorat, évêque du Puy, par noble seigneur Pons de Vissac, chevalier et coseigneur du château de Vissac.

(1) Voir page 375.

1344. — Hommage par noble Etienne, seigneur de Vissac, d'une part de parerie du château, mandement de Vissac et de la forteresse de la Bastide. Il doit rendre le tout en paix et en guerre.

1364. — Hommage par noble Pierre de Vissac, au nom de Guillaume de Vissac, son neveu, à messire Bertrand de la Tour, évêque du Puy, comme en 1344.

1375. — Noble Etienne de Vissac a reçu investiture de l'évêque, d'une partie du château de Vissac et d'une rente qu'il a prise de la main dudit évêque, par droit de prélation. Il rend hommage du tout audit évêque.

VOLHAC [1]

1285. — Hommage par noble Beraud, seigneur de Bouzols, à messire Frédole, évêque du Puy, du fort, village et appartenances de Volhac, mandement de Bouzols.

1311, 1319, 1320. — Hommages semblables par noble Armand, vicomte de Polignac.

1352. — Même hommage par puissant Guillaume Roger de Beaufort, vicomte de Turenne, seigneur des châteaux de Bouzols, Servissas et Fay, à messire Jean de Chandorat, évêque du Puy.

---

[1] Volhac, commune de Coubon.

VOREY

1280. — Guillaume, prieur du monastère de Vorey, diocèse du Puy, rend hommage à l'évêque du Puy, ainsi que l'ont toujours fait ses prédécesseurs, des censives, rentes et terres dans les paroisses de Saint-Julien-du-Pinet, Saint-Paulien, Saint-Geneix et de ce qu'elle perçoit au terroir de Champagne.

1309. — Hommage par religieuse dame Delma, prieure de Vorey, au nom dudit prieuré, à messire Bernard de Castanet, évêque du Puy, du village et terroir de Vorey, des granges et ténements de la Reveure et de Poux, de ce que possède le prieuré au terroir de Maisonnettes et dans les villages et ténements de Chanvert, d'Uveyres et depuis l'arbre ou oratoire de Saint-Geneix jusqu'à Vorey et de là à la Loire avec les bois, terres, hermes, etc. Elle reconnaît tenir en n. f. le terroir du Champ, ce qu'elle a à la Mongie et à Saint-Pierre-du-Champ, mandement d'Arzon, à l'exception du terroir du Bouchet, dans la paroisse de ce nom.

1327. — Même hommage par dame Amphélise, prieure de Vorey, à messire Bernard, évêque du Puy.

1343. — Même hommage à l'évêque du Puy par vénérable religieuse dame Olivier, prieure de Vorey

1343. — Même hommage par religieuse dame Aigline Olivier, prieure de Vorey.

1344. — Même hommage par vénérable religieuse dame Alize de Ceyssac, prieure de Vorey, à messire Jean de Chandorat, évêque du Puy.

1362. — Même hommage par religieuse dame Eymene de la Fayette, dite de Vergezac, prieure de Vorey, à messire Bertrand de la Tour.

1383. — Même hommage par dame Armande de la Fayette, prieure de Vorey.

1630, 10 avril. — Abénavis de la haute justice de Vorey par l'évêque du Puy à la prieure de Vorey, sous la réserve du fief.

YSSINGEAUX

1296 — Hommage par noble Beraud Tronchet à messire Jean de Cuménis, évêque du Puy, du village de Vourse, mandement d'Yssingeaux, de ce qu'il a dans ce mandement et de ce qu'il tient en fief à Retournac dudit évêque et du seigneur de Roche, en commun.

1296. — Hommage par noble Pons Chambonnet, chevalier, de ce qu'il a aux terroirs de Jay et Fontbonne, mandement et paroisse d'Yssingeaux.

1296. — Hommage par noble Pierre Montagner de la Voute, de ce qu'il a au mandement d'Yssingeaux.

1297. — Hommage par Pierre de Mercuret, au nom de sa femme, de ce qu'il a au Betz, paroisse d'Yssingeaux et dans le mandement et lieu de Veyrines.

1308. — Hommage par Guillaume d'Amavis à messire Bernard de Castanet, évêque du Puy, de ce qu'il a au mas d'Amavis, mandement d'Yssingeaux.

1308. — Hommage par Guillaume de Meizoyrac, d'une pièce de terre à Livinhac, paroisse d'Yssingeaux.

1308. — Hommage par le même, d'une prairie près de Tarabol, qui fut de Pierre Baudouin, du domaine de Jean Cayrel au Neyrial et de ce qu'il tient de lui audit lieu, de la moitié d'une terre au terroir de Mialaures, paroisse d'Yssingeaux, du mas de Shamlant (?) et du domaine que tient de lui dans ladite paroisse Pons de Contagnet.

1308. — Hommage par noble Beraud Tronchet, du mas de Vourse, de ce qu'il perçoit dans le mandement d'Yssingeaux et dans le mas de Neyrial, et du fief de Salmoiras, mandement de Retournac qui relève de l'évêque et du seigneur de Roche.

1308. — Hommage par Pons de Chambonnet, chevalier, du domaine et terroir de Jay et Fontbonne, de ce qu'il a au château de Saussac depuis ledit château jusqu'au ruisseau de Ram, et de ce qu'il possède au Cher, mandement dudit château. Comme légitime administrateur de Pons son fils, et de Marguerite, sa femme, il reconnaît ce qu'il a au Chambon, à Araules, au mas de Montgiraud et dans le mandement de Bonnas.

1309. — Hommage par Jean Pellissier, de Saint-Didier et Guicharde, sa nièce, de la quatrième partie du mas de Sauve (?) paroisse d'Yssingeaux.

1309. — Hommage par Antoine Beatrix, d'Yssingeaux, d'un pré et terre à Livinhac, d'un pré et terre au terroir de Chamarelles près de la terre du chapitre du Puy et le chemin d'Yssingeaux au Puy, d'une autre pièce de terre près du chemin d'Yssingeaux aux Ollières et la terre dudit chapitre.

1311. — Hommage par Jacques Ruel et Vital fils de Jacques Chalmette, d'Yssingeaux. Jacques Chalmette reconnaît tenir en fief une pièce de terre au terroir de la Chanale, et ledit Jacques (sic) une maison à Yssingeaux.

1313. — Hommage par noble Jean Tronchet, comme a fait Beraud Tronchet en 1308.

1316. — Hommage par Etienne de Saint-Flour, d'Yssingeaux, du terroir d'Arduy, mandement d'Yssingeaux et de la juridiction mère, mixte, impère, haute et basse d'Yssingeaux.

1318. — Hommage par Guigon de Chambonnet à messire Durand, évêque du Puy, du domaine et terroir de Jay et Fontbonne, de ce que sa femme et lui possèdent dans le château et mandement de Mercœur. Il reconnait encore une rente sur le mas de Jay qu'il donne pour « guidage » audit évêque et qui consiste annuellement en un carton d'avoine, mesure du Puy.

1318. — Jean Monistrol, d'Yssingeaux, Elisabeth Bonnefoi et autres reconnaissent tenir en fief : ledit Jean, une pièce de terre au terroir de Lachamp, Pierre Gentil, deux champs audit terroir, Bonnefoi, deux champs au même terroir, Pierre Elisabeth fils, un champ audit terroir, Jourdaine Reynaud et Vital Ruel un champ audit terroir, Jacques Chalmete, clerc, une maison à Yssingeaux.

1318. — Hommage par Simon Vaures, d'un champ au terroir de Lachamp.

1318. — Hommage par Vital et Antoine Béatrix : par ledit Vital, d'un champ au terroir de Lachamp; par Antoine Béatrix, d'un champ au terroir de Livinhac. Ils reconnaissent en outre un champ et pré à Livinhac et le terroir de Lachamp.

1319. — Hommage par Catherine, fille de Dumas de la Roche, à messire Durand, évêque du Puy, du mas de Chazaux, paroisse d'Yssingeaux, de ce qu'elle a dans ladite paroisse et au mas de Mandareux, mandement de Chapteuil.

1321. — Hommage par Michel Pelipar, procureur de Guicharde Pelipar, du mas de Roche Chivoire (?), mandement d'Yssingeaux. Ce mas est franc de toute taille et autres charges.

1323. — Investiture par l'évêque du Puy, à maître Bertrand Fabre, prêtre, du mas de Beaux, paroisse d'Yssingeaux.

1327. — Hommage par Pierre de la Roche, clerc, du Puy.....

1335. — Hommage par Guichard Veyridier, à messire Bernard, évêque du Puy, du village, maisons et terroir de Beaux, près Yssingeaux.

1343. — Hommage par demoiselle Catherine de la Roche, comme en 1319.

1343. — Hommage par Guillaume Tronchet, damoiseau, comme en 1313.

1342. — Hommage par Me Jean Montagné, clerc, notaire, de censives et rentes annuelles sur les mas du Cluzel et Marnhiac, mandement d'Yssingeaux et sur ceux de Maiataverne et d'Arnoux, mandement de Mezères.

1343. — Hommage en fief franc par Lancelot de Bar, damoiseau, d'une maison aux Ollières, paroisse d'Yssingeaux et de ce qu'il a dans ledit lieu.

1362. — Hommage par Me André Ruel, de sept setiers, trois métans seigle, mesure d'Yssingeaux, de 53 sols d'or, 2 deniers, 2 pites, d'un métan d'avoine et cinq gélines qu'il perçoit annuellement sur les héritiers de Guillaume et Armand d'Amavis, d'un pré au mas de Moras, près de l'eau de Cressele, et du lieu d'Arduy. Il tient encore une censive consistant en une émine seigle et une d'avoine, mesure de Bonnas, qu'il perçoit sur les héritiers de Guillaume Charra de Cancoules, et une rente au mandement d'Yssingeaux.

1364. — Hommage par Jean Tronchet, semblable à celui rendu par Guillaume Tronchet en 1343.

1371. — Investiture donnée à Pierre Vital, d'Yssingeaux, pour des terres, prés et paturaux qu'il a acquis au terroir de Treslemont.

1383. — Hommage par noble Falcon de Prunet, comme a fait Beraud Tronchet, en 1308.

1383. — Hommage par Me André Ruel, de Fromental, notaire royal, de six setiers, trois métans seigle, mesure d'Yssingeaux, de 53 sols, 2 deniers et 2 pites, d'un métan avoine et sept gélines qu'il perçoit au mas d'Amavis sur les héritiers de Guillaume et Armand d'Amavis; d'un pré au mas d'Amavis, près de l'eau de Cressele, du lieu d'Arduy, de 4 deniers tournois, d'un métan avoine sur Giraud Francon, d'un métan avoine et 6 deniers sur Mathieu Fabre et autres, etc.

1383 — Hommage par noble Parpaillon de Mercuret, de 2 sols 6 deniers à Yssingeaux et de ce qu'il a aux châteaux et mandements d'Yssingeaux et Bonnas.

1383. — Hommage par noble Catherine Montagné, de censives et rentes annuelles sur les mas du Cluzel et de Marnhiac.

1389. — Hommage en fief franc par Antoine de Choumouroux, semblable à celui qui figure au chapitre de Chazaux et Choumouroux (1).

1577. — Hommage par Jean Place, chanoine, de la métairie du Sablon, paroisse d'Yssingeaux.

1578. — Investiture portant hommage du domaine et métairie de Treslemont, par Mathieu de Souverain, seigneur de Treslemont, en la paroisse d'Yssingeaux.

1587. — Sieur Jean Filère, bourgeois du Puy, reconnait tenir en fief franc et noble la grange et appartenances du Pinet, paroisse d'Yssingeaux.

1618. — Noble Jean de Fages, seigneur de Chazaux, habitant de Largentière, reconnait tenir en fief de messire Jacques de Serres, évêque, le château, seigneurie et mandement de Chazaux. Il doit rendre ce château à la réquisition de l'évêque.

1623. — Investiture des moulins et domaine du Sablon, donnée par l'évêque à noble Pierre de Souverain, seigneur de Treslemont.

1623. — Investiture portant hommage en fief franc et noble du domaine et rentes de Chazaux, acquis par noble Jean de Saignar, sieur de Montinea, au prix de 5,000 livres.

1629. — Abénavis de la haute justice du village de Chazaux, mandement d'Yssingeaux.

---

(1) Voir page 127.

TABLE DES HOMMAGES

	Pages.
Allègre	1
Aizon	3
Araules	3
Arlempdes	4
Arties et Artilès	5
Arzon	6
Aubenas	24
Aurec	25
Aurec-la-Chapelle	26
Auroux	27
Auteyrac	32
Barges	34
Bargettes	35
Bas	39
Batio d'Andaure (la)	40
Bauzac	41
Beaudiner	46
Beaufort	48
Beaujeu	49
Beaux	67
Bellecombe	70
Blache (la)	71
Blassac	72
Blavosy	73
Bonnas	74
Bonneville	85
Borne	96
Bots	100
Boucherolle	101
Bouzols	102
Brives	104
Brenac	105
Cayres	103
Chabrespine	126
Chalencon, Crapanne	128
Chamalières, prieuré, et Confolent	130
Chambon (le)	132

	Pages.
Chambon de Monistrol	132
Champclause	134
Chanéac	134
Chanteloube	135
Chapteuil	136
Charbonnier, Prateloux, Landos et terroir de Mars	162
Charbonnière	169
Charrouil (le)	170
Chaspuzac	171
Chaspuzac et Fontanes	172
Châteauneuf-de-Boutières	173
Châteauneuf-le-Monastier	174
Chaude-Oreille	175
Chazaux et Choumouroux	176
Chazes, Chaspuzac, Fontanes	177
Clissac	178
Contagnet	179
Coste (la)	183
Coubladour	184
Coubon	186
Cublaise-de-Lignon	190
Cublaise-de-Sicard	191
Ebde	191
Espaly	193
Faugères	197
Fay	198
Fix	201
Fontanes	202
Foumouretto	203
Froyennet et Beaune	204
Glavenas et Lardeyrol	208
Gratuze	213
Herm (l')	215
Hermes-de-Bonnas (les)	215
Hulmet	216
Issaries	216
Jagonas	218

TABLE DES HOMMAGES

	Pages.		Pages.
Jalavoux et autres	220	Polignac	348
Jonchères	222	Pratclaux	353
Joux et Tence	237	Puy (le)	354
Julhac	239	Queyrières	369
Landos	239	Rauret	370
Lapte	240	Retournac et Retournaguet	371
Laussonne	245	Ricu (le)	386
Laval-Amblavès et Ours	246	Saint-Didier et Dunières	387
Lignon	247	Saint-Germain-Laprade	390
Limandres	250	Saint-Jeures et La Brossa	393
Loudes	251	Saint-Julien-d'Ance	394
Luc et Pradelles	252	Saint-Paulien	395
Malivernas	258	Salvens	397
Mazel (le)	259	Saussac	397
Mazeyrac	260	Sereys	403
Mercœur	261	Serres	405
Mezères	291	Servissas	407
Monistrol-sur-Loire	309	Solignac-sur-Loire	413
Mons	328	Talode	415
Montfaucon	334	Tour-Maubourg (la)	417
Montlaur	335	Treiches	418
Montréal	338	Vachères	418
Montregard	339	Versilhac	419
Montuselat	340	Villard-de-Monistrol (le)	421
Montvert	341	Villard-de-Saint-Vidal (le)	422
Mortessigne	342	Vissac	423
Moulin-Neuf et Florimont	343	Volhac	424
Nièglea	343	Vorey	425
Orzilhac	344	Yssingeaux	426
Ours	345		

ERRATA

Page 67. Beaux est aujourd'hui chef-lieu de commune.

— 169. Au lieu de Chabonnière, titre du chapitre, lisez : *Charbonnière*.

— 425. A la première ligne, au lieu de Guillaume prieur, lisez : *Guillaume prieure*.

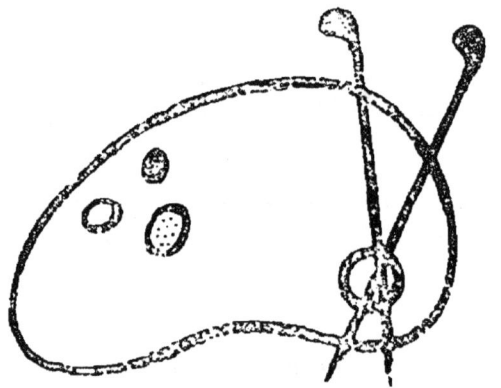

Original en couleur
NF Z 43-120-8

www.ingramcontent.com/pod-product-compliance
Lightning Source LLC
Chambersburg PA
CBHW051827230426
43671CB00008B/867